增广梅花易数

(宋)邵雍 ◎ 撰

刘恒 ◎ 注解

郑同 ◎ 校订

华龄出版社
HUALING PRESS

责任编辑：薛　治
责任印制：李未圻

图书在版编目（CIP）数据

增广梅花易数 /（宋）邵雍撰；郑同校订. —— 北京：华龄出版社，2020.1
ISBN 978－7－5169－1663－6

Ⅰ. ①增… Ⅱ. ①邵… ②郑… Ⅲ. ①占卜－中国－古代 Ⅳ. ①B992.2

中国版本图书馆 CIP 数据核字（2021）第 007384 号

书　　名：	增广梅花易数
作　　者：	（宋）邵雍撰　刘恒注解　郑同校订

出版发行：	华龄出版社
地　　址：	北京市东城区安定门外大街甲 57 号　　邮　　编：100011
电　　话：	(010) 58122246　　　　　　　　　　　传　　真：(010) 84049572
网　　址：	http://www.hualingpress.com

印　　刷：	九洲财鑫印刷有限公司
版　　次：	2021 年 5 月第 1 版　2021 年 5 月第 1 次印刷
开　　本：	720×1020　1/16　　　　　　　　　　　印　　张：20
字　　数：	358 千字　　　　　　　　　　　　　　　印　　数：1～6000
定　　价：	98.00 元

版权所有　翻印必究
本书如有破损、缺页、装订错误，请与本社联系调换

《增广梅花易数》出版说明

《梅花易数》一书，相传为北宋邵雍先生所撰。邵雍先生（1011－1077），北宋共城（今河南辉县）人，字尧夫，谥康节，北宋五子之一。因曾隐居苏门山百源之上，故后人称之为百源先生。先生少时，自雄其才，慷慨欲树功名，于书无所不读。始为学，即刻苦立志，冬不炉，夏不扇，夜不就席数年。已而叹曰："昔人尚友于古，而吾独未及四方。"于是周游天下名胜。归曰："道在是矣。"遂不复出。北海李之才摄共城令，邵雍从之才学，受《河图》《洛书》《伏羲八卦六十四卦图象》。雍妙悟神契，洞彻奥蕴，遂衍伏羲先天之旨，著书十余万言。著有《皇极经世》《伊川击壤集》《渔樵问对》等。

邵子易学，远承陈抟一派所传先天象数之学，对宋代易学有重大影响。邵雍的主要贡献，突出表现在二个方面：一是综合河洛之学、先天之学与《易经》象数之学的成果，对宇宙、历史盛衰治乱的规律建立了一个完整的体系，著《皇极经世》一书；二是将《周易》八卦取象随历史环境与社会生活的变迁，作出了新的归整与推广，从而使《周易》卦象说更趋具体而完善，完成了流传千古的《梅花易数》一书。

2003年1月，我首次推出《梅花易数》点校版后，广受海内外易学界关注。学者们和易友通过多种方式，为我们提供或介绍了近20种版本，以供参考，并要求出版一个增订版。2006年5月，通过王力军老师的介绍，有幸得以拜访中国社科院哲学所胡孚琛教授。胡孚琛教授道德高妙，言谈微中。再三指出，要重点进行象数易学的研究与出版工作，并把其大作《道学通论》（修订版）介绍给我，嘱我认真研读。经过学习胡孚琛教授对中国术数学的研究成果，对于术数学在易学研究中的重要性，我有了更深入的认识。2007年，增订版出版，参校了多种版本，改正了自明清以来许多的讹误，增补了通行本所未收入的许多内容，计了

20余处1万余字，并配以5万余字易理、易图、天文历法方面的解说。这一版先后加印达8次之多，广受海内外同道好评。

2020年，在华龄出版社的支持下，我对增订版重新进行了校订，并请北京易经学院刘恒老师对此书进行了白话注解。刘恒老师，玄学大家，字玄之，号传灯，半生研易，二十余年从事易学教育传播，当代著名易学家、术数学家。刘恒老师博学善文，长于易医之道，工于易理辩证，易学造诣渊深，学识通达，是当代象数派与易理派的代表人物之一。

本次校订，在《梅花易数》原书的基础上，新增相关易理、易图、白话解说、梅花易学人物事迹等二十多万字，故而定名为《增广梅花易数》。全书共分五卷，主要讲述了象数易理、体用生克、占断总诀、字画指迷、拆字杂编等，并附录有关邵雍生平的多种资料。

《梅花易数》突出了《周易》的"易简"原理，是一本把易理具体应用于占卜的经典著作。它独特完备的易占思想，处处展示出《周易》象数思维的智慧。《梅花易数》将以往《易经》这门经院式的中国哲学化繁为简、化难为易，使其迅速走向民间，使它实用价值日益显现，必将对中国文化产生深远的影响。

至今，我已经推出了《梅花易数讲义》《白话梅花易数》《梅花心易阐微》《梅花周易数全集》《明抄真本梅花易数》《邵康节先生心易梅花数》等多种与《梅花易数》研究相关的图书。唯本人学识所限，不当之处，在所难免，尚祈海内外高明，不吝珠玉，多方教诲为盼。

郑 同

2020年11月

序

宋庆历中，康节邵先生隐处山林，冬不炉，夏不扇，盖心在于《易》，忘乎其为寒暑也。犹以为未至，糊《易》于壁，心致而目玩焉。遂于《易》理，欲造《易》之数而未有征也。一日午睡，有鼠游于前，以所枕瓦枕投击之，鼠走而枕破。觉枕中有字，取视之云："此枕卖与贤人康节，某年月日某时，击鼠破枕。"先生讶叹之曰："物皆有数。"询之陶家，其陶枕者曰："昔尝有一人，手执《周易》，憩坐枕上。枕中之字，必此老所书也。今不至久矣。吾能识其家。"先生遂偕陶者往访焉，及门，则已不存矣。但遗书一册，谓其家人曰："某年某月某时，有一秀士至吾家，可以此书授之，能终吾身后事矣。"其家以书授先生，先生阅之，乃《易》之文，并有诀例。就以此例演数卜之，谓其人曰："汝父存日，有白金置睡床西北窖中，可以营葬事。"其家如言，果得金。

先生受书以归。后观梅，以雀争胜，布算，知次晚有邻人女折花，堕伤其股。其卜盖始于此，后世相传，遂名《观梅数》。与夫卜落花，知明日午时为马所践毁；又算西林寺额，知有阴人之祸。凡此，皆所谓先天之数也。盖未得卦先得数也。以数起卦，故曰"先天"。若夫见老人有忧色，卜而知老人有食鱼之祸；见少年有喜色，卜而知有婚聘之喜；闻鸡鸣，知鸡必烹；听牛鸣，知牛当杀。凡此，皆后天之数也。盖未得

（宋）邵雍（1011—1077），字尧夫，其先范阳人。（范阳，即今河北涿县。）祖德新，徙衡漳，父古，徙共城。（共城，今河南辉县。）后徙洛，为洛阳人。雍少以才自雄，欲树功当世，于书无所不读。始为学，即坚苦，庐于苏门之百泉山。时北海李之才，摄共城令，授以易图。雍弥刻厉自进，冬不炉，夏不扇，夜不就枕席数年。遂抉先天之秘，探天根，蹑月窟。尤精数学，占往知来，为有宋诸儒所不及。既复叹曰："昔人尚友千古，吾独未及四方，其可已乎？"于是踰河汾，涉淮汉，周流齐鲁宋郑之墟，久之幡然来归，曰："道在是矣。"遂定居洛阳，蓬荜环堵，不蔽风雨，躬爨以养父母。时富弼、司马光、吕公著诸贤，退居洛中，雅敬雍，恒相从游，为市园宅。雍岁时耕稼，仅给衣食，名其居曰"安乐窝"。春秋佳日，乘小车，游城中，士大夫争迎致之，

或留信宿乃去。好事者别作屋如其居，以候其至，名曰"行窝"。程颢每见之，退辄太息，以为内圣外王之学。远近学者，从问经义，精深浩博，应对不穷；间与深知论天下事，虽究心世务者不及也。时司马光兄事雍，而二人纯德，尤乡里所向慕，每相戒曰："毋为不善，恐司马端明、邵先生知。"举遗逸，补颍川团练推官，不就。熙宁十年丁巳卒，年六十七，赠秘书省著作郎，赐谥曰"康节"。所著有《皇极经世书》《观物内外篇》《渔樵问对》。晚尤喜为诗，平易而造于理，有《伊川击壤集》，自为之序。咸淳元年，从祀孔子庙庭。子伯温，字子文，博学，通时务，以荐授大名助教。徽宗初，上书数千言，欲复祖制，辨宣仁诬谤，解元祐党禁，惜不能用也。出知灵宝县，累迁转运副使，所著有《河南集》《见闻录》及《皇极》《观物》诸解。

数先得卦也。以卦起数，故曰"后天"。一日，置一椅，以数推之，书椅底曰："某年月日，当为仙客坐破。"至期，果有道者来访，坐破其椅。仙客愧谢，先生曰："物之成毁有数，岂足介意！且公神仙也，幸坐以示教。"因举椅下所书以验，道者愕然，趋起出，忽不见。乃知数之妙，虽鬼神莫逃，而况于人乎？况于物乎？

目　录

《增广梅花易数》出版说明

序

增广梅花易数卷一 ··· 1

周易卦数 ··· 1

五行生克 ··· 2

八宫所属五行 ··· 3

卦气旺 ··· 4

卦气衰 ··· 4

十天干 ··· 5

十二地支 ··· 6

八卦象例 ··· 7

占法 ··· 8

玩法 ··· 8

卦数起例 ··· 8

互卦起例 ·· 11

年月日时起例 ·· 11

物数占 ·· 12

声音占 ·· 13

字占 ·· 13

丈尺占 ·· 16

尺寸物占 ·· 17

为人占 ······ 17

自己占 ······ 20

占动物 ······ 21

占静物 ······ 21

端法后天起卦之例 ······ 22

八卦方位图 ······ 25

观梅占 ······ 25

牡丹占 ······ 27

邻夜扣门借物占 ······ 29

今日动静如何 ······ 31

西林寺碑额占 ······ 32

老人有忧色占 ······ 34

少年有喜色占 ······ 36

牛哀鸣占 ······ 37

鸡悲鸣占 ······ 38

枯枝坠地占 ······ 39

风觉鸟占 ······ 41

听声音占 ······ 44

形物占 ······ 45

验色占 ······ 45

八卦所属内外动静之图 ······ 46

八卦万物类占 ······ 47

增广梅花易数卷一 ······ 71

心易占卜玄机 ······ 71

占卜总诀 ······ 72

占卜论理诀 ······ 73

先天后天论 ······ 73

卦断遗论 ······ 75

八卦心易体用诀	77
体用总诀	78
天时占第一	83
人事占第二	86
家宅占第三	86
屋舍占第四	87
婚姻占第五	87
生产占第六	88
饮食占第七	89
求谋占第八	90
求名占第九	90
求财占第十	91
交易占第十一	92
出行占第十二	92
行人占第十三	93
谒见占第十四	93
失物占第十五	93
疾病占第十六	95
官讼占第十七	99
坟墓占第十八	99
三要灵应篇序	101
三要灵应篇	104
十应奥论	119
十应目论	120
复明天时之应	121
复明地理之应	122
复明人事之应	123
复明时令之应	124

复明方卦之应	126
复明动物之应	127
复明静物之应	128
复明言语之应	129
复明声音之应	129
复明五色之应	130
复明写字之应	131
遗论	131
体用	140
体用论	142
衰旺论	143
内外论	144
动静	146
向背	148
静占	149
观物洞玄歌	149
起卦加数例	151
屋宅之占诀	153
器物占	157

增广梅花易数卷三 … 159

八卦方位之图	159
观梅数诀序	159
八卦定阴阳次序	161
变卦式八则	161
占卦诀	164
体用互变之诀	165
体用生克之诀	166
体用衰旺之诀	168

体用动静之诀	169
占卜坐端之诀	170
占卜克应之诀	172
万物赋	175
饮食篇	179
观物玄妙歌诀	183
诸事响应歌	186
诸卦反对性情	190
占物类例	192
物数为体诀	194
观物看变爻为主	195
观物克应法	195
观物趣时诀	195
观物用《易》例	196
万物戏验	197
占卜十应诀	198
论事十大应	203
卦应	205

增广梅花易数卷四 … 217

序	217
指迷赋	218
玄黄克应歌	219
玄黄叙	220
玄黄歌	221
花押赋	222
探玄赋	223
齐景至理论	225
字画经验	226

字体诗诀	227
四季水笔	229
画有阴阳	229
八卦断	230
相字心易	230
辨字式	230
笔法筌蹄	231
字画指迷	234
六神笔法	237
六神主事	238
笔画犯煞	239
玄黄笔法歌	239
五行体格式	241
时辰断	242
起六神卦诀	242
辨别五行歌	243
辨别六神歌	244
五行并歌式	244

增广梅花易数卷五 … 249

五行全备	249
六神形式	249
八卦辨	250
七言作用歌	253
比例歌	256
西江月	257
易理神数	257
古人相字	258
断富贵贫贱要诀	260

五行四时旺相休囚例 …… 261

五行相生地支 …… 261

天干地支属五行 …… 262

论八卦性情 …… 262

八卦取象 …… 262

六十甲子歌 …… 262

六十四卦次序 …… 263

《系辞》八卦类象歌 …… 263

浑天甲子定局 …… 263

后天时方 …… 265

八反格 …… 268

四言独步 …… 268

五言作用歌 …… 270

别理篇 …… 271

六言剖断歌 …… 273

格物章 …… 274

物理论 …… 276

五行六神辨别论 …… 277

金声章 …… 279

附　录 …… 281

邵雍传 …… 281

宋邵康节先生行略 …… 283

宋邵康节先生墓志铭 …… 285

重修康节先生祠堂记 …… 287

嵩县重修康节先生邵子祠墓碑记 …… 288

邵雍年表 …… 290

参考书目 …… 305

增广校正
梅花易数卷一

周易①卦数

乾一　兑二　离三　震四
巽五　坎六　艮七　坤八

[注] 因卦有八，以配八宫方位，六亲用事；而数有十，以有伦序之规。一，如以八为伦序，则数有十。何解？数以十为循环。二，宇宙源于一，一为坎卦，为智慧之所。后天阴阳世界源于智慧，体现在后天有形，而坤为实有，所以二为坤卦。有情万物，催生在木，所以有震卦为三。万物相持，所以有巽卦四。《梅花易数》之学，必以后天洛书之数为用。先天八卦论八卦缘起，后天八卦论应用。

邵雍先生像

康节先生赞

天挺人豪，
英迈盖世。
驾风鞭霆，
历览无际。
手探月窟，
足蹑天根。
闲中今古，
醉里乾坤。

新安朱熹赞

---

① 《周易》我国古代最早的一部独具体系的特殊的哲学著作，又称《易》、《易经》。《周易》原只有"经"的部分，后来出现了解释古经的《易传》十篇，汉儒将之连经并行，故通常意义上的《周易》兼指经传两部分。"经"部分含六十四卦符号及卦辞六十四则、爻辞三百八十四则（又有两则"用九"、"用六"爻辞）；"传"部分含《文言传》、《彖传》上下、《象传》上下、《系辞传》上下、《说卦传》、《序卦传》、《杂卦传》七种，凡十篇，亦称《十翼》。班固《汉书·艺文志》称："《易》道深矣，人更三圣，世历三古。"《周易》经传的创作经历了远古时代至春秋战国之间的漫长过程，是人更多手、时历多世的集体撰成的作品。

《周易》的性质，学者或以为专明占筮之书，或以为阐论哲理之作。但细究《周易》的创制虽是以卜筮为用。其实质乃含藏着深邃的哲学意义。包涵经传在内的《周易》一书，由于其内容诞生之古远，及其核心思想之深邃，宜为我国古代一部特殊的哲学专著。

《闻见录》：康节先公少日游学，先祖母李夫人思之恍惚，至倒诵佛书。康节亟归，不复出。夫人捐馆，康节持丧毁甚，躬自爨以养。祖父置家苏门山下，康节独筑室于百源之上。时李成之子挺之，东方大儒也，权共城县令，一见康节心相契，授以《大学》。康节益自克励，三年不设榻，昼夜危坐以思。写《周易》一部，贴屋壁间，日诵数十遍。闻汾外任先生者有易学，又往质之。挺之去为河阳司户曹，康节亦从之，寓州学，贫甚，以饮食之油贮灯读书。一日有将校自京师出代昔，见康节曰："谁苦学如秀才者。"以纸百幅、笔十枝为献。康节辞而后受。每举此语先夫人："吾少日艰难如此，当为子孙言之。"康节又尝谓伯温曰："吾早岁徒步游学，至有所立，艰哉。程伯淳正叔虽为名士，本出贵家，其成就易矣。"因泣书之以示子孙。

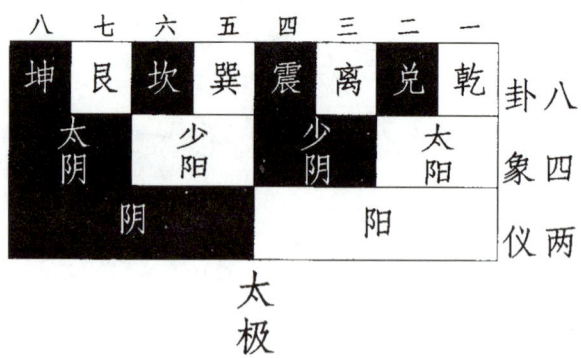

伏羲八卦次序图

［注］后天八卦数对应：坎卦一，坤卦二，震卦三，巽卦四，中宫五与零寄坤宫，乾卦六，兑卦七，艮卦八，离卦九，此为至要之法。

五行①生克

金生水　水生木　木生火　火生土　土生金
金克木　木克土　土克水　水克火　火克金

［注］生者就之，克者节之。生为顺，克为规。生克本无吉凶，全在适宜尔。当生而生则吉，不当生而生则凶；当克而克则吉，不当克而克则凶。实则泻之，虚则补之；太过者损之斯成，不及者益之则利。对于实者，宜克泄耗以减损则吉，生扶则凶；对于虚者，宜生扶以助之则吉，反之克泄耗则凶。此为生克权变之理，

---

① 五行，指金、木、水、火、土五种物质属性而言。中国古代思想家把水、火、木、金、土视为构成大自然万物的五种基本元素，合称"五行"。"行"字之义，谓流行于天地万物之间。其说又与"阴阳"说相结合，形成影响深远的"阴阳五行学"。汉以后日趋发展的"易学术数学"，即参入浓厚的阴阳五行思想。《尚书·洪范》云："五行：一曰水，二曰火，三曰木，四曰金，五曰土。水曰润下，火曰炎上，木曰曲直，金曰从革，土爰稼穑。润下作咸，炎上作苦，曲直作酸，从革作辛，稼穑作甘。"孔颖达《尚书正义》："言五行性异而味别，各为大之用。《书传》云：水火者，百姓之所饮食也；金木者，百姓之所兴作也；土者，万物之所资生也。是为人用五行，即五材也。襄二十七年《左传》云：'天生五材，民并用之。'言五者皆有材干也。谓之'行'者，若在天则五气流行，在地世所行用也。"

不可偏废，以此为规，则卦有准实。

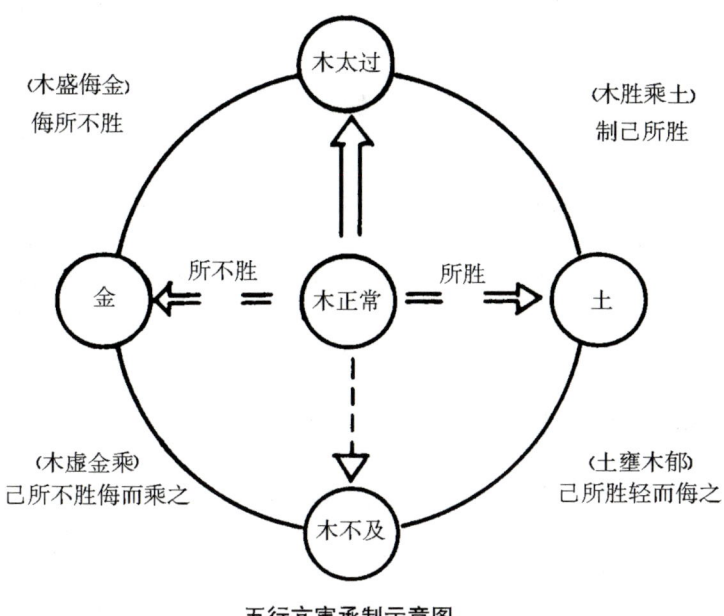

五行亢害承制示意图

[注] 五行耗泄：克与耗互为关系（克耗双方均减损）。木耗金，金耗火，火耗水，水耗土，土耗木。生泄互为关系（主生者减损，被生者增益）。木泄水，水泄金，金泄土，土泄火，火泄木。

八宫所属五行

乾、兑金，坤、艮土，震、巽木，坎水，离火。

[注] 指八卦所分领的八宫卦，西汉京房的《易》学条例，其说以八纯卦（六画卦）各变为八卦。凡初爻变所成之卦为一世卦；二爻变所成之卦为二世卦；三爻变所成之卦为三世卦；四爻变所成之卦为四世卦；五爻变所成之卦为五世卦；上爻不变，再回变已变之第四爻，遂成游魂卦；再变游魂卦的下体三爻，终成归魂卦。如此由八纯卦衍变为六十四卦，纯卦为本宫，八纯

《宋稗类钞·方技》云：邵尧夫在洛中，尝与司马温公论易数，推园中牡丹，云："某日某时当毁。"是日温公命数客以观。日向午，花方秾盛，客颇疑之。斯须两马相踶，绝衔断辔，自外突入，驰骤栏上，花果毁焉。尝言天下不可传此者，司马君实、章子厚尔。盖君实不肯学，子厚不可学也。

《清波杂志》云：辉尝过庭，闻祖父奉直，得于陆农卿左丞。欧阳文忠公有一记事册子，亲题"丙午年，不入蜀，则入吴"。后见洪成李文宪公之孙，言文宪尝问邵泽民："康节知数，公所闻如何？"曰："无他语，临终但云'丁未岁，子孙可入蜀'。然建炎初，吴地亦不免被兵，独西蜀全盛，迄今为东南屏蔽，益信斯言。"康节先天之数，世可希万一耶！

卦分领八宫，成为有特殊规律的组合，称"八宫卦"。

八宫卦表

兑	离	巽	坤	艮	坎	震	乾	
困	旅	小畜	复	贲	节	豫	姤	一世
萃	鼎	家人	临	大畜	屯	解	遁	二世
咸	未济	益	泰	损	既济	恒	否	三世
蹇	蒙	无妄	大壮	睽	革	升	观	四世
谦	涣	噬嗑	夬	履	丰	井	剥	五世
小过	讼	颐	需	中孚	明夷	大过	晋	游魂
归妹	同人	蛊	比	渐	师	随	大有	归魂

卦气旺

震、巽木旺于春。离火旺于夏。乾、兑金旺于秋。坎水旺于冬。坤、艮土旺于辰戌丑未月。

卦气衰

春坤、艮。夏乾、兑。秋震、巽。冬离。辰戌丑未坎。

[注] 卦气旺衰全凭旺相休囚之法。

春：木旺，火相，水休，金囚，土死。
夏：火旺，土相，木休，水囚，金死。
秋：金旺，水相，土休，火囚，木死。
冬：水旺，木相，金休，土囚，火死。
长夏：土旺，金相，火休，木囚，水死（四季之月有专论）。

旺相为有力，休囚死为无力。有力者宜克泄耗，忌生扶；无力者喜生扶，忌克泄耗。

春季木火旺而土金水休囚。

夏季火土旺而金水木休囚。

长夏土金旺而水木火休囚。

秋季金水旺而木火土休囚。

冬季水木旺而火土金休囚。

杭辛斋卦气六日七分图

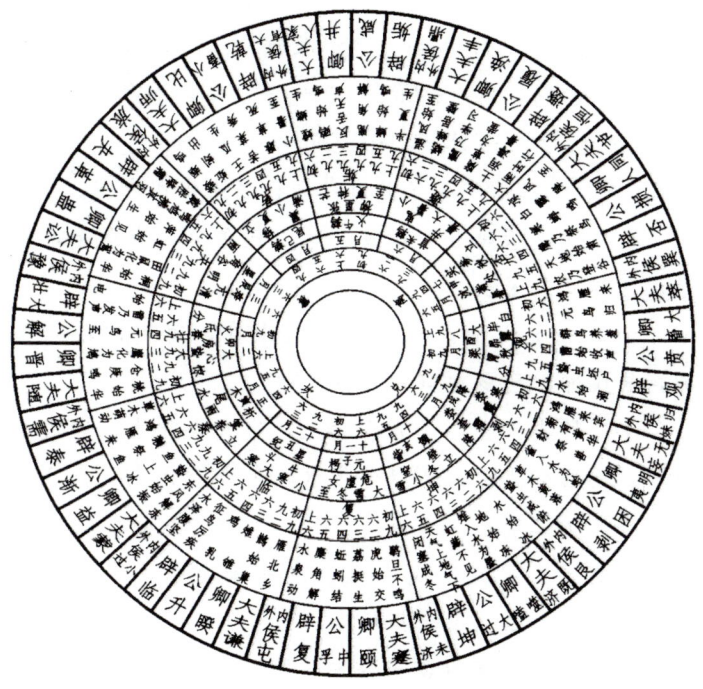

十天干

甲乙东方木。丙丁南方火。戊己中央土。庚辛西方金。壬癸北方水。

［注］阳为气，阴为质，乙为木之质，甲为木之气。甲木为万物之始，乙木为万物之生发；丁火为万物所显，丙火为万物之华；己土为有形，戊土为传化；辛金

宋魏了翁《鹤山文集》载《跋康节逢春诗》云："先生妙极道数，从容于义理之会；虽形诸余事，无间精粗，莫非实理；秦汉以来诸儒，鲜能及之，此所谓豪杰之士也。陵阳牟君铉，得其所书逢春诗，尝以遗临邛魏某，辞不敢有，仍书而归之。"

宋朱弁《曲洧旧闻》云：欧阳公在政府，闻康节之名，子棐叔弼之官，道经洛下，曰："汝至洛，可往谒邵先生。"叔弼既到门，尧夫倒屣出迎，延入，说话终日，又自道平生所见人，所从学，所行事，已而又问曰："君能记否？"棐虽敬听之，不晓其意。逮元丰间，尧夫卒，有司上其行应谥，而叔弼为太常博士，当作谥议，乃始恍然悟。世以比郭景纯之于青衣，虽其事不同，而前知实相类也。

为万物所终，庚金为次第；癸水为坚，壬为藏。

十天干相生：甲乙木生丙丁火，丙丁火生戊己土，戊己土生庚辛金，庚辛金生壬癸水，壬癸水生甲乙木。

十天干相克：甲乙木克戊己土，戊己土克壬癸水，壬癸水克丙丁火，丙丁火克庚辛金，庚辛金克甲乙木。

十天干五合：甲己合化土，乙庚合化金，丙辛合化水，丁壬合化木，戊癸合化火（天干五合源于河图）。

十二地支

子水鼠，丑土牛，寅木虎，卯木兔，辰土龙，巳火蛇。午火马，未土羊，申金猴，酉金鸡，戌土犬，亥水猪。

[注] 十二地支为子丑寅卯辰巳午未申酉戌亥。

十二地支所属五行：寅卯木，巳午火，申酉金，亥子水，辰戌丑未土。

十二地支六冲：子午冲，丑未冲，寅申冲，卯酉冲，辰戌冲，巳亥冲（六冲指月建）。

十二地支六合：子丑合化土，寅亥合化木，卯戌合化火，辰酉合化金，巳申合化水，午未合化土（六合指十二气与十二节）。

地支三合：寅午戌合火，亥卯未合木，申子辰合水，巳酉丑合金（三合指年支）。

地支三会：寅卯辰三会木，巳午未三会火，申酉戌三会金，亥子丑三会水（三会指月建）。

地支在月份上分别代表十二月。一月寅，二月卯，三月辰，四月巳，五月午，六月未，七月申，八月酉，九月戌，十月亥，十一月子，十二月丑。在一天中分别代表十二个时辰。子时23点—1点；丑时1点—3点；寅时3点—5点；卯时5点—7点；辰时7点—9点；巳时9点—11点；午时11点—13点；未时13点至15点；申时15点—17点；酉时17点—19点；戌时19点—21

点；亥时21点—23点。在五行和方位上：寅卯东方木；巳午南方火；申酉西方金；亥子北方水。

一说为：寅为初生之木，卯为极盛之木，辰为渐衰之木；巳为初生之火，午为极盛之火，未为渐衰之火；申为初生之金，戌为渐衰之金；亥为初生之水，子为极盛之水，丑为渐衰之水。

八卦象①例

乾三连☰，坤六断☷。
震仰盂☳，艮覆碗☶。
离中虚☲，坎中满☵。
兑上缺☱，巽下断☴。

[注] 乾卦为父，五行属阳金；坤卦为母，五行属阴土；震卦为长男，五行属阳木；艮卦为少男，五行属阳土；离卦为中女，五行属阴火；兑卦为少女，五行属阴金；巽卦为长女，五行属阴木。

八卦相克：乾兑金克震巽木，震巽木克坤艮土，坤艮土克坎水，坎水克离火，离火克乾兑金。

八卦相生：乾兑金生坎水，坎水生震巽木，震巽木生离火，离火生坤艮土，坤艮土生乾兑金。

后天八卦方位：坎水正北方，艮土东北方，震木正东方，巽木东南方，离火正南方，坤土西南方，兑金正西方，乾金西北方。（后天八卦为后天世界，其理源于有形世界，所以具有八方方位。）

先天八卦卦序：乾兑离震为天之义，巽坎艮坤为地之德。（先天八卦论八卦起源，不具有八方方位。）

八卦颜色：乾兑金白色，坎水黑色，震巽木苍青，离火红色，坤艮土黄色。

---

① 《周易》为象征哲学，《易》中之"象"，含有"形象"、"象征"之意。《系辞下传》云："象也者，像此者也。"

卦：指易卦而言。由阴爻和阳爻所组成。分为八卦和六十四卦两种。八卦由三个爻所组成，称八经卦；由六个爻组成的六十四卦，称为别卦。

卦数：指易卦所代表的数字。易卦所代表的数包括：先天八卦数；天地范围数；八卦成列数；六十四卦方位数。

邵雍先师观梅占测以应世事，后世为《梅花易数》之学。此法占卦灵活机变，但总不离阴阳、五行、八卦之法。近代刘恒以正解八卦易理为体，周易解卦组合为用，开近代象数派与易理派结合之先河，继往圣之遗志，立后世之慧明。

《梅花易数》占卦以物象起卦与数字起卦取用，节气五行当旺为尺度，八卦生克作用应吉凶，八卦万物类象为占测之方，占取远近得失，人事变化。

八卦象意：乾为天（自然），坤为地（有形），艮为山（传化），震为雷（万物之始），巽为风（相持），离为火（热），坎为水（无形）。

八卦与六十四卦：八卦两两正反组合，而生六十四卦，六十四卦而生吉凶臧否。

占法

易中秘密穷天地，造化天机泄未然。
中有神明司祸福，从来切莫教轻传。

［注］易之学涵纳寰宇智慧，一切天机造化尽泄其中，有自然规律掌管人间祸福，从古至今没有敢轻易相传者。

玩法①

一物从来有一身，一身还有一乾坤。
能知万物备于我，肯把三才别立根。
天向一中分造化，人于心上起经纶。
仙人亦有两般话，道不虚传只在人。

［注］万物皆宇宙，每一件事或物自有五行意义。能够了然万物之规者，能知道人的来去。宇宙阴阳源于一（智慧），社会兴衰在于人心善恶。仙人不会既不失人，又不失道。道是宇宙万有，但在人心。

卦数起例

卦以八除。凡起卦不问数多少，即以八作卦

---

① 见《伊川击壤集》卷15，原名《观易吟》。

乾卦为阳金，兑卦为阴金；艮卦为阳土，坤卦为阴土；震卦为阳木，巽卦为阴木；坎卦为阳水；离卦为阴火。因坎离本为一，故坎卦离卦只有一，而无阴阳之水火。

卦气：汉代易学家孟喜、京房等以《易》卦分配于十二月气候，作为易筮、占验之用，称为"卦气"。卦气包括三种因素：一、卦；二、气候；三、五行。

旺：旺是指得时当令，盛旺。

衰：衰是指不得时不当令，衰颓。

互卦：亦称"互体卦"、"约象"、"中爻"。指用六爻卦中的二爻、三爻、四爻和五爻相互组成的新卦。方法为：三爻、四爻、五爻相组合，为新卦的上卦；二爻、三爻、四爻相组合，为新卦的下卦。注意不能颠倒，不能调换爻的位置。

数。过八数，即以八数退除，以零数作卦。一八除不尽，再除二八、三八，直除尽八数，以零数作卦。如得八数整，即坤卦，更不必除也。

[注] 因卦有八，因此以八为基数循环，卦数为先天八卦排序而来，乾卦一，兑卦二，离卦三，震卦四，巽卦五，坎卦六，艮卦七，坤卦八。以求卦得出数除以八，余数做卦，如整除以坤做卦。如求测得出数不足八，则以原数做卦。例如：求测得数27，以27除以8，余数为3，3即为离卦；如求测得出数为4，4既是巽卦。后天洛书起卦方法：因为数以十为循环，卦有八与之对应，所以卦必化十与数对应，此为八卦正理。这就是后天《洛书》对应数。洛书既是后天世界生变之顺序，亦数之终始。凡以洛书数起卦，即坎卦一，坤卦二，震卦三，巽卦四，五零寄坤卦，乾卦六，兑卦七，艮卦八，离卦九为卦数，以十为循环。不足十者，直接以原数做卦，超过十的，以个位做卦。例如：求卦得数3，就为震卦，得数17即为兑卦，得数30即为坤卦之类。

爻以六除。凡起动爻，以重卦总数除六，以零数作动爻。如不满六，止用此数为动爻，不必再除。如过六数，则除之一六，不尽再除二六、三六，直至除尽，以零数作动爻。若一爻动，则看此一爻，是阳爻则变阴爻，阴爻则变阳爻。取爻当以时加之。

[注] 凡起动爻，以重卦总数除了六，以余数作动爻。如不满六，止用此数为动爻，不用再除了。如过六数，则除了之一六，不绝再除了二6、三六，直至除了绝，以余数作动爻。若一爻动，则看此一爻，是阳爻则变阴爻，阴爻则变阳爻。取爻当以时加上。凡起卦求动爻，从初爻至上六逐一而动，以六除之，余数为动爻，如不足六，以原数为动爻，如整除者，则以六做动爻。例如求卦得数19，19除以6，余数为1，则为初爻发动，如求卦数得数24，24除以6整除，则上六发动，其他

先天起卦法

先天起卦法的要旨是卦以八除，爻以六除。先得数，再起卦。凡起卦如数在八之内，则以伏羲八卦次序为准，将数配成先天卦。乾一，兑二，离三，震四，巽五，坎六，艮七，坤八。整除者为八。数大于八，则以八或八的整数倍除，以余数作卦，如被除尽则为坤卦。

起卦后，如重卦总数不满六，是几则几爻动。大于六则以六或六的整数倍除，以余数作动爻，如被除尽则是上爻动。取动爻有时还加上起卦时的时辰数。

河图

河图：一六为水，居北；二七为火，居南；三八为木，居东；四九为金，居西；五十为土，居中。北方水生东方木，东方木生南方火，南方火生中央土，中央土生西方金，西方金生北方水。此五行相生之序也。

以此类推则是。

根据时间起卦	年月日数之和除八余数为上卦，年月日时数之和除八之余数为下卦。以天干地支计年，即子年一、丑年二、寅年三、卯年四、辰年五、巳年六、午年七、未年八、申九年、酉年十、戌年十一、亥年十二。月数随月份数。日数以初一为一至三十日为三十。时数以子时为一直至于亥时为十二。这种计时方式与现在的二十四时制可类推，即子时为夜间十一点至凌晨一点，丑时为一点至三点，寅时为三点至五点……
根据可数之物起卦	凡见可数之物即以此数为上卦，以此时配作下卦。以卦数加时数除六取动爻。
根据可数之声起卦	凡听到声音，如动物鸣叫声、敲击声、叩门声等等，以声音数（如敲门几下）起作上卦，时数配作下卦。卦数加时数被六除取动爻。
根据字起卦	凡见字数，即平分一半为上卦，一半为下卦，如字数为奇数，即以少一字为上卦，以多一字为下卦（如七个字，以三为上卦，四为下卦，三为离，四为震，上离下震成火雷噬嗑卦）如仅一个字，以左边笔划数为上卦，右边笔划数为下卦。另，从四字至十数字还有一种起卦方式，即上下卦划分后取平仄音调相加。其中，平声为一，上声为二，去声为三，入声为四。相加后仍是多于八被八除等。
根据尺寸起卦	对可丈量之物，以丈数为上卦，尺数为下卦。寸数可不计。或以尺数为上卦，寸数为下卦，分数不计。加时取动爻。
根据人起卦	对人起卦很活，全在临时掌握。可听其声，取首句或末句，据其字数分而起卦；可观其他，老人为乾，少女为兑等；可看其动作，头动为乾，足动为震，目动为离；可观其肤色或观其服色，青为震，赤为离，根据五行系统区分；还可看其执何物，执金玉或圆物为乾，执方物之属为坤；其若写字，便可以字起卦。等等。

根据动物起卦	见一群动物不可起卦，见到一个动物则可以此物为上卦，所来之方位为下卦，合物卦数及方位卦数加时数被六除取动爻。根据动物起卦也很活。除上法外，也可据其叫声起卦。如是家畜，可将其出生年月日时起卦。如果是从外人手中买来的，可根据购买来的时间起卦。
根据静物起卦	江河山石不可起卦。屋宅、树木、桌椅之类，可根据宅建成之时，树木种下之时或移来之时，桌椅购置之时起卦。邵雍认为，静物"无故不占"，如观梅见雀争枝才起卦。

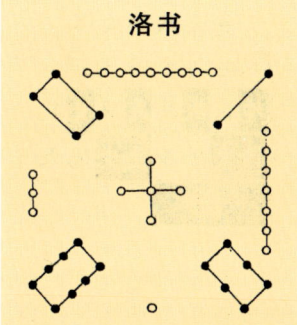

洛书：戴九履一，左三右七，二四为肩，六八为足。五居中央。一六水克二七火，二七火克四九金，四九金克三八木，三八木克五中土，五中土克一六水。此五行相克之序也。

互卦起例

互卦只用八卦，不必取六十四卦重名。互卦以重卦去了初爻及第六爻，以中间四爻分作两卦，看得何卦。

又云：乾坤无互，互其变卦。

［注］每一重卦皆有两卦组成，而互卦则是去掉初爻与上六，以二爻，三爻，四爻组一新卦；三爻，四爻，五爻组一新卦，此两卦新卦重新组卦，此为互卦。例如求测得卦山火贲，去其一爻六爻，二爻，三爻，四爻得下卦坎为水，上卦震为雷，新卦雷水解。

年月日时起例

年月日为上卦。年月日加时总数为下卦。又以年月日时总数取爻。如子年一数，丑年二数，直至亥年十二数。月如正月一数，直至十二月，亦作十二数。日数如初一一数，直至三十日亦为三十数。以上年月日共计几数，以八除之，以零数作上卦。时如子时一数直至亥时为十二数，就将年月日数加时之数，总计几数，以八除之，零数作下卦；就以六除作动爻。

[注] 根据来人占测的时间起卦，其方法如下：

一、十二地支化数：子水一，丑土二，寅木三，卯木四，辰土五，巳火六，午火七，未土八，申金九，酉金十，戌土十一，亥水十二。

二、时间起卦法：

年数＋月数＋日数，取其个位数为下卦。

年数＋月数＋日数＋时数，取其个位数为上卦。

（年数＋月数＋日数＋时数）除以6，余数为动爻。

例如：2018戊戌年，癸亥月，辛未日，己亥时问卦。

戊戌为11，癸亥为12，辛未为8，己亥为12。

下卦：11＋12＋8＝31，取其余数为1，1为坎卦。

上卦：11＋12＋8＋12＝43，取其余数为3，3为震卦。

动爻：11＋12＋8＋12＝43，用43除以6，余数为1，则为1爻发动。

根据以上得卦雷水解之雷泽归妹。

卦例如下：

雷水解		雷泽归妹	
▬▬ ▬▬	戌土	▬▬ ▬▬	戌土
▬▬ ▬▬ 应	申金	▬▬ ▬▬	申金
▬▬▬▬▬	午火	▬▬▬▬▬	午火
▬▬ ▬▬	午火	▬▬▬▬▬	丑土
▬▬▬▬▬ 世	辰土	▬▬▬▬▬	卯木
▬▬ ▬▬ ×	寅木	▬▬▬▬▬	巳火

物数占

比见有可数之物，即以此数起作上卦，以时数配作下卦。即以卦数并时数总除六取动爻。

先天八卦次序

八七六五四三二一
坤艮坎巽震离兑乾
阴太阳少阴少阳太
　阴　　　　阳

《系辞传》曰："易有太极，是生两仪，两仪生四象，四象生八卦。"邵子曰："乾一、兑二、离三、震四、巽五、坎六、艮七、坤八，乾、兑、离、震为阳，巽、坎、艮、坤为阴。乾兑为太阳，离、震为少阴，巽、坎为少阳，艮、坤为太阴。"

[注]因为《梅花易数》占测之法全在临机存变之间，以求测之人心念动起之时，抓取"外应"之变动，并以此变动起卦数。如有人点头两下，即为兑卦；又如有人举手，而手为艮卦；又如应机有光发出物，即为离卦等。

所谓"时数"，其解有二。其一，时辰化数除以八，论余数以定八卦。如午时问卦，午时数为7，7即是艮卦；其二，年支数加阴历月数加阴历日数加时支数，此四数相加之和除以八，以余数做卦。如戊戌年，数11，阴历10月29（此处为另一用数法，与前一篇共是两种方法，上篇以月支数与日支数），时辰卯时为4，得数为11＋10＋29＋4＝54，以54除以八余数为6，6即是坎卦。

声音占

凡闻声音，数得几数，起作上卦；加时数，配作下卦。又以声音，如闻动物鸣叫之声，或闻人敲击之声，皆可作数起卦。

[注]凡听闻声响起卦有二法。其一，以声响次数起作上卦，不足八以原数作卦，超过八则除以八，余数做卦；又以声响次数加时支数除以八做下卦，不足八原数作卦。其二，如音声自然有划分者，则先声次数做上卦，后发之声次数做下卦。例如邵康节先生邻居晚上敲门之卦，先敲一声，停了一下再敲五声，按敲门声先后起卦，1声为乾卦，5声为巽卦，得到天风（姤）卦，4卦动变巽卦。

字占

凡见字数如停匀，即平分一半为上卦，一半为下卦。如字数不匀，即少一字为上卦，取天轻

先天八卦方位

《说卦传》曰："天地定位，山泽通气，雷风相薄，水火不相射，八卦相错。"邵子曰："乾南、坤北、离东、坎西，兑居东南、震居东北、巽居西南、艮居西北，所谓先天之学也。"

后天八卦次序

坤母
兑少女 离中女 巽长女 艮少男 坎中男 震长男
乾父

《说卦传》曰："乾，天也，故称乎父。坤，地也，故称乎母。震一索而得男，故谓之长男。巽一索而得女，故谓之长女。坎再索而得男，故谓之中男。离再索而得女，故谓之中女。艮三索而得男，故谓之少男。兑三索而得女，故谓之少女。"

清之义；以多一字为下卦，取地重浊之义。

一字占

一字为太极未判。如草，混沌不明，不可得卦。如楷书，则取其字画，以左为阳，以右为阴。画居左者看几数，取为上卦；居右者看几数，取为下卦。又以一字之阴阳，全画取爻。"亻"、"丿"，此为左者；"一"、"乙"、"、"，此为右者。

二字占

二字为两仪平分。以一字为上卦，以一字为下卦。

三字占

三字为三才。以一字为上卦，二字为下卦。

四字占

四字为四象。平分上下为卦。又四字以上，不必数画数，只以平仄声音调之。平声为一数，上声为二数，去声为三数，入声为四数。

五字占

五字为五行。以二字为上卦，三字为下卦。

六字占

六字为六爻之集。平分上下为卦。

七字占

七字为齐七政。以三字为上卦，四字为下卦。

八字占

八字为八卦定位。平分上下为卦。

九字占

九字为九畴之义。以四字为上卦,五字为下卦。

十字占

十字为成数。平分上下为卦。

十一字占

十一字以上直至百余字,皆可起卦。但十一字以上,又不用平仄声调之,只用字数。如字数均平,则以半为上卦,以半为下卦。又合二卦总数取爻。

[注]如对方书写一个字,这是太极未判,如果写的是草书,难以辨识的,此为混沌不明字,此为不上卦的字(草书偏木,楷书偏金)。如写的是楷书,则取其笔画以画卦,以左半部偏旁为阳,右半部字体为阴,这时候只查左右部分的笔画,以笔画数成卦(乾一,兑二,离三,震四,巽五,坎六,艮七,离八,九复乾)偏旁笔画成卦为上卦,字体笔画成卦为下卦。

如书写两个字,则首之字为上卦,后写之字为下卦。

如书写三个字,一个字为上卦,其余两个字为下卦。

如书写四个字,先写的两个字取画上卦,后写两个字取画为下卦。四字以上者,可以不数笔画,而只以声调画卦,平声为一,上声为二,往声为三,进声为四。

如书写五个字,前两个字笔画取卦为上卦,后三个字笔画取卦做下卦。

后天八卦方位

《说卦传》曰:"帝出乎震,齐乎巽,相见乎离,致役乎坤,说言乎兑,战乎乾,劳乎坎,成言乎艮。"邵子曰:"乾统三男于东北,坤统三女于西南。乾、坎、艮、震为阳,巽、离、坤、兑为阴。"

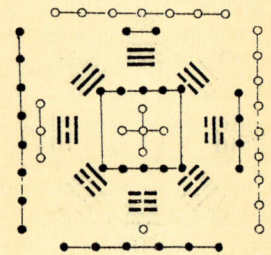

先天卦配河图之象

《启蒙附论》曰："图之左方阳内阴外，即先天之震离兑乾，阳长而阴消也。其右方阴内阳外，即先天之巽坎艮坤，阴长而阳消也。盖所以象二气之交运也。"

如书写六个字，前三字取数画卦为上卦，后三字取数画卦为下卦。

如书写七个字，前三字笔画取卦做上卦，后四字笔画取卦做下卦。

如书写八个字，前四个字取数画卦做上卦，后四个字取数画卦做下卦。

如书写九个字，前四个字取数画卦做上卦，后五个字取数画卦做下卦。

如书写十个字，前五个字取数画卦做上卦，后五个字取数画卦做下卦。

如书写十一个字，或十一个字以上者，不用查笔画，亦不用平仄声调，只以数画卦，字个数为双数者，字数取卦纯卦，字数为单数者，取单数画卦做上卦，取双数画卦做下卦。至于动爻，则以字数的总数除以六，余数做动爻，整除则以六做动爻。

总结，写字占测有三：其一，单字占，如左右结构者，取左边笔画数画卦，做下卦，右边笔画数画卦，做上卦；如写字为上下结构者，上半部字笔画数取卦，做下卦，下半部笔画数取卦，做上卦；如为独体字，则以字之笔画取卦，做八纯卦。其二，两字占，那么以先写之字的笔画取卦做下卦，后写之字的笔画取卦做上卦。其三，多字占，如书写多字者，则只论头尾二字取卦，第一字笔画取卦做下卦，末尾字笔画取卦做上卦。（卦数取用为后天洛书：坎一，坤二，震三，巽四，五零坤，乾六，兑七，艮八，离九）

丈尺占

丈尺之物，以丈数为上卦，尺数为下卦。合丈尺之数取爻。寸数不用。

尺寸物占

以尺数为上卦，寸数为下卦。合尺寸之数，加时取爻。分数不用。

［注］丈、尺、寸，都是古代的计量单位。现在起卦，即用现代的丈、尺、寸单位即可，没有必要用古代的计量单位。对可丈量之物，以丈数为上卦，尺数为下卦，寸数可不计。或以尺数为上卦，寸数为下卦，分数不计。加时取动爻。

为人占

凡为人占，其例不一。或听语声起卦，或观其人品，或取诸身，或取诸物，或因其服色，触其外物，或以年月日时，或以书写来意。

又听其语声者，如或一句，即如其字数分之起卦，如人说两句，或用先一句为上卦，后一句为下卦。语多，则但用初听一句，或末后所闻一句。余句不用。

观其人品者，如老人为乾，少女为兑之类。

取诸其身者，如手动为乾，足动为震，目动为离之类。

取诸其物者，如人手中偶有何物，如金玉及圆物之属为乾，土瓦及方物之属为坤之类。

因其服色者，如其人青衣为震，赤衣为离之类。

触其外物者，起卦之时见水为坎卦，见火为离卦之类。

年月日时，如望梅之类推之。

书写来意者。其人来占，或写来意，则以其

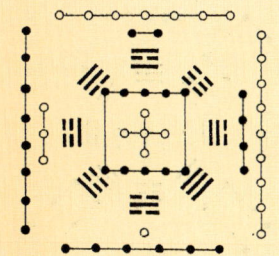

后天卦配河图之象

《启蒙附论》曰："图之一六为水，即后天之坎位也；三八为木，即后天震巽之位也；二七为火，即后天之离位也；四九为金，即后天兑乾之位也；五十为土，即后天之坤艮，周流四季而偏旺于丑未之交也。盖所以象五气之顺布也。"

字占之。

[注] 所谓为人占是为别人而预测的方法，这种方法在实践中运用得最多，也最广。对人起卦很活，全在临时掌握。可听其声，取首句或末句，据其字数分而起卦；可观其象，老人为乾，少女为兑等；可看其动作，头动为乾，足动为震，目动为离；可观其肤色或观其服色，青为震，赤为离，根据五行系统区分。还可看其执何物，执金玉或圆物为乾，执方物之属为坤；其若写字，便可以字起卦。等等。正因为如此，所以它的起卦方式不是一种，而是多种形式。为别人预测，由于所知条件甚少，要凭仅已知的一个或几个条件来对人或要求问的事作出判断，难度比较大。但由于它是最实用最常用的预测方法，因而具有很高的研究价值。举例如下：

一、听其语而起卦。所谓听其语声，就是听来人所讲的话，把来人所讲的话写出来，即可起卦。如只说了一句话，字数在十一字以内，即可用上述字占的方法起卦。如果来人说了两句话，即可用上句的字数起作上卦，下句的字数起作下卦。如果来人说了很多话，也可以用第一句话的字数起作上卦，最后一句话的字数起作下卦，中间的话不用来起卦。不用何种方式起卦，起卦后二卦总数加时辰数取动爻。取动爻的方式都是以六除即可。

二、观其人品起卦。所谓观其人品起卦，就是以来人是男是女、年纪大小来起卦。如是男人，少年为艮卦，青年为坎卦，中年为震卦，老年为乾卦。如是女人，少女为兑卦，青年为离卦，中年为巽卦，老年为坤卦。以来人的人品作上卦，以来人的方位作下卦。二卦总数加时辰数取动爻。取动爻法与各占法相同。

三、取诸身起卦。"远取诸物，近取诸身"是易学基础上的感应重要法则，这个说法出自《系辞》。它的意思是从自己的身体以及周围环境发生的异常变化来取象，用以进行或大或小的形势判断和结果预测。取卦法

先天卦配洛书之数

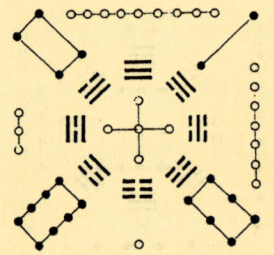

《启蒙附论》曰："洛书九数，虚中五以配八卦，阳上阴下，故九为乾、一为坤。因自九而逆数之，震八、坎七、艮六，乾生三阳也；又自一而顺数之，巽二、离三、兑四，坤生三阴也。以八数与八卦相配，而先天之位合矣。"

按：术家以乾配九、坤配一、离配三、坎配七，其数奇，故为阳。兑配四、震配八、巽配二、艮配六，其数偶，故为阴。

则依据"不动不占"的原则。比如，来人在问事过程中，摇头晃脑，或频频点头，或有其他头部的动作，则配以乾卦，因为乾为首；来人有脚的动作，如则配以震卦，因为震为足；来人有眼睛的动作，则配以离卦，因为离为目，等等。其起卦方式是：以身体部位作上卦，以问何事作下卦；或是以来人人品作上卦，以身体部位作下卦；或是以身体部位作上卦，来人方位作下卦。如何起卦，总在一念之间，不必拘泥。灵活起卦，正是《梅花易数》的不二法门。取动爻的方法同其他占法。

四、取诸物起卦。所谓取诸物，就是取来人所带物品起卦的方式。比如，来人手中拿金玉或圜形之物则取乾卦，因为乾为金玉，又为圜；来人手中拿土瓦，或方物则配以坤卦，因为坤卦为土瓦，又为方；或水果则配以艮卦，因为艮为瓜果；来人带花草之类则取震卦，因为震为蕃鲜之物。其起卦方法是：以手拿的各种物品为上卦，以问何事为下卦，或以来人方位为下卦，或以其他方面作下卦。或是以来人人品作上卦，以手执何物为下卦。二卦总数加时辰数取动爻。其起卦方式及取动爻方式与其他方式相同。

五、观其服色起卦。所谓观服色就是观察来人所着服装的颜色起卦的方式。如来人身着青绿色服装则配震，来人身着红色服装则配离，来人身着白色服装则配兑，来人则黑色服装则配坎，等等。可以来人上身所着服装之色起上卦，来人下身所着服装之色起下卦，以二卦总数加时辰数取动爻，其起卦取动爻方式与其他占法相同。

六、触其外物起卦，也就是外应起卦法。来人问某事时，看四周何物有动静，即以此物起卦的方式。如来人问事之时正好见水，则配之以坎卦，因为坎为水；见火，则配以离卦，等等。其起卦方式是：以所见外应为上卦，以时辰数作下卦，以外应加时辰数取动爻，其起卦取动爻方式与其他占法相同。

后天卦配洛书之数

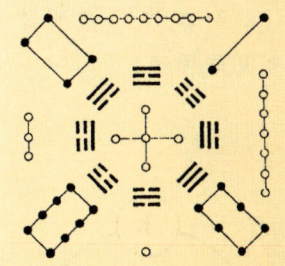

《启蒙附论》曰："火上水下，故九为离，一为坎；火生燥土，故八次九而为艮；燥土生金，故七六次八而为兑乾；水生湿土，故二次一而为坤；湿土生木，故三四次二而为震巽。以八数与八卦相配而后天之位合矣。"

按：邵子以文王八卦为入用之位，后天之学。朱子以洛书为数之用，术家飞宫吊替，俱用后天配洛书。其法以坎一、坤二、震三、巽四、中五、乾六、兑七、艮八、离九为序。刘歆曰："八卦、九章相为表里。"张衡曰："圣人重之以卜筮，杂之以九宫。"则所从来远矣。

五行生克

指五行之间相生相克的规律。

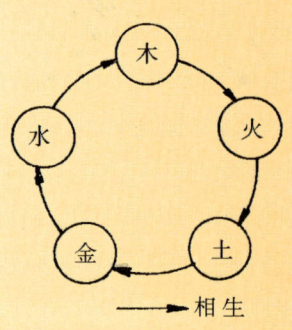

五行相生图

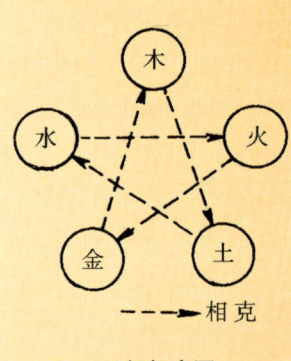

五行相克图

七、按时间起卦。所谓按时间，就是以来人问事的时间来起卦的方式，这种方法又称为按年月日时起卦。其起卦方法同前面介绍。或简单地以来人来到的公历时间起卦，不必换算成农历时刻。方法可参考"年月日时起卦法"，并无定法，可自己根据兴趣灵活掌握。

八、按来人方位起卦。所谓按来人方位起卦，就是来人从何方来，则用方位来起卦的方式。八卦配方位，均是用的后天八卦方位。东方来则配之以震卦，南方来则配之以离卦，西方来则配之以兑卦，北方来则配以坎卦，西北来则配以乾卦，东北来则配之以艮卦，西南来则配之以坤卦，东南来则配之以巽卦。

此处举例，只是简单地说明《梅花易数》其起卦方法不拘一格，我们日常起卦，并不必拘泥于所举例之起卦方法。只要符合"简易、变易、不易"的至理，即得《梅花易数》之真谛。

自己占

凡自己欲占，以年月日时或闻有声音，或观当时有所触之外物，皆可起卦。以上三例，与前章为人占法同。

[注] 所谓自己占，就是为自己占测，这也是经常运用的占法。自己占，方法同"为人占"。但是要特别注意，自己占一定要依照"不动不占"，"无事不占"，"无异常现象不占"的原则。根据《梅花易数》的原则，时间与空间之间的紧密联系，如果有异常现象，或心有所感，或要卜以决疑，即可以时间起卦，亦可用外应占法起卦。"卜以决疑，卜以固信"。无事而占，则"事间本无事，庸人自扰之"。

占动物

　　凡占群物之动，不可起卦。如见一物，则就以此物为上卦，来物之方位为下卦。合物卦数及方位卦数，加时数取爻，以此卦总断其物，如后天占牛鸣鸡叫之类。又凡牛羊犬豕之类，初生，则以初生年月日时占之。又或置买此物，亦可以初置买之时推之。

　　[注] 所谓占动物就是以动物来起卦预测动物的方式。凡是占动物，一群动物是不能以此来起卦的，只有一只动物，才能起卦。见到一个动物，即可以此物为上卦，所来之方位为下卦，合物卦数及方位卦数加时数被六除取动爻。比如马配之以乾卦，因为乾为马，牛配之以坤卦，因为坤为牛，鸡配之以离卦，因为离为鸡等等。根据动物起卦也很活。除上法外，也可据其叫声起卦。即以动物为上卦，以动物叫声和数字为下卦，以两卦总和数加时辰数取动爻。如是家畜，以动物刚出生的时间起卦，即按年月日时起卦法。如果是从外人手中买来的，可根据以动物买回家的时间起卦，以两卦总和数加时辰数取动爻。

占静物

　　凡占静物，有如江河山石，不可起卦。若至屋宅、树木之类，则屋宅初创之时，树木初置之时，皆可起卦。至于器物，则置成之时可占，如枕、椅之类是矣。余则无故不占。若观梅，则自雀争枝坠地而占。牡丹，则见有问而占。茂树，则枝枯自坠而后占也。

　　[注] 所谓静物占，就是用静物来起卦预测静物的

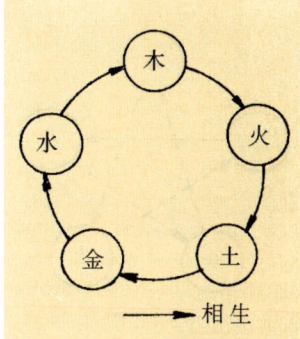

五行相生图

　　隋·萧吉《五行大义·论相生》：木生火者，木性温暖，火伏其中，钻灼而出，故木生火；火生土者，火热故能焚木，木焚而成灰，灰即土也，故火生土；土生金者，金居石依山，津润而生，聚土成山，山必长石，故土生金，金生水者，少阴之气，润燥流津，销金亦为水，所以山石而从润，故金生水；水生木者，因水润而能生，故水生木也。

方式。凡是占静物，比如江、河、湖、海、山、石等自然界所属静物是不能起卦的，只有一些人为的静物才能起卦。屋宅、树木、桌椅之类，可根据宅建成之时，树木种下之时或移来之时，桌椅购置之时起卦。邵雍认为，静物"无故不占"，如观梅见雀争枝才起卦。其起卦方式是年月日时起卦法。参见本书之卦例《观梅占》《牡丹占》《枯枝坠地占》等。

端法后天起卦之例

物卦起例

后天端法：以物为上卦，方位为下卦，合物卦之数与方卦之数加时数以取动爻。

［注］凡起后天卦，皆是端法。有坐端、立端、行端、八端、十二端、一身之端、一心之端。总之所见事理，断断然端的之理。坐端者，坐处之端。行端、立端，行处立处之端。八端者，八方八卦之端。十二端，自子至亥十二支之端也。一身之端，如来占之人有喜色即喜，有忧色即忧，头动为乾，手动为艮。若离为体而头动，或尊长有忧；震巽为体而艮动，非兄弟手足不安，即儿童不快，或出行有阻，田土相争之类是也。一心之端者，自己为人占卜之时，以我心之所向者为断。如昔所闻，有亲戚之哀，心甚悲之，未定间，有占病者，未及起卦，断其必死。又一日，写文书"死"字未了，有人占病，遂决其必死。作婚书之日，方起稿，适客来，置袖中而迎客，客乃占婚者，即言其必谐。又庚申年七月，在吴卜简家读书，至言必有中，诵未已，有人问应举，且卦亦吉，许其必中。类此皆一身之端也。皇甫端之妙，皆此也。以八卦属物起作上卦，方位起作下卦，又合物与方卦之数，加时数取动爻。

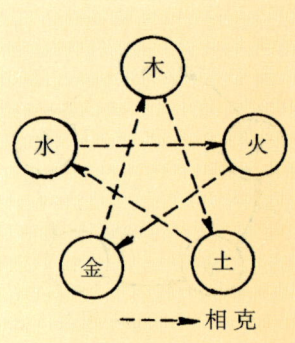

五行相克图

《白虎通义·五行》：五行所以相害（相克）者，天地之性，众胜寡，故土胜（克）火也；精胜坚，故火胜金；刚胜柔，故金胜木；专胜散，故木胜土；实胜虚，故土胜水也。

《素问·宝命全形论》：木得金而伐，火得水而灭，土得木而达，金得火而缺，水得土而绝。万物尽然，不可胜竭。

八卦万物属类 并为上卦

乾 卦

天、父、老人、官贵、头、骨、马、金、玉、珠玉、木果、圆物、刚物、冠、镜、赤色、冰、寒、水、良马、老马、瘠马、驳马、水果。

[注] 乾卦万物类象，乾为规则，父亲，官人，主控，金玉，水果，三角形之物，规则之物，白色，辛温，大肠，剥散离毁。

坤 卦

地、母、老妇、土、牛、金、布帛、文章、大舆、釜、方物、柄、黄色、瓦器、腹、裳、黑色、黍、稷、书、米、谷、釜、吝啬、均、母牛、文、众。

[注] 坤卦万物类象，坤为物质，为母亲，老妇，牛，布帛，生活用品，肉食，多边形之物，黄色，腹部，衣服用具，黄色，米面生活用度，包容，巫医神汉，脾。

震 卦

雷、长男、足、发、龙、百虫、蹄、竹、雀、萑苇、马鸣、馵足、的颡、稼、乐器之类、草木、青碧绿色、树、木核、柴、蛇、玄黄、大涂、决躁、苍筤竹、于马为善鸣、为馵足。

[注] 震卦万物类象，震为快慢，长男，龙，脚，竹木，健马，颈项，乐器能发声之物，绿色，胆。

巽 卦

风、长女、僧尼、鸡、股、百禽、百草、臼、香气、臭、绳、眼、羽毛、帆、扇、枝叶之

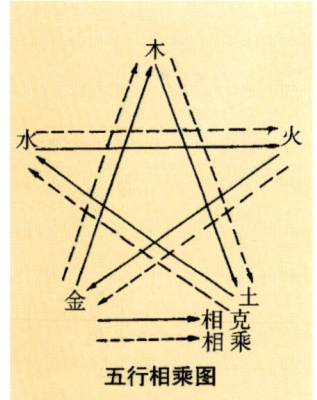

五行相乘图

五行相乘又称"五行亢乘"。指五行中某"一行"对被克的"一行"克制太过，从而引起异常相克反应。"乘"有以强凌弱、乘虚侵袭之意。表现为两方面：一是五行中的某"一行"本身过于强盛，因而造成对被克制的"一行"克制太过，促使被克的"一行"虚弱，从而引起五行之间的生克制化异常。一是五行中的某"一行"本身虚弱，因而克它的"一行"相克就显得相对增强，造成被克一行更加衰弱。相乘是事物间关系失却正常协调的表现。中医用此解释病理变化。

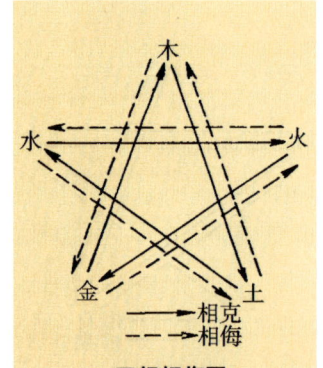

五行相侮图

五行相侮亦称"五行反侮"、"反克"。指五行中的某"一行"过于强盛，对原来"克我"的"一行"进行反克。表示为两方面：一是某"一行"特别强盛，则反克"克我"的"一行"。一是某"一行"本身就虚弱，反而受"所克"的"一行"的克制。相侮是事物间关系失却正常协调的另一种表现。中医用此解释病理变化。

类、仙道、工匠、直物、工巧之器，为长、高、进退、不果。

[注]巽卦万物类象，巽为动，长女，头发，为股，为酸，眼目，羽毛，扇子，工匠，为直物，日常用具，多怒，肝，读书，士兵。

坎 卦

水、雨、雪、工、豕、中男、沟渎、弓轮、耳、血、月、盗、宫律、栋、丛棘、狐、蒺藜、桎梏、水族、鱼、盐、酒醯、有核之物、黑色。

[注]坎卦万物类象，坎为无形，为雹雪，为猪，中男，为冰，满弓，月亮，隐秘，为栋，水族鳞类，盐，有核之物，黑色，愚痴，肾。

离 卦

火、雉、日、目、电、霓、霞、中女、甲胄、戈兵、文书、槁木、炉、龟、蟹、蚌、凡有壳之物、红赤紫色、花、文人、干燥物。

[注]离卦万物类象，为热，羽类，雷电，霓虹灯，中女，文明，发热，色红，为丽，显明，发散，为贪，为心。

艮 卦

山、土、少男、童子、狗、手、指、径路、门阙、果蓏、阍寺、鼠、虎、狐、黔喙之属、木生之物、藤生之瓜、鼻。

[注]艮卦万物类象，转化，少男，小儿，四肢，路径，五肉，蛇，蚯蚓，面部山根，黄色，匠才，胃。

兑 卦

泽、少女、巫、舌、妾、肺、羊、毁折之物、带口之器、属金者、废缺之物、奴仆婢。

［注］兑卦万物类象，兑为泽，少女，为言，仙，肺，终结，损毁，官家，公人，制衡之物，辟邪之物，杀伐类，奖惩。

八卦方位图

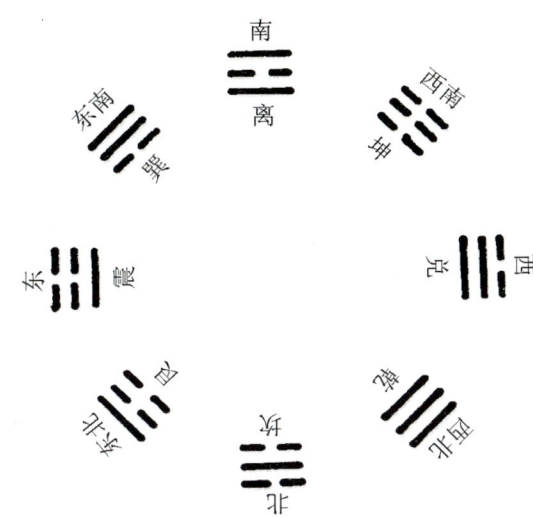

右离南坎北，震东兑西，人则介乎其中。凡物之所来方向时应之卦并走起作下卦，加时取爻。

［注］离卦正南，坎卦正北，震卦正东，兑卦正西，巽卦东南，乾卦西北，艮卦东北，坤卦西南。五虫：圆毛得天地五行木气化生，方位东；羽类得天地五行火气化生，方位南；壳类得天地五行金气化生，方位西；鳞类得天地五行水气化生，方位北；人与蛇得天地五行中和土气化生，方位在中即上下四方。

观梅占 _{年月日时占例}

辰年十二月十七日申时，康节先生偶观梅，见二雀争枝坠地。先生曰："不动不占，不因事

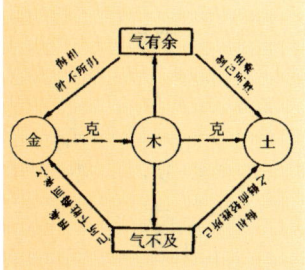

五行乘侮图

五行乘侮是指五行在异常情况下的生克关系。相乘和相侮，都是不正常的相克现象，两者之间既有区别又有联系。其主要区别是：相乘是按五行的相克次序发生过强的克制现象；相侮是与五行相克次序发生相反方向的克制现象。两者之间的联系是：在发生相乘时，也可以同时发生相侮，发生相侮时，也可以同时发生相乘。《素问·五运行大论》："气有余，则制己所胜而侮所不胜；其不及，则己所不胜侮而乘之，己所胜轻而侮之。"乘侮体现事物发展过程中的反常变化，对人体则为病理现象。

不占。今二雀争枝坠地，怪也。"因占之，辰年五数，十二月十二数，十七日十七数，共三十四数，除四八三十二，得二，属兑，为上卦，加申时九数，总得四十三数，五八除四十，零得三数，为离，作下卦。又上下总四十三数，以六除，六七除四十二，余一为动爻，是为泽火革。初爻变咸，互见乾巽。

断之曰：详此卦，明晚当有女子折花，园丁不知而逐之，女子失惊坠地，遂伤其股。右兑金为体，离火克之。互中巽木，复三起离火，则克体之卦气盛。兑为少女，因知女子之被伤，而互中巽木，又逢乾金，兑金克之，则巽木被伤，而巽为股，故有伤股之应。幸变为艮土，兑金得生，知女子但被伤，而不至凶危也。

泽火革䷰ 体用，初爻动变泽山咸䷞。

[注] 辰年十二月十七日申时，邵康节先生冬日观梅，看见两只麻雀争枝坠地。康节先生说，占卦全在心念起，念起而卦行，没有临机不占，因机而占，无事不占。现在有两雀坠地，此为变化之机，因此占之。

起卦分为三部分：辰年数5，十二月数12，十七数17，申时数9。

其一，以年数＋月数＋时数除以八余数做上卦，5＋12＋17＝34，34除以8余数2，2为兑卦，兑为上卦；

其二，年数＋月数＋日数＋时辰数除以八余数做下卦，5＋12＋17＋9＝43，43除以8余数3，3为离卦，以离为下卦；

其三，年数＋月数＋日数＋时辰数除以六余数做动爻，5＋12＋17＋9＝43，43除以6余数1，则一爻发动，因离在下卦，一爻发动，一爻老阳变少阴，得离卦化艮卦。

根据以上组卦：泽火革变泽山咸；互卦：三爻四爻五爻组卦乾卦，二爻三爻四爻组卦巽卦，天风姤卦。

甲历

《周礼》："十日之号，十有二辰之号，十有二月之号，十有二岁之号，二十有八星之号。"郑玄注曰："日谓从甲至癸，辰谓从子至亥，月谓从娵至荼，岁谓从摄提格至赤奋若，星谓从角至轸。"

《尔雅》："月阳：月在甲曰毕，在乙曰橘，在丙曰修，在丁曰圉，在戊曰厉，在己曰则，在庚曰窒，在辛曰塞，在壬曰终，在癸曰极。

月名：正月为娵，二月为如，三月为寎，四月为余，五月为皋，六月为且，七月为相，八月为壮，九月为元，十月为阳，十一月为辜，十二月为涂。岁阳，太岁在甲曰阏逢，在乙曰旃蒙，在丙曰柔兆，在丁曰强圉，在戊曰著雍，在己曰屠维，在庚曰上章，在辛曰重光，在壬曰玄黓，在癸曰昭阳。

岁名：太岁在寅曰摄提格，在卯曰单阏，在辰曰执徐，在巳曰大荒落，在午曰敦牂，在未曰协洽，在申曰涒滩，在酉曰作噩，在戌曰阉茂，在亥曰大渊献，在子曰困敦，在丑曰赤奋若。"

断卦结果：明晚当有女子攀折梅花，因园丁不知而呼喝驱逐，女子惊慌坠地，腿部受伤。解卦过程：以静卦为体卦，发动之卦为用卦，体卦与用卦为一，即体用互为关系，体卦为阴，互卦为阳，体卦为本体，互卦为应用。

1、此卦用卦离火克制体卦兑金，冬占兑金休囚，被离火克制不吉；

2、又互卦见巽，巽为股。股本意为筋，巽在卦为木，在身为肝，在情志变动为梳郁，肝主一身之筋。冬占巽卦旺相，被乾金克制应吉。

3、兑卦为少女，兑卦应凶，占测必为少女之事有凶变。

4、巽卦为惊吓，巽卦又为筋，因巽卦应吉，所以应少女有惊吓而无危险，伤筋而伤到表面，实质伤并不严重。

5、乾卦为管理者，此处类象为园丁，乾卦克制巽卦应吉，为园丁好意提醒少女，兑卦不吉为少女不知园丁而受惊（巽卦为惊吓）。

6、主卦泽火革，变卦泽山咸，主卦为事物之本体，变卦为事物是变化结果。主卦兑卦休囚被离火克制应凶，变卦之兑卦被艮土生扶，则兑卦应吉，此为先凶后吉之卦，因此少女虽然受伤，但只是轻微伤筋，没有凶危。

7、兑卦之类象有万千，为何康节独断为少女？麻雀属羽类扁毛五行属离火，赏花复见离卦，离卦为中女，因冬日五行属水，坎水克离火，因之离卦解为少女。（五虫：圆毛兽类属木，扁毛羽类属火，裸虫五行属土，壳类五行属金，鳞类五行属水。）

牡丹占

巳年三月十六日卯时，先生与客往司马公

书名\十干	尔雅	史记
甲	阏逢	焉逢
乙	旃蒙	端蒙
丙	柔兆	游兆
丁	强圉	疆梧
戊	著雍	徒维
己	屠维	视犁
庚	上章	商横
辛	熏光	昭阳
壬	玄黓	横艾
癸	昭阳	尚章

岁阳图

书名\十二支	尔雅	史记
子	困敦	困敦
丑	赤奋若	赤奋若
寅	摄提格	摄提格
卯	单阏	单阏
辰	执徐	执徐
巳	大荒落	大芒落
午	敦牂	敦牂
未	协洽	协洽
申	涒滩	涒滩
酉	作噩	作噩
戌	阉茂	淹茂
亥	大渊献	大渊献

岁阴图

《史记》释天干图

天干	《史记·律书》
甲	万物剖符，甲而出也
乙	万物生轧轧
丙	阳道著明
丁	万物丁壮
戊	（无）
己	（无）
庚	阴气庚万物
辛	万物之辛生
壬	阳气化养于下也
癸	万物可揆度

《汉书》释天干图

天干	《汉书·律历志》
甲	出甲于甲
乙	奋轧于乙
丙	明炳于丙
丁	大盛于丁
戊	丰茂丁戊
己	理纪于己
庚	敛更于庚
辛	悉新于辛
壬	怀任于壬
癸	陈揆于癸

家共观牡丹。时值花开甚盛，客曰："花盛如此，亦有数乎？"先生曰："莫不有数。且因问而可占矣。"遂占之。以巳年六数，三月三数，十六日十六数，总得二十五数，除三八二十四数，零一数为乾，为上卦。加卯时得四数，共得二十九数，又除三八二十四得零五为巽卦，作下卦，得天风姤。又以总计二十九数，以六除之，四六除二十四，得零五爻动，变鼎卦，互见重乾。遂与客曰："怪哉，此花明日午时，当为马所践毁。"众客愕然不信，次日午时，果有贵官观牡丹，二马相啮，群至花间驰骤，花尽为之践毁。

断之曰：巽木为体，乾金克之互卦。又见重乾，克体之卦多矣，卦中无生意，固知牡丹必为践毁。所谓马者，乾为马也。午时者，离明之象，是以知之也。

天风姤☰用☴体，五爻动变火风鼎☲☴，互乾☰。

[注]邵雍先生于巳年三月十六卯时，与友人赏牡丹。当时牡丹盛开，有客人说道："花开繁茂，难道没有数占吗？"先师对答说："不是没有数占，因无问则无有显微，有问才有临机，念起而有卦生之。"于是占卦卜之。

[注]组卦如下：

巳年数6，三月数3，十六日数16，卯时数4。

上卦：年6＋月3＋日16＝25，以25除以8余数为1为乾卦。

下卦：年6＋月3＋日16＋卯4＝29，以29除以8余数为5为巽卦。

动爻：年6＋月3＋日16＋卯4＝29，以29除以6余数为5，五爻发动。

组卦：上乾下巽，为天风姤卦；五爻发动，变为火风鼎卦。

互卦：取三爻四爻五爻做上卦为乾，取二爻三爻四爻做下卦乾，互卦为乾为天。

断卦结果：先生回答客人说："怪哉！此花当在明日中午，被马匹所践踏而毁折。"客人都骇然以对。众皆不信。到了第二天中午，果然有官贵过来赏花，因两匹马互相啮咬而惊奔，所以马群奔至花间驰骤，花朵悉数为之所践踏毁坏。

解析如下：

主卦天风姤，变卦火风鼎。主卦：体卦为巽木，用卦为乾金；变卦：体卦为巽木，用卦为离火。主卦解：阳春三月寅卯辰木当令，体卦巽木有力，用卦乾金克制巽木，因而巽木应吉，解卦为当下牡丹花开繁盛。

变卦解：乾金克制巽木为用，变卦离火乘旺克制乾金为忌，变卦为巽木无乾金克制，巽木应凶，巽木体卦为牡丹花，所以花当被毁折（乾卦为毁折）。

应期解：因离火克制乾金，当日为木，次日为火，而次日巳时午时火最旺，当午时火有力克制乾金之时，鲜花被毁。

易理源深：解卦当以节气深浅为先，卦数旺衰为本体，卦之变化为取用，以决盛衰臧否。不可妄断吉凶，生扶为吉，克耗为凶，此为谬论。当因循虚实之理，辩证而论之，适其性者为补。

邻夜扣门借物占 系闻声占例

冬夕酉时，先生方拥炉，有扣门者，初扣一声而止，继而又扣五声，且云借物。先生令勿言，令其子占之试所借何物。以一声属乾为上卦，以五声属巽为下卦，又以一乾五巽共六数，加酉时数，共得十六数，以六除之，二六除增一十二，得天风姤，第四爻变巽卦，互见重乾。卦中三乾金，二巽木，为金木之物也，又以乾金

天干

亦称"十干"、"十天干"、"十母"。是古代表示年、月、日、时的符号。是甲乙丙丁戊己庚辛壬癸的总称。其中的甲丙戊庚壬为五阳干；乙丁己辛癸为五阴干。

地支

亦称"十二支"、"十二地支"、"十二子"、"岁阴"、"十二辰"。是古代表示年、月、日、时的符号。依次为：子、丑、寅、卯、辰、巳、午、未、申、酉、戌、亥。

《说文解字》阐释天干

甲：东方之孟阳气萌动。

乙：象春草木冤曲而出，阴气尚强，其出乙乙也。

丙：往南方，万物生，炳燃，阴气动气，阳气将亏。

丁：夏时万物皆丁实。

戊：中宫也，象六中五龙相拘绞也。

己：中宫也

庚：往西方，象秋时万笔庚庚有实也。

辛：秋时万物成而熟。

壬：往北方也，阴极阳生，象人怀妊之形。

癸：冬时，水土平，可揆度也，象水从四方流入地中之形。

短，而巽木长，是借斧也。

子乃断曰："金短木长者，器也，所借锄也。"先生曰："非锄。必斧也。"问之，果借斧，其子问何故，先生曰："起数又须明理。以卦推之，斧亦可也，锄亦可也；以理推之，夕晚安用锄？必借斧。盖斧切于劈柴之用耳。盖数又须明理，为卜占之切要也。推数不推理，是不得也。学数者志之！"

天风姤 ☰/☴ 用/体 四爻变巽 ☴ 互乾 ☰。

[注] 冬日夕时酉，康节与其子围炉夜话。时有邻拍门，起始扣门一声而止，继而又扣门五声，且告知曰，欲求借东西。先师告诉邻居不要多说，然后让他的儿子占卦，邻居所借为何物。

遂起卦如下：

上卦：扣门一声，以一起卦为乾卦，此为上卦。

下卦：又扣门五声，以五起卦巽卦，此为下卦。

动爻：1＋5＋酉时10＝16，16除以6余数为4，此4为动爻。

组卦：主卦上乾下巽，为天风姤卦。四爻发动，变卦为巽为风卦，互卦乾为天。

解析主卦：天风姤变巽为风，卦中三见乾卦，两见巽卦，乾金为工具类，巽卦为长物。冬令占卦水旺木相，巽卦得令被乾金克制，此物为正当用；巽木为长，因巽木应吉，故此为长物。

解析变卦：变卦巽为风，冬令体卦巽木旺相，又得用卦巽木帮扶，体卦巽木不吉，此长物必短。巽在主卦长，在变卦短，主卦长主其形，变卦短主其用。

其子所断卦为：金不足而木有余，此为锄头。

康节断卦为：金短木长，必是借斧子。问之邻居，果真是借斧子。其子问父这是为什么？先师说：起数推卦除了易理象数功夫之外，还需明白生活事理。此依卦推之，斧子可以，锄头亦正确。但是依生活常识推断，晚间来求借之物，必是斧子而不是锄头，因为锄头是白天做活用，而斧子是晚间劈柴用。我们推数又需明理，此为占卦之切要，只推数而悖理者，此为愚智之人。康节立此言，为后世学卦者警示之。

今日动静如何 系声音占例

有客问曰："今日动静如何？"遂将此六字占之。以平分"今日动"三字为上卦。"今"平声，一数；"日"入声，四数；"动"去声，三数，共八数，得坤为上卦。以"静如何"为下卦，"静"去声，三数；"如"平声，一数；"何"平声，一数，共五数，得巽为下卦。又以八五总为十三数，除二六一十二，零得一数，为地风升。初爻动，变泰卦，互见震、兑。遂为客曰："今日有人相请，客不多，酒不醉，味止鸡黍而已。"至晚果然。

断曰：升者，有升阶之义，互震、兑，有东西席之分。卦中兑为口，坤为腹，有口腹之事，故知有人相请。客不多者，坤土独立，无同类之卦气也。酒不醉，卦中无坎。味止鸡黍者，坤为黍稷耳。盖卦无相生之气，故知酒不多，食品不丰也。

地丰升䷭初爻变地天泰䷊互雷泽归妹䷵。

[注] 有客人问康节："今日动静怎样？"于是先师将此六字平分两份，分别做上卦与下卦。

上卦：前三个字"今日动"做上卦，"今"字平声为1数，"日"字进声为4数，"动"字往声3数，1+4+3=8，8为坤卦，坤为上卦。

下卦：后三个字"静如何"做下卦，"静"字往声为3数，"如"字平声为1数，"何"字平声为1数，3+1+1=5，5为巽卦，巽为下卦。

阳	阴
甲	乙
丙	丁
戊	己
庚	辛
壬	癸

天干配阴阳图

甲、丙、戊、庚、壬属阳，乙、丁、己、辛、癸属阴。《入式运气论奥》："甲、丙、戊、庚、壬为阳，乙、丁、己、辛、癸为阴，五行各一阴一阳，故有十日。"以奇数为阳，偶数为阴。一说以前者为阳，后者为阴。十天干中属阳性的干，称为"阳干"，即甲、丙、戊、庚、壬。十天干中属阴性的干，称为"阴干"，即乙、丁、己、辛、癸。

阳	阴	五行
甲	乙	木
丙	丁	火
戊	己	土
庚	辛	金
壬	癸	水

天干配阴阳五行图

甲、乙同属木，丙、丁同属火，戊、己同属土，庚、辛同属金，壬、癸同属水。再配以阴阳，则甲为阳木，乙为阴木；丙为阳火，丁为阴火；戊为阳土，己为阴土；庚为阳金，辛为阴金；壬为阳水，癸为阴水。

动爻：1＋4＋3＋3＋1＋1＝13，用 13 除以 6 余数为 1，初爻发动。

组卦：上卦坤，下卦巽，主卦为地风升卦；又初爻发动，巽卦变乾卦，变卦为地天泰卦。

互卦：三爻四爻五爻组卦为震卦，二爻三爻四爻组卦为兑卦。

断卦：今日有三人相请，饮宴不久，客人不多，饮酒不至酒醉，食品不过黍、鸡而已。到了晚上果真如此。

解卦：升卦者，君子立志于市井之义。互卦震、兑，震为邀请，而兑为口实。坤为腹，又为饮食受纳，故知道有人相请。客人不多，如何断出？在古代能够吃黍米，而又杀鸡供客，最有可能就是秋冬，因为春夏古代是不会宰杀六畜，春生、夏长，唯有秋冬才会动杀。卦中主卦为坤，以坤为众，坤卦在秋冬季节休囚无力，又被用卦巽木克制，所以坤卦不吉而应客人不多；巽为酒浆，以巽为酒醉，坤卦休囚被巽克制，此为醉酒（坤艮土为脾胃，震巽木为酒）。主卦之巽化作乾金，乾金克制巽木，对坤卦以论为减凶，所以虽然行酒但不至于醉酒。主卦为当下，变卦为未来；饮宴之食品为黍与鸡，以坤卦为饮食用度，因坤土休囚，被巽木克制，所以饮宴不丰，宴席不久。变卦坤卦休囚，依然被乾金化泄，坤土为宴席，所以酒不至酣，席不尽兴。

西林寺碑额占 系字画占例

先生偶见西林寺之额，"林"字无两钩，因占之，以西字七画为艮，作上卦；以林字八画为坤，作下卦。以上七画下八画总十五画，除二六一十二，零数得三，是山地剥卦。第三爻动，变艮，互见重坤。

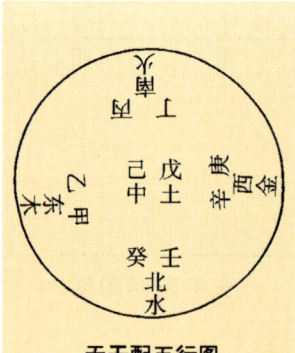

天干配五行图

天干五行之阴阳大小不同，古人认为，甲木为森林之木，乙木为花草之木；丙火为太阳之火，丁火为灯盏之火；戊土为大地之土，己土为田园之土；庚金为斧钺之金，辛金为首饰之金；壬水为大海之水，癸水为雨露之水。与五行相生之序吻合，两者都有生、长、化、收、藏的含义。又都与所居方位一致，十天依次为东、南、中、西、北。

断曰：寺者，纯阳之所居，今卦得重阴之爻，而又有群阴剥阳之兆。详此，则寺中当有阴人之祸。问之果然。遂谓寺僧曰："何不添'林'字两钩，则自然无阴人之祸矣。"僧信然，即添"林"字两钩，寺果无事。

又，纯阳之人，所居得纯阴之卦，故不吉。又有群阴剥阳之义，故有阴人之祸。若添"林"字两钩，则十画，除八得二为兑卦，合上艮，是为山泽损。第五爻变，动为中孚卦，互卦见坤、震，损者益之，始用互俱生体，为吉卦。可以得安矣。

山地剥䷖三爻变䷖互坤䷁。

以上并是先得数，以数起卦，所谓先天之数也。

[注]康节先师偶然看见"西林寺"之匾额，"林"字两个竖画没有勾，因而起卦占之，判其端倪。

上卦：以"西"字七画（古代横折算两画）做上卦为艮。

下卦：以"林"字八画作下卦为坤。

动爻：以7+8除以6，余数3，则三爻发动。

组卦：上卦艮下卦坤为山地剥，三爻发动，变化艮为山；互卦重坤。

解卦：寺庙无论大僧庙还是二僧庙，皆为孤阳，属于纯阳之居所。今天起卦互得重坤。山地剥卦，从周易卦爻方面来论，一至五爻皆为阴爻，唯有上六位阳爻，有群阴剥阳之兆。据此卦象推断，寺中当有阴人之祸（或者白衣占据寺庙，或者女人祸乱，或鬼魅邪祟作怪，或者小人横行，以上皆为阴人）。询问寺中僧人，果然如此。于是先生告诉寺中僧人，何不把"林"的两个勾添上，则自然没有阴人祸乱了。僧众皆信然，随即添上"林"字的两个勾画，后询之，果然再没有阴人之事发生。

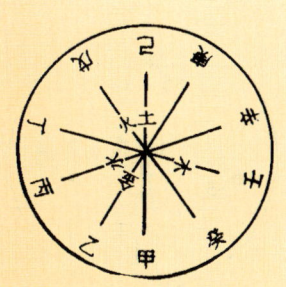

天干化合图

天干化合又称"天干五合"。十干两两相合，共为五组。甲己合化土，乙庚合化金，丙辛合化水，丁壬合化木，戊癸合化火。由二十八宿位于天体方位而决定。《素问·五运行大论》："丹天之气，经于牛、女、戊分；黅天之气，经于心、尾、己分；苍天之气，经于危、室、柳、鬼；素天之气，经于亢、氐、昴、毕；玄天之气，经于张、翼、娄、胃。所谓戊、己分者，奎、壁、角、轸，则天地之门户也。"

僧人本纯阳，而所居却为纯阴之卦，因为此种起卦方式，没有五行当旺之条件，只能以卦气而定吉凶变化，因为主卦之艮卦与坤卦五行之气相反，因此断卦为凶，而变卦艮为山，体卦艮用卦艮为互帮关系，因而应吉。主卦为当下与过去，而变卦主未来，因主卦应凶，所以当下有乱。艮为体卦，坤为用卦，用卦不吉，所以祸在阴人（坤为老妇，为邪祟鬼怪，为幕后之人，为专横之人）。

解改"林"字笔画之用卦：

上卦：以"西"字七画（古代横折算两画）做上卦为艮。

下卦：林字添上两勾，则为十画，画卦为兑卦（八画以上减八）10－8余2，2为兑卦。

动爻：7＋10＝17，17除以6余5，五爻发动。

组卦：上卦艮下卦兑为山泽损，五爻发动，变卦为风泽中孚；互卦，三爻四爻五爻组卦为坤，二爻三爻四爻组卦为震。

解卦：主卦解，牌匾五行属离火，山泽损体卦为兑，用卦为艮，兑卦休囚得艮土生助应吉；变卦解，风泽中孚，体卦兑无力，巽木耗泄兑卦，兑卦不吉，断此寺庙日后定当关门。巽卦为持续，而兑卦为终结。

老人有忧色占 端法占例

己丑日卯时，偶在途行，有老人往巽方，有忧色。问其何以有忧，曰"无"。怪而占之，以老人属乾为上卦，巽方为下卦，是天风姤；又以乾一巽五之数，加卯时四数，总十数，除六得四为动爻，是为天风姤之九四。《易》曰："包无鱼凶。"是易辞不吉矣。以卦论之，巽木为体，乾金克之，互卦又见重乾，俱是克体，并无生气，且时在途行，其应速。遂以成卦之

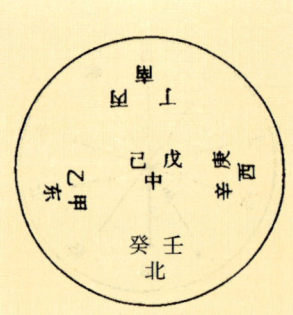

天干配方位图

甲、乙居东方，丙、丁居南方，戊、己居中央，庚、辛居西方，壬、癸居北方。

甲	乙	春
丙	丁	夏
戊	己	长夏
庚	辛	秋
壬	癸	冬

天干配季时图

甲乙属春，丙丁属夏，戊己属长夏，庚辛属秋，壬癸属冬。

数中分而取其半，谓老人曰："汝于五日内谨慎出入，恐有重祸。"果五日，此老赴吉席，因鱼骨鲠而终。

天风姤☴四爻变巽☴互乾☰。

又凡占卜，克应之期看自己之动静，以决事之迟速，故行则应速，以遂成卦之数，中分而取其半也。坐则事应迟，当倍其成卦之数而定之也。立则半迟半速，止以成卦之数定之可也。虽然如是，又在变通，如占牡丹及观梅之类，则二花皆朝夕之故，岂特成数之久也。

[注] 己丑日卯时，偶然在路上，看到有老人去巽方（巽方为东南方），见其面有忧愁之色，于是问其何事不快，老人说没有什么忧患的事情。因此事觉得蹊跷，心里觉得很奇怪，于是起卦以占卜之。

上卦：老头属乾卦，乾金为上卦。

下卦：因去东南方，东南方属巽卦，以巽木为下卦。

动爻：乾卦一数，巽卦五数，卯时占卦，卯时为四，$1+5+4=10$，10除以6余数4，四爻发动。

组卦：上卦乾下卦巽，天风姤，四爻发动，化巽为风；互卦三爻四爻五爻成乾卦，二爻三爻四爻成乾卦，互卦乾为天。

解卦：康节参考了《周易》易辞，是为天风姤之九四。《易》曰："包无鱼，起凶。"是易辞不吉矣。《象》曰："无鱼之凶，远民也。""鱼"这里指巽卦，"包"这里指乾卦。

如果以卦论之，巽卦为体卦，乾卦为用卦。主卦之巽卦一定休囚，逢用卦乾金克制应凶，此为当下不吉。变卦之乾金又克巽木，巽木不吉，此为未来之凶。巽木全无生气，被乾金克伐到底，且老人在行走途中，应事必迅速，遂以成卦之数10分而为二，取其一半为五日，于是告知老人曰："您当于五天之内，郑重出入行事，恐有重祸发生。"果不其然，五日此老人赴宴席，因为

天干配人体图

甲	头
乙	肩
丙	额
丁	齿
戊	舌
己	鼻
庚	筋
辛	胸
壬	胫
癸	足

天干配脏腑图

甲	胆
乙	肝
丙	小肠
丁	心
戊	胃
己	脾
庚	大肠
辛	肺
壬	膀胱
癸	肾

天干与人体脏腑相配，阳干配腑，阴干配脏。一称为"内五行"。甲胆、乙肝、丙小肠、丁心、戊胃、己脾、庚大肠、辛肺、壬膀胱、癸肾。

乾	坤	震	巽
壬	癸	庚	辛
壬	癸	庚	辛
壬	癸	庚	辛
甲	乙	庚	辛
甲	乙	庚	辛
甲	乙	庚	辛
坎	离	艮	兑
戊	己	丙	丁
戊	己	丙	丁
戊	己	丙	丁
戊	己	丙	丁
戊	己	丙	丁
戊	己	丙	丁

天干配八卦图

乾卦纳甲、壬，坤卦纳乙、癸，震卦纳庚，坎卦纳戊，艮卦纳丙，巽卦纳辛，离卦纳己，兑卦纳丁。

鱼骨梗阻其咽喉而终。

又凡为占卜之期，需观临场之动态，便于取象立卦，以求事体之迟速，动者速，静者迟；显者速，藏者迟；立者速，坐者迟；阳为速，阴为迟；此卦老人行走之间而起卦，故应事速，因而取数之一半；如坐着则迟，应把取数倍之，总之以成卦之数半之或倍之。行则速倍数，立则迟半数。如以行走、坐卧、站立三者区分，行半数，站立原卦数，坐卧倍数，不可拘泥执着，宜活变以应之，在全然变通尔。如前卦占牡丹与观梅之事，则取数两日，因为梅花与牡丹皆是朝夕之物，朝开暮谢，所以只取今明，岂非特成之数以拘泥。

少年有喜色占

壬申日午时，有少年从离方来，喜形于色。问有何喜？曰"无"。遂占之。以少年属艮为上卦，离为下卦，得山火贲。以艮七离三加午时七，总十七数，除十二，得零五为动爻。是为贲之六五。爻曰："贲于丘园，束帛戋戋，吉。"易辞已吉矣。卦则贲之家人，互见震、坎，离为体，互变俱生之。

山火贲䷕五爻变风火家人䷤互雷水解䷧。

断曰：子于十七日内必有聘币之喜。至期，果然定亲。

［注］壬申日中午时分，一位少年从离南方走来，面带喜形于色，康节问有何喜，少年说，没有喜事。怪而占之，组卦过程如下。

上卦：少年为艮卦，艮为上卦。

下卦：从南方而来，南为离卦，离做下卦。

动爻：午时数为7，艮卦数为7，离卦数为3，7＋7＋3＝17，17除以6余数5，五爻发动。

组卦：艮上卦离下卦，组卦为山火贲，五爻发动变卦为风火家人；互卦，震卦与坎卦。

解卦：主卦吉凶解析，离卦为体卦，巽卦为用卦，从离方而来，离卦当旺，离被用卦艮土化泄，离卦应吉；变卦吉凶解析，变卦之体卦为离火，用卦为巽卦，体卦离当旺而被巽木生助，此为不吉之兆。

解析：离卦为喜，离应吉必有喜事；艮主财，艮卦应吉必主纳财。在古代社会事物单一，艮卦应吉一般应在田产，或者娶女纳币，所以康节先师直断娶女聘币之喜。

为何断为十七日？此为艮7+离3+午时7而来，因少年是从离方而来，来者速，去者迟，所以此少年之喜应期必速，而事体为婚聘，以日时为速，年月为迟，所以断为17天应事，至期，果然有订婚。

法无定法而有定规，用有百用而在其精。卦象之庞杂多端，全凭一理而统终。

牛哀鸣占

癸卯日午时，有牛鸣于坎方，声极悲，因占之。牛属坤，为上卦；坎方，为下卦。坎六坤八，加午时七，共二十一数，除三六一十八，三爻动，得地水师之三爻。三爻易辞曰："师或舆尸，凶。"卦则师变升，互坤、震，乃坤为体，互变俱克之，并无生气。

断曰：此牛二十一日内必遭屠杀。后二十日，人果买此牛，杀以犒众，悉皆异之。

地水师☷体☵用三爻变地风升☷☴互地山谦☷☶。

[注] 癸卯日中午，有一头牛在坎方（坎主北方）鸣叫，声音悲戚，因觉有异，遂起卦占之。

上卦：牛属坤卦（牛取其包容之象），坤卦数为八。

下卦：坎方卦数为六。

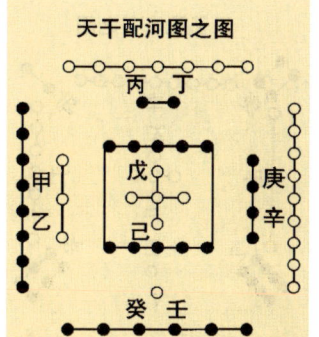

天干配河图之图

按方位，五行属性与河图数相配。壬、癸为北方水，配生数一、成数六；丙、丁为南方火，配生数二、成数七；甲、乙为东方木，配生数三、成数八；庚、辛为西方金，配生数四、成数九；戊己为中央土，配生数五、成数十。

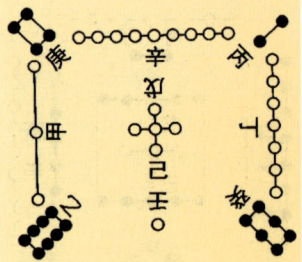

天干配洛书之图

按方位、五行属性与洛书数相配。甲、乙为木配三、八；丙、丁为火配二、七；庚、辛为金配四、九；壬、癸为水配一、六；戊己为土配五。尚有其它说法。

动爻：中午为午时，卦数七。8＋6＋7＝21，21除以6余数3，三爻发动。

组卦：坤上卦，坎下卦，三爻发动，地水师变地风升；互卦三爻四爻五爻组坤，二爻三爻四爻组震。

康节引据《易辞》曰："师或舆尸，凶。"或，为终结；舆，为受物；尸者失也，失气亡陈，形体独陈。这里指失去生命阳气，只剩下形体，但是梅花易数依卦象为体用，不言卦辞。

解卦：古代杀生必在秋天，秋季金水当令值时。主卦之体卦为坤，用卦为坎，坤土失时被坎水耗泄，坤土应凶；变卦之体卦为坤，用卦为震，坤土无力被震木克制，坤土应凶。从主卦与变卦分析，坤卦皆不利，而坤主此牛，震为宰杀，坎为资众，所以断此牛必被宰杀犒众。翌日后果然有人购买此牛，杀之以犒劳众人，知道解此卦之人，都觉得卦象不可思议。另解：牛为坤，立于坎而坤不力，悲鸣为兑，兑为果，坤被兑化泄应凶，此牛命当终结；而坤又为众又为肉，坤凶分之。

鸡悲鸣占

甲申日卯时，有鸡鸣于乾方，声极悲怆，因占之。鸡属巽，为上卦，乾为下卦，得风天小畜。以巽五乾一共六数，加卯时四数，总十数，除六得四爻动，变乾，是为小畜之六四。《易》曰："有孚，血去惕出。无咎。"以血推之，割鸡之义。卦则小畜之乾，互见离、兑。乾、金为体，离火克之。卦中巽木离火，有烹饪之象。

断曰：此鸡十日当烹。果十日客至，有烹鸡之验。

风天小畜☰☴（用/体）四爻变乾☰☰ 互火泽睽☲☱。

［注］甲申日卯时，一只鸡在乾金方（西北方位）鸣叫，声音悲怆，因觉有异而占之。鸡属巽卦（取象鸡司明而为巽卦）。

上卦：鸡属巽卦，上卦为巽。

下卦：因鸣于西北方，下卦为乾。

动爻：巽为五，乾为一，卯时为四，5＋1＋4＝10，10除以6余数4，四爻发动。

组卦：主卦风天小畜，变卦乾为天；互卦，三爻四爻五爻组卦为离，二爻三爻四爻组卦为兑。

解卦：《易》曰："有孚，血往惕出，无咎。"有孚，孚通复，往复之意，血，指事。小篆字形，从皿，"一"象血形。惕，形声。从心，易声。这句话的意思是"物竞天择，万物终结"之意。血，指有形万物；惕，终结。

卦理解析：古代宰杀六畜必在秋天；春生，万物初生；夏长，万物抒布；秋收，万物以终，所以古人会在秋天杀生。主卦之体卦为乾，在秋天乾金旺相有力，主卦之用卦巽耗泄乾金，乾金应吉，此为这只鸡无恙之象，或这只鸡以壮年；变卦之体卦为乾，变卦之用卦为乾，体卦乾在秋天乘旺，而得用卦之帮扶，此为太过不吉，所以断此鸡大凶，乾卦为阴阳剥离之象，故为终结。

另解：鸡为羽类属离火，悲鸣为兑卦。离火在乾方失时，逢兑卦耗泄应凶，断此家畜不吉，坎为生化之源，坤为生化之所，兑为死，乾为亡。

枯枝坠地占

戊子日辰时，偶行至中途，有树蔚然，无风，枯枝自坠地于兑方。占之，槁木为离，作上卦；兑方，为下卦，得火泽睽。以兑二离三，加辰时五数，总十数，去六零四，变山泽损，是睽

地支

亦称"十二支"、"十二地支"、"十二子"，别称"岁阴"、"十二辰"。古代表示年、月、日、时的符号。子、丑、寅、卯、辰、巳、午、未、申、酉、戌、亥的总称。支，指树枝。《汉书·食货志》颜师古注："支，犹枝也。"司马迁在《史记》中相对于十干十母，称十二支为十二子，《史记》、《汉书》、《说文解字》对地支有具体解释。

之九四。《易》曰："睽孤，遇元夫。"卦中泽睽变损，互见坎、离，兑金为体，离火克之，且睽损卦名，俱有伤残之义。

断曰：此树十日当伐。果十日，伐树起公廨，而匠者适字"元夫"也。

火泽睽☲☱用体 四爻变山泽损☶☱ 互水火既济☵☲。

以上诸占例，并是先得卦，以卦起数，所谓"后天之数"也。

［注］戊子日丙辰时，在行走的途中，有数蔚然茂盛，天气没有刮风，但忽然有一枯枝坠地，落于西边兑金方向，因感有异，遂起卦占之。

上卦：枯枝槁木为离卦，离为上卦。

下卦：枯枝坠落在西边，西为兑，兑为下卦。

动爻：兑卦2，离卦3，辰时5，2＋3＋5＝10，10除以6余数4，四爻发动；互卦三爻四爻五爻组卦为坎，二爻三爻四爻组卦为离。

组卦：上卦离，下卦兑，组卦火泽睽，四爻动，火泽睽变山泽损卦，是睽之九四爻变。《易》曰："睽孤，遇元夫。"一阳处于二阴之中，一阳为道心，二阴为人心，道心孤立无依。阳在阴中，道心为人心所陷，人心惟危，道心惟微，孤阳无依，是睽孤也。这里译为此树孤而难存，凶危在。

解卦：主卦之体卦为兑卦，有树蔚然（草木茂盛）。邵康节先生生活于河南或者涿州，此为北方地区，树木能够茂盛，那么一定是夏天。夏天火旺土相而金死，兑卦为体处于死地，而用卦离火克之，兑卦应凶，兑卦为终止，此树危险；变卦山泽损之主卦兑卦，兑卦于夏季休囚，用卦为艮土，艮土生助兑卦应吉，此树另有他用，兑应吉也代表正用之意。康节断为十日内此树必被砍伐，后果真因建设公门庭院而伐树，应十日者起卦之数为十，兑卦为工匠。

另解：枯枝为艮卦，因其坠地而动，故为用卦，茂

《史记》释地支图

地支	《史记·律书》
子	言万物滋于下
丑	纽也，言阳气在上未降，万物厄纽未敢出
寅	言万物始生，螾然也
卯	言万物茂也
辰	言万物之蜄也
巳	言万物之巳尽
午	阴阳交，故曰午
未	万物皆成，有滋味也
申	言阴用事申则万物
酉	万物之老也
戌	万物尽灭
亥	荄也，阳气藏于下也

《汉书》释地支图

地支	《汉书·律历志》
子	萌于子
丑	纽牙于丑
寅	引达于寅
卯	冒茆于卯
辰	振美于辰
巳	巳盛于巳
午	咢布于午
未	昧薆于未
申	申坚于申
酉	留执于酉
戌	毕入戌
亥	该阂于亥

盛为巽卦，因其静，故为体卦。坠于西方金位，体卦巽木于西方休囚之地，被用卦艮耗泄，巽木应凶，故此树当遭砍伐。

风觉鸟占

风觉鸟占者，谓见风而觉，见鸟而占也。然非风鸟二占，而谓风觉鸟占也。凡卦之寓物者，皆谓之风觉鸟占。如易数，总谓之观梅之数也。

［注］风觉鸟占，以生活当中常见事物起卦而占，这里康节旨在抛砖引玉，后学宜活学活用之，不可拘泥成法。起卦占卦务必以阴阳、五行、八卦为本，易理为务实，断不可背离本源。现有舍本逐末者，观应景之现象，以人事好恶而断之，此为悖理之邪法。混淆视听，误导新学，晦人慧明，致使后学误入歧途，可惜可叹。

风觉鸟占之法，风者动也，谓之闻风而动，这里是外境之变动之意，以心念动处，而有应景之形物变动，有外境自然之动静变化，则以动者与八宫方位起卦断之，卦在应机，话在临机，心动而卦行，无念则不占。所谓"易数"易者规律，数者频变。

鸟者蜎飞蠕动是也，即一切人与非人动静变化而画卦占测，其意义全凭一念起而应景之活物变化，依卦理而取卦，依易理而断吉凶。

但凡起卦寓于外物，或动或静，皆谓之风觉鸟占之名，起卦之总不离物之形、性、位、令、色、数，离此断无卦也。

总论外应之法：

枯枝坠地占，茂盛之树木为巽卦，而枯枝则为艮卦，枯枝坠于西方，则西为兑卦之方，再应以时节，有伐树之应。

《说文解字》对十二地支的解释

子：十一月阳气动，万物滋。

丑：纽也，十二月万物动用物，像手五形。

寅：正月阳气动，去黄泉欲上书，阴尚强也。

卯：冒也，二月万物冒地而出，像开门之形。

辰：震也，三月阳气动，雷电振，民农时也，物皆生。

巳：巳也，四月阳气已出，阴气已茂，万物见，成文章。

午：牾也，五月阳气牾逆阳，冒地而出也。

未：味也，六月滋味也，象木重枝叶也。

申：神也，七月阴气成体，自申束。

酉：就也，八月黍成可为酎酒。

戌：天也，九月阳气微，万物毕成，阳下入地也。

亥：荄也，十月微阳起接盛阴。

有鸡悲鸣于西北，小鸡者属羽类为离卦，悲鸣者为兑卦，西北之方为乾卦。离兑为体用，乾金以为取舍，有烹鸡之验。

有牛悲叫于北方，牛为巽卦，悲叫为兑卦，北方为坎。以牛为体，兑卦为用，坎方位取舍，又占以时辰，以应变化取之动爻，有分杀之分食之应。

有少年喜色于南，少年者巽卦也，喜色离卦，南为离。巽卦为体，喜色为用，离方为取舍之规，应少年有纳娶之喜。

有老人忧色于东南，老人者为坎卦，忧郁者为巽卦，东南方为巽卦，以坎卦为体，巽卦为用，巽官为取舍，应之以老人鲠骨而亡。

有西林寺匾额，"林"字无勾为巽卦，匾额在上为离卦，"林"字有勾为兑卦，以巽为体，兑为用，离位为取舍，而应阴人之乱。

有朋友问今日动静，朋友为巽卦，疑问为离卦，今日为震卦，以巽为体，离为用，震卦为取舍，以应有酒宴之约。

风觉占

风觉占者，谓见其风而觉也，见鸟而占也。凡见风起而欲占之，便看风从何方来，以之起卦。又须审其时，察其色，以推其声势，然后可断其吉凶。风从何方来者，如风从南方来者，为家人，南方属离火，合得风火家人卦。东方来者，为益卦之类。审其时者，春为发生和畅之风；夏为长养之风；秋为肃杀；冬为凛冽之类。察其色者，带埃烟云气，可见其色黄者，祥瑞之气；青者，半吉半凶，主白刃；气黑昏者凶，赤色者灾，红紫者吉。辨其声势者，其风声如阵马，主斗争；如波涛者，有惊险；如悲咽者，有忧虑；如奏乐者，有喜事；如喧呼者，主闹哄；

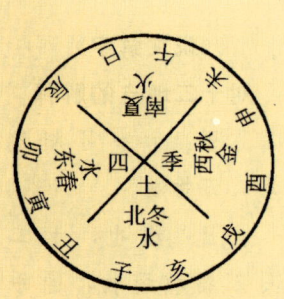

地支配五行图

寅、卯同属木，巳、午同属火，申、酉同属金，亥、子同属水，辰、戌、丑、未同属土。依其阴阳大小不同又可分为：寅为初生之木，卯为极盛之木，辰是渐衰之木；巳为初生之火，午为极盛之火，未为渐衰之火；申为初生之金，酉为极盛之金，戌为渐衰之金；亥为初生之水，子为极盛之水，丑为渐衰之水。辰戌丑未另有四库之说。

如烈焰者，主火惊。其声洋洋而来，徐徐而去者，吉庆之兆也。

[注] 风，五行之木，为一切外物变动，谓之闻动而感，感而有卦。观动静者为何事物，以类化八卦，动静者在何方，以纳之八宫。又以动静之物为用，变化之方为体，节气变化为休咎，画卦而占。又需审其发生之时是何时辰，以择取动爻，以应变动之规。

以上还需审卦气旺衰，体用得时失势，又查其变化，推其曲直，然后方可断其祸福。如有风动从南方来，风动者为巽木，南方为离火，画卦为风火家人；又有风动从东方来，风动为巽，东方为震卦，画卦为风雷益。

卦气当旺者：

春为万物生发，木气当令，木旺火相。

夏为万物华实，火气当令，火旺土相。

长夏为万物有形，土气当令，土旺金相。

秋为万物肃杀，金气当令，金旺水相。

冬为万物封藏，水气当令，水旺木相。

五行五色者：木气平和者为青，火气平和者为红，土气平和者为黄，金气平和者为白，水气平和者为黑。

五行五色本身无有吉凶意义，只有画卦组合以辨生克之机，节气深浅以定八卦虚实，生克虚实以生吉凶。

辨其风声气势魄力，以归类五行所属。如风声如阵马者属木，如波涛者属土，断续者为金，如奏乐者为水，如喧闹者为火。其声洋洋洒洒而来，冉冉而去者，这是木的音声。

鸟占

鸟占者，见鸟可占也。凡见鸟群，数其只数，看其方所，听其声音，辨其毛羽色，皆可起数。又须审其名义，察其鸣叫，取其吉凶。见鸟

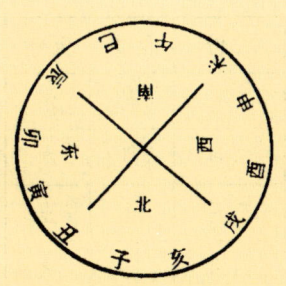

地支配方位图

寅卯居东方，巳、午居南方，申、酉居西方，亥、子居北方，辰、戌、丑、未居中央。一说子在北，午居南，卯在东，酉在西，丑寅在东北，辰巳在东南，未申在西南，戌亥在西北。

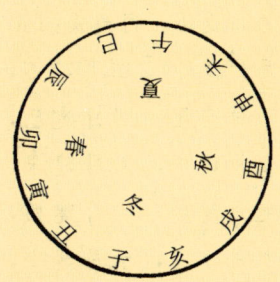

地支配季时图

寅、卯、辰为春，巳、午、未为夏，申、酉、戌为秋，亥、子、丑为冬，一说寅、卯为春，巳、午为夏，申、酉为秋，亥、子为冬，辰、未、戌、丑为长夏。

月份	地支	五行
正月	寅	木
二月	卯	木
三月	辰	土
四月	巳	火
五月	午	火
六月	未	土
七月	申	金
八月	酉	金
九月	戌	土
十月	亥	水
十一月	子	水
十二月	丑	土

地支配月建图

夏历正月建寅（正月为寅月），二月建卯，三月建辰，四月建巳，五月建午，六月建未，七月建申，八月建酉，九月建戌，十月建亥，十一月建子，十二月建丑。故一、二月为木，四、五月为火，七、八月为金，十、十一月为水，三、六、九、十二月为土。

而占，数其只数者，如一只属乾，二只属兑，三只属离。看其方所者，即离南、坎北之数；听其声音者，如鸟叫一声属乾，二声属兑，三声属离之类，皆可起卦。听声音者，若夫鸣叫之喧啾者，主口舌；鸣叫悲咽者，主忧愁；鸣叫嘹亮者，主吉庆。此取断吉凶之声音也。察其名义者，如鸦报灾，鹊报喜，鸾鹤为祥瑞，鹗鹏为妖孽之类是也。

[注]鸟占，凡动者皆可以此占之。见鸟群，数其多少只，看其飞来方向，听其声响，辨其羽毛颜色，皆可起卦。又可以观察其名义，察看它的鸣叫，取卦画卦论其吉凶。如数其只数，则乾卦一，兑卦二，离卦三，震卦四，巽卦五，坎卦六，艮卦七，坤卦八；观其飞来，则南方离卦，西南坤卦，正西兑卦，西北乾卦，正北坎卦，东北艮卦，正东震卦，东南巽卦；听其音声，一声为乾卦，二声为兑卦，三声为离卦，四声为震卦，五声为巽卦，六声为坎卦，七声为艮卦，八声为坤卦；辨声所属起卦，若叫声喧啾者，五行属火。叫声悲咽者，五行属金。叫声高亢者，五行属木。叫声悠远低沉者，五行属水。叫声宏大者，五行属土。

听声音占

声音者，如静室无所见，但于耳中所闻起卦，或数其数，验其方所；或辨其物声，详其所属，皆可起卦。察其悲喜，助断吉凶。数其数目者，如一声属乾，二声属兑。验其方所者，离南、坎北之类是也。如人语声，及动物鸣叫之声，声自口出者属兑。而静物扣击属震，鼓拍、槌敲、板木之声是也；金声属乾，钟磬钲铎之声是也；火声属离，烈焰爆竹等声是也；土声属坤，筑基、杵垣、坡崩、山裂是也。此辨其物声，详其所属也。察其悲喜，助断吉凶者，如闻人语笑声，又说吉语，娱笑者，有喜也；人悲泣声与怨声，愁语及骂詈穷叹等声，不吉也。

[注] 声响占者，如在静室目无所见，但于耳中所听闻之声音起卦，或者数其数，辨其在何方发声；或者辨其物体音声，详细其五行所属，皆可起卦论之；察其悲喜断续，以画卦论之；如一声乾卦……八声坤卦之属；验其方位者，北方坎卦，南方离卦之类；如人之语声，动物鸣叫之声，例如人之语声为兑卦，动物之鸣叫为震等；静物被叩击之声属震卦，击鼓之声属木，敲锣之音属金，击打朽木之音属火，拍打响木之声属土，扣之无声者属水；爆竹之声属木，鸣笛之音属金，物之解体之音属土。辨其音声，详其五行所属。又察其情志变化，暴怒之音属木，欢笑之音属火，悲戚之音属金，幽怨之音属土，惊恐之音属水。

形物占

形物占者，凡见物形，可以起卦。如物之圆者属乾，刚者属兑，方者属坤，柔者属巽，仰者属震，覆者属艮，长者属巽，中刚外柔者属坎，内柔外刚者属离，干燥枯槁者属离，有文彩者亦属离，用障碍之势、物之破者属兑。

[注] 形物之所占，凡见形物，观其形察其色以论五行，如物体圆形属坎水，方形属离火，高直者木之属，柔软者为木，坚刚者为金，屈曲者为水，发散者为火，里坚实者属水，中空者属火，色彩斑斓者属火，灰暗之色属水，物之所生为震，物之将死为兑。

验色占

凡占色之青者属震，红紫赤者属离，黄色者

时间	地支
23—1	子
1—3	丑
3—5	寅
5—7	卯
7—9	辰
9—11	巳
11—13	午
13—15	未
15—17	申
17—19	酉
19—21	戌
21—23	亥

地支配十二辰图

古代将一日分十二时辰，二十三时至一时为子时，一巳至三时为丑时，三时至五时为寅时，五时至七时为卯时，七时至九时为辰时，九时至十一时为巳时，十一时至十三时为午时，十三时至十五时为未时，十五时至十七时为申时，十七时至十九时为酉时，十九时至二十一时为戌时，二十一至二十三时为亥时。

属坤，白色属兑，黑色属坎之类是也。

　　[注] 凡占物之五色，凡苍青属木，红粉暖色系为火，黑寒之色属水，白色属金，黄色属土之类。

八卦所属内外动静之图

乾

　　玄黄、大赤色、金玉、珠宝、镜、狮、圆物、木果、贵物、冠、象、马、天鹅、刚物。

坎

　　水带子、带核之物、豕鱼、弓轮、水具、水中之物、盐、酒、黑色。

艮

　　土石、黄色、虎、狗、土中之物、瓜果、百禽、鼠、黔喙之物。

震

　　竹木、青绿碧色、龙、蛇、萑苇、竹木乐器、草、蕃鲜之物。

巽

　　木、蛇、长物、青碧绿色、山木之禽鸟、香、鸡、直物、竹木之器、工巧之器。

离

　　火、文书、干戈、雉、龟、蟹、槁木、甲胄、螺、蚌、鳖、物赤色。

坤

　　土、万物、五谷、百禽、丝绵、柔物、牛、

律吕	地支
黄钟	子
大吕	丑
太簇	寅
夹钟	卯
姑洗	辰
仲吕	巳
蕤宾	午
林钟	未
夷则	申
南吕	酉
无射	戌
应钟	亥

地支配音律图

　　十二地支配十二律，即子为黄钟，丑为大吕，寅为太簇，卯为夹钟，辰为姑洗，巳为仲吕，午为蕤宾，未为林钟，申为夷则，酉为南吕，戌为无射，亥为应钟。十二律是用十二个律管（定音器）定出的十二个高度不同的标准音。又分阴阳各六，阳为律，阴为吕。

布帛、舆、金、瓦器、黄色。

兑

金刃、金器、乐器、泽中之物、白色、有口缺之物、羊。

［注］乾：金、大肠、色白、收敛、金玉、宝珠、镜、虎、狮、三边物、木果、信物、冠、刚物、雾露。坎：肾与小肠、寒冰、雹雪、圆形之物、豕鱼、弓轮、水中之物、盐、坚密、龟、色黑、五谷、圣人。艮：土、胃、湿、传变、色黄、羊、狗、土中之物、水果、百禽、黔喙之属、道士、镜子、建筑。震：木、胆、竹木、色苍青、快慢、龙、升腾、雚苇、竹木乐器、草、蕃鲜之物、甲胄。巽：木、肝、长物、苍青色、圆毛兽类、鼻子、直物、竹木之器、发展、牛、菩萨。离：火、心与小肠、方物、文明、礼教、雉、显、见、丽、红色、马、神。坤：土、脾、不规则、多边形、五肉、柔物、丝绵、蛇、牛、布帛、舆、瓦器、色黄。兑：金、肺、金器、乐器、终结、色白、残品、工巧之器、仙人、锐利物品、刀剑。

八卦万物类占

乾卦

一　金

乾为天　天风姤　天山遁　天地否
风地观　山地剥　火地晋　火天大有
天时：天、冰、雹、霰。
地理：西北方、京都、大郡、形胜之地、高亢之所。
人物：君父、大人、老人、长者、宦官、名人、公门人。

脏腑	地支
膀胱	子
脾	丑
胆	寅
肝	卯
胃	辰
心	巳
小肠	午
脾	未
大肠	申
肺	酉
胃	戌
肾	亥

地支配脏腑图

阳支配腑，阴支配脏。寅为胆，卯为肝，巳为心，午为小肠，戌辰为胃，丑未为脾，申为大肠，酉为肺，亥为肾，子为膀胱。两者相配是通过经络流注而实现的。又有"十二经流注时序歌"："肺寅大卯胃辰宫，脾巳心午小未中，申膀酉肾心包戌，亥焦子胆丑肝通"。

乾	坤	震	巽
戌	酉	戌	卯
申	亥	申	巳
午	丑	午	未
辰	卯	辰	酉
寅	巳	寅	亥
子	未	子	丑
坎	离	艮	兑
子	巳	寅	未
戌	未	子	酉
申	酉	戌	亥
午	亥	申	丑
辰	丑	午	卯
寅	卯	辰	巳

地支配八卦图

六十四卦每卦六爻分别纳地支，原则为：阳爻纳阳支，阴爻纳阴支。京房阳卦从下而上分纳，阴卦从上而下分纳；郑玄阳卦、阴卦均从下而上分纳。参见第五章《卦象原理》"纳甲"说。

人事：刚健武勇、果决、多动少静、高上屈下。

身体：首、骨、肺。

时序：秋、九十月之交、戌亥年月日时、五金年月日时

动物：马、天鹅、狮象良马、老马、瘠马、驳马。

静物：金玉、宝珠、圆物、木果、刚物、冠、镜。

屋舍：公廨、楼台、高堂、大厦、驿舍、西北向居之。

家宅：秋占宅兴隆，夏占有祸，冬占冷落，春占吉利。

婚姻：贵官之眷，有声名之家。秋占宜成，冬夏占不利。

饮食：马肉、珍味、多骨、肝肺、干肉、水果、诸物之首、圆物、辛辣之物。

生产：易生，秋占生贵子，夏占有损，坐宜向西北。

求名：有名，宜随朝内任、刑官、武职、掌权，宜西北方之任，天使、驿官。

谋望：有成，利公门，宜动中有财，夏占不成、冬占多谋少遂。

交易：宜金玉珍宝珠贵货，易成，夏占不利。

求利：有财，金玉之利，公门中得财。秋占大利，夏占损财，冬占无财。

出行：利于出行，宜入京师，利西北之行。夏占不利。

谒见：利见大人、有德行之人，宜见官贵，可见。

疾病：头面之疾、肺疾、筋骨疾、上焦病。

夏占不安。

官讼：健讼，有贵人助。秋占得胜，夏占失理。

坟墓：宜向西北，宜干山气脉，宜天穴，宜高。秋占出贵，夏占大凶。

方道：西北。

五色：大赤色、玄色。

姓字：带金傍者，商音，行一四九。

数目：一、四、九。

五味：辛、辣。

坤卦

八　土

坤为地　地雷复　地泽临　地天泰
雷天大壮　泽天夬　水天需　水地比

天时：云阴、雾气。

地理：田野、乡里、平地、西南方。

人物：老母、后母、农夫、乡人、众人、大腹人。

人事：吝啬、柔顺、懦弱、众多文。

身体：腹、脾、胃、肉。

时序：辰戌丑未月、未申年月日时、八五十月日。

静物：方物、柔物、布帛、丝绵、五谷、舆、釜、瓦器。

动物：牛、百兽、为牝马、子母牛。

屋舍：西南向、村居、田舍、矮屋、土阶、仓库。

家宅：安稳、多阴气，春占宅舍不安。

饮食：牛肉、土中之物、甘味、野味、五谷之味、芋笋之物、腹脏之物。

婚姻：利于婚姻，宜税产之家、乡村之家，

地支配河图

按方位、五行属性与河图数相配。子、丑、亥为北方水，配生数一、成数六；巳、午、未为南方火，配生数二、成数七；寅、卯、辰为东方木，配生数三、成数八；申、酉、戌为西方金，配生数四、成数九。一说辰、戌、丑、未为中央土，故配生数五、成数十。

地支配洛书

按方位、五行属性与洛书数相配。寅、卯、辰配三、八；巳、午、未配二、七；申、酉、戌配四、九；亥、子、丑配一、六。一说辰、戌、丑、未为中央土，故配五。

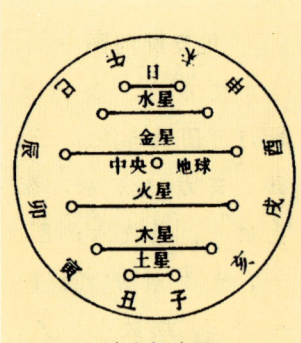

地支相合图

地支相合：又称"地支六合"、"六合"。地支之间的互相和合。十二支中两两相合，共得六组。子与丑合，寅与亥合，卯与戌合，辰与酉合，巳与申合，午与未合。《难易寻源》："地支相合，和也，情也。情意相得，奇偶交融。子丑合化土星，寅亥合化木星，卯戌合化火星，辰酉合化金星申巳化为水星，午未化为日。"在术数运用中，地支相合一般为吉。

或寡妇之家。春占不利。

生产：易产，春占难产、有损，或不利于母，坐宜西南方。

求名：有名，宜西南方，或教官、农官守土之职。春占虚名。

交易：宜利交易，宜田土交易、宜五谷、利贱货、重物、布帛，静中有财。春占不利。

求利：有利，宜土中之利，贱货重物之利。静中得财，春占无财，多中取利。

谋望：利求谋，乡里求谋、静中求谋，春占少遂。或谋于妇人。

出行：可行，宜西南行，宜往乡里行，宜陆行。春占不宜行。

谒见：可见，利见乡人，宜见亲朋或阴人。春不宜见。

疾病：腹疾、脾胃之病、饮食停伤、谷食不化。

官讼：理顺，得众情，讼当解散。

坟墓：宜向西南之穴、平阳之地，近田野，宜低葬。春不可葬。

姓字：宫音，带土姓人，行位八五十。

数目：八、五、十。

方道：西南。

五味：甘。

五色：黄、黑。

震卦

四　木

震为雷　雷地豫　雷水解　雷风恒
地风升　水风井　泽风大过　泽雷随

天时：雷。

地理：东方、树木、闹市、大途、竹林草木

茂盛之所。

身体：足、肝、发、声音。

人事：起动、怒、虚惊、鼓躁、多动少静。

人物：长男。

时序：春三月、卯年月日时、四三八月日。

静物：木竹、萑苇、乐器（属竹木者）、花草繁鲜之物，苍筤竹。

动物：龙蛇。

屋舍：东向之居、山林之处、楼阁。

家宅：宅中不时有虚惊。春冬吉，秋吉不利。

饮食：蹄肉、山林野味、鲜肉、果酸味、菜蔬。

婚姻：可有成声名之家，利长男之婚，秋占不宜婚。

求利：山林竹木之财、宜东方求财动处求财，或山林竹木茶货之利。

求名：有名，宜东方之任、施号发令之职，掌刑狱之官。有茶竹木税课之任，或闹市司货之职。

生产：虚惊，胎动不安，头胎必生男。坐宜东向，秋占必有损。

疾病：足疾、肝经之疾、惊怖不安。

谋望：可望、可求，宜动中谋。秋占不遂。

交易：利于成交。秋占难成，动而可成。山林竹木茶货之利。

官讼：健讼，有虚惊，行移取勘反覆。

谒见：可见，见山林之人，利见宜有声名之人。

出行：宜向利于东方，利山林之人。秋占不宜行，但恐虚惊。

坟墓：利于东向，山林中穴，秋不利。

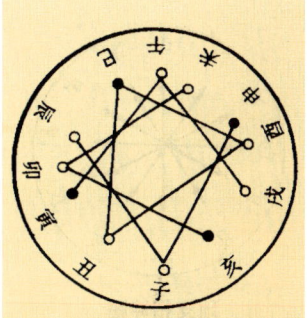

地支合局图

地支合局：亦称"地支三合局"、"三合成局"、"三合化局"、"三合局"。十二地支中生、旺、墓三支相合化成水、火、木、金局。申子辰化合水局，巳酉丑化合金局，亥卯未化合木局，寅午戌化合火局。《难易寻源》："三合成局，三方感应……如同三角勾股弦，土无不在不成局。"三合化局，有吉有凶。一般地说，化生者为吉，化克者为凶。

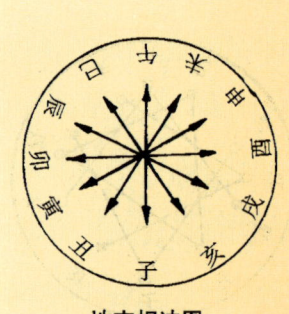

地支相冲图

地支相冲：亦称"地支六冲"、"地支对冲"、"六冲"。指十二地支的对冲与斗争。十二地支中两两对冲，共得六组。子午相冲，丑未相冲，寅申相冲，卯酉相冲，辰戌相冲，巳亥相冲；从其方位看，为互对位上的支相冲。如子在北，午在南，相冲；卯在东，酉在西，相冲。《难易寻源》："地支相冲，斗也……对立斗争者冲，互不相让，两两破碎。"在四柱命学中逢冲不吉；又分相临而冲与隔位而冲，前者灾大，后者灾轻。在六爻占法中，逢冲有吉有凶，冲去福神为凶，冲去克神为吉。

姓字：角音，带木姓氏，行位四八三。
数目：四、八、三。
五味：酸味。
五色：青、绿、碧、玄黄。

巽卦

五　木

巽为风　风天小畜　风火家人　风雷益
天雷无妄　火雷噬嗑　山雷颐　山风蛊

天时：风。
地理：东南方之地、草木茂秀之所、花果菜园。
人物：长女、秀士、寡妇之人、山林仙道之人、寡给、广颡、多白眼。
人事：柔和、不定、鼓舞、利市三倍、进退不果，长，高，工。
身体：股肱、气、风疾。
时序：春夏之交、三五八之月日时、三月、辰巳年月日时、四月。
静物：木香、绳、直物、长物、竹木、工巧之器。
动物：鸡、百禽、山林中之禽虫。
屋舍：东南向之居、寺观楼园、山林之居。
家宅：安稳利市。春占吉，秋占不安。
饮食：鸡肉、山林之味、蔬果、酸味。
婚姻：可成，宜长女之婚。秋占不利。
生产：易生，头胎产女。秋占损胎，宜向东南坐。
求名：有名，宜文职，有风宪之力。宜入风宪，宜茶课竹木税货之职，宜东南之任。
求利：有利三倍，宜山林之利。秋占不吉，竹木茶货之利。

交易：可成，进退不一。交易之利，山林交易，山林茶木之类。

谋望：可谋望，有财，可成。秋占多谋少遂。

出行：可行，有出入之利。宜向东南行。秋占不利。

谒见：可见，利见山林之人，利见文人秀士。

疾病：股肱之疾、风疾、肠疾、中风、寒邪、气疾。

官讼：宜和、恐遭风宪之责。

坟墓：宜向东南方，山林之穴，多树木。秋占不利。

姓字：角音，草木傍姓氏、行位五三八。

数目：五、三、八。

方道：东南。

五味：酸味。

五色：青、绿、碧、洁白。

坎卦

六　水

坎为水　水泽节　水雷屯　水火既济
泽火革　雷火丰　地火明夷　地水师

天时：雨、月、雪、霜、露。

地理：北方、江湖、溪涧、泉井、卑湿之地（沟渎池沼、凡有水处）。

人物：中男、江湖之人、舟人、盗贼，于人为加忧，为心病。

人事：险陷卑下，外示以柔、内序以利，漂泊不成、随波逐流、隐伏智利揉。

身体：耳、血、肾。

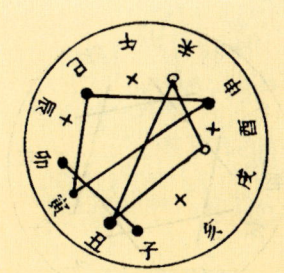

地支相刑图

地支相刑：亦称"三刑"。地支之间互相残伤、刑杀。"子卯，一刑也；寅巳申，二刑也；丑未戌，三刑也。"有三种情况：（1）单向刑：寅刑巳，巳刑申，申刑寅，为恃势之刑；丑刑未，未刑戌，戌刑丑，为无恩之刑。（2）双向刑：子刑卯，卯刑子，为无礼之刑。（3）自刑：辰、午、酉、亥，自身刑自身。

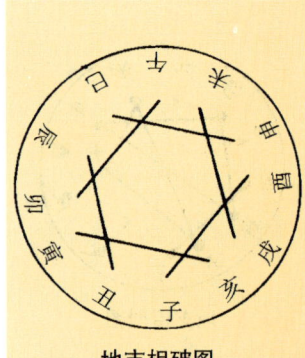

地支相破图

地支相破：亦称"地支六破"、"六破"。地支之间互相破坏、散移十二支两两相破，共得六组。子酉破，午卯破，巳申破，寅亥破，丑辰破，未戌破。《难易寻源》："地支相破，散也、移也。"

时序：冬十一月、子年月日时、一六之月日。

静物：水、带子、带核之物、弓轮矫鞣之物、酒器水具，于木为坚多心。

动物：豕、鱼、水中之物。

屋舍：向北之居、近水、水阁、江楼、茶酒肆、宅中湿地之处。

饮食：豕肉、酒、冷味、海味、羹汤酸味、宿食、鱼、带血、淹藏、有带核之物、水中之物、多骨之物。

家宅：不安、暗昧、防盗。

婚姻：利中男之婚，宜北方之姻，不利成婚，不可婚辰戌丑未月。

生产：难产有险，宜次胎男，中男。辰戌丑未月有损，宜北向。

求名：艰难，恐有灾陷。宜北方之任，鱼盐河泊之职。

求利：有财失，宜水边财，恐有失陷。宜鱼盐酒货之利，防阴失，防盗。

交易：不利成交，恐防失陷。宜水边交易，宜鱼盐酒货之交易，或点水人之交易。

谋望：不宜谋望，不能成就。秋冬占可谋望。

出行：不宜远行，宜涉舟，宜北方之行。防盗，恐遇险阻陷溺之事。

谒见：难见，宜见江湖之人，或有水傍姓氏之人。

疾病：耳疼、心疾、感寒、肾疾、胃冷水泻、痼冷之病、血病、加忧、为血卦。

官讼：不利，有阴险，有失困讼，失陷。

坟墓：宜北向之穴、近水傍之墓，不利葬。
姓字：羽音，点水傍之姓氏，行位一六。
数目：一、六。
方道：北方。
五味：咸、酸。
五色：黑。

离卦

☲ 火

离为火　火山旅　火风鼎　火水未济
山水蒙　风水涣　天水讼　天火同人

天时：日、电、虹、霓、霞。
地理：南方、干亢之地、窑、灶、炉冶之所、刚燥厥地、其地面阳。
人物：中女、文人、大腹、目疾人、介胄之士。
人事：文画之所、聪明才学、相见虚心、书事。
身体：目、心、上焦。
时序：夏五月，午火年月日时，三二七日。
静物：火、书、文、甲胄、干戈、槁衣、干燥之物、赤色之物。
动物：雉、龟、鳖、蟹、螺、蚌。
家宅：安稳、平善，冬占不安，克体主火灾。
屋舍：南舍之居、阳明之宅、明窗、虚室。
饮食：雉肉、煎炒、烧炙之物、干脯之类、热肉。
婚姻：不成，利中女之婚。夏占可成，冬占不利。

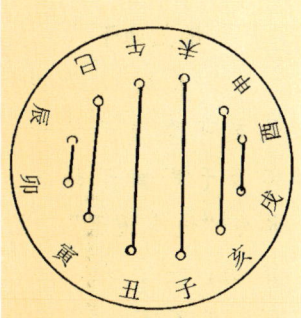

地支相害图

地支相害：亦称"地支六害"、"地支相穿"、"六害"。指十二地支受害或被害。十二支中两两相害，共得六组。子未相害，丑午相害，寅巳相害，卯辰相害，申亥相害，酉戌相害。《难易寻源》："地支相害，忤也，阻也，不利亲也。子未相穿，丑午相穿，寅巳相穿，申亥相穿，酉戌相穿，卯辰相穿。"《三命通会》："六，六亲。害，损也。犯之，至六亲。害，损也。犯之，至六亲肯损克，故谓六害。"

地支遁干

在术数命学中，地支可隐遁于天干，即天干寄藏于地支。称为"地支遁干"。具体为：子、午、卯、酉四正不寄，其余则寅遁甲，辰遁乙，巳遁丙、戊，未遁丁、己，申遁庚，戌遁辛，亥遁壬，丑遁癸。或：甲寄于寅，乙寄于辰，丙、戊寄于巳，丁、己寄于未，庚寄于申，辛寄于戌，壬寄于亥，癸寄于丑。从地支中可求出所寄之天干。

生产：易生。产中女。冬占有损，坐宜向南。

求名：有名，宜南方之职、文官之任，宜炉冶坑场之职。

求利：有财，宜南方求，有文书之财。冬占有失。

交易：可成，宜有文书之交易。

谋望：可以谋望，宜文书之事。

出行：可行，宜动向南方，就文书之行。冬占不宜行，不宜行舟。

谒见：可见南方人。冬占不顺，秋见文书、考案、才士。

官讼：易散，文书动，辞讼明辨。

疾病：目疾、心疾、上焦、热病、夏占伏暑时疫。

坟墓：南向之墓，无树木之所，阳穴。夏占出文人，冬占不利。

姓字：征音，带次及立人傍姓氏，行位三二七。

数目：三、二、七。

方道：南。

五色：赤、紫、红。

五味：苦。

艮卦

七　土

艮为山　山火贲　山天大畜　山泽损
火泽睽　天泽履　风泽中孚　风山渐

天时：云、雾、山、岚。

地理：山径路、近山城、丘陵、坟墓、东北

方。艮为山，为径路，为小石。

人物：少男、闲人、山中人。

人事：阻滞、守静、进退不决、反背、止住、不见。

身体：手、指、骨、鼻、背。

时序：冬春之月、十二月、丑寅年月日时、土年月日时、七五十数月日。

静物：土石、爪果、黄物、土中之物为门阙、为果蓏、于木为坚。

动物：虎狗、鼠、百兽、黔喙之物。

家宅：安稳，诸事有阻，家人不睦。春占不安。

屋舍：东北方之居、山居近石、近路之宅，为阁款。

饮食：土中物味、诸兽之肉、墓畔竹笋之属、野味。

婚姻：阻隔难成，成亦迟，利少男之婚。春占不利，宜对乡里婚。

求名：阻隔无名，宜东北方之任，宜土官山城之职。

求利：求财阻隔，宜山林中取财。春占不利，有损失。

生产：难生，有险阻之厄。宜向东北，春占有损。

交易：难成，有山林田土之交易。春占有失。

谋望：阻隔难成，进退不决。

出行：不宜远行，有阻，宜近陆行。

谒见：不可见，有阻，宜见山林之人。

疾病：手指之疾、脾胃之疾。

人元阴阳

地支还隐藏有天干五行象数，称为"人元阴阳"。相对"天元（天干）阴阳"、"地元（地支）阴阳"而言。四柱命学称为"地支藏干"、"月支藏干"。体现出干支系统的整体性。能平衡五行、反映弊病所在。《难易寻源》："子宫单癸水，丑宫癸辛同，寅宫甲丙戊，卯宫乙木逢，辰中戊乙癸，巳宫丙戊庚，午宫丁己土，未中己乙丁，申宫庚壬戊，酉内独辛金，戌宫戊辛丁，亥宫壬甲逢。阴阳互涵育，干支成化土。"有古歌云："子宫癸水在其中，丑癸辛金己土同。寅宫甲木秉丙戊，卯宫乙木独相逢，辰藏乙戊三分癸，巳中庚金丙戊丛，午宫丁火并乙土，未宫乙己丁共宗，申位庚金壬水戊，酉宫辛字独丰隆，戌宫辛金及丁戊，亥藏壬甲是真踪"。

天干地支相配图

甲寅	甲辰	甲午	甲申	甲戌	甲子
乙卯	乙巳	乙未	乙酉	乙亥	乙丑
丙辰	丙午	丙申	丙戌	丙子	丙寅
丁巳	丁未	丁酉	丁亥	丁丑	丁卯
戊午	戊申	戊戌	戊子	戊寅	戊辰
己未	己酉	己亥	己丑	己卯	己巳
庚申	庚戌	庚子	庚寅	庚辰	庚午
辛酉	辛亥	辛丑	辛卯	辛巳	辛未
壬戌	壬子	壬寅	壬辰	壬午	壬申
癸亥	癸丑	癸卯	癸巳	癸未	癸酉

天干与地支相配，依次为：甲子、乙丑、丙寅、丁卯、戊辰、己巳、庚午……癸亥，十干与十二支依次相配，顺序叠加，可得六十数，甲为天干之首，子为地支之首，相配第一数为“甲子”，故称“甲子”、“六十甲子”、“花甲子”、“花甲”。其排列规律是天干循环六次，地支循环五次，便构成六十轮为一周期。阳干配阳支，阴干配阴支，干支相配，循环相连。天干是十进制，地支是十二进制，干支是六十进制，体现不同的周期性特点。

官讼：贵人阻滞、未讼未解、牵连不决。

坟墓：东北之穴，山中之穴。春占不利，近路边，有石。

姓字：宫音，带土字傍姓氏，行位五七。

数目：五、七、十。

方道：东北方。

五色：黄。

五味：甘。

兑卦

二　金

兑为泽　泽水困　泽地萃　泽山咸

水山蹇　地山谦　雷山小过　雷泽归妹

天时：雨泽、新月、星。

地理：泽、水际、缺池、废井、山崩破裂之地、其地为刚卤。

人物：少女、妾、歌妓、伶人、译人、巫师。

人事：喜悦、口舌、谗毁、谤说、饮食、毁折、附决。

身体：舌、口、肺、痰、涎。

时序：秋八月、酉年月日时、金年月日、二四九数月日。

静物：金刃、金类、乐器、缺器、废物；

动物：羊、泽中之物。

屋舍：西向之居，近泽之居，败墙壁宅，户有损。

家宅：不安，防口舌。秋占喜悦，夏占家宅有祸。

饮食：羊肉、泽中之物、宿味、辛辣之味。

婚姻：不成，秋占可成。又喜主成婚之吉，利婚少女，夏占不利。

生产：不利，恐有损胎、或则生女。夏占不利，坐宜向西。

求名：难成，因名有损。利西之任，宜刑官、武职、伶官、译官。

求利：无利，有损财利，主口舌。秋占有财喜，夏占破财。

出行：不宜远行，防口舌或损失。宜西行，秋占宜行，有利。

交易：不利，防口舌，有争竞。夏占不利，秋占有交易之财喜。

谋望：难成，谋中有损。秋占有喜，夏占不遂。

谒见：利行西方，见有咒诅。

疾病：口舌咽喉之疾、气逆喘疾、饮食不餐。

坟墓：宜西向，防穴中有水，近泽之墓。夏占不宜，或葬废穴。

官讼：争讼不已，曲直未决，因公有损，防刑。秋占为体得理，胜讼。

姓字：商音，带口字金字傍姓氏，行位四二九。

数目：二、四、九。

方道：西方。

五色：白。

五味：辛辣。

万物之象，庶事之多不止于此。占者宜各以其类而推之耳。

（注）**乾卦属金，先天数一，后数六。**

端例卦

乾为父老出官员，宝马金珠上玉天。贵骨刚头冠冕类，镜涵冰水来玄玄。

全牛满腹布文章，釜柄车舆载地黄。黍稷衣裳盛瓦器，土中即墨是坤方。

长男初弄足，树木雀苇绿。草果动蘩薛，柴桑兼核竹。五雷震动百虫蹄，碧碧青青并绿竹。

宜器可将名乐器，三春桃花拔龙须。

长女作僧尼，仙人送锦鸡。工匠巧，羽毛奇，风绳洁白箭竿枝。笔直青香分草木，木兼股气百禽啼。

中男两耳如水雪，长江月色开昏黑。为酒为霖有核仁，水族鱼盐同豕血。

中女离南日电明，霞霓紫赤动坚兵。披甲胄，开炉灶，槁木虚心烈火行。鳖蟹雉龟螺眼亮，书史文人花木情。

手指少男鼻指长，诸禽百兽狗山獐。瓠瓜石土藤萝背，道路鼠门入艮乡。

肺气金钟口舌频，兼铜带铁断刀轻。羝羊白泽瓶壶气，巫女歌娼总兑名。

八卦用变吉凶诀

乾：变上为兑，乃天泽下究，宜博济下民。春为德泽仁人，夏为甘泽利物，秋成物，冬寒苦，金水命人吉凶。

变中为离，日丽中天，宜趁时立勋。春融和，夏酷炎，秋成物，冬煖。五音平。火土命人吉，因时定断。

变下为巽，风行天上，宜顺时而出。春和气，夏收云，秋收敛，冬清凉。木火水命人吉。

坤：变上为艮，山积地上，自卑而高，宜积小成大。春夏长养万物，秋秀实，冬退藏。土金命人吉。

变中为坎，浮陷涝地，宜临深戒警。春夏阳浮虚陷，秋土实，冬化生。水命人旺。金沉木漂，火灭土陷。

变下为震，雷出地中，宜出达敬畏，寒谷生春。春分后荣显，秋平冬隐。五音平。

乾为天，天风姤，天山遁，天地否，风地观，山地剥，火地晋，火天大有。

地利：规律、雾、露、霰。

天文：西北方、王所、管辖、官衙、高峻之所、枢纽。

人物：相傅、父、大人、官人、权力、官宦、绅士、公门人。

人事：责任、魄力、运营、手段。

身段：首（协调四肢）、大肠。

时序：秋、九十月之交、申酉戌月、申酉戌时、巳午为申酉日。

动物：狗、虎、狮。

静物：金玉、宝珠、三边物、水果、刚物、冠、镜。

屋舍：公廨、高堂、衙门、厅堂、东南向之居。

家宅：秋占宅当旺，夏占死，冬占休，春占囚，长夏占相。

婚姻：终老之眷、有规仪之家。秋占当旺，冬夏占休囚。

饮食：狗肉、珍味、肺、干肉、瓜果、诸物之首、三边物、辛辣之物。

生产：易生，秋占生贵子，夏占休囚，坐宜向东南。

功名：职务、宜随朝内任、刑官、武职、掌权、天使、驿官。秋占宜东南方之任。

谋旺：事业有成、利公门、理财。夏占衰死，冬占休囚。

交易：宜合约交易，契约易成。夏占衰死。

求利：外财、收入、工资。秋占大利，夏占损财，冬占无财。

出行：利于出行，利东南之行。夏占休囚。

谒见：利见大人、掌权者，宜见官贵。

疾病：大肠、肺疾、上焦疾。夏占不安。

官讼：健讼、有贵人助。秋占败北，夏占输理。

坟墓：宜向东南、宜乾山气脉、宜天穴、宜高。秋占出贵，夏占大凶。

方道：东南。

五色：白色

姓字：带金旁者、商音、行位三六九。

数目：一、六。

五味：辛、辣。

坤卦属土，先天数八，后天数二。

坤为地，地雷复，地泽临，地天泰，雷天大壮，泽天夬，水天需，水地比。

地利：云阴、大雨滂沱。

天文：旷野、乡里、物质、气态液态固态、西南方。

人物：母亲、养父母、农民、村庄、城市、众多、腹部、四肢。

人事：包容、柔顺、亲情、人缘。

身段：腹、脾、肉。

时序：辰戌丑未月、丑未年、申酉戌亥子日。

静物：多边形、柔物、布帛、丝绵、五肉、舆釜、瓦器。

动物：牛、蛇、蚯蚓、母马。

屋舍：东北向、村庄居、农家、矮屋、土阶、仓库。

家宅：巩固、多生机。春占宅舍不安。

饮食：牛肉、土中之物、甘味、野味、五谷之味、芋笋之物、腹脏之物。

婚姻：利于娶女、家庭、夫妻生活、宜生产之家、

震：变上为离，云雷收，日光见，宜兼善天下。春得令，夏秋日炽，冬雷隐。暄暖安静，水木宜之。

变中为兑，雷雨交施，宜德泽于人。春夏秋生成万物，吉。冬雷隐而结灾迍。水木土宜之。

变下为坤雷入地，宜敛身自养。春分前秋分后恬静，冬索寂无闻。五音平。

巽：变上为坎，风行水上，生皱文，宜守静观变。春风解冻，夏溷浊。秋激浪荡舟。冬结冰。涣散凶事。火命人大畏之。

变中为艮，风入山林，君子握麾持节，常人宜守。春风草偃，夏林茂，秋零落，冬枯枝。木火吉。

变下为乾，徐风扫汉，宜坐亨清泰。春暖夏飚，秋爽冬温，四时静寥，和风静明。五音吉。

坎：变上为巽，海角生风，宜渐进而升。春夏化露滋物，秋结果实，冬结霜寒。水木吉，随时而用。

变中为坤，水入地而寒，宜养晦韬光。春夏旱，秋冬合理。金得养，木滋培，水阻滞，逐决而流。

变下为兑，地底生寒，因塞宜守贞自逸。春夏润泽，秋盈坎放海，冬冷。金水吉。

离：变上为震，云雷蔽光，暧昧，宜暗中寻明。春雷启明，夏雷动雨，有代天之权。秋成物，冬生寒，金木大吉。

变中为乾，日入乾天落辉，宜保天年。春夏阴晦，寡和合，秋冬日落，霜雪生寒。金火中吉。

变下为艮，日入昆仑，宜回光自照。春明晦相平，夏平，秋冬日入山，暑长景短，从容有机。木火吉。

村落之家，或者孀妇之家。春占失时。

生产：易产，春占难产。有损，母病。坐宜东北方。

求名：务实、宜东北方或者教官、农官守土之职。春占衰微。

交易：宜利交易，宜田土交易，宜五谷，利囤货。重物、布帛、静中有财。春占不利。

求利：有益、宜货品之利、众人之利、静中得财。春占无财、多中图利。

谋旺：利求谋、乡里求谋、静中求谋。春占少遂，或者谋于妇人。

出行：可行、宜东北行、宜去乡里行、宜陆行。春占不宜行。

谒见：可见、利见中间人、宜见亲朋或者阴人。春不宜见。

疾病：腹疾、脾胃之疾、饮食停伤、谷食不化。

官讼：理顺、得众情、讼当落幕。

坟墓：宜向东北之穴、平阳之地、近旷野。宜低葬，春不成葬。

姓字：宫音、带土姓人、行位八五十。

数目：二、五、十。

方道：东北。

五味：甘。

五色：黄。

震卦属木，先天数四，后天数三。

震为雷，雷地豫，雷水解，雷风恒，地风升，水风井，泽风大过，泽雷随。

地利：风速。

天文：东方、河流、闹市、大途、竹林、草木蕃庑之所。

人物：长男。

人事：起动、怒、虚惊、决断、我执、开始、多动少静。

身段：足、肝、头发、声响。

时序：春三月寅卯辰、巳亥年、亥子丑寅卯日。

静物：木竹、萑苇、乐器（属竹木者）、花草繁鲜之物。

动物：龙。

屋舍：东向之居、山林的地方、高大楼阁。

家宅：宅中时有虚惊、春冬吉、秋占不利。

饮食：蹄、肉、山林野味、鲜肉、果酸味、菜蔬。

婚姻：感情、有成、有声名之家、长男之婚、头婚、秋占不宜婚。

求利：山林竹木之财、动处求财、或者山林、竹木茶货之利。

求名：驰名、宜西方之任、施号发令之职、领导、掌发令之官、竹茶木税课之任、或者闹市司货之职。

生产：生儿、胎动不安、头胎必生男、坐宜东向、秋占必有损。

疾病：目外眦、胆经之疾、寒热往来、耳中。

谋旺：可旺、可求、宜动中谋、秋占不遂。

交易：利于成交、秋占难成、动而可成、山林、木竹茶货之利。

官讼：健讼、有虚惊、行移取勘多次。

谒见：可见、在山林之人、利见宜有声名之人。

出行：宜行、利于西方、利山林之人、秋占不宜行、但恐虚惊。

坟墓：利于东向、山林中穴、秋不利。

姓字：角音、带木姓人、行位四八三。

数目：四、三。

艮：变上为坤，脱险峻，履平坦，宜弃荣就遁。春夏山色锦绣，四季尤佳。秋冬平安，金土木宜。

变中为巽，风生谷口，宜险处求安。春夏草木盘根，秋冬万物摧损。独金吉。

变下为离，日出扶桑，初旦宜升上近尊。春夏洞晓明彻，秋晦入日入西，冬凶，反时也。木火吉。

兑：变上为乾，雨收天净，万籁皆清，宜从容自得。春自如，人出类。夏雨旸合期，秋天清泽蔼。冬凝结，当富饶。金水宜之。

变中为震，雷动雨霖，宜启瘁发枯。春雨及时，夏膏雨，秋西成丰利，冬雷伏隐静。木土吉。

变下为坎，雨积盈科，宜流浣逸乐。春润泽，夏荣舒，万汇不求自富。秋禾秀多稔，冬浸淫多德泽。五音吉。

八卦性情所属

乾主人刚正，语言真诚，规矩方圆，丰衣足食，一生享禄，眼黑唇红，气格清秀。

坎多狡诈，心乱，不义，头大。长有宿疾，多髭须，作事多改变。

艮诡曲见浅，作事有头无尾，多成败，与人不诚。

震貌面长，好妆扮，作事多怪异，心难测。志大心高，无定高见。

巽三峰面白，须长眼邪，心多嫉忌，性沉，有语少悦，多思，易喜怒，主山林。

离性急躁，须长，鼻高大，身粗，多志，狎真，有见识，有头无尾，主文书。

坤肥黑，面上多点，性温，沉重少言，作事多困。逢人面奉语无约，有治无终，主黑衣服。

兑主人莹白肥大，有志，多艺文，通吉凶事，多机变，主金谷口舌。

方道：东。

五味：酸味。

五色：青、绿、碧。

巽卦属木，先天数五，后天数四。

巽为风，风天小畜，风火家人，风雷益，天雷无妄，火雷噬嗑，山雷颐，山风蛊。

地利：风。

天文：西北方之地、草木茂秀之所、花果菜园。

人物：长女、秀士、孀妇之人、领导之人。

人事：耿直、执行、带动、行为、仁爱、谋虑、思考。

身段：肱、股、气、风疾、抽搐、颤抖、眩晕、昏厥、风症、目疾。

时序：春天、寅卯辰月、亥子丑寅卯口、巳亥年。

静物：柱状、高直、绳、直物、长物、竹木。

植物：兽类。

屋舍：西北向之居、寺观楼台、山林之居。

家宅：春占当令、秋占休囚。

饮食：酸味、骚味、山林之味、蔬果酸味。

婚姻：可成、宜长女之婚、秋占不利。

生产：易生、头胎产女、秋占损胎、宜向西北坐。

求名：驰名、宜文职。有风宪之力、宜为风宪。宜领导之职，宜西北之任。

求利：有利三倍。宜山林之利，秋占休囚。竹货木货之利。

交易：可成。利山林交易、山林木茶之利。

谋旺：可谋旺、有财可成。秋占多谋少遂。

出行：可行，有出入之利。宜向西北行。秋占不利。

谒见：可见，利见贵人，利见文人秀士。

疾病：股肱之疾、风疾、肠疾、中风、冷邪、气疾。

姓字：角音，草木旁姓氏，行位五三八。

官讼：官司，恐遭风宪之责。

坟墓：宜西北。山林之穴，多树木。秋占休囚。

数目：四、五。

方道：西北。

五味：酸味。

五色：青、绿、碧。

坎卦属水，先天数六，后天数一。

坎为水，水泽节，水雷屯，水火既济，泽火革，雷火丰，地火明夷，地水师。

地利：冰、雪、雹子。

天文：北方、江河湖泊、池塘、溪涧、泉井、卑湿之地（沟渎、池沼、凡有寒水处）。

人物：中男、幕后之人、文人、资本。

人事：能量之人，学识智慧。外示以柔，内序以利。柔和。

身段：骨髓、牙、脑、耳。

时序：冬天、亥子丑月、申酉戌亥子日、辰戌年。

静物：坚果、带核之物、弓轮、坚密之物、重物。

屋舍：巩固、向北之居、近池塘江河、高处、江楼、寒冷卑湿之所。

饮食：猪肉、栗子、咸味、盐汤、冷饮、东海鱼虾、腐味、有带核之物、寒凉之物、多骨之物。

家宅：多资、肾水充足、出智慧之人。

婚姻：利中男之婚，宜南方之婚。辰戌丑未月婚不定。

生产：宜怀孕，宜次胎、中男。辰戌丑未月不定。宜北向。

十应灵枢篇

凡卦以体为内、用为外者常也，以十应之妙为外者变也。以内外卦参看，内卦不吉而外吉，可以解其凶；内卦吉而外不吉，有以破其吉矣。必内外卦全吉为美。外卦十应之目，详列于左。成卦之时，随其所应断之。

天霁晴明为乾。若乾兑体比和为吉，坎体则逢生为大吉，坤艮体则泄气，震巽体逢克而不吉矣。晴霁日中为离，坤艮体吉，乾兑体不吉。雨雪为坎，震巽体不吉。雷风为震，巽离体吉，坤艮体不吉。阴云为坤，雾气为艮，星月为兑，克体者天时不顺，生体者天意有待。此天时之应也。

茂林修竹为震，巽离与震巽之体利焉，坤艮之体忌之。江泽川津溪涧为坎水之地，震巽体吉而离体凶。窑灶之所为离，坤艮体吉，乾兑不利。山石之地为艮，乾兑坤艮之体吉，坎体不宜。公廨为乾，田野为坤，土石砖瓦之所为艮，颓垣败壁为兑。生吉克凶，此地理之应也。

老人为乾，老妇为坤，艮少男，巽少女，五行生克比和，与前同断。至于人事纷见，随吉凶之意以为兆。如问财见钱宝等物，占功名见文书公服，卜婚见圆物鱼雁之类，皆吉。此人事之应也。

月令日值五行衰旺之炁，如木旺寅卯月日，火旺巳午月日，体卦忌日辰刑克，宜日辰生旺。体卦炁宜旺不宜衰。此时令之应也。

方卦论吉凶者，以体卦为主，看来占之人在何方位，与体卦有无生克。方生体吉，体生方耗炁；体克方吉，方克体不宜，加以参详。如坎体宜坎位，若震巽之位则不吉；离居离位，如坤艮乾兑之位则不吉。盖本卦之位，宜用卦之生，不宜所在之方受用卦之克。若夫器物之卦，所占之方又须审之。如水从地来为坎，卦炁则旺，从坤艮方来则衰。火从南方为离，卦炁则旺，北来则衰。余仿此。盖

求名：有学识、策划之人。宜南方之任、幕后之职。

求利：有积蓄，宜囤货之利。

交易：存货成交、保存实力。宜冬季交易，宜贵重货品交易，或者与带点水人之交易。

谋旺：势在必得，获利长久。秋冬占可谋旺。

出行：不宜远行，宜南方之行。

谒见：拜见圣人，宜见学识源深之人，或者有水旁姓氏之人。

疾病：耳病、心疾、感冷、肾疾、寒湿、泄泻，痼寒之病、肾病、骨病。

官讼：有理、有能量、有实力，以智取胜。

坟墓：宜北向之穴、近水傍之墓、有生基之葬。

姓字：羽音、点水旁之姓氏、行位一六。

数目：一

方道：南方。

五味：咸

五色：黑

离卦属火，先天数三，后天数九。

离为火，火山旅，火风鼎，火水未济，山水蒙，风水涣，天水讼，天火同人。

地利：太阳、电、虹、霓、霞。

天文：南方、热盛之地、窖灶、炉冶之所、刚燥厥地、其空中阳。

人物：中女、文人、有礼、洞彻、大势力。

人事：文画之所、聪明才学、相行礼让、文明。

身段：目、心、小肠、上焦。

时序：夏天、巳午未月、子午寅申年、寅卯辰巳午日。

静物：火热、表达、文、调子、礼仪、彩衣、轻散

枯燥之物、红色发散。

动物：雉、羽类。

屋舍：南舍之居、阳明之宅、明窗、虚室。

家宅：明礼、冬占不安、克体主旧宅。

饮食：鱼肉、焦糊味、烧炙之物、干脯之体、烤肉。

婚姻：幸福、利中女之婚、夏占可成、冬占两可。

生产：易生、产中女、冬占损、坐宜向南。

求名：驰名，宜北方之职、文官之任，宜决策之职。

求利：有财，宜北方求。有文书之财。冬占两可。

谋旺：可以谋旺，宜文书之事。

交易：可成，宜有文书之交易。

出行：可行，宜向北方，就文书之行。冬占不宜行。

谒见：可见北方人，冬占不顺。秋见文书考案之士。

官讼：公正有礼、辞讼明辨。

疾病：目疾、心疾、上焦暖病。夏占伏暑、时疫、血疾。

坟墓：南向之墓、平洋之所、阳穴。夏占出文人，冬占不定。

姓字：徵音，立人旁姓氏，行位三二七。

数目：三、九。

方道：南。

五色：赤、紫、红。

五味：苦。

艮卦属土，先天数七，后天数八。

艮为山，山火贲，山天大畜，山泽损
火泽睽，天泽履，风泽中孚，风山渐

本卦旡方为旺，受克之方为衰。生体卦旡宜乘旺，方克体，卦旡宜在受克之方。夫震巽之方，不论乾兑坤艮；坤艮之方，不论坎；坎方不论离，离方不论乾兑；乾兑方不论离震巽，以其体卦受方卦之克而无气也。此方卦之应也。

乾马，坤牛，震龙，巽鸡，坎豕，离雉，艮犬，兑羊，又螺蚌之类为离，鱼盐之类为坎，此动物之象。以体卦参之，其不论卦象者，鸦报灾，鹊言喜，鸿雁主音信，蛇蝎防毒害，鸡鸣主佳音，鸟噪主凶动。此动物之象也。

静乃器物之类，有类卦象者。水坎，火离，木器为震巽，金乃乾兑，土为坤艮。与体卦相参详，有无生克合刑。其不分卦象者，但观器物之兆。圆者事成，缺者事败之意。又详何器物，如笔墨主文书，袍笏主官职，尊俎之具主贵集，枷锁之具防官灾。此静物之应也。

言语不论卦象，但详其事绪，而为占卜之应。闻吉则吉，闻凶则凶。若稠人闹市，难以推断，坐听人少处，或言或语，可辨事情，审其言语何事，心领而意会之。如说朝廷，可以求名；说商贾财货，可以谋利；讲鬼神医巫，主疾病；论州县江湖，主出行；争讼主官非，喜庆主婚姻。事虽不一，仿此而推。喜笑则吉，喧争则讼，事机成矣。此言语之应也。

凡耳闻之声，若论卦象，则雷声为震，风声为巽，雨声为坎。鼓板槌拍之声出于木者皆为震，巽钟磐铃钗之声皆出于金者为乾兑。此声音之卦象，与体卦参决。其余悲喜歌怒，各以类应。若物之鸦鹊分吉凶，雁鸡主远信，皆声音之应也。

五色不论卦象，但以所见之色推。五行青碧绿为木，白属金，黑属水，黄为土，红为火。外卦之五行，应内卦之生克比和吉，克泄凶，此五色之应也。

地利：低洼地、广场、平川地。

天文：山路、近山城、丘壑、坟墓、东北方。

人物：少男、孩子、农人。

人事：阻隔、守静、进退不决、止住、不见。

身段：手指、肉、鼻准、四肢。

时序：长夏、未月戌月、申酉戌亥子日、未时戌时。

静物：气态液态固态、多肉、黄物、土中之物。

动物：虎、狗、蛇、裸虫、黔啄之物。

家宅：巩固、诸事有阻、家人不睦、春占不安。

屋舍：西南方之居、平洋之居、远路之宅。

饮食：香味、肉类、甘味之属、野味。

婚姻：阻隔难成，成亦迟。利少男之婚。春占不利异地之婚，宜郊区乡里婚。

求名：阻隔无名、宜西南方之任、宜土官山城之职。

求利：求财阻隔，异地求财。宜新地谋财。春占失财、破产。

生产：难生，有险阻之厄。宜向西南。春占有损。

交易：难成，宜他乡交易。有山林田土之交易。春占不利。

谋旺：阻隔难成，进退不决。

出行：不宜近行，有阻，宜远陆行。

谒见：不成，见有阻，宜见戌边之人。

疾病：四肢手指之疾、脾胃之疾。

官讼：贵人障碍，官讼未解，牵连不决。

坟墓：西南之穴、山中之穴。春占失利，近路旁有石。

数目：七、八

方道：西南方。

五色：黄。

五味：甘。

兑卦属金，先天数二，后天数七。

兑为泽，泽水困，泽地萃，泽山咸，水山蹇，地山谦，雷山小过，雷泽归妹。

地利：雾露、月牙、星。

天文：旱地、辛温之地、向阳、无风处。

人物：婢女、妾、歌妓、戏子、译人、巫师。

人事：忠道、承诺、契约、谤说、誓言。

身段：皮肤、汗毛、肺、鼻、鼻涕。

时序：秋天、申酉戌月、巳午未申酉日、申酉戌时、卯酉年。

静物：桃木、刀剑杀伐之器、威慑之物、弓矢、尖锐之器、乐器、玉器。

动物：羊、辛辣之物。

屋舍：西向之居、近平低之居、统领之建筑。

家宅：不安、防官司、秋占得时，夏占家宅不安。

饮食：羊肉、腥味、辛辣之味。

婚姻：订婚、秋占易成、有媒妁之喜、主成家之吉。利婚婢女。夏占有阻。

生产：产期、失时多生女。夏占不利。宜坐向西。

求名：有功、实权、利西之任。宜刑官、武职、伶官、译官。

求利：有益、有损、财利、毁约。秋占得时、夏占失利。

出行：不宜遥行、防口舌、或者丧掉、宜西行、秋占宜行有益。

交易：契约、破财、利润、夏占失时、交易、秋占交易之财。

谋旺：有合约、谋中有规。秋占得时，夏占不遂。

易数十诀

有先天起数之诀，后天起卦之诀，有体用互变之诀，体用生克之诀，体用衰旺之诀，体用动静之诀，卜占端坐之诀，占卜克应之诀。此七诀者，乃先师所秘授也。得其传，数术神昧，其传不验，应惟在诚感而已。故易之为数，有体用之章，三要之章，十应之妙。总之为十诀，皆不可缺也。

谒见：利行东方，见有合约。

疾病：肺病、咽喉之疾、气逆喘疾、大肠之疾。

坟墓：宜西向，防穴中有空间，近陆地之墓。夏占不宜，或者葬于成穴。

官讼：争讼不经、曲直未决、因讼有损、防刑。秋占为体，有理胜讼。

姓字：商音、带口带金字旁姓氏、行位四二九。

数目：二、七

方道：东方。

五色：白。

五味：辛、辣。

万物之象，庶事之多，何止于此！占者唯宜临机妙用，各以其类而推之耳。

风雨赋

造化之功用难测，理数之玄微可据。乾象乎天圆而明，四时顺布；坤法乎地重而浊，一炁混融。乾坤两全，晴雨时变。坤艮两立，阴晦不常。数有阴阳，画有奇偶。奇阳偶阴，阴雨阳晴。重坤为老阴之极，阴极生阳；重乾为老阳之极，久晴必雨。若重坎重离，时晴时雨。坎为水必雨，离为火必晴。乾兑之金，秋晴明而冬雪冽；坤艮之土，春阴沉而夏蒸溽。艮为云，巽为风。乾兑乃霜雪雹霰，离火为日电虹霓。离电震雷会合，雷电交作；坎雨巽风相逢，风雨骤至。震卦重逢，雷惊百里。坎卦叠见，润泽九垓。故卦体之雨逢，依爻象之总断。地天泰，水天需，昏蒙之象；天地否，水地比，黑暗之义。见纯离而夏必旱，见纯坎而冬生寒。既济未济，四时不测风云；中孚大过，三冬必然雨雪。蹇蒙百步须执盖，升观四时勿舟行。离在坤上，暮雨朝晴；离在震宫，暮晴朝雨。巽在离，虹霓乃见。离在坎，造亦同。震离为雷为电，应在夏天；坎水为霜为雪，形于冬月。大小畜而生风，大小过而有雷。

增广校正
梅花易数卷二

心易占卜玄机

天下之事有吉凶，托占以明其机。天下之理无形迹，假象以显其义。故乾有健之理，于马之类见之。故占卜寓吉凶之理，于卦象内见之。然卦象一定不易之理，而无变通之道，不可也。易者，变易而已矣。至如今日观梅复得革兆，有女子折花，异日果有女子折花，可乎？今日算牡丹得姤兆，为马所践，异日果为马所践毁，可乎？且兑之属，非止女子。乾之属，非止马。谓他人折花有毁，皆可切验之真，是必有属矣。嗟呼！占卜之道，要变通。得变通之道者，在乎心易之妙耳！

［注］世事因果吉凶祸福，以占卦以知其原委。世上万事皆有数理，成其外象以显其内里。所以乾卦有规范之理，于马则有驯服之道。故占卜以昭示祸福得失之理，于卦内而见之。然卦象不是僵化死硬之理，而没有变通之道，此为不成。夫易者，万物之规也。往日康节先师观梅占卦革之咸卦，有女子折花之应，他日果有女子折花以验。又推算牡丹占天风姤之火风鼎，占测牡丹必为马所践踏毁折，为什么会应验？兑卦不只指女子，乾卦也并不是单指调服之马。所以他人折花有毁，都是可以断验之真，是一定有其易理规律在其中。不得不赞叹，占卜推算之道，全在规律与变通，获得变通之理，全在心易妙法尔。

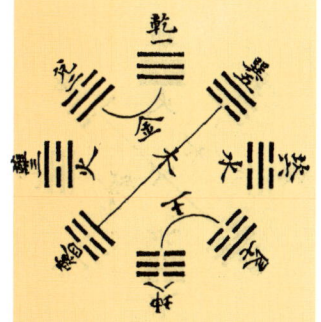

纳音五行应先天图

先天之图，乾兑居首属金，次以离属火，又次震巽属木，又次以坎属水，终于艮坤属土，故始于金，终于土者，乾始坤成之义也。金取于天之刚，土取于地之柔，火附于天，水附于地，而木以生气居中，此纳音所本于先天之序也。

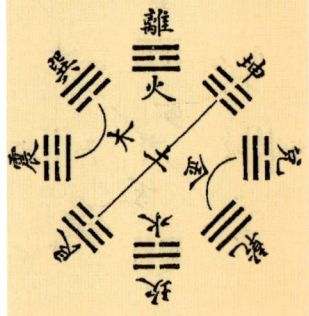

纳音五行应后天图

后天之图，亦以乾居首，而逆转自乾兑之金，旺于西方；次转而为离火，旺于南方；次又转而为震巽之木，旺于东方；次又转而为坎水、旺于北方；而土旺于四季，故退艮坤以居终焉。此纳音所本于后天之序也。

占卜总诀

大抵占卜之法，成卦之后，先看《周易》爻辞，以断吉凶。如乾初九"潜龙勿用"，则诸事未可为，宜隐伏之类；九二"见龙在田，利见大人"，则宜谒见贵人之类。余皆仿此。

［注］占卜之道，约略占卜方法，成卦后参考爻辞。（具备古易解析能力，熟知易理专有名词，大忌望文生义。）以断祸福变化。如乾卦初九"潜龙勿用"，为气在胞胎未有形器，不能任物之意；九二"见龙在田，利见大人"，万物具备形体，能够布道，要以戒为师。（见，布道；田，形器；利，成道；大人，戒律。）可以占断为，时势能够兼济天下，以万物之规为手段。

次看卦之体用，以论五行生克。体用即动静之说。体为主，用为事应。用生体及比和，则吉；体生用及克体，则不吉。

［注］又论体卦用卦克应，以决吉凶之兆。体卦与用卦为事体之本身，体卦为本体，而用卦为发用，体用为一。体卦旺相而得用卦克责，体用应吉，反之应凶；体卦休囚而得用卦生扶，体用应吉，反之应凶。

又次看克应。如闻吉说见吉兆，则吉；闻凶说见凶兆，则凶。见圆物，事易成；见缺物，事终毁之类。

［注］又论体用克应，大忌以主观意识为断卦指导，我们的主观意识受后天学识、社会经验、阅历所主导，但这些条件都远离客观主体，以术御道则亏，以道御术则盈。以人事之悲喜、好恶、取舍以断卦，则万难占验，以中庸之易理断卦，则有端砚之方。见圆物则为坎卦，见损毁之物，则为兑卦等。

复验己身之动静。坐则事应迟，行则事应速，走则愈速，卧则愈迟之类。数者既备，可尽占卜之道，必须以易卦为主，克应次之。俱吉则大吉；俱凶则大凶；有凶有吉，则详审卦辞，及克用体应之类，以断吉凶也。要在圆机，不可执一。

［注］观外境之变化多端，己身之动态迟慢。坐卧则应事在迟，行则应在在速。外应之数既备，即可行占卜之道，以易理为占筮之端，克应以端应事之得失。易理与克应俱吉者，则行事有方；易理与克应俱凶者，则行事必败。详审卦辞，细断克应，以端祸福吉凶。断卦全在易理精深，临机占验，不可偏执一端。

占卜论理诀

数说当也，必以理论之而后备。苟论数而不论理，则拘其一见而不验矣。且如饮食得震，则震为龙。以理论之，龙非可取，当取鲤鱼之类代之。又以天时之得震，当有雷声，若冬月占得震，以理论之，冬月岂有雷声？当有风撼震动之类。既知以上数条之诀，复明乎理，则占卦之道无余蕴矣。

［注］占卜之道，有当与不当之分。八卦取类比象，必依实际情形而论之。只是追求数理而脱离事理，则拘泥于一端而占卦多有不验。如占饮食得震卦，则震为龙，主升腾。生活当中并没有龙，则取鲤鱼以类象，取鱼之游动以类震卦。又如测地利之天气变化，得震卦，冬月占卦，震卦为春雨急至之象，而冬月岂能有春雨？此为寒风骤至，物有动变之象。我们明白了上面数条之心法，一定要反复明辨其理，则占卜之道近乎事理。

先天后天论

先天卦断吉凶，止以卦论，不甚用《易》之爻辞。后天则用爻辞，兼用卦辞，何也？盖先天者未得卦、先得数，是未有《易》书，先有《易》理，

**纳音五行分三元
应乐律隔八相生图**

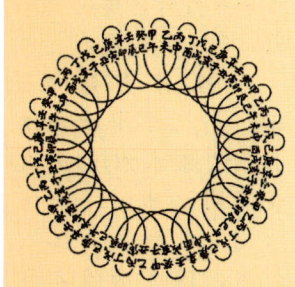

上图以甲子、乙丑为金上元，壬申、癸酉为金中元，庚辰、辛巳为金下元。三元俱周，则传于戊子、己丑，为火上元，丙申、丁酉为火中元，甲辰、乙巳为火下元。自此以后，皆依前图金火木水土之次，而用乐律同位娶妻隔八生子之法，以终于丁巳而纳音小成矣。又自甲午、乙未为金上元起如前法，以终于丁亥而纳音大成矣。

纳音干支起数合五行

甲己子午九，乙庚丑未八，丙辛寅申七，丁壬卯酉六，戊癸辰戌五，巳亥属四数。

《瑞桂堂暇录》曰："六十甲子之纳音，以金木水火土之音而明之也。一六为水，二七为火，三八为木，四九为金，五十为土。然五行之中，惟金木有自然之音，水火土必相假而后成音。盖水假土，火假水，土假火。故金音四九，木音三八，水音五十，火音一六，土音二七，此不易之论也。何以言之？甲己子午九也，乙庚丑未八也，丙辛寅申七也，丁壬卯酉六也，戊癸辰戌五也，巳亥四也。甲子乙丑其数三十有四，四者，金之音也，故曰金。戊辰己巳，其数二十有三，三者木之音也，故曰木。庚午辛未其数三十有二，二者火也，土以火为音，故曰土。甲申乙酉，其数三十，十者土也，水以土为音，故曰水。戊子己丑，其数三十有一，一者水也，火以水为音，故曰火。凡六十甲子，莫不皆然，此纳音之所由起也。"

辞前之《易》也。故不必用《易》书之辞，专以卦断。后天则以先得卦，必用卦画，辞后之《易》也。故用以爻之辞，兼《易》卦辞以断之也。

[注] 后天断卦论祸福得失，止以卦体作用而论，极少运用《易》之爻辞，爻辞之解析，全凭占卦者之易理精深程度，以及其社会阅历与经验而论之，受其主观意识影响，且今人多望文生义，曲解爻辞者，此等泛泛之辈岂能是占卜之客呢！后天有用爻辞，兼看卦辞者，这是为什么呢，只因为后天占卦未取卦，而先有数，此是未有《易》书，而先有易理在。所以不用易书之爻辞，专门依卦理而断。后天占卜则先有卦，然后用画卦论之，现有爻辞而后论《易》，所以用爻之辞，兼用易卦之卦辞以断之。

又后天起卦，与先天不同，其数不一。今人多以坎一、坤二、震三、巽四、中五、乾六、兑七、艮八、离九此数为用。盖圣人作《易》画卦，始以太极、两仪、四象、八卦；加一倍，数自成乾一、兑二、离三、震四、巽五、坎六、艮七、坤八。故占卜起卦，合以此数为用。

又有后天起卦，与光天有不同，其数不一，前人多以坎卦一，坤卦二，震卦三，巽卦四，中五，乾卦六，兑卦七，艮卦八，离卦九，零为坤，中寄坤（只用洛书之数即可）。盖因圣人作《易》画卦，始于太极，两仪，四象，八卦。先天八卦论理，后天八卦以应用，先天八卦有卦理而没有数，后人伪作以论数，此为迷惑后学之伪书。今人沿袭伪书以传世，皆以乾卦一，兑卦二，离卦三，震卦四，巽卦五，坎卦六，艮卦七，坤卦八，九复起一，十复取二，岂不知卦有八而数有十，宇宙之后天数源于一而为坎，岂非乾卦能为一者，盲从者多矣，明卦理者凤毛麟角，上古易数，没落于此。

又今人起后天卦，多不加时，得此一卦，止此一爻动，更无移易变通之道。故后天起卦定爻必加时而后可。又先天之卦，定事应之期，则取之卦气，如乾、兑则应如庚、辛及五金之日，或乾为戌、亥之日时，兑为酉日时。如震、巽当应于甲、乙及五木之日，或震取卯，巽取辰之类。后天则以卦数加时数，总之而分行卧坐立之迟速，以为事应之期。卦数时类，应近而不能决诸远者，必合先后之卦数取诀可也。

又前人起后天卦，多不加时辰，如得一卦而无动爻，止于此一卦而断，更无移易变通之道，而后天起卦定爻，必加时辰以求动爻。又后天之卦，定事体之应期，则取卦气而论，如乾卦兑卦属金，应庚辛之日，或申酉金时日；或者坤土为戌亥日时，兑金为酉日时；如震巽应于甲乙日时，及寅卯日时；或者震为阳木应寅时，巽为阴木应卯时之类；后人多以卦数加时辰数，所得之数，从占卦之时起后延至其日，以定应事之期。又因机取象之行走坐卧，以定迟早之应。如应近期之事而不应未来，必以上卦下卦之数以定。

又凡占卦中决断吉凶，其见止于全卦体用生克之理，及参《易》辞，斯可矣。今日以后天卦，却于六十甲子之日，取其时方之魁破败亡灭迹等，以助断决。盖历象选时，并于《周易》不相干涉，不可用也。

［注］又凡卦中定义祸福，依体用生克作用，应事则以卦理为用。及参考《易》辞，则可矣。往日有人断卦，却以六十甲子纳音取象，断决破败亡灭之事，因为此种断卦方法，与《周易》不相干，所以今人多不用。

卦断遗论

凡占卜决断，固以体用为主，然有不拘体用者。如起例中西林寺额得山地剥，体用互变，俱比和，则为吉，而乃不吉，何也？盖寺者，纯阳

论纳音取象

昔者，黄帝将甲子分轻重而配成六十，号曰"花甲子"，其花字诚为奥妙，圣人借意而喻之，不可著意执泥。夫自子至亥十二官，各有金木水火土之属。始起于子，为一阳，终于亥，为六阴。其五行所属金木水火土，在天为五星，于地为五岳。于德为五常。于人为五脏，其于命也为五行。是故甲子之属，乃应之于命，命则一世之事，故甲子纳音象，圣人喻之，亦如人一世之事也。何言乎？子丑二位，阴阳始孕，人在胞胎，物藏荄根，未有涯际。寅卯二位，阴阳渐辟，人渐生长，物以拆甲，群葩渐剖，如人将有立身也。辰巳二位，阴阳气盛，物当华秀，如人三十、四十，而有立身之地，始有进取之象。午未二位，阴阳彰露，物已成齐；人至五十、六十，富贵贫贱可知，凡百兴衰可见。申酉二位，阴阳肃杀，物已收成，人已龟缩，各得其静矣。戌亥二位，阴阳闭塞，物气归根，人当休息，各有归者。详此十有二位先后，六十甲子可以次第而晓。

人居之地，而纯阴爻象，则群阴剥阳之义显然也。此理甚明，不必拘体用也。又若有人问："今日动静如何"，得地风升，初爻动，用克体卦，俱无饮食矣，而亦有人相请，虽饮食不丰而终有请，何也？此人当时必有当日之应，又有"如何"二字带口，为重兑之义。

又有用不生体，互变生之而吉者，若少年有喜色，占得山火贲是也。又有用不生体，互变俱克之而凶者，如牛哀鸣，占得地水师是也。盖少年有喜色，占则略知其有喜，而《易》"戈戈"辞，又有"束帛"之吉，是二者俱吉，互变俱生，愈见其吉矣。虽用不生体，不吉，不为其害也。牛鸣之哀，则略知其凶，而易爻复有"舆尸"之凶，互变俱克，愈见其凶。虽用爻不克，不能掩其凶也。盖用《易》断卦，当用理胜处验之，不可拘于执一也。

[注] 凡是占卜以决事体变化，固然以体卦为主，然而不可以拘泥于体用。体用是一不是二，即体卦与用卦为完整事物，体卦为阴，用卦为阳；体卦为事物的内部变化，用卦为事物的外部征兆；体卦为事物的本体，用卦为事物的发用；体卦为事物的本质，用卦为事物的变化；体卦为事物的当下，用卦为事物将来。

（一）如本书例中西林寺匾额得卦山地剥，体卦与用卦互变，体用比合（比合，即体卦与用卦为同一五行）应吉，但是仍然有凶，这是为什么呢？因为寺庙为纯阳人居住之地，而遇纯阴之爻象，则群阴剥阳之卦义显著，这个道理很明显，不可拘泥于体用吉凶，这是卦体与事体阴阳辩证吉凶的一个很好的例子。

（二）如本书例中有如问"今日动静如何"，起卦地风升，初爻发动，用卦克制体卦，坤卦休囚被用卦巽木克伐以应凶，坤者为众，坤应凶故酒客少，为何如此断卦呢？因当日者为木，巽卦旺而坤卦囚。

甲子、乙丑，何以取象为海中之金？盖气在包藏，有名无形，犹人之在母腹也。壬寅、癸卯，绝地存金，气尚柔弱，薄若缯缟，故曰"金泊金"。庚辰、辛巳，以金居火土之地，气已发生，金尚在矿，寄形生养之乡，受西方之正色，乃曰白腊金。甲午、乙未，则气已成物，质自坚实，混于沙而别于沙，居于火而炼于火，乃曰"沙中金"也。壬申、癸酉，气盛物极，当施收敛之功，颖脱锋锐之刃，盖申酉金之正位，干值壬癸，金水淬砺，故取象剑锋，而金之功用极矣。至戌亥，则金气藏伏，形体已残，锻炼首饰，已成其状，藏之闺阁，无所施为，而金之功用毕，故曰"庚戌、辛亥钗钏金"。

（三）如本书例中少年有忧色占，得山火贲变风火家人。又有用卦不生体卦，互变生之而应吉者。盖因南方为离火旺之地，体卦之离旺相，被用卦艮土化泄应吉，艮卦为财产物品，固有聘礼之事。少年有忧色，而解卦为有喜，而《易辞》又有"束帛戋戋"之吉，二者俱吉，故应纳聘之喜。

（四）如本书例中有牛哀鸣之占，获卦地水师变地风升，康节引据《易辞》曰："师或舆尸，凶。"或，为终结；舆，为受物；尸者失也，失气亡陈，形体独陈。这里指失去生命阳气，只剩下形体；秋金秉令时节，体卦坤休囚被制，则有凶应，变卦之体卦坤被用卦巽木克伐亦凶，故断此牛难以幸免。

小结：体用不能单纯以生克本身论吉凶，体卦旺相者得用卦克泄耗则吉，体卦休囚无力者得用卦生扶则吉；体卦休囚无力者得用卦克泄耗则凶，体卦旺相有力得用卦生扶则凶。生克本无吉凶，卦体旺衰组合作用以得吉凶。盖因"太过者损之斯成，不及者益之则利"，万卦以生克作用为体现，当令与失时为本。

八卦心易体用诀

心易之数，得之者众，体用之诀，有之者罕。余幼读《易》书，长参数学，始得心易卦数。初见起例，以知占其吉凶。如以蠡测海，茫然无涯。后得智人见授体用心易之诀，而后占事之诀，疑始有定。据验则验。如猱基射的，百发百中。其要在于分体用之卦，察其五行生克、比和之理，而明乎吉凶悔吝之机也。于是《易》数之妙始见，而《易》道之卦义备矣。乃世有真实，人罕遇之耳。得此者，幸甚秘之！

[注] 平常心易占卜之法，得之的人很多，然而体用之诀，世上罕有知其一二。笔者幼年即参研术数之

壬子、癸丑，何以取象桑柘木？盖气居盘屈，形状未伸，居于水地，蚕衰之月，桑柘受气，取其时之生也。庚寅、辛卯，则气已乘阳，得栽培之势力，其为状也。奈居金下，凡金与霜素，坚木居下得其旺，岁寒后凋，取其性之坚也，故曰"松柏木"。戊辰、己巳，则气不成量，物已及时，枝叶茂盛，郁然成林，取其木之盛也，故曰"大林木"。壬午、癸未，木至午而死，至未而墓，故杨柳盛夏叶凋，枝干微衰，取其性之柔也，故曰"杨柳木"。庚申、辛酉，五行属金，而纳音属木，以相克取之。盖木性辛者，唯石榴木，申酉气归静肃，物渐成实，木居金地，其味成辛，故曰"石榴木"。观他木至午而死，唯此木至午而旺，取其性之偏也。戊戌、己亥，气归藏伏，阴阳闭塞，木气归根，伏乎土中，故曰"平地木"也。

丙子、丁丑，何以取象涧下水？盖气未通济，高段非水流之所，卑湿乃水就之乡，由地中行，故曰"涧下水"。甲寅、乙卯，气出阳明，水势恃源，东流滔注，其势浸大，故曰"大溪水"。壬辰、癸巳，势极东南，气傍离宫，火明势盛，水得归库，盈科后进，乃曰"长流水"也。丙午、丁未，气当升降，在高明火位，有水沛然作霖，以济火中之水，惟天上乃有，故曰"天河水"。甲申、乙酉，气息安静，子母同位，出而不穷，汲而不竭，乃曰"井泉水"。壬戌、癸亥，天门之地，气归闭塞，水历遍而不趋势，归乎宁谧之位，来之不穷，纳之不溢，乃曰"大海水"也。

学，初始即掌握心易之法。初起断卦，以测吉凶祸福，有如以蠡测海，茫无涯际。后得上智之人传授体用心易之法窍，然后占测世事，方有所验，屡试不爽，卦出则神明，有如养繇基（养繇基，楚国神箭手）射箭，矢无虚发。其理论精要在于分体卦与用卦，察节气之深浅，以定卦爻之旺弱，然以生克制化之方，以定体用吉凶，而明了祸福、悔吝之先机。以此易数之玄妙始见，而《易》道之卦理具备，思之再三，验之数年，方始有定。此乃世间之真是切要，后学罕有遇之，能够获得此上上之学，实乃无上之法缘，得之者珍惜之。

体用总诀

体用云者，如易卦具卜筮之道，则易卦为体，以卜筮用之。此所谓体用者，借体用二字，以寓动静之卦，以分主客之兆，以为占例之准则也。大抵体用之说，体卦为主，用卦为事；互卦为事之中间，刻应变卦为事之终。应体之卦气，宜盛不宜衰。盛者如春震、巽，秋乾、兑，夏离，冬坎，四季之月坤、艮是也。衰者，春坤、艮，秋震、巽，夏艮、兑，冬离，四季之月坎是也。

[注] 体卦与用卦说法，为易卦卜筮之大道，以易卦为体，卜筮占卜为用，以此所谓体卦用卦者，这是借"体用"二字，以寓卦之变动，用来区分主客之先兆，用此为起卦立卦之原则。简单的论述体用之法，体卦为事物之本体，用卦为事体之发用。体用为用事之方，互卦为事之吉凶，主卦为事之始，克应变卦为事体之终。应体之卦宜旺而有制，弱而有生扶，适其性者为吉。盛者如春三月震巽秉令，秋三月乾兑秉令，夏三月离卦秉令，冬三月坎卦秉令，分四时而用者艮卦坤卦；衰者如春季艮卦，夏季乾兑卦，秋季震巽卦，冬季离卦，四季月则各有所主。

宜受他卦之生，不宜他卦之克。他卦者，谓用互变也。生者，如乾、兑金体，坤、艮生之；坤、艮土体，离火生之。离，火体，震、巽木生之。余皆仿此。克者，如金体火克，火体水克之类。体用之说，动静之机，八卦主宾。五行生克，体为己身之兆，用为应事之端。体宜受卦用之生，用宜见卦体之克。体盛则吉，体衰则凶。用克体固不宜，体生用亦非利。体党多而体势盛，用党多则体势衰。如卦体是金，而互变皆金，则是体之党多。如用卦是金，而互变皆金，则是用之党多。体生用，为之泄气，如夏火逢土，亦泄气。

[注]体卦旺相，则喜用卦以治之，体卦衰者，宜用卦以生之；体卦旺相，忌用卦以生助，体卦休囚，忌用卦以克伐，此为占卜之大道，有缘者解之，无缘者弃之。八卦相生：坎水生震木巽木，震木巽木生离火，离火生坤土艮土，坤土艮土生乾金兑金，乾金兑金生坎水；八卦相克：坎卦克离卦，离卦克乾卦兑卦，乾卦兑卦克震卦巽卦，震卦巽卦克坤土艮土，坤土艮土克坎水。体卦用卦为万事动变之机，体卦为主，用卦为宾，宾主为一。体卦为万事之本体，用卦为万物之发用；体卦为阴，用卦为阳。体卦为事之先兆，而用卦为事之所应。体用之间，遵循实则泻之，虚则补之。如秋占体卦为乾金，互变亦乾兑，此为太过而不吉；又如夏土逢火，秋水逢金，亦是凶危之卦。

体用之间，比和则吉。互乃中间之应，变乃末后之期。故用吉变凶者，先吉后凶；用凶变吉者，先凶后吉。体克用，诸事吉；用克体，诸事凶。体生用，有耗失之患；用生体，有进益之喜。体用比和，则百事顺遂。又看全卦中有生体之卦，看是何卦。

[注]体用之间，体卦休囚而用卦比合则吉，互卦为事之过程，变卦乃事之末期。故主卦吉而变卦凶者，为先吉后凶，先得后失；主卦凶而变卦吉者，是为先凶而后吉。

戊子、己丑，何以取象霹雳火？盖气在一阳，形居水位，水中之火，非神龙则无，故曰"霹雳火"。丙寅、丁卯，气渐发辉，因薪而显，阴阳为冶，天地为炉，乃曰"炉中火"也。甲辰、乙巳，气形盛地，势定高冈，传明继晦，子母相承，乃曰"覆灯火"也。戊午、己未，气过阳宫，重离相会，炳灵交光，发辉炎上，乃曰"天上火"也。丙申、丁酉，气息形藏，势力韬光，龟缩兑位，力微体弱，明不及远，乃曰"山下火"也。甲戌、乙亥，谓之山头火者，山乃藏形，头乃投光，内明外暗，隐而不显，飞光投乾，归于休息之中，故曰"山头火"也。

庚子、辛丑，何以取象壁上土？气居闭塞，物尚包藏，掩形遮体，内外不交，故曰"壁上土"。戊寅、己卯，气能成物，功以育物，发乎根荄，壮乎萼蕊，乃曰"城头土"也。丙辰、丁巳，气以承阳，发生已过，成齐未来，乃曰沙中土也。庚午、辛未，气当承形，物以路彰，有形可质，有物可彰，乃曰"路傍土"也。戊申、己酉，气以归息，物当收敛，龟缩退闭，美而无事，乃曰"大驿土"也。丙戌、丁亥，气成物府，事以美圆，阴阳历遍，势得其闲，乃曰"屋上土"也。

乾卦生体，则主公门中有喜益，或功名上有喜，或因官有财，或问讼得理，或有金宝之利，或老人上进财，或尊长惠送，或有官贵之喜。

［注］乾卦为用应吉：主因公事而方便，或者是有所成，或得外财，或讼事而赢，或遗产以继承，或者得官人相助，或老父事业有成，或有上级之喜，或职务之得。

坤卦生体，主有田土之喜，或于田土进财，或得乡人之益，或得阴人之利，或有果谷之进，或有布帛之喜。

［注］坤卦为用应吉：主得有形之财产，或者土地与器物入财，或者种植养殖获利，或因女人帮助，或有水果谷物之收纳，或有布帛衣食相赠。

震卦生体，则主山林之益，或因山林得财，或进东方之财，或因动中有喜，或木货交易之利，或因草木氏人称心。

［注］震卦为用应吉：为立志做事，或合伙兄弟行动，或得朋友帮助，或有同行不及，或有投资相助。

巽卦生体，亦主山林之益，或因山林得财，或于东南得财，或因草木姓人而进利，或以茶果得利，或茶果菜蔬馈送之喜。

［注］巽卦为用应吉：主坚持持续做事，或合伙合作，或因他人帮助而行事，或女人之事，或姓字中竖画多之人。

坎卦生体，有北方之喜，或受北方之财，或水边人进入，或因点水人称心，或因鱼盐酒货文书交易之利，或有馈送鱼盐酒之喜。

［注］坎卦为用应吉：坎离组卦，离卦有气，则得南人之益，或有积蓄增加，或在学术上得到真传，或有囤货之利。

离卦生体，主有南方之财，或有文书之喜，或有炉冶场之喜，或因火姓人而得财。

[注] 离卦为用应吉：有文上之喜，或者仕途升迁，或者得贵人点拨，或行情提高，或自身地位显赫。

艮卦生体，有东北方之财，或山田之喜，或因山林田土获财，或宫音带土人之财。物当安稳，事有终始。

[注] 艮卦为用应吉：艮卦旺于西南方，有财产进益，或田土增广，或因姓氏横画多之人获利，或物有巩固，事有始终。

兑卦生体，有西方之财，或喜悦事，或食物玉金货利之源，或商音之人，或带口之人欣逢，或主宾之乐，或朋友讲习之事。

[注] 兑卦为用应吉：震巽与兑卦组卦，而震巽得令，则应东方之财，或应官人协助，或得外财，或有宾主之宜，或得成仙之法。

又看卦中有克体之卦者，看是何卦。

如乾卦克体，主有公事之扰，或门户之扰，或有财宝之失，或于金谷有损，或有怒于尊长，或得罪于贵人。

[注] 乾卦克体应凶者：又卦中有用卦克制体卦，看是何卦。如乾卦克体，主有公事之忧，或者一家之主忧事，或有破财之嫌，或有金玉损失，或父亲有恙，或者获官司缠身。

坤卦克体，主有田土之扰，或于田土有损，或有小人之害，或有阴人之侵，或有小人之害，或失布帛之财，或丧谷粟之利。

[注] 坤卦克体应凶者：坤卦为用克体卦，主有神鬼之事发生，或神智异常，身心不能沉寂，家中多妇女不安，或者人情冷退，或有丧亲之痛。

震卦克体，主有虚惊，常多恐惧，或身心不能安静，或家宅见妖灾，或草木姓氏之人相侵，或于山林有所失。

[注] 震卦克体应凶者：震卦为用克体卦，主有惊

余见路傍之土，播殖百谷，午未之地，其盛夏长养之时乎！大驿之土，通达四方，申酉之地，其得朋利亨之理乎！城头之土，取堤防之功，王公恃之，立国而卫民也。壁上之土，明粉饰之用，臣庶资之，爰居而爰处也。沙中之土，土之最润者也，土润则生，故成齐未来而有用。屋上之土，土之成功者也，成功者静，故止于一定而不迁。盖居五行之中，行负载之令，主养育之权，三才五行，皆不可失。处高下而得位，居四季而有功。金得之锋锐雄刚，火得之光明照耀，木得之英华越秀，水得之滥波不泛，土得之稼穑愈丰。聚之不散，必能为山，山者高也，散之不聚，必能为地。地者，原也，用之无穷，生之罔极，土之功用大矣哉！

惧之事，或肝气郁滞，或家宅不安，或被朋友连累，或举足不前。

巽卦克体，亦有草木姓人相害，或于山林上生忧。谋事，乃东南方之人；处家，忌阴人小口之厄。

[注] 巽卦克体应凶者：巽卦为用克体卦，巽为女人之患，或为不上进之人，或有不约之请，或无头发之人，或有密谋之事，或男女私情。

坎卦克体，主有险陷之事，或寇盗之忧，或失意于水边人，或生灾于酒后，或点水人相害，或北方人见殃。

[注] 坎卦克体应凶者：坎卦为用克体卦，主有未知之事，或内里空虚，或有愚人，或居于池塘边之人，或有两点水偏旁之人。

离卦克体，主文书之扰，或失火之惊，或有南方之忧，或火人相害。

[注] 离卦克体应凶者：离卦为用克体卦，为爆炸火烧之灾，或无礼之人，或不明就里，或高温焚灼，或短视之人。

艮卦克体，诸事多违，百谋中阻。或有山林田土之失，或带土人相侵，防东北方之祸害，或忧坟墓不当安稳。

[注] 艮卦克体应凶者：艮卦为用克体，为诸事多被乱，百谋无成，或破产之虞，或遇报复之人，或四肢有伤。

兑卦克体，不利西方，主口舌事之纷争。或带口人侵欺，或有毁折之患，或因饮食而生忧。生克不逢，止随本卦而论之。

[注] 兑卦克体应凶者：兑卦为用克体，主有官司之应，或毁约之人，或物有终结，或应破财损失。

又闻日家云：甲子乙丑，子属水，又为湖，又为水旺之地，兼金死于子，墓于丑，水旺而金死墓，故曰"海中金"。壬申癸酉，申酉金之正位，兼临官申，帝旺酉，金既生旺，则诚刚矣，刚则无逾于剑锋，故曰"剑锋金"。庚辰辛巳，金养于辰，生于巳，形质初成，未能坚利，故曰"白腊金"。甲午乙未，午为火旺之地，火旺则金败，未为火衰之地，火衰则金冠带败，而方冠带，未能斫伐，故曰"沙中金"。壬寅癸卯，寅卯为木旺之地。木旺则金羸，又金绝于寅，胎于卯，金既无力，故曰"金箔金"。庚戌辛亥，金至戌而衰，至亥而病，金既衰病，则诚柔矣，故曰"钗钏金"。

天时占第一

凡占天时，不分体用，全观诸卦，详推五行。离多主晴，坎多主雨，坤乃阴晦，乾主晴明，震多则春夏雷轰，巽多则四时风烈，艮多则久雨必晴，兑多则不雨亦阴。夏占离多而无坎，则亢旱炎炎。冬占坎多而无离，则雨雪飘飘。

［注］凡有占地理气候者，不分体卦与用卦，体用与主卦变卦统论，详细推导五行。离卦主多晴，坎卦主雹雪，坤卦主阴晦冷风，乾主雾露，震卦多风动，巽卦为大风，艮卦多晴好，兑卦多白露。夏季占测离火盛，而坎卦休囚，则干旱赤日炎炎；冬占坎水多盛，而离卦休囚，则冬雪飘飘。

全观诸卦者，谓互变卦。五行谓离属火，主晴；坎为水，主雨；坤为地气，主阴；乾为天，主晴明；震为雷，巽为风，秋冬震多无制，亦有非常之雷，有巽佐之，则为风撼雷动之应；艮为山云之气，若雨久，得艮则当止。艮者，止也，亦土克水之义。兑为泽，故不雨亦阴。

［注］整体论卦，主卦与变卦，体卦与用卦统论。离卦多赤日，坎卦春秋为雹，秋冬为雪，坤卦主大雨滂沱，乾卦为大雾，艮卦为阴晦，震卦为风起，巽卦为大风。震巽俱盛者，为飓风将至，艮坤俱盛者绵绵雨水将来，离艮俱盛赤日千里。如大风日久，遇兑卦则止住；如大雨日久，兑卦吉则雨停；兑为泽，兑为万物所终。

夫以造化之辨固难测，理数之妙亦可凭，是以乾象乎天，四时晴明；坤体乎地，一气惨然。乾、坤两同，晴雨时变。坤、艮两并，阴晦不常。卜数有阳有阴，卦象有奇有偶。阴雨阳晴，奇偶暗重。坤为老阴之极，久晴必雨；乾为老阳之极，久雨必晴。若逢重坎重离，亦曰时晴时

丙寅丁卯，寅为三阳，卯为四阳，火既得地，又得寅卯之木以生，此时天地开炉，万物始生，故曰"炉中火"。甲戌乙亥，戌亥为天门，火照天门，其光至高，故曰"山头火"。戊子己丑，丑属土，子属水，水居正位，而纳音乃火，非神龙则无，故曰"霹雳火"。丙申丁酉，申为地户，酉为日入之门，日至此而藏光，故曰"山下火"。甲辰乙巳，辰为食时，巳为禺中，日之将中，艳阳之势，光于天下，故曰"覆灯火"。戊午己未，午为旺火之地，未中之木又复生之，火性炎上，及逢生地，故曰"天上火"。

戊辰己巳，辰为原野，巳为六阳，木至此则枝荣叶茂，以茂盛之木，而居原野之间，故曰"大林木"。壬午癸未，木死于午，墓于未，木既死墓，虽得天干壬癸水生，终是柔弱，故曰"杨柳木"。庚寅辛卯，木临官寅，帝旺卯，木既生旺，则非柔弱之比，故曰"松柏木"。戊戌己亥，戌为原野，亥为木生之地，木生原野，则非一根一株之比，故曰"平地木"。壬子癸丑，子属水，丑属金，水方生木，金则伐之，犹桑柘方生，人便以喂蚕，故曰"桑柘木"。庚申辛酉，申为七月，酉为八月，此时木绝，惟石榴之木反结实，故曰"石榴木"。

雨。坎为水，必雨；离为火，必晴。乾、兑之金，秋明晴；坎之水，冬雪凛冽；坤、艮之土，春雨泽，夏火炎蒸。

[注] 宇宙自然万物之造化非常，虽有万象之纷纭，需一理而终，有数理规律以推演。于是乾卦取象为天，代表万物之规，主阴晴雨雪变化节律；坤卦为后天有形世界，为雨雪风雷变化之主体。乾卦与坤卦俱盛，则时雨时晴；坤卦与艮卦俱盛，则阴雨绵绵；占卜之数理有阴阳之分，卦象亦有奇偶之别。阴主雨雪，阳主晴风。乾卦为老阳之极，久雨逢乾则反复；如逢坎盛，则雹雪阵阵，如逢离盛，则赤日炎炎。乾兑为金，秋占则雾露；坎水冬占，冬雪寒凝；坤艮之土，春占多风，夏占多雨。

《易》曰："云从龙，风从虎。"又曰："艮为云，巽为风。"艮、巽重逢，风云际会，飞沙走石，蔽日藏山，不以四时，不必二用。坎在艮上，布雾兴云，若在兑上，凝霜作雪。乾、兑为霜雪霰雹，离火为日电虹霓。离为电，震为雷，重会而雷电俱作。坎为雨，巽为风，相逢而风雨骤兴。震卦重逢，雷惊百里。坎爻叠见，润泽九垓。故卦体之两逢，亦爻象之总断。

[注]《易》云"云从龙，风从虎"，又曰："艮为云，巽为风"。这里的"云"指的是艮坤，而"龙"则为震巽，震巽木克制艮坤土，此为"从"；风，为震巽。虎，为乾兑。震巽木受制于乾兑金，此为风从虎。艮、巽邂逅，艮为大雨，巽为大风，风云际会，一时风雨交加。但占测当以应四时为法，不可执一。坎在艮上，则阴云密布，阴寒阵阵。坎在兑上，则霜凝加雪。乾兑际会，则为雾露同见。离卦为赤日，亦为闪电，坎卦为电母，坎离并肩则电闪雷鸣，如再见震卦，则雷声隆隆；坎卦为雹雪，巽卦为大风，坎巽同见则风雪交加；震为始，巽为风，震巽时见，则飓风飞沙走石；坎卦叠加则

冰封万里；固然卦体之组合，此为爻象之总断。

地天泰，水天需，昏蒙之象。天地否，水地比，黑暗之形。卜纯离，夏必旱，四季皆晴。卜纯坎，冬必寒，四时多雨。久雨不晴，逢艮必止。久晴不雨，得此亦然。又若水火既济，火水未济，四时不测风云；风泽中孚，泽风大过，三冬必然雨雪。水山蹇，山水蒙，百步必须执盖。地风升，风地观，四时不可行船。离在艮上，暮雨朝晴；离互艮宫，暮晴朝雨。巽坎互离，虹霓乃见；巽离互坎，造化亦同。

［注］地天泰，雨雪将住；水天需，寒凝之象；水地比，冰封之象，阴云密布；卦爻重离，夏占必然干旱，四时皆晴。卦爻纯坎，冬占必冷寒，四季有雨雪；坤为大雨滂沱，久雨不晴，逢艮卦则晴。久晴不雨，得坤卦则雨至；又若水火既济卦，或火水未济，四季风云不定；风泽中孚，或泽风大过，三冬雨雪，夏必燥，秋占得此卦则雾露；水山蹇或山水蒙，此为寒凝之象，出行百步必加衣物；地风升或风地观，干旱千里，四季不能行舟；火山旅，暮雨朝晴；山火贲，暮晴朝雨。风水涣而变卦有离，则虹霓乃见；风火家人或者火风鼎，而变卦见坎，夏占为雹子，冬占为霜雪。

又须推测四时，不可执迷一理。震离为电为雷，应在夏天；乾兑为霜为雪，验于冬月。天地之理大矣哉！理数之妙至矣哉！得斯文者，当敬宝之。

［注］断卦需审四季，详参体用，不可执于一端，而偏废大道。震为雷（雷者迅也），应在四季皆为天气变化应之迅速，巽卦为风，四季皆然。乾兑为雾露凝练，而验于秋天；坤卦为大雨，则验于春夏，冬则为霜雪。宇宙之自然规律之大，能够得此大道者，当礼敬之。

庚午辛未，未中之木，而生午位之旺火，火旺则土于斯而受形，土之始生，未能育物，犹"路傍"若也。戊寅己卯，天干戊己属土，寅为艮山，土积而为山，故曰"城头土"。丙戌丁亥，丙丁属火，戌亥为天门，火既炎上，则土非在下而生，故曰"屋上土"。庚子辛丑，丑虽土家正位，而子则水旺之地，土见水则为泥，故曰"壁上土"。戊申己酉，申属坤为地，酉属兑为泽，戊己之土，加于坤泽之上，非他浮薄之土比，故曰"大驿土"。丙辰丁巳，土库辰绝巳，而天干丙丁之火，至辰冠带，巳临官，土既库绝，旺火复与生之，故曰"沙中土"

丙子丁丑，水旺于子，衰于丑，旺而反衰，则不能为江河，故曰"涧下水"。甲申乙酉，金临官申，帝旺酉，金既生旺，则水由是以生，力量未洪，故曰"井泉水"。壬辰癸巳，辰为水库，巳为金长生之地，金生之，水旺巳存，以库水而逢生金，则泉源不竭，故曰"长流水"。丙午丁未，丙丁属火，午为火旺之地，而纳音乃水，水自火出，非银汉不能有，故曰"天河水"。甲寅乙卯，寅为东北维，卯为正东，水流正东，则其性顺，而川涧池沼，俱合而归，故曰"大溪水"。壬戌癸亥，水冠带戌，临官亥，则力厚，兼亥为江，非他水比，故曰"大海水"。其说虽凿，与前互相发明，可以见古人取象之义也。

人事占第二

人事之占，详观体用。体卦为主，用卦为宾。用克体不宜，体克用则吉。用生体有进益之喜，体生用有耗失之患。体用比和，谋为吉利。更详观互卦、变卦，以断吉凶；复究盛衰，以明休咎。

［注］凡占测人事，总离不开体卦与用卦，体卦为主，用卦为宾，宾主为一。体卦为本质，用卦为变化。体卦休囚而逢用卦克制，则体卦不宜；体卦旺相而逢用卦克体，则体卦应吉。体卦休囚而用卦生助体卦，则体卦应吉；体卦旺相而用卦生助体卦，则体卦应凶；体卦休囚而用体比合，体卦应吉；体卦旺相而体用比合，体卦应凶。更要详参互卦与变卦，以端祸福之端倪；又看人事盛衰，以明世事之理。

人事之占，则以前体用总章同决吉凶。若有生体之卦，即看前章八卦中生体之卦有何吉；又看克体之卦有何凶，即看前章克体之卦。无生克，止断本卦。

［注］人事之占测，以数易组合为根本，体卦用卦作用以明吉凶。如有体卦应吉，则详审辩证卦象，以应对人事；有看体卦应吉，则需明卦理裨益，以印证何事变化。

家宅占第三

凡占家宅，以体为主，用为家宅。体克用，则家宅多吉；用克体，则家宅多凶。体生用，多耗散，或防失盗之忧。用生体，多进益，或有馈送之喜。体用比和，家宅安稳。如有生体之卦，即以前章人事占断之。

［注］凡占测家宅，以体卦为主人，用卦为家宅。体卦旺相，而用卦克体卦；体卦休囚，而用卦生体卦，此为家宅多吉。体卦休囚，而用卦克制体卦，体卦旺相，而用卦生体卦，此为家宅多凶。用卦吉，家宅多巩固而坚固，具体何事，以卦象万物类象断之。体卦旺相而逢用卦生助应凶者，多有钱财耗散之事；反之体卦旺而应吉者，多有纳取进益。体卦衰而受用卦克泄耗应凶者，多有贼盗以破耗；反之衰而应吉者，多有馈赠之喜。

屋舍占第四 此占卜遇之占凶

凡占屋舍，以体为主，用为屋舍。体克用，居之吉；用克体，居之凶。体生用，主资财衰退；用生体，则门户兴隆。体用比和，自然安稳。

［注］凡占测屋舍，以体卦为宅主，用卦为屋舍。体卦休囚而逢用卦生助，体卦旺相而逢用卦克制，此屋居住者吉；反之体卦休囚而用卦克制，体卦旺相而用卦生助，此屋不宜久居。体卦旺相逢体用比合，居之则凶；体卦休囚逢体用比合，适宜久居之宅。占屋舍，体卦为房屋，用卦为门户；体卦为卧室，而用卦为客厅；体卦为宅院，用卦为路径；体卦为我之家宅，用卦为邻里之屋宇。体卦用卦吉者，宅与门相配，宅院与路相配，我与邻里之宅相应。

婚姻占第五

占婚姻以体为主，用为婚姻。用生体，婚易成，或因婚有得；体生用，婚难成，或因婚有失。体克用，可成，但成之迟；用克体，不可成，成亦有害。体用比和，婚姻吉利。

占婚，体为所占之家，用为所婚之家。体卦旺，则此家门户胜；用卦旺，则彼家资盛。生

五行取象，皆以对待而分阴阳，即始终而明变化。如甲子乙丑对甲午乙未，海中沙中，水土之辨，阴阳之分也。壬寅癸卯对壬申癸酉，金泊剑锋，金木之辨，刚柔之别也。庚辰辛巳对庚戌辛亥，白腊钗钏，乾巽异方，形色各尽也。壬子癸丑对壬午癸未，桑柘杨柳，一曲一柔，形质各别也。庚寅辛卯对庚申辛酉，松柏石榴，一坚一辛，性味迥异也。戊辰己巳对戊戌己亥，大林平地，一盛一衰，巽乾殊方也。戊子己巳对戊午己未，霹雳天上，雷霆挥鞭，日月同照也。丙寅丁卯对丙申丁酉，炉中山下，火盛木焚，金旺火灭也。甲辰乙巳对甲戌乙亥，覆灯山头，含光畏风，投光止艮也。庚子辛丑对庚午辛未，壁上路傍，形分聚散，类别死生也。戊寅己卯对戊申己酉，城头大驿，东南西北，坤艮正位也。丙辰丁巳对丙戌丁亥，沙中屋上，干湿互用，变化始终也。

体，则得婚姻之财，或彼有相就之意；体生，则无嫁奁之资，或此去求婚方谐。若体用比和，则彼此相就，良配无疑。

［注］占测婚姻以体卦为主，用卦为婚姻。体卦休囚，而逢用卦生助者，婚姻易成；主卦之体卦应吉，则我家势力盛；变卦之体卦应吉，为彼家家资丰厚，娶女则有嫁妆丰厚，或者彼方有相就之意；主卦吉而变卦凶，婚姻虽成而败；主卦凶而变卦吉，婚终有成。体卦休囚而体用比合者，为门当户对，良配无疑。

乾：端正而长。

坎：邪淫、黑色、嫉妒、奢侈。

艮：色黄多巧。

震：美貌难犯。

巽：发少稀疏，丑陋心贪。

离：短赤色，性不常。

坤：貌丑，大腹而黄。

兑：高长，语话喜悦，白色。

［注］用卦类象女子媸妍之法如下。

用爻为乾卦应吉，面容精致而做事端方。

用爻为坎卦应吉，多才学，有内涵，幕后之人。

用爻为艮卦应吉，勤劳做事，人缘好结交广。

用爻为震卦应吉，面容俏丽，有决断。

用爻为巽卦应吉，身体修长，有谋虑。

用爻为离卦应吉，美丽而多礼仪。

用爻为坤卦应吉，温柔而有亲情。

用爻为兑卦应吉，肤色白皙，做人谨慎。

生产占第六

占生产，以体为母，用为生。体用俱宜乘旺，不宜乘衰。宜相生，不宜相克。体克用不利于子，用克体不利于母。体克用而用卦衰，则子

圆看方看，不外旺相死休囚；近取远取，莫逃金木水火土。以干支而分配五行，论阴阳而大明终始，天成人力相兼，生旺死绝并类，呜呼！六十甲子，圣人不过借其象以明其理，而五行性情，材质形色，功用无不曲尽，而造化无余蕴矣。《易》曰："立天之道，阴与阳。"日，天道也。自甲自癸，十日迭运，而阴阳之义明。立地之道，柔与刚。辰，地道也，自子至亥，十二辰更次，而刚柔之义显。单出，为声而已；杂比，然后为音；故以日辰错综，纳甲以成五音，以取六象，于是三才备，而五行无余蕴矣。以干为禄，定贵贱；以支为命，定修短；以纳音为身，察盛衰。人得禄命，身俱旺相，三才有气，主快乐长寿；若值死绝休囚，三才无气，必为尘埃困窘之命无疑。

难完；用克体而体卦衰，则母难保。用生体，易于母；体生用，易于子；体用比和，生育顺快。若欲辨其男女，当于前卦审之：阳卦阳爻多者则生男，阴卦阴爻多者则生女。阴阳卦爻相生，则察所占左右人之奇偶以证之。如欲决其日辰，则以用卦之气数参决之。日期用卦之气数者，即看何为用卦，于八卦时序之类决之。

[注] 占测孕产，以体卦为母，用卦为生产。体用组合作用宜合乎尺度易理，体卦旺相宜克泄，体卦休囚宜生扶，此为万古不变至理。又以主卦为母，变卦为子，主卦吉而母平安，变卦吉为生子健康。体卦为母，用卦为生产，体卦旺而得生，或者弱而得制，则母子难安。如辨别生男生女，体卦为阳，用卦亦为阳，体用作用应吉者生男孩；体卦为阴，用卦亦为阴，体用作用应吉者生男孩；体卦与用卦阴阳相异，无论体用作用吉凶，皆生女孩。如欲则生产时日，用卦对体卦起好作用者，则取用卦有气之日时；用卦对体卦起坏作用者，则取用爻无气之日辰。

饮食占第七

凡占饮食，以体为主，用为饮食。用生体，饮食必丰；体生用，饮食难就。体克用，则饮食有阻；用克体，饮食必无。体用比和，饮食丰足。又卦中有坎则有酒，有兑则有食。无坎无兑，则皆无。兑、坎生身，酒肉醉饱。欲知所食何物，以饮食推之。欲知席上何人，以互卦人事推之。

饮食人事类者，即前八卦内万物属类是也。

[注] 凡占测饮食之类，以体卦为主，用卦为饮食。体用作用应吉者，饮食必合乎口味而丰；体用组合作用应凶者，饮食必不对口味而少。又卦中有震卦为酒浆，兑卦为烹饪，坤卦为食物，巽卦为纳取。巽卦坤卦为用

六十纳音分上中下声图		
甲子乙丑 海中金 上商	壬申癸酉 剑锋金 中商	庚辰辛巳 白腊金 下商
戊子己丑 霹雳火 上徵	丙申丁酉 山下水 中徵	甲辰乙巳 覆灯火 下徵
壬子癸丑 桑柘木 上角	庚申辛酉 石榴木 中角	戊辰己巳 大林木 下角
丙子丁丑 涧下水 上羽	甲申乙酉 井泉水 中羽	壬辰癸巳 长流水 下羽
庚子辛丑 壁上土 上宫	戊申己酉 大驿土 中宫	丙辰丁巳 沙中土 下宫
以上为申子辰巳酉丑之五声		
甲午乙未 沙中金 上商	壬寅癸卯 金箔金 中商	庚戌辛亥 钗钏金 下商
戊午己未 天上火 上徵	丙寅丁卯 炉中火 中徵	甲戌乙亥 山头火 下徵
壬午癸未 杨柳木 上角	庚寅辛卯 松柏木 中角	戊戌己亥 平地木 下角
丙午丁未 天河水 上羽	甲寅乙卯 大溪水 中羽	壬戌癸亥 大海水 下羽
庚午辛未 路旁土 上宫	戊寅己卯 城头土 中宫	丙戌丁亥 屋上土 下宫
以上为寅午戌亥卯未之五声		

而应吉，则酒足饭饱。离卦应凶则食而无味，巽卦应凶则饥渴，乾卦为饮宴。欲知所食何物，以体卦用卦推之，震巽为青菜，艮坤为肉食，坎卦为主食，乾兑应水果。欲知何人就席，以变卦推之，即乾兑为学者，震巽为工人，艮坤为农人，离卦为官人，坎卦为商人。

求谋占第八

占求谋，以体为主，用为所谋之应。体克用，谋虽可成，但成迟。用克体，求谋不成，谋亦有害。用生体，不谋而成；体生用，多谋少遂。体用比和，求谋称意。

[注]占测求谋，以体卦为主，用卦为所谋之事。主卦为事之本体，变卦为谋事进展与结果。体用生克应吉者，凡谋皆可；体用生克俱凶者，凡谋不遂。主卦组合作用应吉，而变卦组合作用应凶者，事虽成而败；主卦体用生克应凶，而变卦体用作用应吉，事虽败犹荣。成事迟缓以卦气旺衰而断，体卦旺而有制，应事则速，体卦休囚而得生，应事则迟。

求名占第九

凡占求名，以体为主，用为名。体克用，名可成，但成迟。用克体，名不可成。体生用，名不可就，或因名有丧。用生体，名易成，或因名有得。体用比和，功名称意。欲知名成之日，生体之卦气详之。欲知职任之处，变卦之方道决之。若无克体之卦，则名易就，止看卦体时序之类，以定日期。若在任占卜，最忌见克体之卦，如卦有克体者，即居官见祸，轻则上责罚，重则削官退职。其日期，克体之卦气者，于八卦万物所属时序类中断之。

二十八宿序数图

东方 苍龙	北方 玄武	西方 白虎	南方 朱雀
1 角	8 斗	15 奎	22 井
2 亢	9 牛	16 娄	23 鬼
3 氐	10 女	17 胃	24 柳
4 房	11 虚	18 昴	25 星
5 心	12 危	19 毕	26 张
6 尾	13 室	20 觜	27 翼
7 箕	14 壁	21 参	28 轸

二十八宿

观察星辰的出没方位可掌握季节变化。公元前1100年左右，黄昏见"大火"（即心宿二）在东方，就是耕种季节。《尚书·尧典》云："日中星鸟，以殷仲春；日永星火，以正仲夏；宵中星虚，以殷仲秋；日短星昴，以正仲冬"。即黄昏时洛阳城日落后一刻的时间见鸟星（星宿一）在正南方，是春天第二个月；大火（心宿二）在正南方是夏天第二个月；虚星（虚宿一）在正南方是秋季第二个月；昴星在正南方，是冬季第二个月。此四星以后发展为二十八宿的星、心、虚、昴，并逐渐演化为东方苍龙七宿；南方朱雀七宿；西方白虎七宿；北方玄武七宿。

［注］凡占测求名，以体卦为主，用卦为名。体用生克应吉者，为名至而归；体用生克应凶者，名声有损。主卦体用生克应吉，而变卦体用生克应凶，则名虽至而受损；主卦体用生克应凶，而变卦体用生克应吉，则得名而迟。主卦与变卦俱吉者，名至而应速，或因名而升迁。体卦休囚而体用比合者，功名易得。若问何日成名，以用卦为应期；如问任职在何方，变卦之方以决之。依卦体旺衰以辨时序，变卦之用卦旺相，则找休囚之月日，变卦之用卦旺相，则找旺相之月日。如果体卦旺相，又得变卦生扶；体卦休囚，又得变卦克制者，则居官见祸，轻则被部属处罚，重则削官退居。应祸患在何日，以用卦所临之月日为应期，八卦五行所属时序以决之。

求财占第十

占求财，以体为主，以用为财。体克用，有财；用克体，无财。体生用，财有损耗之忧；用生体，财有进益之喜。体用比和，财利快意。欲知得财之日，生体之卦气定之。欲知破财之日，克体卦气定之。

又若卦中有体克用之卦，及生体之卦，则有财，此卦气即见财之日。若卦中有克体之卦，及体生用之卦，即破财，此卦气即破财之日。

［注］占测求财，以体卦为主，用卦为吉凶。体卦旺相，喜用卦以克泄耗，主有财，反之体卦旺相而得用卦生助，则无财可求；体卦休囚，喜用卦以生扶，主有财，反之体卦休囚而得用卦克泄耗，则无财可取。欲知获财之日，以用卦喜忌而定，用卦为用神，对体卦起好作用，则生用卦之月以得财；用卦为忌神，对体卦起坏作用，则以生用卦之月以破财。

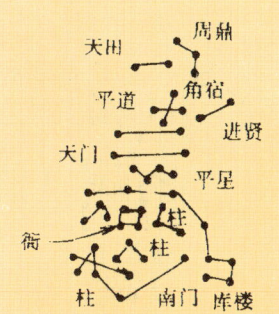

角宿图

在角宿星组中，角宿二颗星呈南北分布，皆为室女星座。左角为理，主刑，右角为将，主兵。角星指辰表示耕种开始，所以又是农官。

库楼十星呈屈曲状，其中六个大星为库，偏南四个星为楼，也称天库，为金官，库楼星为兵车之府，库中有十五星三三而聚为柱。中央四小星为衡，主陈兵。

在库楼外（以南），有二颗星横行分布，叫南门星，其位置见表，主守兵禁。

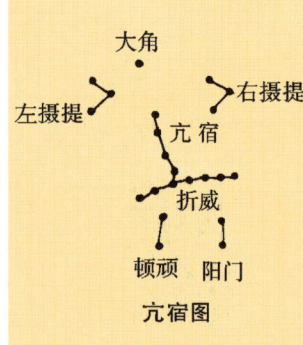

亢宿图

在亢宿星组中，亢宿四星呈弯弓状，其主统领四海，总天下之政，奏事录功，听讼理狱。

大角星在亢四星之上，为天王帝庭，天王之栋梁，亦为天子之座，主正纪纲。

左右摄提星每组三颗如鼎形分布在大角与亢宿之间见图，摄提六星主建时节，伺机祥，辅帝座，又主九卿大臣之象。

交易占第十一

占交易，以体为主，用为交易之应。体克用，交易成迟；用克体，不成。体生用，难成，或因交易有失。用生体，即成，成必有财。体用比和，易成交易。

［注］占测交易，以体卦为主，为我方；用卦为财，为对方。用卦作用体卦，体卦应吉者，为有利可图谋，或交易对方可信，此交易可成；反之，用卦作用体卦而应凶者，谨慎出手，宜静守以待来日，此为对方不真，或者投资将失利。

出行占第十二

占出行，以体为主，用为所行之应。体克用，可行，所至多得意。用克体，出则有祸。体生用，出行有破耗之失；用生体，有意外之财。体用比和，出行顺快。

［注］占测出行，以体卦为主，用卦为所行。体用比合者，体卦旺则凶，体卦衰则吉，此为旺弱辩证之理。体卦无力，逢用卦生扶则吉，克泄耗则凶；体卦有力，逢用卦克泄耗则吉，生扶则凶。体卦旺而应吉，所至之方多有得意；体卦凶，出行则谨慎有祸患；体卦弱而应吉者，出行多有意外之财；弱而应凶，则有破耗损失之事。

又凡出行，体宜乘旺，诸卦宜生体。体卦乾、震多，主动。坤、艮多，不动。巽宜舟行，离宜陆行。坎防失脱，兑主纷争之应也。

［注］凡占出行，体卦宜旺而有制，弱而有生，适宜出行。体卦为乾与震主周期而行；坤艮为不动，巽卦宜行舟，离卦宜陆行，坎卦宜静守，兑卦防纷争。

行人占第十三

占行人，以体为主，用为行人。体克用，行人归迟；用克体，行人不归。体生用，行人未归；用生体，行人可即归。体用比和，归期不日矣。

［注］占测行人归还，以体卦为主，用卦为行人。用卦作用体卦而应吉者，行人速归；用卦作用体卦而应凶者，行人迟归。

又以用卦为行人之盈旺。逢生，在外顺快；逢衰受克，在外灾殃。震多不宁，艮多有阻。坎有险难，兑主纷争之应。

［注］又以用卦看行人在外之状况，主卦逢变卦生克作用应吉者，在外畅意，反之主卦被变卦作用而应凶者，其人在外艰辛，多有阻碍。震卦主险难，兑卦主破财官司。

谒见占第十四

占谒见，以体为主，用为所见之人。体克用，可见；用克体，不见。体生用，难见，见之而无益；用生体，可见，见之且有得。体用比和，欢然相见。

［注］占测谒见，以体卦为主，用卦为所拜谒之人。体用作用而应吉者，适宜拜见而谋有所成；体用作用而应凶者，求见不成，凡谋不遂。

失物占第十五

占失物，以体为主，用为失物。体克用，可寻迟得；用克体，不可寻。体生用，物难见；用

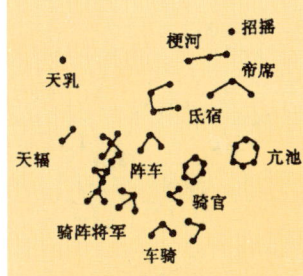

氐宿图

在氐宿星组中，氐宿状似量米之容器，有四颗。《史记·天官书》称其为天根，主疫。

招摇星又称常阳，天库、天矛，分布位置。主兵，又为矛盾之象，主夷。

骑官有二十七颗星，分布，位置。主宿卫，守御，防不虞。

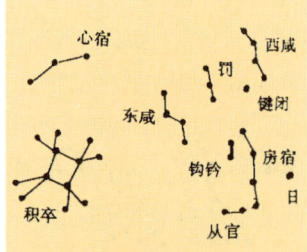

房宿、心宿图

房宿有四颗星呈微直线排列。此四星又称天床，总管四方。又称天旗，天市、天龙、天仓、天表、天衡、天府。为明堂，主天子布政之职。

钩铃在房宿东附近见图，有二星，其位置见表。为天子之腹心，喉舌。

键闭在房宿东北，见图，其位置见表。主管龠开闭之管职。

心宿有三颗星，颜色最深，分布见图，其位置见表。此三星又称大火、辰、大司空、天相、鹑火、为火星。中心为明堂，大星为天王正位，主天下之赏罚。

积卒有十二颗星，每三颗成一组，布于心宿之下方，见图。其位置见表。此星组又称卫士，又称舍官，主卫暴、守明堂、扫除不祥。

生体，物易寻。体用比和，物不失矣。

[注]占测失物，以体卦为主，用卦为失物。体卦与用卦作用应吉，则失物可寻，反之体卦旺而得生扶，弱而得克泄耗，则失物难寻。

又以变卦为失物之所在。如变是乾，则觅于西北或公廨楼阁之所，或金石之傍，或圆器之中，或高亢之地。变卦是坤，则觅于西南方，或田野之所，或仓廪之处，或稼穑之处，或土窑穴藏之所，或瓦器方器之中。震则寻于东方，或山林之所，或丛棘之内，钟鼓之傍，或闹市之地，或大途之所。巽则寻于东南方，或山林之所，或寺观之地，或菜蔬之园，或舟居之间，或木器之内。坎则寻于北方，多藏于水边或溪井沟渠之处，或酒醋之边，或鱼盐之地。离则寻于南方，或庖厨之间，或炉冶之傍，或在明窗，或遗虚室，或在文书之侧，或在烟火之地。艮则寻于东北方，或山林之内，或近路边，或岩石傍，或藏土穴。兑则寻于西方，或居泽畔，或败垣破壁之内，或废井缺沼之中。

[注]主卦为失物之得失，变卦为失物所在之地址。

如变卦为乾应吉者，失物在东南方向，或于某区域枢纽之地，或在巷子尽头，或在三边形容器内，或则低平之地；

如变卦为坤应吉者，失物在东北方向，或者旷野之地，或者仓廪之内，或者草木旺盛之地，或者土窑洞穴之内，或者器皿当中；

如变卦为震卦应吉者，失物在正西方向，或者在大路之旁，或者失于巷口，或者门旁，或者人车川流之地，或者闹市，或者高地；

如变卦为巽卦应吉者，失物在西北方向，或者近路之地，或者风盛之处，或者甬路旁边，或者高地，或沟洫水池旁边；

如变卦为坎卦应吉者，失物寻于正南方，多在水池涵洞之旁，或者阴寒之地，或者高地之所，或者文化之所，或者隐秘之地；

如变卦为离卦应吉者，失物在正北方向，或者热盛之地，或者厨房熏蒸之所，或者低洼之地，或者窗户之旁，或者供奉神位之地；

如变卦为艮卦应吉者，失物在西南方向，或者低平之地，或者低矮建筑之内，或者旷野之处，或者向阳之地，或者窗户附近；

如变卦为兑卦应吉者，失物在正东方，或者在避风向阳之地，或者在公事之所，或者在交通枢纽之地，或者在河流交汇处。

疾病占第十六

凡占疾病，以体为病人，用为病症。体卦宜旺不宜衰，体宜逢生，不宜见克。用宜生体，不宜克体。是故体克用，病宜安；体生用，病难愈。体克用者，勿药有喜；用克体者，虽药无功。若体逢克而乘旺，犹为庶几。体遇克而更衰，断无存日。欲知凶中有救，生体之卦存焉。体生用者，迁延难好；用生体者，即愈。体用比和，疾病易安。若究和平之日，主体之卦决之。若详危厄之期，克体之卦定之。若论医药之属，当审生体之卦。如离卦生体，宜服热药；坎卦生体，宜服冷药，如艮温补；乾、兑凉药是已。

［注］凡占测病症，以体卦为病体，用卦为病症为医药。体卦宜旺而有制，弱而有生扶，则病可祛，病易安；反之体卦旺而得扶，弱而有制，则其病难愈，扁鹊难医。又主卦为病体，变卦为医药。主卦凶则病体沉重，变卦凶则医药无功。主卦吉而变卦凶，则误医误诊，病体本轻能够自愈，怎奈被庸医所害，宜早早另寻

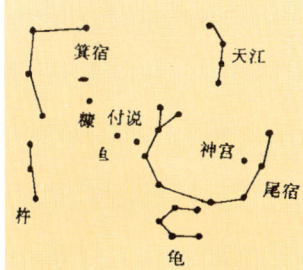

尾宿、箕宿图

尾宿有九颗星，形似苍龙之钩尾布于众星之间。尾宿又名：天鸡、析木、天狗、风后、太庙、大司空、九子等。

《史记·天官书》称尾为九子。曰君臣斥绝不和。尾为后宫后妃之府，尾宿又主八风，箕尾之间星称九江，主水。

天江星有四颗在尾宿之北，主太阴。

箕宿有四颗星，形状如簸箕。《史记·天官书》称箕为敖客，主八风，亦为后妃之府。

箕又称天津、天汉、主津梁；又称风口、风星、主八风；又称狐星、狐貉、天鸡、主时；又称天阵、女相，主口舌。还称天后，为后宫之别府。

名医；如主卦凶而变卦吉，虽病体在身，而遇名医调理，自然康复有日。若究竟病愈之日，以主卦应自愈之期，以变卦应医药治愈之日。依生克旺弱取月日定应期，用卦弱则生旺之月日离床，用卦旺相则休囚之月日轻身。若主卦与变卦皆凶者，则以主卦旺相而又逢生旺年月以归西，主卦弱而又逢制约之年月以命终。至于用药之寒暖燥湿，以用卦决之。用卦对体卦起好作用者，依用卦之五行而定。例如用卦为离应吉者，则用热药；用卦为坎应吉者，则用寒药。用卦为震巽而应吉者，则宜酸凉之药服之；用卦为乾兑而应吉者，则宜辛温之药以袪之。总归热则寒治，凉则温药。

又有信鬼神之说，虽非易道，然不可谓易道之不该。姑以理推之。如卦有克体者，即可测其鬼神。乾卦克体，主有西北方之神，或兵刀之鬼，或天行时气，或称正之邪神。坤则西南之神，或旷野之鬼，或连亲之鬼，或水土里社之神，或犯方隅，或无主之祟。震则东方之神，或木下之神，或妖怪百端，或影响时见。巽则东南之鬼，或自缢戕生，或枷锁致命。坎则北方之鬼，或水傍之神，或没溺而亡，或血疾之鬼。离则南方之鬼，或猛勇之神，或犯灶司，或得愆于香火，或焚烧之鬼，或遇热病而亡。艮则东北之神，或是山林之祟，或山魈木客，或土怪石精。兑则西方之神，或阵亡之鬼，或废疾之鬼，或刎颈戕生之鬼。卦中无克体之卦者，不必论之。

[注]复有鬼神之说，此虽非《易》之道，然盲愚之徒多矣，权以鬼神以安其心，伦常以定其性，医药以疗其病，未为不可，姑且推断之。以主卦为病人，用卦为鬼神。

如乾卦为用卦对体卦起坏作用，则为东南方之鬼与邪神，或者被行刑之鬼，或者天之六淫过度，或者乘正之邪祟；

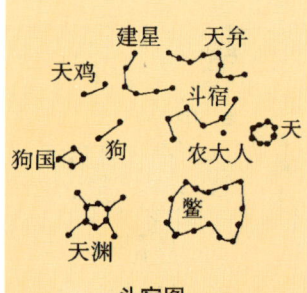

斗宿图

斗宿有六颗星。斗宿又称天庙，天正，天阙，天机，天府，天库，天司为玄武之首，为丞相太宰之位，五行属木，主天子寿命之期，主酌量政事，秉受爵禄。若有天子之事则以斗来占之。又，其南首二星称魁，为天库、天梁、主襃贤进士；中二星为天相、主爵禄；北尾二星称杓，为天府，主寿命。

建星有六颗，在斗宿魁上。建星又称天旗，天关，五行属土，为天之都关，为谋事，为天鼓，又为天马。其南二星称天库，中二星称天市，姤锁；上二星为旗跗，为天的府庭。

斗宿与建星之间为三光之道路，阴阳始终之门，由七政起律历的原本之地，上古十一月甲子天正大历以建星为起宿。

如坤卦为用卦对体卦起坏作用，则为东北方之鬼与邪神，或者阴魂野鬼，或者有连亲之鬼，或者土地社神，或者初犯某方隅，或者无主之冤魂；

如震卦为用卦对体卦起坏作用，则为西方之鬼与邪神，或者早年夭亡之鬼，或者妖精，或者冲撞某神；如巽卦为用卦对体卦起坏作用，则为西北方之鬼与邪神，或者自缢戕生之鬼，或者因枷锁束厄而死之鬼，或者中年夭亡之鬼；

如坎卦为用卦对体卦起坏作用，则为南方之鬼与邪神，或者树怪，或者元气耗尽而亡，或者骨病亡之鬼，或者愚昧之鬼；

如离卦为用卦对体卦起坏作用，则为北方之鬼与邪神，或者昏聩之鬼，或者得益于香火之鬼，或者焚烧而亡之鬼。

如艮卦为用卦对体卦起坏作用，则为西南方之鬼与邪神，或者山精，或者山魈木客，或者山精土地之鬼。

如兑卦为用卦对体卦起坏作用，则为东方之鬼与邪神，或者阵亡之鬼，或者悲戚之鬼，或者割颈戕生之鬼。

卦中如论鬼神之为患之者，此为抱怨报仇之鬼至，皆以用卦应凶而论之；如用卦应吉，此为报恩报德之吉神到来。

又问乾上坤下，占断病何断，尧夫曰："乾上坤下第一爻动，便是生体之义。变为震木，互见巽艮，俱是生成之义，是谓不灾，逢生之日即愈。"

[注] 又问曰，乾卦为上卦，坤卦为下卦，怎样断？尧夫曰：乾上坤下为天地否卦，初爻发动，变卦为天雷无妄卦，互卦巽艮。主卦作用为：坤土为用生助体卦乾金，如乾金休囚则应吉，乾金旺相则应凶；变卦体卦乾金如旺相，得用卦巽木耗泄应吉，如乾金休囚，得巽木耗泄则应凶，应吉则病愈，应凶则病重。

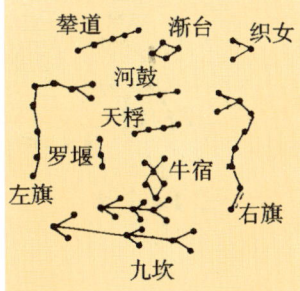

牛宿图

牛宿有六颗星，其头上如两角状布于星组之中部。牛宿又称：牵牛、天鼓、五行属木，又称天关，为关梁、主牺牲之事。其上二星又称积路，聚火，主道路；次二星主关梁；又次二星主南夷，其中大星主牛。阳气始于牵牛。中央大星为七攻的开始，因此为七曜行迹的起始点。

河鼓有三颗星，在牛宿之北。河鼓又称天鼓，三武，三将军，中央大星称大将军，左星称左将军，右星称右将军；左星又为南星，右星又为北星，为金官，主军鼓，主斧钺，主外国，主军喜怒。因此，可以备关梁，设险阴以御难，其中河鼓二又为牛郎星。左右旗各有九颗星，布于河鼓左右，左右旗为天之鼓旗旌表，主声音、设备、知敌谋。织女有三颗星，在天市垣的东端。主瓜果，丝帛，收藏珍宝，制衣成文绣天，为水官。织女又称东桥，天女。

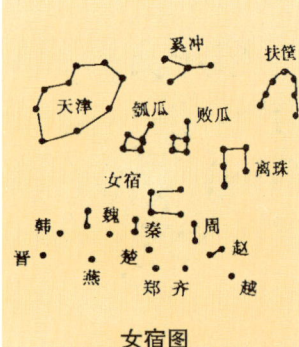

女宿图

女宿有四颗星呈方形布于星组中。女宿又称须女、婺女、为天之少府；又称天少女、天少府，为临官水星。主布帛，珍宝库藏。再者，须女为贱妾之称，又主嫁裁制之女工。

瓠瓜有五颗星在离珠之北，瓠瓜又称天鸡，天瓠，主后宫；主司中和五味；又主阴谋；主掌瓜果。

天津有九颗星，在虚北横河中，如弹弓形。天津又称天潢，江星，格星，玉柱，横星，天汉。主河梁，度百神，通四方。

又曰："第二爻动如何？"曰："是变为坎水，乃泄体败金之义。金入水乡，互见巽、离，乃为风火扇炉，俱为克体之义。更看占时外应如何，即为焚尸之象，断之死无疑矣。以春夏秋冬四季推之，更见详理。"又曰："第三爻动，坤变艮土，俱在生体之义，不问互卦，亦断其吉无疑。"又曰："第四爻动，乾变巽木，金木俱有克体之义，互吉亦凶。木有扛尸之义，金为砖碚之推。是理必定之推，是埋尸必定之理。"又曰："第五爻动，乾变离，反能生体，互变俱生体，是其吉无疑。更有吉兆则愈吉，凶则迟而忍死，其断明矣。"又曰："第六爻动，乾变兑，则能泄体，互见巽、艮，一凶一吉，其病非死必危。亦宜看兆吉凶，吉则言吉，凶则言凶。此断甚明。余卦皆仿此断，则心易无不验矣。"

［注］又问：如果第二爻发动怎么样？尧夫对曰：如二爻发动，则主卦天地否，变卦天水讼，互卦巽离。主卦为事之始，主卦坤土生助乾金，乾金旺相则吉，休囚则凶；变卦为事是终，变卦为坎水泄乾金，乾金旺相则吉休囚则凶；主卦吉而变卦应凶，此为当下痊愈，而终将为害；主卦凶而变卦吉，此为当下病重，而终将痊愈。主卦与变卦俱吉者，为延寿延年之体，主卦与变卦俱凶者，此为作古无疑。推卦必应之以四时八节，节气进退为卦之提纲，如无论节气而妄谈生克吉凶者，此为愚蒙之人，如人无目而行，傻狗撑飞禽矣。

又问：第三爻发动怎样？则变卦为天山遁，艮土生助乾金体卦，主卦与变卦之体卦俱得变卦生，这是主卦与变卦同吉同凶之卦。

又问：第四爻发动怎样？四爻发动乾金变巽木为用卦，坤土为体卦。主卦乾金为用卦泄体卦坤土，变卦为用卦巽木克坤土体卦，如坤土旺相则主卦与变卦俱吉，如坤卦休囚，则主卦与变卦皆凶。

又问：第五爻发动怎样？五爻发动变卦为火地晋卦，主卦乾金泄坤土，变卦为离火生坤土。如坤土旺相，则主卦应吉而变卦应凶，反之坤土休囚，则主卦应凶而变卦应吉。

又问：第六爻发动怎样？如上六发动，变卦为泽地萃，主卦乾金泄坤土，变卦兑金泄坤土，这是主卦与变卦同吉同凶之卦。

官讼占第十七

占官讼，以体为主，用为对辞之人与官讼之应。体卦宜旺，用卦宜衰。体宜用生，不宜生用。用宜生体，不宜克体。是故体克用者，已胜人；用克体者，人胜已。体生用，非为失理，或因官有所丧；用生体，不止得理，或因讼有所得。体用比和，官讼最吉。非但扶持之力，必有主和之义。

［注］占测官司讼事，以体卦为主，用卦为与我打官司之对方，与官讼之应，体卦与用卦作用定官司输赢。主卦之用卦作用体卦应凶者，为对方为诉讼方，反之应吉者，为我方提起诉讼；变卦定官司输赢，变卦之体卦被用卦作用应吉，为我方官司赢，反之如果应凶者，为对方官司赢。

坟墓占第十八

占坟墓以体为主，用为坟墓。体克用，葬之吉；用克体，葬之凶。体生用，葬之主运退；用生体，葬之主兴隆，有荫益后嗣。体用比和，乃为吉地。大宜安葬，葬之吉昌。

［注］占测阴宅以体卦为主，为"我"为后代，用卦为坟墓风水。用卦作用体卦应吉者，为此地可葬。用

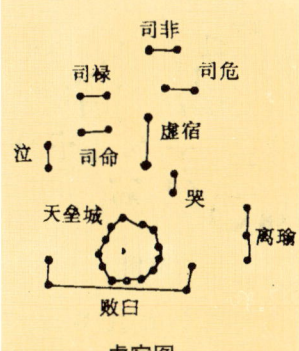

虚宿图

虚宿有二颗星，上下如联珠。虚又称元枵，颛顼，北陆、天节、临官、卿中。为中宫水星。为庙堂、天子冢宰之官。主死丧哭泣坟墓祭祀。主天子谅音之事。主北方，又主黄钟律吕，古代有死丧哭泣葬祭之事则以虚占之。

司禄有二颗星，在司命北。主爵禄，延年益寿。

司令有二颗星，在虚北。主举过行罚，减除不祥，主司危有二颗星，在司禄北。主危亡，矫失正下，查骄逸，又主楼阁台榭，死丧流亡。

司非有二颗星，在司危北，主祛多私，伺察内外过失。

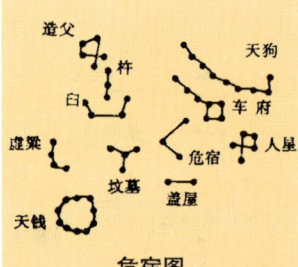

危宿图

危宿有三颗星，排列成角状。危又称天府，天市、五行属土。主坟墓官室祭祀；主架屋，为天子庙堂，又为百姓之市。

杵臼共七颗星，杵三星呈直线排列，臼四星在杵下路方形排形，主舂粮。

卦作用体卦而应凶者，此地为凶地。主卦之体用作用应凶，而变卦体用作用应吉，则原址风水凶而迁之则吉。主卦之体用作用应吉，而变卦体用作用应凶者，原址有风水之气，迁坟则转凶。体卦休囚而逢体用比和者，葬之则荫庇子孙，此乃为吉地。

又以八卦之方以辨葬方。所葬之方以后天八卦方位为准，体卦为墓之本，用卦为寻墓之东西。以阳宅为参照点，看是何用卦，以及用卦吉凶。如用卦对体卦作用应吉者，直接从阳宅出发，以八卦之后天方位寻址，具体葬位应何事何房，则依主卦变卦之用卦决之。如冬令占得天地否卦三爻发动，变卦天山遁，主卦乾金无气，得用卦艮坤生助则吉，那么墓方在主家之东北与西北方位，葬艮方则发后代人丁，葬乾方则发后代之功名，此为八卦所类不同，依卦理询之则可。如是用卦作用体卦应凶者，则以用卦对宫寻址就是。如秋令寻墓地得风火家人卦，二爻发动变卦风天小畜，主卦休囚无气，得用卦离火乾金克泄，必以离卦乾卦对官方位葬之，则为坎方与巽木方大吉。余下以此类推，此为万卦之纲领，体用之易理本源。

　　上为用体之诀，始以十八章占例，以示后学之法则。然庶务之多，岂止十八占而已乎！然此十八占，乃大事之切要者，占者以类而推之可也。

　　[注] 以前之篇章，句句离不开体用，卦卦离不开类象，始发之十八章占例，以此示现后学，抛砖引玉，以呈现卦理之规律。然琐碎生活之多，岂止十八章所能尽述！体用之诀，乃是大事之切要之篇，提纲挈领，后学占卜类比而推导之。

三要灵应篇序

夫《易》者，性理之学也。性理，具于人心者也。当其方寸湛然，灵台皎洁，无一毫之干，无一尘之累。斯时也，性理具在而《易》存吾心，浑然是《易》也，其先天之《易》也。及夫虑端一起，事根忽萌，物之著心，如云之蔽空，如尘之蒙镜。斯时也，汩没茫昧，而向之《易》存吾心者，泯焉尔。故三要之妙，在于运耳、目、心三者之虚灵，俾应于事物也。

［注］《周易》原本就是先天性命理气之学，而性命理气之学并不神秘，本来就存在于人们心中。当一个人的智慧湛然澄澈，心中皎洁如洗之时，万缘俱尽，没有俗事缠扰，没有名利牵累，性命理气就会自然而然地浮现在心中，就是先天之易。一旦人的思想开始运行，得失和是非充满了心中，好象乌云遮住了天空，浮尘掩盖了明镜。这个时候，心灵即被各种生活中的经验主义淹没，人的思维不再是用心思考，而是用经验来思考。人的智慧本就有限，如何能明白纷繁复杂的万事万物呢？于是乎本来就存在在我们心灵之中的先天易学的自然智慧也就无影无踪了。所谓"三要"的奥妙，就在于运用耳、目、心三者空灵的直觉来感应万物万事。只要心无杂念，三者之对万物的感应自然澄澈。

这一段话讲得非常好，是《梅花易数》的根本学问。梅花之学本属先天智慧范畴，其起卦简单，断卦直接，要言不烦，本非繁琐之学。这么简单的程式想要通晓万事万物，自有其道理在。这个道理，就是这一段讲的，要心虚而神自明。禅宗有个故事，说人人自有佛性，只不过是我们来到尘世后为俗套缘所累，本性被遮盖住了。只要万缘放下，内心自然澄澈，佛性自然显

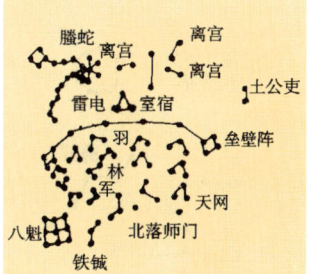

室宿图

室宿共有二颗星，室星又称营室、定星、元宫、清庙、元冥、天宫、天库、休官，为天子之官，军粮之府，五行属木。主宗庙，三军廪实及土工事。

离宫有六颗星，主隐藏休息之地。

羽林军有四十五颗星，以三为一组，共十五组，散居于壁垒阵之南，为宝瓶星座。羽林军又称材官，天南库，单于。象军卫的阵势，主守卫天子之官。

垒壁阵有十二颗星横列在营室之南，主天子军营。

北落师门只有一颗星，在羽林军旁，为天军之门，主非常事件，用以候兵。

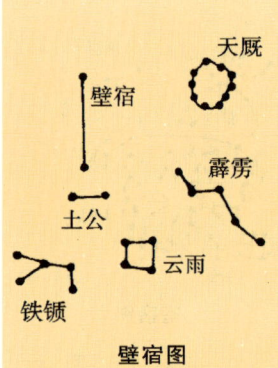

壁宿图

壁宿有二颗星见上图。

壁又名东壁，天街、天池、天梁，为图书之府，五行属土，主文章，亦主土功。

现。并没有一个佛性来供人学习，因为人人自具有佛性。念念的修持，只不是想把遮住自己本性的尘缘去尽而已。此段文字，可以与其合参，似乎更易明白。

耳之聪，目之明，吾心实总乎聪明。盖事根于心，心该乎事。然事之未萌也，虽鬼神莫测其端。吉凶祸福，无门可入。故先师曰："思虑未动，鬼神不知，不由乎我，更由乎谁？"若夫事萌于心矣，鬼神知之矣。吉凶悔吝有其数，然吾预之知，何道欤？必曰："求诸吾心易之妙而已矣。"

[注]耳之聪，目之明，均源于我们内心的清静。只要内心清静，用心来感知这个世界，自然就有了耳之聪，目之明。凡人的心不清静，即使是坐着躺着，无不思虑涛涛，泰山崩于前而不知，何谈耳聪目明？事情的萌芽，无不从心起；心有一念，即有行动。万事万物之机缘，莫不由此。然而，如果人心中尚未有此念之时，即使是万能的鬼神也难以推测其神秘的端绪。至于斯时的吉凶祸福，更是无门可入。所以先师说："思虑未动，鬼神不知，不由乎我，更由乎谁？"人的心中一旦有了善恶的念头，鬼神便已知晓。吉凶悔吝，自有定数。善念必吉，恶念必凶而已。事情尚未发生，结局亦未显现，然而我能够预知它们，依据的又是什么道理呢？答曰："求助于我本性中自有而已。"

关于心念和行动的关系，古人更重视护持内心的善念。当然不是为善而善，而是依靠自己本性中的善念发动。《聊斋志异·考城隍》有云："有心为善，虽善不赏；无心为恶，虽恶不罚。"或有一个对子，说的也是这个道理："百善孝为先，原心不原迹，原迹贫家无孝子；万恶淫为首，原迹不原心，原心世上无完人。"这两个典故，有助于这一须文字的理解。

于是寂然不动，静虑诚存；观变玩占，运乎三要。必使视之不见者，吾见之；听之不闻者，吾闻之。如形之见示，又如音之见告，吾之了然鉴之。则《易》之为卜筮之道，而《易》在吾心矣。三要不虚，而灵应之妙斯得也。是道也，寓至精至神之理，百姓日用而不知。安得圆通三昧者，与之论此！先师刘先生，江夏人，号湛然子，得之王屋山人高处士云岩。

宝庆四年，仲夏既望，清灵子朱虚拜首序

[注] 这一段话是说，我们必须平心静气，寂然不动，静心澄虑，诚意观物，以诚心来沟通神灵，观察事物的运化，玩味莫测的变占，充分运用耳聪、目明、心思的功用。自然而然地，我们就能看到常人无法看到的东西，能听到常人无法听到的声音；就象亲眼看到眼前的东西，亲耳听到耳边的声音一样，自己都能了然明白于心。就好象事物之形已经昭然显示，事物之音已经明白告知一样，我们都能够了然明鉴。这样，《易经》就能作为预测占筮的方法，而存在于我心中了。那么，《周易》作为卜筮之道的功用，自然存在我的心里。耳聪、目明、心思这三要的要领若能灵活把握，运用自如，占测灵验之妙就算掌握了。《周易》中寓涵着天下至精微、至神妙的义理，凡人整日使用它却视若无睹，只知其然而不知其所以然。到哪里才能找到精通其玄机真谛的人，与他互相启发，来讨论这些高深奥妙的道理呢？接着讲下来，就要《三要》的传承。作者清灵子朱虚得之于其师刘先生，江夏人，号湛然子。湛然子得此妙道于王屋山人高云岩。

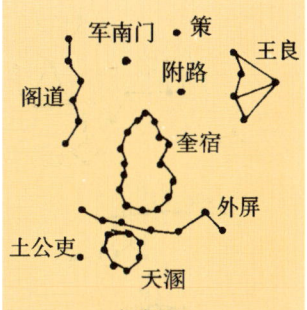

奎宿图

奎宿有十六颗星，形状似鞋。奎宿又名封豕，天豕、天库、天边、五行属金，主库兵，又主沟渎。

阁道有六颗星，为水官，主检难灭谷，为天子御道，神所乘，主道路、又主天子游别宫之道。

王良有五颗星，王良又称天津，王济，中四星称天驷，旁边一星称王良，主天马，又主津梁，主御风雨水道，又为天桥，是天子在车度水之官。

策只有一颗星，主执御，又主天子兵马，为金官。

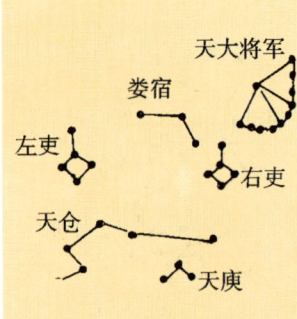

娄宿图

娄宿有三颗星，其分布见上图。

娄宿又称天狱、密官、国市、天庙主兴兵聚众、牺牲宗庙之事。

三要灵应篇

　　三要者，运耳、目、心三者之要也。灵应者，灵妙而应验也。夫耳之于听，目之于视，心之于思，三者为人一身之要，而万物之理不出于视听之外。占决之际，寂闻澄虑，静观万物；而听其音，知吉凶；见其形，知善恶；察其理，知祸福，皆可为占卜之验。如谷之应声，如影之随形，灼然可见。其理出于《周易》"远取诸物，近取诸身"之法，是编则出于先贤先师，采世俗之语为之例用之者：鬼谷子、严君平、东方朔、诸葛孔明、郭璞、管辂、李淳风、袁天罡、皇甫真人、麻衣仙、陈希夷；继而得者：邵康节、邵伯温、刘伯温、牛思晦、牛思继、高处士、刘湛然、富寿子、泰然子、朱清灵子。其年代相传不一，而不知其姓名者不与焉。

　　[注] 所谓"三要"，是指占测时运用耳、目、心三个器官，重视耳聪、目明、心思三者的灵妙功用。所谓"灵应"，是指这种预测灵妙、应验的意思。耳为听觉器官，目为视觉器官，心为思维器官，这三者是人身上三种最为重要的器官。耳朵和眼睛是接受外部信息的两个最主要的器官，据现代医学说，外部信息的百分之八十靠眼睛接受到，称之为视觉；百分之十是靠耳朵听到，称之为听觉。而二者所接受的信息，通过心的认识和分析，则万事万物的变化和运行没有能超除我们感知之外的。

　　接下来讲的是占测时的要领，用白话翻译一下，大意是：在占测和断卦的时候，寂静我们的闻听，澄清我们的思虑，静观万事万物的运化，辨识事物运化的声音，自然能推知事物发展变化的吉凶趋势。观察事物形迹的善恶意义变化，推察事物之理的吉凶祸福意义变迁，皆可为最终的占卜应验提供依据。这种灵验异常的情况，就好象空谷之回声的渐次传播，就好象影子与物形的相随相依，是鲜明而可察见的。

这一段讲的是静心为断卦第一要务。只有自己心如明镜，才能准确地映像外在的事物。如果自己内心都静不下来，对于外界信息的感知必然是不完全的，因而也是占测不准的。这就可以解释，为什么大家学习的是同一种技法，而水平有高有低呢？为什么同样一个人，在为人占测时，有时准确有时不准确呢？能不能做到心如空谷，一尘不染，正是其准确与否的原因所在。

无论任何技法，其基本道理都是出自于《周易》的"远取诸物、近取诸身"的理论，取自于其基本的取类比象的原则。下面的这一编则出自于先贤先师之手，并采用世俗的语言来列出最基本的例子，以为后人示范。使用这些基本理论的，有战国时期的鬼谷子，汉代的严君平、东方朔，魏晋时期的诸葛孔明、郭璞、管辂，唐代的李谆风、袁天罡，宋代的麻衣道人、陈抟，继而又得此妙道的，有邵雍、邵伯温、刘伯温、牛思晦、高处士、刘湛然、富寿子、泰然子、朱清灵子。其年代不一，相传各异，不知姓名的就不一一罗列了。

上面讲的，是《三要灵应篇》文前的一段编者注，古书刻印时原有的。下面的韵文，即为原文，我一一讲解一下大义。

　　原夫天高地厚，万物散殊；
　　阴浊阳清，五气顺布。
　　祸福莫逃乎数，吉凶皆有其机。
　　人为万物之灵，心乃一身之主。
　　目寓而为形于色，耳得而为音于声。
　　三要总之，万物备矣。
　　右乃天地万物之灵，而耳、目、心三者之要，故曰三要也。

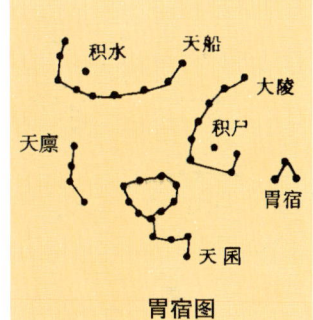

胃宿图

胃宿有三颗星，成鼎足之状排列于星组之中见上图。

胃宿又名大梁、天中府、天库、密宫、五行属金，主五谷之府，为天之厨藏，主仓粟收藏积聚万物，又主讨捕诛杀菹醢之事。

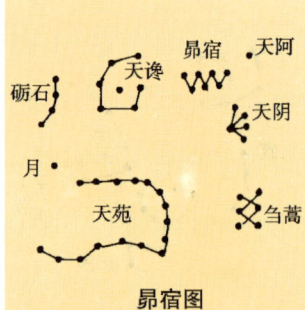

昴宿图

昴宿有七颗星相聚，昴七星又名旄头、天器、天狱、天厨、天路、五行属水，为天之耳目，又为白衣聚，主兵丧，主口舌奏对。主狱事。

苜藁有六颗星，茗藁又称天积，为天子藏府，主积草，供牛马食。

[注]《三要灵应篇》是以韵文写成的，大概的意思是却很难用韵文来讲解。因此，这一篇我只用白话讲解出大意，以助于大家的理解。

天高地厚，宇宙寥廓，万物种类繁多，凡人难以尽识。阴阳二气的运行造就了这个婆娑世界，阴气浊重而下降，阳气清轻而上扬；五行之气按其生克的规律相互作用，布满大千世界，无时不在。我们凡人所关注的，无论是祸福成败，都莫能够逃过那玄妙莫测的易数所描述的范围，吉凶悔吝背后也蕴藏着各种玄机。如果说人是万物之灵，那么心便是一身的主宰。眼睛是我们人类从自然界获得万物信息的视觉器官，能分辨形形色色的事物；耳则是听觉器官听万物之声，能够听到世间万物各种各样的声音。耳、目、心三者并用，汇融其要，那么天道的运行、万事万物变化莫不备于我心。

以上讲的是，天地之间，人为万物灵长；我们人类感知和认识世界，主要依靠的就是耳、目、心，是人一身最关键的部位，故曰"三要"。

是以遇吉兆而顺有吉，见凶兆而不免乎凶。

物之圆者事成，缺者事败。

此理断然，夫复何疑？

右乃占物克应，见吉则吉，遇凶则凶。

[注] 这一段讲的是第一种外应，即吉凶之应。同时也阐述了根据占测事物时所遇到的应验征兆，即外应，来推断结果的原理。

如果在起卦和析卦的过程中，凡是遇到吉祥的外应，那么可以推断结果为吉，事情办起来会非常顺利，结果就是大吉；如果见到凶而不吉的外应，那么可以推断结果为凶，难免有凶险之事发生。如果外应是圆形的事物或器皿，则所断之事必能圆满成功；如果外应是残破缺损的事物或器皿，则所断之事易流于失败。见到吉祥的征兆结果则吉利，遇到凶险的征兆结果则凶险。这样的道理显而易见，用不着在理论上再详细阐述以解感。我们民间所流传的"喜鹊见喜，鸦噪见悲"的通俗说法，就是来源于《梅花易数》，可见这种理论对我们中国人影响之大。

是以云开见日，事必增辉；
烟雾障空，物当失色。
忽颠风而飘荡，遇震雷以虚惊。
月忽当面，宜近清光。雨可沾衣，可蒙恩泽。
右乃仰观天文，以验人事。

[注] 这一段讲的是第二种外应，即天文之应，阐明了以起卦时天文现象为外应来验证人事的许多经验。凡是在问卦时，见到云开雾散、天气晴朗的天气，则结果必逢凶化吉、遇难呈祥，所问之事结局必好；如果烟雨濛濛、雾霭迷茫，则事情办起来结局难定，阻力甚大，所问之事必不吉；如果忽有狂风吹过，则事情有始无终；如果恰好雷声阵阵，则必有虚惊；如果有月光洒到了脸上，则主可以接近高雅清贵之人；小雨忽然沾湿了衣裳，则主可能得到贵人的恩惠和照顾。

重山为阻隔之际，重泽为浸润①之深。
水流而事通，土积而事滞。
石乃坚心始得，沙乃放手即开。
浪激主波涛之惊，坡崩主田土之失。
旱沼之傍，心力俱竭。枯林之下，相貌皆衰。
右乃俯察地理，以验人事。

[注] 这一段讲的是第三种外应，讲的是以地理之应，即我们现在所说的自然界的各种现象，作为外应，来验证于人事。凡是问卦时，见山峦重叠，山取取象为艮，艮为止，则所问之事有阻隔之象，象征着办起来不顺利；见到沼泽之地，泽取象为兑，兑为口，为谗言，则所问之事难于全面认识，里面的各种利害关系盘根错节，定会受到恶语中伤。见到流水潺潺，则所问之事必

---

① 指谗言逐渐发生作用。《论语·颜渊》："浸润之谮，肤受之诉，不行焉，可谓明也已矣。"

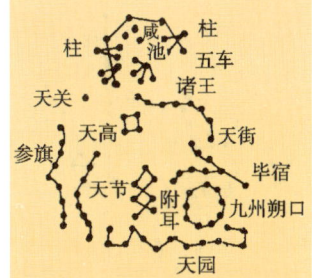

毕宿图

毕宿有八颗星，形似瓜叉布于星组之中。毕宿又称罕车，为边兵、主弋猎，毕和昴之间称天街，毕在东南为阳、昴为阴，毕之左股大星称天桥，为边将，主扫奸凶，通外域。

附耳在毕八叉旁顶旁，附耳又称天耳，天口等，主为人主听得失，伺僭过。

五车有五星加三车九星共有十四颗星，五车又称咸池，五潢、重车，为天子水官、主五兵，又主轻车、五车之天库星主豆；天狱星主稻，天仓主麻，司空星主黍粟，聊星主麦。

天潢有五颗星，在五车之中。天潢又称五潢，主渡人神，通四方。咸池有三颗星，在五车中。咸池又称潢池，潢龙、天渊、天井、主陂池，又主五谷。参旗有九颗星。参旗又称天旗，天弓。主弓弩之张，候变御难。九游有九颗星。九游又称天旗、司曲，主司五星之过，统九州以导军之进退。

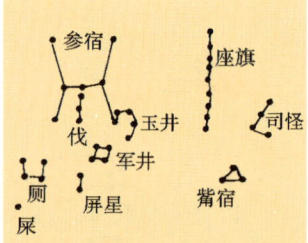

觜宿、参宿图

觜宿有三颗星似参蕊，见上图。

觜宿又称觜觿，为白虎之首，为三军之候，行军之藏府，五行属金，主葆旅，收敛万物，亦主刀钺斩刈之事。

参宿有七颗星，参宿又称大辰，大市，钟龙，姤钺，五行属金，皆主边兵，主斩刈。又为天狱，主杀伐。中三直星称衡石，为三将军，东主后将军，西南为右足，主偏将军。

伐星为参之衡石下之三星，伐星又称罚，主斩艾事，又为参中天之都尉，主边城九评，主斩刈。

天厕有四颗星位于参之南，主观天下之疾病。

天屎仅有一星，位于天厕之下，天屎又称天矢，主候吉凶。

能如流水一样不可阻挡，成就很快；见垒土成堆，则所问之事则如行路遇到障碍一样，迟滞难办。见到石块，此事只有坚定信念才能获得成功；遇到散沙，处理此事必须小心谨慎，牢牢掌控，始有结果，不然则事如手握散沙，放手即败。波浪激荡，主外出行船有波涛之惊；山坡崩坏，主有田土方面的损失。在干旱的沼泽之旁占测，则主所测之事过程艰难，使人心力衰竭；在枯死的树林正面占测，则主所测之人相貌丑陋。

　　适逢人品之来，实为事体之应。
　　故荣宦显官，宜见其贵；
　　富商巨贾，可问乎财。
　　儿童哭泣忧子孙，吏卒叫嚣忌官讼。
　　二男二女，重婚之义；
　　一僧一道，独处之端。
　　妇人笑语，则阴喜相逢；
　　女子牵连，则阴私见累。
　　匠氏主门庭改换，宰夫则骨肉分离。
　　逢猎者得野外之财，见渔者有水边之利。
　　见妊妇则事萌于内，遇瞽者则虑根于心。
　　右乃人品之应，以验人事。

　　[注] 这一段讲的是第四种外应，即人品之应。所谓人品之应，是指来人问事情时，有人从一旁过，则考察此人的相貌、职业、身份、地位，作为断卦的外应，以之应验于人事，来测度人事的变化。如果走过来的是达官显贵，则可断为其人将来身份必然显贵；如果走过来的是富商大贾，则可断为其人必将求财得财；如有婴儿哭泣，则子孙有忧患，如逢公务人员叫嚣，要小心有官讼之事。如有二男二女走过，则婚姻必有重婚之应；如有僧道之人走过，则婚姻不成，继续单身。如逢妇女笑语，则有怀孕生产之喜事；如有女人相挽而过，则会因上不了台面的阴私之事而受牵累。如看到木匠、泥瓦匠，则主门庭即将改换；如看到屠夫，则主有骨肉分离

之事。若遇到打猎之人，主所占之人可能在野外得财利；若遇到打渔之人，则主所占之人可能会在水边得财得。如若碰到孕妇，主事情的起因必因为自己圈子内部的人；如若见到盲人，则所问之事为杞人忧天，即思想中有忧虑而实无其事，等等。若遇到盲人，则主所则之事由于自己的想法和欲念而起。

　　至于摇手而莫为，或掉头而不肯。
　　拭目而喷嚏者方泣，搔首而弹垢者有忧。
　　足动者有行，交臂者有失。
　　屈指者多阻节，嘘气者主悲忧。
　　舌出掉者有是非，背相向者防闪赚。
　　偶攘臂者，争夺乃得；偶下膝者，屈抑而求。
　　右乃"近取诸身"之应。

　　〔注〕这一段讲的是第五种外应，即"近取诸身"之应。以求测之人或在场的其他人的神色、形体、动作等作为外应来参断求测之事。

　　凡是断卦时，若有人无意间摇手，则所问之事做不成功，不必再去做了；或逢有人掉头而走，则所问之事只是一厢情愿，难以成功。若是碰到无意间擦拭眼睛或打喷嚏的，则主正有哭泣悲伤之事；若是碰到有人抓挠头或弹尘垢的，则主有忧愁之事。在问卦时，来人或他人不停地晃脚，主有远行；如果是交叉双臂，主有损失。如果看到有屈指的动作，则所问之事有阻滞；如果恰好听到叹息声，则主有悲忧之事。看到有人吐舌头，主有是非口舌之事；外应之人背向而立，则所问之事防闪失，恐怕会有人来诈骗。看到有人拉拉扯扯，主有争夺才能得到利益；若外应之人无意屈膝，则主所测之事需要卑躬屈膝而求人才能办成。

　　要注意，"近取诸身"并非一定以来占之人为外应，也可以旁观者为外应。与上节不同的是，这一节是以人的神色、形体、动作作为外应，而上一节是以人的身份、地位、职业作为外应。

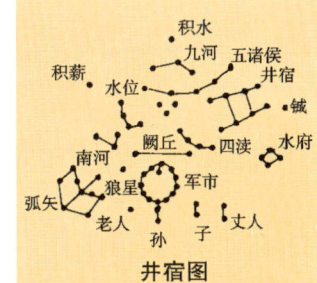

井宿图

　　井宿有八颗星，双排横列于星组中。井又称东井，天府、东陵、天井、天关、天门、天渠、天亭、天候、天齐、天池，还称鹑首，五行属水，主水泉、黄道所经为天之亭候，主水衡事。

　　钺星在东井之西，仅一颗星。钺又称戉，主伺淫奢者而斩之。

　　阙丘有二颗星，两河天阙间为关梁，主宫门外。

　　老人仅有一星在弧矢之南，老人又称南极，主寿考，去疾疫，除毒气，还又称寿星，为木官。

　　天狼仅有一星，位于井东南，主杀掠，又称夷将，天陵，主南夷，主盗贼，为金官。

　　弧矢有九颗星，位于天狼之东南，形似弧弓，主备盗贼，知奸邪。

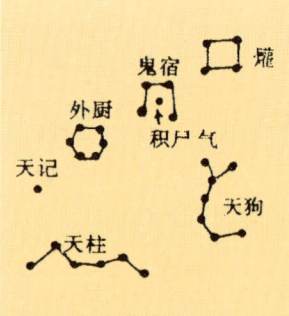

鬼宿图

鬼宿有四颗星，形似木柜。鬼又称舆鬼、天目，主视明察奸，为朱雀头眼；又称天姤锧，主诛杀；又称天庙，主祠事；又称天讼、天匮、天圹，主疾病死丧，五行属土。

积尸气居于鬼宿之中央，色自如粉絮。积尸气又称天尸，主死丧祠祀，又称姤锧，主刑罚，主诛斩。

爟有四颗星、在轩辕以西。爟又称烽爟，主烽火以备紧急之需。

若逢童子授书，有词讼之端；
主翁笞仆，防责罚之事。
讲论经史，事体徒间于虚说；
语歌词曲，谋为转见于悠扬。
见博赌主争斗之财；遇题写主文书之事。
偶携物者受人提携；适挽手者遇事牵连。
右乃人事之应。

[注] 这一段讲的是第六种外应，即人事之应，以起卦或断卦时以当时所发生之事为外应。若是断卦时，正逢儿童授书，主有词讼之事；若遇主人鞭笞仆人，主有责备惩罚之事。凡是有人在讲经论史，则所问之事往往流于空谈而难见其实；听见唱歌唱曲，则所问之事虽有困难但最终必有转机而终获得成功且非常顺利；见有人在赌博，则所问之事主因钱财而争斗；见有书画，则所问之事为文书之事，与文章、书信、公文、案卷有关；无意间看见有人拿着东西，主受人提拔和帮助；看见有人手挽手，主逢无妄之灾而受人牵连。

及夫舟楫在水，凭其接引而行；
车马登途，藉之负戴而往。
张弓挟矢者必领荐，有箭无弓者未可试。
持刀执刃，须求快利之方。
披甲操戈，可断刚强之柄。
缫丝者，事务繁冗。围棋者，眼目众多。
妆花刻果，终非结实之因。
画彩描形，皆为装点之类。
络绎①将成，可以问职。
笔墨俱在，可以求文。
偶倾盖者主退权，忽临镜者可赴诏。
抱贵器者有非常之用，负大木者有不小之财。

---

① 络，粗纱。绎，细丝。此处络绎之意，为纺织之事，与现代汉语中络绎不绝之意不同。

升斗宜量料而前，尺剪可裁度以用。
见蹴鞠，有人拨剔。开锁钥，遇事疏通。
逢补器，终久难坚。值磨镜，再成始得。
顽斧磨钢者，迟钝得利。
快刀砍木者，利事伤财。
裁衣服者，破后方成。造瓦器者，成后乃破。
弈棋者，取之以计。张网者，摸之以空。
或持斧锯恐有伤，或涤壶觞恐有饮。
或挥扇者，有相招之义。
或污衣者，防谋害之侵。

右乃器物之应，即"远取诸物"之义。

[注] 这一段讲的是第七种外应，即器物之应。取实物为外应，根据的是《易经》"远取诸物"之意。外物的取用，有时取外物之形，有时取外物之音，随心取用，并无定法。现一一讲解如下：

遇到舟船停在水中，主成事须借别人之力；遇到车马在征途中，主因他人替力而完成所谋之事。遇到拉弓射箭之人，主得他人引荐；遇只拿箭而无弓的人，所谋不成，无成功的希望。遇手持快刀利刃之人，应快刀斩乱麻，快速处理此事；遇披甲操戈之人，主一切尽在掌握，已经控制全局。遇到缫丝之人，主事务繁杂、久拖不决；遇到下围棋之人，主机事不密，耳目众多，消息走漏。

见到假花假果，主事情表面顺利，结果不好，恰似假花假果一样只好看而不实用；见到画影描形，主事情虽有结果却自己难享好处，给似为人做嫁衣。若遇纺纱抽丝将要完成，主所问官职之事可成；若遇笔墨俱全，主得文名。见器物倾覆，主被削权或退职。见人照镜，主被诏而有升迁。见人怀抱贵重器皿，主成大器。见人背负大木良材，主发大财。

见到升和斗等量具，应量力而行。见到尺子和剪刀，应审时度势。见到踢球，主背后事非。遇到开锁，主遇事就去打点疏通。看到修补之事，主难于久长。遇

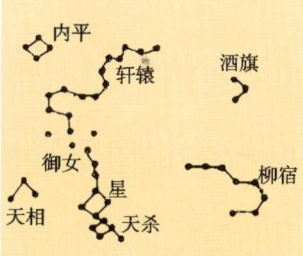

柳宿、星宿图

柳宿有八颗星，其分布形状似头部曲弯的垂柳，见上图。

柳八星又为朱鸟喙，又称天相，天库，注或咮，天大将军，八臣、天厨、主乡膳酒食仓库，和鼎实以享宗庙又主雷雨，主工匠、主草木，五行属火（亦有称属土），柳居鹑火之次。

星宿有七颗星布于柳星之旁，形如钩之状。星宿又名天都，员官，天庭。象朱鸟之头，员官喉，主急事，又主衣裳、文绣。

轩辕有十七颗星布于星宿之北。轩辕又称东陵、权星、昏昌，主雷雨之神，又为后宫后妃之舍，典六宫之内政，以弼太微刑南国。轩辕为女主之庭，又名天柱为土官，轩辕为中央土神，为黄帝舍。

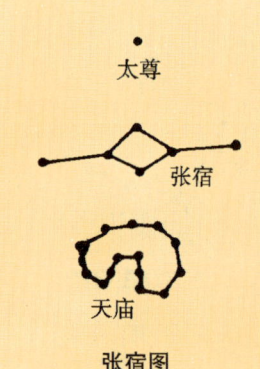

张宿图

张宿有六颗星在星宿旁，见上图。

张宿为天府，又名御府，天昌，五行属火，为朱鸟之嗉，主天庙明堂，御史之位，金玉珍宝宗庙所用之物，天子内官衣服，远方贡物之库，主天厨赏赉饮食之事，又主长养之物。

到研磨铜镜，主有磨难，一次难成，二次始就。遇到磨钝斧头的人，主应验迟缓，但终能获利。遇到快刀砍木之人，主事成而财产有损。

看到裁衣，主先遭损失而后成功。见到制造瓦器，主先成功而后破败。见到弈棋，主需多方筹划，广施计谋；见到张网捕鱼，主竹篮打水一场空，并无结果。或遇到手持斧锯之人，要防遭伤害；或遇到洗涤壶觞的，主有饮食。或遇到人挥扇，主被召见；或遇到衣服被弄脏，须防别人的谋害和欺凌。

虽云草木之无情，亦于卜筮而有应。
故芝兰为物之瑞，松柏为寿之坚。
遇椿桧则岁久年深，遇苗菰则朝生暮死。①
枝叶飘零当萎谢，根核流落主牵连。
奇葩端的虚花，嘉果可以结实。

右乃草木之应。

[注] 这一段讲的是第八种外应，即草木之应。远取诸物，亦可以草木为外应来参断人事吉凶。虽然说草木不象动物一样，没有我们可以直接理解的情感，但是取为外应时，也会非常灵验。当然，现代的研究已经证明，植物和动物甚至人类一样，有自己的情感和反应。在断卦时，见到灵芝兰草之类的祥瑞之物则吉，见到松柏之类长寿的植物则象征生命长久而身体康健。遇到椿桧之类的树木，主所测之事宜于久长；若遇苗菰之类朝生暮死的菌类，为事情不能久长之兆。如占疾病、占生育而遇此兆，即标志着死亡。看到枝叶飘零，主人事衰败；看到树根露出、果核撒落，主被人事牵连。看到奇葩异花，主虚无缥缈，所测之事镜花水月，难有结果；看到美好的果实，主所测之事必有好结局。

至于飞走，最有祯祥。
故乌鸦报灾，蟢虫报喜。

---

① 占产占病得之，即死之兆。

鸿雁主朋友之信，蛇虺防毒害之谋。

鼠啮衣有小口之灾，雀噪檐有远行之至。

犬斗恐招盗贼，鸡斗主有喧争。

牵羊者，喜庆将来。骑马者，出入皆利。

猿猴攀木，身心不定。鲤鱼出水，变化不凡。

绳拴马，疾病难安。架陷禽，囚人未脱。

右乃禽兽之应。

［注］这一段讲的是第九种外应，即禽兽之应。梅花易数可据万物起卦，取象不拘一格。禽兽与人杂处，为常见之物，自然常被作为外应。古人云：晴空看鸟飞，流水观鱼跃，识宇宙活波之机；霜天闻鹤唳，雪夜听鸡鸣，得乾坤清纯之气。乌鸦食腐肉，象征着不祥之气，因而断卦时遇到，主所求之事不顺遂。反之，见喜鹊则大吉大利。见鸿雁，主朋友言而有信，必能来助我；见蛇类，主有人意欲来谋害。衣服被鼠咬，须防儿童的健康与安全；麻雀檐下喧闹不停，远方行人必来到。两狗相争，须防盗贼；两鸡相斗，主有争吵。见有人牵羊而来，主有喜庆之事；见骑马之人，主出入平安。见猿猴攀援大树，主身体心理不安定；见鲤鱼出水，主飞黄腾达之事，地位显贵。看见马儿为绳索羁绊，主问病难痊。见到禽鸟困在笼中，主狱中人没有脱身。

酒乃忘忧之物，药乃祛病之方。

故酒樽忽破，乐极生悲；

医师道逢，难中有救。

藤萝之类堪依倚，虎豹之象可施威。

耕田锄地者，事势必翻。

破竹剖竿者，事势必顺。

春花秋月，虽无实而关景；

夏绵冬葛，虽有用而背时。

凉扇多主弃捐，晴伞渐逢闲废。

泡影电光，虚幻难信；

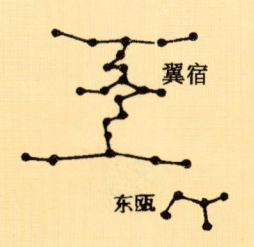

翼宿图

翼宿有22颗星，布于张宿之旁，较难认识，见上图。

翼又称化官，天都市、天除、天旗、五行属土，为朱鸟之翼，为天之乐府。主和五音，调六律。五乐八佾以御天官。其实，翼宿为南官的羽仪，文物，声名之所。主三公化道，文籍及蛮夷远客，负海之宾。为俳优娱乐之事。

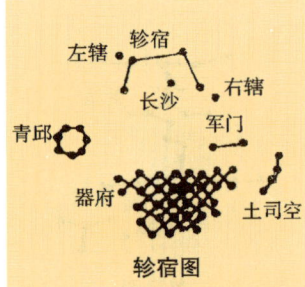

轸宿图

轸宿有四颗星形似张宿，翼宿。轸宿又称天车，主车骑，任载盗贼之事，战伐之用，亦为丧车之象，主死丧。此四星为天辅冢宰之官，主察殃咎，知凶咎，五行属水又主风。

长沙星居于轸宿之中，长沙星为棺木，主寿命，又主囚亡。

蛛丝蚕茧，巧计方成。

右乃杂见观物之应。

［注］这一段讲的是第十种外应，即杂见观物之应。万事万物，品类繁多，难以尽述。这里说的是上面没有提到但又是日常生活中常见的事物被取为外应时的经验。

酒本解忧之物，"何以解忧，唯有杜康"。饮酒本是乐事，而酒杯破，主乐极生悲；药物乃疗病之物，道逢郎中，主病人病情虽险却有救。藤萝之类乃是无本之木，断卦见时，自应去寻找靠山。虎豹乃兽中至刚至猛之物，主我方尽得天时地利人和之象，自可大展宏图。见耕田锄地，主所问之事有变，甚至形势翻转；见破竹剖竿之事，主事情顺风顺水，水到渠成。春天见鲜花，秋天见月亮，主前景美好但目下无成，成就尚需时日；夏天见棉被，冬天见草席，主目前的努力虽有用但于事无补。阴凉的天气见到扇子，晴天见到雨伞，均主无事可做，终被抛弃。见到水泡电光之类的存在短暂的事物，主所求之事终归虚幻，难以依赖；见到蛛丝和蚕茧，主运用心智，百般谋划，方得成功。

　　若见物形，可知字体。
　　故石逢皮则破，人傍木为休。
　　笠漂水畔，泣字分明。
　　火入山林，焚形可见。
　　三女有奸私之扰，三牛有奔走之忧。
　　一木两火，荣耀之光。
　　一水四鱼，鳏寡之象。
　　人继牛倒防失脱，人言犬中忧狱囚。
　　一斗入空门者斗争，两丝挂白木者乐事。
　　一人立门，诸事有闪。
　　二人夹木，所问必来。

右乃拆字之应。

［注］这一段讲的是第十一种外应，即拆字之应，举例说明取文字为外应时的法则。在前面的《观梅占》

一节的讲解中，我给大家详细解说了拆字作为外应的例子。其实，文字是无心之形象，其用最为频繁。本书最后附录《测字秘牒》一书，供大家学习和参考。用文字取象，正是许多卦例的不传之秘。无论哪一个《梅花易数》的版本，均是把《梅花易数》与《测字》编在一起，正说明了文字被取为外应的必要。这是我们在学习本书时所要注意的。

凡断卦时，石头碰到了有皮字有关之物，则所问之事破，因为"石"加上"皮"，正是个"破"字。同理，"人"加"木"为"休"；"立"加"水"（氵）为"泣"；"火"入"林"下为"焚"。三女同行，主奸私事，因为三"女"字正是"姦"（奸）字；见三头牛，主有奔走事，因为三牛为"犇"（奔）字。同理，一木二火为"榮"（荣）字，主得荣耀；见一水四鱼为"鳏"字，是人可断为鳏寡之人。人继牛倒为"失"字，主有失脱之事；人言犬中为"狱"字，主有牢狱之灾。一斗入空门为"閗"（斗）字，主有斗争之事；见两丝挂白木为"樂"（乐）字，主有赏心乐事；见有一人站在门上，为"闪"字，主有闪失；两人夹木，是为"來"（来）字，主所问之人或所问之事必来。

以上所讲的，都是繁体字的情况下的拆字之应。简体字的取用，亦可按此办理。拆字之法，非常灵活，亦可简繁互用。运用之妙，存乎一心，并无不可变之法则存在。兹不多讲，详请参阅本书《附录》所收的《测字秘牒》一书。

逢冠则问名得官，鞋为百事和谐，阖则诸事可合。

难以详备，在于变通。

右即物叶音之义。

［注］这一段讲的是第十二种外应，即谐音之应。断卦之时，我们常常取事物的谐音为外应。比如问功名之事，推断时见冠，可断为得官。断卦时见鞋，百事和

术数学概论

中国术数学本是周易象数学发展起来的分支，它最初奠基于战国时期驺衍为首的阴阳家学派，汉代兴盛一时，后流入道教，被道教占验派所宗。占验派道士皆精研易理，推崇象数易学，并将之用于社会、人事等未知事物的预测，创造出丰富多彩的占验术数。在一定意义上说，术数学乃是一种杂有迷信成分的社会、人生预测学。

术数在长久的历史发展中，共同遵循了许多古代科学思想。大致可以归纳为八种。

一、阴阳互补的宇宙统一性原理

术数家把整个宇宙，都看作是一个阴阳互补的模型，其中大小事物，都呈阴阳互补结构。万事万物都有阴、阳之分，阴阳二者互为根本，相互制约和平衡。

——《中国术数学》摘编①

二、天、地、人相互感应原理

术数学将人看作是一个小宇宙，和天、地的大宇宙相互交通。天体运行和演化规律，物体运动的自然规律，人生历史的社会规律，在术数家眼里是完全统一的，他们认为自然现象、社会现象、人体生命现象包括心理现象都处在一个相互制约的网络之中，能相互感应。宇宙间的物质世界、生命世界、精神世界是相互作用的。

——《中国术数学》摘编②

谐；见阃，百事可合。谐音之类甚多，不胜枚举，在平时断卦时常用，妙在变通，不可拘泥。

及夫在我之身，实为彼事之应。

故我心忧者，彼事亦忧；

我心乐者，彼事亦乐。

我适闲，彼当从容；我值忙，彼当窘迫。

右即自己之应，"近取诸身"之应。

[注] 这一段讲的是第十三种外应，即自己之应。这里讲述了以自己作为所求之卦的外应来断卦的经验。考察己身，亦可推断来人及其所欲求测之事的吉凶，亦由《易经》"近取诸身"之义而来。

这一段话的大意是：表现在己身，亦可取为求测之事的外应。其人来求测，适逢我心忧之时，即可断其人其事亦有忧；其人来求测，适逢我快乐之时，则其人其事必顺遂，结局圆满；其人来求测，恰逢我正在闲适之时，主求占之人心情从容，事必无忧，唾手可得；其人来求测，适逢我正在忙碌之时，主求占之人正处窘境，事情急迫。

欲究观人之道，须详系《易》之辞。

将叛者其辞惭，将疑者其辞支。

吉人之辞寡，躁人之辞多。

诬善之人其辞游，失其守者其辞屈。

右一动一静之应，"近取诸身"之义。

[注] 这一段讲的是第十四种外应，即一动一静之应。这里所讲的是以来人的神色和言语作为外应，这其实也是一种相术。为人占测，先须考察来人的语言、神色、举止。凡来人，言谈有惭愧之色，此人定做了违心之事；言语支吾，此人内心狐疑不决。诚实的人言语少，急躁的人话话多。油腔滑调之人，必然颠倒是非，指鹿为马，诬陷好人；理亏之人，行动卑下，言谈过谦。俗语云：抬头问官，低头问财；手搓衣角，问婚口难开。张望者不必测，无事生非。不语者须谨慎，存心

考验。考察来人的语言，自有其规则，现抄录《神相全编》中的一段如下，供大家参考，不再多做讲解。

声音宜响亮，出自丹田。脐下一寸是也。声响如雷贯耳，或如铜钟玉韵，或如瓮中之声，或如铜锣铜鼓，或如金声，或声长尾大如鼓之响，俱要清润。纵相貌不如，亦主富贵。或人小声大，人大声雄，俱要深远，丹田所出，此富贵绵远之相也。夭折贫贱之人，声轻声喧，声浮声散，声低声小，或如破锣破鼓，语音焦枯，声大尾焦，声雄不圆。《书》云："富贵之声出于丹田，夭贱之人声出舌端。"或有余韵，纵焦枯烈，早年虚耗，晚主发达矣。诀曰：言未举而色先变，话未尽而气先绝，俱夭贱之人。观声音知为相之根本，观阴骘知为相之元神。形貌莫外乎声音，阴骘部位不好，有此相者，竟许富贵。但声音响亮者，虽贫终能发达，不必狐疑。

又推五行，须详八卦。
卦吉而应吉终吉，卦凶而应凶终凶。
卦应一吉一凶，事体半吉半凶。
明生克之理，察动静之机。
事事相关，物物相合。
此五行八卦及克应动静之理。

[注] 这一节讲的是取卦、断卦以及外应如何参考的经验。大意是：推断五行，必须熟悉八卦卦理。卦象吉利外应也吉利，最终也会大吉大利。卦象凶险，外应也凶险，结局也会凶险。卦象与外应一吉一凶，结局吉凶参半。因此按照五行生克之理来推衍卦象，考察卦象中变与不变的因素，自然事事息息相关，物物内在契合。

活法更存乎方寸，玄机又在于师传。
纵万象之纷纭，惟一理而融贯。
务要相机而发，须要临事而详。
右言占卜之理在于变通之妙。

[注] 上面讲的是。占卜的关键，妙在活学活用，关于变通。

三、不同层次间的五行同构关系网络

术数学认为，宇宙大系统及各个子系统之间，不同层次的主客体结构之间，都存在着一一对应的要素，这些要素之间的"关系之网"也是对应不乱的。这些要素都可以按金、木、水、火、土五行分类，并以五行间形成生、克、制、化的关系网，使不同层次的五行要素都分别处于相互制约的稳态体系之中。这些不同系统、不同层次的五行网络都是同构的。

五行说实际上就是先将不同系统和结构都从纵的方向上剖析为五个子系统，然后再从横的切面上找出各层次上一一对应的五行同构要素，从而形成相互制约的五行网络。

——《中国术数学》摘编③

> **四、易的时空观和宇宙象数模型**
>
> 宇是空间，宙是时间，古代术数家将宇宙并称，以《易》的体系组成时空坐标系，认为宇宙处于生生不息的"变易"之中，而其运动规律却是"简易"明了的。术数家以"道生一，一生二，二生三，三生万物"，"无极而太极，太极生两仪，两仪生四象，四象生八卦，八卦相重为六十四卦，三百八十四爻，以类万物之情"来解释宇宙生成和演化图景，并竭力用太极、阴阳、三才、四象、五行、六爻、八卦、九宫、十干、十二支、二十四气、二十八宿等象数体系来建构宇宙的时空模型，模拟宇宙万物的演变规律。
>
> ——《中国术数学》摘编④

卦象有一定，万物难描述，要活学活用《梅花易数》的方法，使之变成自己的智慧而不是机械的方法和规则，关键在于是否能够正确理解康节先生所传授的易数的理论。虽然世间万物纷纭复杂、千变万化但不离其宗，但易理是一以贯之的。因此，断卦时既要准确取用外应，理解卦象，活用五行生克，还要结合日常生活的情理，方能准确无误。

嗟夫！方朔射覆，知事物之隐微。

诸葛马前，定吉凶于顷刻。

皇甫坐端之妙，淳风鸟觉之占。

虽所用之有殊，诚此理之无异。

右言三要灵应妙处。

[注] 这一节讲的是运用耳观、目视、心思三要所带来妙处。事物一本而万殊，各代易学大师亦无定法可说，但灵活运用三要的理论，却是他们共同的特点。东方朔擅长射覆，可以测知事物隐细微妙之处；诸葛亮立于战马之前，起上马前课，能在顷刻之间预知战事的吉凶。皇甫真人端坐不语，即可预知来人之意；李淳风可以通过鸟觉之占，而测知未来的吉凶。虽然他们所用的方法看起来迥异不同，但贯于其中的道理却无二致。

可以契鬼神之妙，可以会蓍龟之灵。

然人非三要，莫能造其玄；

心非七窍，莫能悟其奥。

故得其说者宜秘，非其人者莫传。

轻泄天机，重遭阴谴。

造之深可以入道，用之久可以通神。

右言灵应之妙，不可轻传妄授，宜秘之一之，以重斯道也。

[注] 这几句话是老僧常谈了，无非就是说此法灵应无比，学者理应自重，不可妄传非人的意思。古代的卦书后面，一般都会有类似的几句话，以增加此书的分量。

这段话的大意是：梅花易占灵应玄妙，契合鬼神；其验如神，可媲美于蓍草神龟。但是，如果不通三要之术，不可知其术之奥妙；内心没有智慧，不能探其渊微。有幸得到传授的人应该珍惜秘藏之，不是道德高妙之人，不可相授。"匹夫无罪，怀璧其罪"。如果随便泄露天机，自炫神术，或者会遭到幽冥的惩罚。深入研究，可以得道；长期使用，出神入化。

以上所说的梅花易占三要的灵应玄妙的好处，研习之人，理应加以珍视，秘藏珍惜，不可轻相授受。

十应奥论

十应固出于三要，而妙乎三要。但以耳目所得，如见吉兆而终须吉，若逢凶谶不免乎凶，理之自然也。然而此以遇吉凶，亦有未有然者也。黄金白银，为世之宝；三要得之，必以为祥。十应之诀，遇金有不吉者。利刃锐兵，世谓凶器；三要得之，亦以为凶；十应之说，遇兵刃反有吉者。又若占产见少男，三要得之得为生子之喜，十应见少男则凶。占病遇棺，三要占之必死；十应以为有生意。例多若此，是占卜物者，不可无十应也。

［注］这一段是专讲外应之说的。十应，就是《三要灵应篇》中所讲的十四种外应，简称十应。在本卷下面的部分，又讲了十一种外应取用的经验和法则。关于外应如何取用，是梅花易数这种占法的一个核心问题。可以说，如果仅仅从卦象和卦理来断卦，这种方法就没有任何价值。梅花易数之所以被称为"心易"，就是因为外应取用的灵活，唯心所至，最为神妙。现在在社会上流传甚广的一些占法，直接取外应，并不起卦，以五行生克来断卦，更为便捷，甚得梅花易数之真髓。

这一段话的白话大意是说：十应是从三要这种理论

古代的天文历法之学是数术家建构宇宙象数模型的出发点，河图、洛书和周易象数体系是这些模型的基本框架，天干、地支等皆是载有宇宙信息的符号，以天干、地支组成的时空坐标系是进行术数预测的根据。各类术数活动，无不先选择一个时空坐标系，再建构一个象数模型，当输入了载有制约社会人生的已知特定信息符号后，由这个象数模型的变化来模拟和预测事物的真实变化，便可获得超前信息。

——《中国术数学》摘编⑤

推衍出的更便捷和实用的方法，甚至比三要之术还要玄妙灵验。在外应的取用时，我们常常看到吉兆即断为吉，看到凶兆即断为凶，这是人人皆知的常理，好象几何学中的公理，不用去论证。但是，仅仅凭借这种单一的方法去判断纷繁芜杂的大千世界，却也常常有与此不一致的时候。比方说，黄金白银，世人都视为珍宝；如果取黄金白银为外应，用三要之法来判断，必然认为是吉事的预兆；但是从十应之术来说，也有例外为凶兆的情形。快刀利刃，世人多称为凶器，但如取为外应时，用三要之法来判断，也认为利刃锐器是凶兆；但是从十应之术来说，也有例外为吉兆的情形。又比如占生产，若遇到有少男在场，用三要之法来判断，应该是生子之喜兆；但是从十应之术来说，见少男有可能是凶兆。因为男谐音为"难"，预示着生子艰难。占疾病遇到棺木，用三要之法来判断，乃病人必死之兆；但是从十应之术来说，病人却还有生存的兆象。象这样的例子还有很多。因此，占卜之人在外应的取用上，必须随机应变，不可拘泥于成法，一概而论。

十应目论

十应并以体卦为主，诸用卦为用。每以内分外，体用卦参看为妙。内卦不吉而外卦又吉，可以解其不吉；内卦吉而外卦不吉，反破其吉。若内外卦全吉则断然吉，全凶则断然凶。其内吉外凶、内凶外吉，又须详理，以断吉凶，不可胶柱鼓瑟也。外卦十应之目，则有天时、地理及写字等其十一类之应，并以体卦为主，而随其所应以为用也。

[注]这一段是十应之术的简论。上一段讲了，十应之术脱胎于三要之法，但使用起来更简便，也更准确。其实，十应之术与三要之法，二者并不矛盾。只不过，十应之术更加精细；或者说，十应之术是应用三要

五、宇宙事物运动的同步律和周期节律性

术数学认为，宇宙主体、客体结构之间的关系不仅符合同构律，而且符合同步律，即是说各结构发展和变化的速率基本是同步的。如果各要素间发展变化的速率失调，必然引起系统的振荡，发生天灾人祸和巨大变化，然后在相互制约中恢复同步。因此分析事物变化的速率和失调现象，便可预测重大事件的征兆。

——《中国术数学》摘编⑥

之法的一些经验和心得，更为准确。

在这里我先讲一下梅花易数的几个基本概念，以助大家理解以下讲解的内容。

内卦和外卦：起好卦后，下三爻为内卦，上三爻为外卦。这是一般意义上的内卦和外卦的说法。但在此处，内卦指的是以数得卦或以其他方法得卦后，本卦、之卦、互卦等均为内卦；而根据外应得出来的卦，为外卦。

体卦和用卦：梅花易数起卦后只有一个动爻，以动爻所在来分体卦和用卦。在上下两个经卦中，无动爻的卦为体卦，动爻所在的卦为用卦。

变卦和互卦在第一章已经详细解说，兹不再讲解。

这一节的白话大意是：十应的方法是，以体卦为主，以用卦为辅。这里所说的用卦，是指用来和体卦一起用来参断的卦，包括用卦、变卦、互卦等。在日常应用中，通常是以内卦为主，外卦为次，体卦和用卦结合起来，综合研究，以断吉凶。有以下几种情形：内卦不吉而外卦却吉，那么外卦的吉气可以冲破内卦的不吉之气，结果并不是很糟；内卦吉而外卦不吉，那么外卦的不吉之气反而冲破了内卦的吉气，结果未必是吉利。如若内卦、外卦二者均吉，断为吉利无疑。内外卦均为凶险，断为凶险无疑。若内卦吉利而外卦凶险，或内卦凶险而外卦却吉利，即最先讲的两种状况，就必须审慎研究，仔细推衍卦象和卦理，以何为主，以何为次，并结合日常生活经验，来推断事物的吉凶。十应之法分为天时、地理及声音等十项，都以体卦为主，并随时参照外部应卦的各种预兆，作为整个内、外卦的用卦参考因素。

复明天时之应

如天无云翳，明朗之际，为乾之时。乾、兑为体，则比和而吉；坎为体，则逢生而大吉。坤、艮为体，则泄气。震、巽为体，则见克而不

术数家还认为，宇宙间事物运动是有节律的，重大变故的发生也遵循某种周期律。9、12、60、64、81等数字在术数学中之所以具有神秘性，恰恰是因为它们代表着某种变化节律。从社会上流传的大多数占卜预测活动来分析，术数学中最基本的节律是天干、地支的循环。天干、地支纪时法是我国古代科学之谜，它不知暗合了什么宇宙规律，致使许多自然现象和社会现象都和它发生着某种内在联系。

——《中国术数学》摘编⑦

> **六、自然、社会、精神世界的规律性**
>
> 　　占卜术数是先民原始宗教中遗存下来最古老的巫术文化，而原始巫术是人类童年时期非理性思维活跃阶段的产物，它并不是迷信。在人类的童年时期，中华民族的先民面对着三个世界，一是由天、地、风、雷、日、月、山、河构成的自然界，二是由父、母、君、臣、夫、妻、子、女构成的社会界，三是由喜、怒、忧、思、梦、知、情、识构成的精神界。
>
> ——《中国术数学》摘编⑧

吉矣。晴霁日中，为离之时，坤、兑为体则吉。雨雪为坎之时，震、巽为体则吉，离为体则不吉。雷风为震、巽之时，离为体则吉，坤、艮为体则不吉。此天时之应也。

　　[注] 从这一小节起，一共讲了十种外应的使用经验。这一节讲的是断卦时要参考的天气这种外应的状况。起好卦后，天气是一种重要的外应。

　　起卦或断卦时，如果万里无云，天晴气朗，天时之外应取为乾卦。若体卦为乾兑，天时之乾金与体卦乾兑金比和，是为吉兆。若体卦为坎，则天时之乾金来生体卦之坎水，体卦逢生，亦为大吉之兆。若体卦为坤艮，则体卦之坤艮土生天时之乾金，为泄气，泄气则难言吉。若体卦为震巽，则天时之乾金克制体卦之震巽木，体卦受克，是为不吉。若体卦为离，则天时之乾金为体卦离火所克，用卦受克，无害。

　　雨雪之后而艳阳高照的中午，天时之外应取为离卦。若体卦为坤艮，天时之离火来生体卦坤艮之土，是为吉兆。

　　若遇下雨飘雪的日子，天时之外应取为坎卦。如果体卦为震巽，天时之坎水生体卦震巽之木，吉；如果体卦为离，则天时之坎水克体卦之离火，不吉。

　　打雷、刮风的日子，天时之外应取为震巽。如果体卦为离，天时之震巽木来生体卦离火，吉。如果体卦为坤艮，则天时之震巽木克体卦离火，体卦受克，不吉。

　　以上是天时之应。为第一应。

复明地理之应

　　茂树秀竹，为震之地。离与震、巽为体则吉，坤、艮为体则凶。江湖河池、川泽溪涧，为坎之地，震、巽与坎为体则吉，而离为体则不吉。窑灶之地为离，坤、艮并离为体则吉，而乾、兑为体则不吉。岩穴之地为艮，乾、兑与艮为体则吉，坎为体则不吉。此地理之应也。

[注] 这一节讲的是断卦是外在环境取为外应时的经验。这里首先明确的是，外应的取用，不必面面俱到，把天时、地理、人事之类的各种外应一一取来，放在一起断卦，这应失去了梅花易数的本义了。这里举出的例子，是讲取某一种现象为外应的状况。在日常断卦中，我们取一种外应即可，甚或直取外应之一义，并不用看外应属何卦，灵活取用即可，且勿想得太多，失去"心易"的要义。

大树下，竹林中，生机盎然，外应可取为震卦。在此占卜，若体卦为离卦，外应之震木生体卦离火，吉。如果体卦震巽，外应之震木与体卦之震巽木相比和，亦吉。如果体卦为坤艮，则外应之震木克体卦之坤艮土，不吉。

江湖河池、川泽溪涧等水多之处，外应可取为坎卦。在此占卜，若体卦为震巽，外应之坎水生体卦之震巽木，吉。若体卦为坎卦，外应地理之坎水与体卦之震巽木比和，亦吉。若体卦为离，则天时之坎水克体卦之离火，不吉。

砖窑灶炉之类火旺的地方，外应可取为离卦。在此占卜，如果体卦为坤艮，外应之离火生体卦之坤艮土，吉。若体卦为离，外应地理之离火与体卦之坤艮土相比和，亦吉。若体卦为乾兑，则外应之离火克体卦之乾兑金，不吉。

岩崖洞穴之类的地方，外应可取为艮卦。在此占卜，如若体卦为乾兑，外应之艮卦生体卦之乾兑金，吉。如若体卦为坤艮，则外应之体卦之乾兑金，不吉。

以上乃地理之应，为第二应。

复明人事之应

人事有论卦象五行者，有不论卦象五行者。论卦象，则老人属乾，老妇属坤，艮为少男，兑为少女之类。五行生克、比和之理，与前天时、地理之卦同断。其不分卦象五行者，则以人事之

自然现象、社会现象、心灵现象此起彼伏，生灭相续。事件的必然性是自然律，它们的产生都毫无例外的有规律性。在这种必然性与偶然性、决定论和非决定论等古老哲学问题上，先民从事物发展的因果链条上确认规律性与合目的性的存在，相信事物的发展是可以预测的，人们能够获得超前信息。偶然性是自由意志，术数家欲以自由意志推测自然律，争取趋吉避凶的主动权。术数活动的基本方法是利用偶然现象借类比推理来预测事物的必然联系。

——《中国术数学》摘编⑨

纷，了见杂出，有吉有凶，此应则随其吉凶而为之兆也。又观其事，则亦为某人。此人事之应也。

[注] 本节讲的是以人事作为外应如何取用来参断的经验，请和前面《三要灵应篇》中的相关部分一起研究。以人事作为外应，有时以卦象及五行属性来取用，有时并不考虑卦象或者五行，只以人事之吉凶、性质甚或名称作为外应。

以卦象而论人事的，比方说老年男子属乾卦，老妇属坤卦，艮卦为少年男子，兑卦为妙龄少女等等。卦象之间的五行生克比和之理运用，与前面所述的天时、地理所举的方法一样，无非五行生克比和而已。

那些不依卦象、五行来论人事的。人事中的各种现象，重复出现的，突然冒出的，纷纷扰扰，层出不穷，有吉有凶，均可用来作为参考。了见杂出，似应为叠见杂出。"又观其事，则亦为某人"。不通。因为前面已经详细讲了人事的取用，这里大概是想说，既要考察人事吉凶，还要参看人事人中的状况。

以上是人事之应。为第三应。

复明时令之应

时令不必论卦象，但详其令。月日值之五行衰旺之气。旺者，如寅卯月日则木旺，巳午之月日火旺，申酉之月日金旺，亥子之月日水旺，辰戌丑未之月日土旺。衰者，如木旺则土衰，土旺则水衰，水旺则火衰，火旺则金衰，金旺则木衰。是故生体之卦气宜值时之旺气，不宜衰气。如克体卦气，则宜乘衰。此时令之应也。

[注] 时令是以干支表示的，故可与八卦相配，而八卦又与五行相配，故每月每日均有其五行属性。关于这方面的论述，前面已经一一详细说明，其对应请参看下图。

七、宇宙全息律的普遍性

中国术数学中还有一种古老的思想观念，就是宇宙中普遍存在着全息现象，因之在中医学的诊断和治疗中，将人体某些器官看作是整个人身的缩影，有如全息摄影的照片，因之将这种现象概括为"全息律"也颇恰当，但须了解它同现代科学中的自然律不同，它是中国古代数术家的一种唯象的认识。全息律是中国术数家发现的古代科学思想，并不仅限于生物体，它认为不仅宇宙间主体、客体各层次间都包含着整个宇宙的信息，而且每一结构的相对独立部分也包含着整个结构的信息。

——《中国术数学》摘编⑩

地支配五行图

用时令季节作为外应，不论卦象，只论五行，只要推详当令的月日所值的五行衰旺之气即可。五行相生相克，木旺则土衰，土旺则水衰，水旺则火衰，火旺则金衰，金旺则木衰。故寅卯之月日土旺，土克木，则土衰。巳午之月日火旺，火克金，则金衰。其他以此类推即可。时令以地支纪之，其与五行衰旺的关系如下：

五行卦气旺的：月日地支为寅卯的，木旺，土衰；月日地支为巳午的，火旺，金衰；月日地支为申酉的，金旺，木衰；月日地支为亥子的，水旺，火衰；月日地支为辰戌丑未的，土旺，水衰；

起卦后，先看体卦的五行属性，再考察所取外应之卦气五行属性看其生克衰旺。生扶体卦的时令外应之卦气，宜于旺相，不宜衰弱。克制体卦的时令外应之卦气，宜于衰弱，不宜旺相。如体卦为离，时令值寅卯之月，五行属木，木生火，即为生体之卦。寅卯之月木旺，吉。如体卦为离，时令值亥子之月，五行属水，水克火，即为克体之卦。亥子之月水旺，不吉。如体卦为离，时令值辰戌丑未之月，五行属土，乃水衰之月，无碍。以此类推。这里需要说明的是，这里讲的只是大概的规则，举例归举例，在具体的应用中并非如此呆板，一成不变。

以上是天时之应，为第四应。

八、心灵潜能的开发和直觉、灵感等深层意识的应用

道学最奥秘的理论体系中隐藏着一个信念，就是相信这个宇宙中有一个和现实世界对应的隐形世界存在，而人类只有开发自己的心灵潜能才能突破现实世界的时空限制去和隐形世界沟通。道学相信人通过修道可以获得神通，神通就是这种突破时空界限的能力。人的心灵活动也是宇宙中的一种自然运动形式，而心灵在本质上是可以超越时空界限的。另外，术数家又相信事物的运动必有前兆，而深层意识可以获得超前信息。

——《中国术数学》摘编⑪

复明方卦之应

即分方之卦。如离南、坎北、震东、兑西、巽东南、乾西北、艮东北、坤西南类也。论吉凶者，看来占之人在何卦位，而以用卦参详。如坎为用卦，宜在坎与震、巽之位，在离则不吉。离为用卦，宜在离与坤、艮之位，在乾、兑二位则不吉矣。盖宜在本卦之方，为用卦生之方，不宜受用卦克也。

［注］所谓方卦，就是以方位为外应，看其属于何卦，作为用卦，看其与体卦之五行生克关系，进行综合论断。这里所说的八卦方位，即后天八卦属方位：离南坎北，震东兑西，巽东南，乾西北，艮东北，坤西南。

以方位之卦而论断吉凶的，看来人站何方位，取为用卦，判断吉凶。比如坎卦为用卦，来测之人测宜于在北方或东方、东南方，在南方则不吉。因为坎为水，来人在北方为坎，属水；东方为震，东南为巽，均属木，而体卦坎属水，生木；体卦生扶用卦，故吉。如在南方，南方为离，属火，体卦克制用卦，故不吉。同理，若离卦为用卦，则求占之人宜在南方或西南、东北方，在西北方或西方则不吉。一般说来，来占之人宜在体卦之方位为吉。如果再考虑用卦的话，则宜在用卦所生之方位，不宜在用卦所克之方位。

若夫气在之卦，所在之方，又当审之。如水从坎来，为坎卦气旺。水从坤艮来，则坎之卦气衰。火从南来，为离卦气旺。如从北来，则离之卦气衰。余皆仿此。大抵本卦之方，生为旺，受克为衰。宜以体卦参之。生体卦气，宜受旺方；克体卦气，宜受克方。此方卦之应也。

［注］这一段分析所在之卦的卦气旺衰，要结合所论卦的方位进行分析，并非一成不变。如若水从北方

术数学的流传

占验术数种类繁多，在社会上流传甚广。汉代以来，太乙、六壬、遁甲、堪舆、相术、推命、占卦、测字、梦占、星象诸术日益完备，促成了术数学的繁荣局面。

一、谶书

汉代称之为图谶，由谶纬之学流变而来。谶为占验之隐语，纬为经在术数学中的流变，汉代谶纬图书甚多，现在尚有易纬留存（日本学者安居香山、中村璋八辑有《纬书集成》），图谶则佚失殆尽。因为谶书实际上是政治预言书，上面多有图画，故亦称图书。现在社会上流传的谶书，有刘伯温《烧饼歌》、姜子牙《万年歌》、诸葛亮《马前课》、邵雍《梅花诗》、《禅师诗》等，为宋明间预言家的托名之作。另有《推背图》，托名隋唐间占验派高道袁天罡、李淳风而作，每卦一图，配以谶言和谶诗，有金圣叹（1608~1661）批注本。

——《中国术数学》摘编⑫

来，坎卦卦气旺；水从西南方或东北方来，则坎卦卦气衰弱。火从南方来，离卦卦气旺；如若火从北方来，则离卦卦气衰弱。其他以此类推。大体说来，本卦之方位，受方位之卦生的为旺相，受方位之卦克的则为衰弱。一般说来，如果方位之卦生扶体卦，其卦气为旺相为宜，不宜衰弱；如果方位之卦克制体卦，衰弱为宜，不宜旺相。

以上是方位之应，为第五应。

又震、巽之方不论坤、艮，坤、艮之方不论坎。坎方不论离，离方不论乾，乾、兑之方，不论震、巽。以其寓卦受方卦之克也。

[注] 又及，若来人在震、巽之方，体卦为坤艮，不必论之；若来人站在坤、艮之方，用卦为坎，不必论之；若来人在离方，体卦为乾兑，不必论之；来人在乾兑之方，体卦为震巽，亦不必论之。因为体卦为来人方位之卦所克制，不吉，没有必要论什么衰旺了。

复明动物之应

动物有论卦象者。乾为马，坤为牛，震为龙，巽为鸡，坎为豕，离为雉，艮为狗，兑为羊。又螺蚌龟鳖为离之象，鱼类为坎之属。此动物之卦，以体详与。

又不论卦象五行者，如乌鸦报灾，灵鹊报喜，鸿雁主有书信，蛇虫防有毒害，鸡唱为家音，马嘶为动意。此动物之应也。

[注] 这一节讲的是取用动物作为外应的经验。动物之应与人事之应一样，也有两种情况。

一种是以动物属于何卦象，即以何卦为卦应。例如：马属于乾卦之象，牛属于坤卦之象，鸡属于巽卦之象，猪属于坎卦之象，山鸡属于离卦之象，狗属于艮卦之象，羊属于兑卦之象，等等。还有，螺、蚌、龟、鳖

二、文王课

文王课是一种以钱代蓍的六爻卦法，又称五行易、火珠林卦法，为唐宋以来社会上最流行的断易方法，由汉代京氏易发展而来。现在社会上流传的筮书，如《卜筮正宗》、《增删卜易》、《断易天机》、《断易大全》、《文王课秘传》等，多是传播这种筮法。金钱卦是周易古筮法的一种流变，断卦时以六爻所配干支五行的生克制化论吉凶，结合占卦时间（日、月）的干支和神煞，而基本脱离《周易》爻辞。这种占法为民间术士所熟知，并积累了较多的占断经验。近有重庆霍斐然先生据《易传》推演出《小成图》占法，竟可超迈古人。

——《中国术数学》

摘编⑬

三、梅花易数

《梅花易数》进一步简化了易占方法，可以年、月、日、时的数目或其他可数之数起卦，以八除之余数定卦名，以六除之余数定变爻，结合爻辞及五行生克比合的关系以断吉凶。梅花易数占法十分注意断卦的灵感和观察事物的征兆，训练占卜者具备预测家的素质，因而不拘泥繁琐，独得周易预测事物的简易之理。

——《中国术数学》

摘编⑭

属于离卦之象，鱼类属于坎卦之象，等等。具体取象时，可参看《八卦万物属类》一节。以这些卦象作为对事物的外应，再考察外应与体卦的关系，即可得出结论。具体方法，与前面第一应至第五应之讲解并无不同，参看上面的例子即可。

还有另外一种情况，即以动物的本身作为事物的外应，不用将其配卦作。如断卦时，见到乌鸦，则可断为凶事；见到喜鹊则可断为吉；见到鸿雁，则可断为有书信；见到蛇，则可断为有人意图谋害；见到鸡叫，则可断为家人有音讯；见到马嘶，则可断为有出行之事，等等。

以上是动物之应，为第六应。

复明静物之应

器物之类，有论卦象者。如水属坎，火属离，水之气属震、巽，金之气属乾、兑，土之气属坤、艮，为体卦，要参详。其不分卦象者，但观其器物之兆，如物之圆者事成，器之缺者事败。又详其器物是何物，如笔砚主文书之事，袍笏主官职之事，樽俎之具有宴集，枷锁之具防官灾。百端不一，审其物器。此静物之应也。

［注］静物被取为外应时，也分为两种情况。

一种是将静物配之以卦象，取其卦象为外应之卦，与体卦和其他用卦一起参看，以断吉凶。例如：坎为水，与水有关的静物即属于坎卦之象；离为火，与火有关的静物即属于离卦之象；震巽为木，与木有关的即属于巽卦、震卦之象；乾兑为金，与金属有关的事物即属于乾卦、兑卦之象；坤艮为土，与土有关的静物属于即坤卦、艮卦之象，等等。具体取象时，亦可参看《八卦万物属类》一节。将所取外应的卦象与体卦一起参断，具体方法同上。

第二种情况，就是以静物本身作为外应，不考虑将外应朽卦，亦不用考虑其五行生克。比如见到圆形之物，则可断为事必成；见到笔墨纸砚之类的东西，则可断为有文书之喜；见到袍服等物，则可断为有官职之事；见到杯子、砧板等厨具，即可断为有宴请之事；见到枷锁之类的刑具，则可断为有官讼之灾，等等。

以上是静物之应，为第七应。

复明言语之应

闻人言语，不论卦象，但详其所言之事绪而占卜之。应闻吉语则吉，闻凶语则凶。若闻闹市言语喧集，难以决断。若定人少之处，或言语可辨其事绪，则审其所言何事，心领而意会之。如说朝廷迁选，可以求名；论江湖州郡，主出行；言争讼之事，主官司；言喜庆之事，利婚姻。事绪不一，随所闻以依之。此言语之应也。

[注] 所谓言语之应，是指以别人的语言内容以为外应。言语之应，一般不配以卦象，而是据其内容的吉凶而断。言语所讲的事情为吉，可断为吉，内容为凶，则可断为凶。如果在闹市之中，则言语嘈杂，难以辨识，不可以言语为外应而定吉凶。若在人少的地方，言语可以听清，则可断吉凶。如果所讲之事是讲朝廷人事变动，可断为宜于求名。如果谈论的是他乡外郡之事，主有远行。如果谈论的是喜庆之事，则可断为婚姻顺利。言语内容驳杂，据所闻而断即可，兹不一一具述。以上是言语之应。为第八应。

复明声音之应

耳所闻之声音而论卦象，则雷为震，风声为巽，雨声为坎，水声为坎。鼓拍槌拆之声出

四、太乙神数

太乙统十二运卦象之术是推算国家政治命运和气数、历史变化规律的术数学。传说周武王以之推国运，后有驺衍五德终始之说，至邵雍形成历史哲学而大备。据《太乙统宗神数》，上古时有一年冬至日半夜，恰好日月合璧、五星联珠，定为甲子年、甲子月、甲子日、甲子时，称作太极上元，上元甲子以来的年数，叫太乙积年。由太乙积年再求出太乙流年和太岁值卦，以断本年各月的气运吉凶，预测一些重大政治事件和天灾人祸。每年值两卦（本卦和之卦），共十二爻，从动爻和变爻开始，每月值一爻。太乙数以子月为正月，即从上一年的农历十一月计起。太乙数推算国运要兼综年卦和卦爻的大运，社会上很少流传。
——《中国术数学》摘编⑮

于木者，皆属震、巽；钟声、铃铙之声出于金者，皆属乾、兑。此声音之论卦象。若为体，参详决之，如闻声有欢笑之声，主有喜；悲愁之声，主有忧；歌唱之声，主快乐；怒号之声，主争喧。至若物声，则鸦声报灾，鹊声传喜，鸿雁之声主远信，鸡凫之声为佳音。此类推声音之应也。

[注]所谓声音之应，就是以听到的声音为作为外应，其方法有两种。

一种是将声音根据其属性来配卦，以卦象为外应。例如，雷声为震卦之象，雨声为坎卦之象，风声为巽卦之象，打鼓等用木性之物敲打出来的声音为震卦、巽卦之象，水声为坎卦之象，钟声或金属之类的器物发出的声音为乾卦、兑卦之象。以上为以声音之卦象为外应时的取用。参看体卦及各用卦的卦象，再考察外应声音之卦的属性，即可参断。具体方法与前面几节所讲方法一致。

第二种方法是不论卦象，只以声音的性质来推断吉凶。听见欢声笑语主有喜事，听见悲愁的声音则主有忧愁之事。听见唱歌，主有快乐之事；听见争吵之声，主有争吵。听见动物的声音，亦可如此而断。如乌鸦叫主有灾，喜鹊唱主有喜；鸿雁鸣主有远方的书信到，鸡鸭叫主有佳音至。如此之类，不一而足。具体取用，亦要参看当地风俗，不可拘泥。

以上是声音之应，为第九应。

复明五色之应

五色不论卦象，但以所见之色推五行。青碧绿色属木，红紫赤色属火，白属金，黑属水，黄属土。外应之五行，详于内卦体用；生克比和，吉凶可见。此五色之应也。

五、太乙九宫术

太乙术本于《易纬·乾凿度》太乙行九宫法。太乙为北辰之神，又名太一。太乙式仿易而作，采用五元六纪。五元为甲子、丙子、戊子、庚子、壬子；六纪为六甲子。每元72年为小周期，每纪60年，六纪360年。一宫为乾，天门，主冀州；二宫在离，火门，主荆州；三宫在艮，鬼门，主青州；四宫在震，日门，主徐州；五宫曰中宫，太乙不入；六宫在兑，月门，主雍州；七宫在坤，人门，主益州；八宫在坎，水门，主兖州；九宫在巽，风门，主扬州。太乙每宫居三年，不入中宫，二十四年巡游一周，又分阳遁、阴遁而有顺行逆行，配以八将占断吉凶。

——《中国术数学》

摘编⑯

［注］所谓五色之应，是指取所见到的颜色作为外应。五色之应但论其五行属性，不看卦象。例如，青碧色为木，红紫赤色为火，白色为金，黑色为水，黄色为土。考察内卦体卦用卦等之五行属性，即可据其生克比和之关系参断。具体方法同上。

以上是五色之应，为第十应。

复明写字之应

淡中浓墨名为淬，浓墨中间薄似云。点画误书名鬼笔，定知贼在暗中缠。

涕为流泪防丧服，定主忧惊梦里眠。鬼笔误书防窃盗，定知方位与通传。

此写字之应验也。

［注］所谓写字之应，指以所写之字的字形及形状以图画视之并作为外应的经验。古人以毛笔蘸现磨的墨书写，与现代人书写习惯不同。这一段是讲，由于一个字写完可能蘸几次墨，故同一个字里，墨迹有浓淡之分。如果淡墨为主，中有浓墨，则主事情总体虽然不吉，但亦有小小收获，不会完全失望。反之，则事情总体尚佳，但亦有令人不满意的方面。字本来没有点，误多加了点，名为鬼笔，要防失窃，主有贼在暗中惦记要来偷盗。写字时墨蘸得太饱了，以至于流出墨迹，是为涕，可能会有丧服之事，主睡眼不好，梦里忧惊。通传，就是传通，即传递信息和传递东西的意思。考察鬼笔在字体中所外的方位，可以知道蟊贼进来方位所在以及东西失窃的具体位置。

以上是写字之应，为第十一应。

遗论

万物卦数，本由于《易》。今观此书，止用

六、奇门遁甲

遁甲之学是用时间和方位占断吉凶的一种术数。它利用时间和空间因素趋吉避凶，以选择天时、地利、人和的最优方案为目的。遁甲之学的要害在排局布盘，其天盘为九星（天蓬、天芮、天冲、天辅、天禽、天心、天柱、天任、天英），人盘为八门（休、死、伤、杜、开、惊、生、景），地盘是九宫八卦。排局布盘时以顺仪（戊、己、庚、辛、壬、癸为六仪）逆奇（乙、丙、丁为三奇）为阳局，以逆仪顺奇为阴局，按年份、节令、时辰将八门、九星、九神（直符、螣蛇、太阴、六合、勾陈、朱雀、九地、九天）在九宫八卦盘上布列成局。冬至到夏至之间阳气回升，用阳遁；夏至到冬至之间阴气渐长，用阴遁。

——《中国术数学》

摘编⑰

五行生克之理。十应三要之诀，例不同《易》，何也？盖未有易书，先有易理。《易》书作于四圣之后，易理著于四圣之先。人心皆有易理，则于易也；占卜无非用卦，卦即易也。若得易卦，爻观其爻辞，象以断吉凶悔吝，更为妙也，未尝不用《易》。又观寓物卦数，起例之篇，止用内卦，不用外卦，何也？盖泛泛人起卦之诀，十应为传授之诀。若观梅卦例曰"今日观梅得革，知女折花，有伤股"，明日观梅得革，亦谓女子折花，可乎？占牡丹例曰"今日算牡丹为马践毁"，异日算牡丹亦为马所践，可乎？是必明其理。又于地风升卦，无饮食之兆而知有人相请，此要外应诀之。

[注] 前面一直讲了十一种外应的断卦经验，这一节做了一个小结，并讲了内外卦和具体应用的一些经验，具有很高的实用性。

其实，十应的取用，本是一种灵性的技法，难以用规律来表述，此处讲的无非是一些经验，具体情况当然还要具体分析为是。一般来讲，得卦后，体卦为主，诸用卦为用，每以分内体外用参看。在《十应目论》一节中，我们知道，根据十应所得的外卦，在具体参断时起的只是辅助作用。对事物的吉凶分析，最终还应建立在对内卦生克比和之上。外卦和内卦的关系是：内卦本不吉，外卦吉，可以稍解其不吉。内卦吉而外卦不吉，可以稍破内卦之吉。内外卦全吉则断然吉，全凶则断然凶。若吉凶参半，则需斟酌而断。

万事万物所蕴涵的八卦之数，本根源于《周易》之书。但是考察《梅花易数》，却只见它采用了阴阳五行、生克制化的道理。"十应"、"三要"二篇中所讲的具体应用方法，与《周易》并不不同，原因何在？这易因为，易理的存在早于《周易》的成书。早在天地生成之前，易理就存在。《周易》成书于伏羲、文王、周公、

为了将时间的干支和二十四个节气密切联系起来，布局时按正授、超神、接气、置闰的规律，将上元符头（十五日值一个节气，分上、中、下三元，每元五日，第一日为符头）和节气调整好。这样，就可以排出一种奇门遁甲的日历，从而用时间、方位占断吉凶。此术有"转盘"和"飞盘"两大系统，社会上广为流传。奇门遁甲是和古代天文历法之学联系最紧，综合性最强的术数，它将古代术数家创造的阴阳、五行、天干、地支、河图、洛书、八卦、九宫等学说都包容进去，并联系成一个有机的整体。因此，可以说奇门遁甲是中国的术数之王。
——《中国术数学》摘编⑱

孔子四位圣人之后，而易理却与天地同在，远在四圣之前。易理即天地之理，并不神秘，我们日常生活亦是亦理，并不存在一个高高在上，不可理解的易理，人人心中都有易理在，百姓日用而不知而已。但有了《周易》一书以后，普通人往往一叶障目，不见泰山，以为只有占卜、八卦才是《周易》，却是数典忘祖了。我们普通人并不把《周易》挂在嘴上，但都是取法于易理；卜筮之述用的无非是八卦卦象之类，使用的却是《周易》的卜筮功能，而这种功能在四圣以前就被广泛使用。当然，起卦之后，详分体用，参断生克，再根据《周易》的卦爻辞来决断事物的吉凶悔吝，就更好了。因此，《梅花易数》并非完全不用《周易》。前面所举的卦例中，如老人有忧色占、少年有喜色占，亦都使用了卦爻辞来参断。

这就带来了一个问题。我们在第一卷所讲的卦例，讲的都是内卦使用的技法，并不涉及外卦，不也很灵验吗？不取外应，不也是很好吗？这是一个很重要的问题，研究《梅花易数》的书虽然很多，但是到此往往语焉不详。在这里我重点讲一下。在前面我们讲到，起卦的原则是什么？"不动不占，不因事不占"。那么，我们可以这样理解，起卦是随时随地可以起的，但往往是不灵验的，也是没有必要的。只有在"动"和"因事"的情况下，我们才可以起卦，而这两种情况恰恰是外应，可起为外卦，来与内卦同时参断，《梅花易数》这种技法才有其实际意义。

前面所讲的卦例，之所以没有涉及到外应，这就非常容易理解了。第一卷的举例，只是传授给我们起卦析卦的通用方法，讲的是一般规则，因此不用涉及外应。现在大家学会了起卦和析卦甚至五行生克的基本技法了，依样画葫芦，却发现应用起来有问题，因此在第二卷就给大家讲了具体应用的经验，如十应、三要之术。也就是说，前面讲的是基本理论，后面讲的是具体应

七、六壬课

六壬神课也像文王课一样是预测人事吉凶成败的占卜之术，先秦时已有栻盘占法，近年亦有西汉六壬栻盘出土，东汉以来才兑变为符号程式。其法以占卜时日的支为基准，先以占卜月的季节（月将）、占卜日的干支、占卜时的地支组成六壬课式，按五行生克关系配以六亲（父母、兄弟、妻财、官鬼、子孙）、十二天将（青龙、白虎、朱雀、玄武、螣蛇、勾陈、太常、太阴、天空、天后、六合、贵人），以三传（初传、中传、末传）、四课（第一课、二课、三课、四课）的生克关系而断吉凶。

——《中国术数学》摘编⑲

用。当然，在以下的第三卷至第五卷中，我们要讲更多的具体应用之术。《梅花易数》是一部严谨的书，前后呼应，绝非一部杂编，相信大家都有体会了。但是，学界有人却简单翻翻后即称此书杂乱无章，真不知从何说起。

比如《观梅占》，当时观赏梅花得革卦，断女子明日析花失惊坠股，我们在讲解时说明了一下，其外应是取"雀"字，是拆字之术。若以后赏梅又得革卦，再断有女子折花断股，可以吗？当然不行。因为外应不同了。又如《牡丹占》，当时算牡丹次日午为马所践毁，以后算牡丹再断被马所践毁，可以吗？这些做法显然是行不通的。因此，在具体的断卦过程中，必须根据当时的外应情况，来参断诸内卦的五行生克。比方说《饮食占》这个卦案，本卦为地风升，并无饮食的兆象，亦断有人相请，这是因为其对外应的取用。

现在有广为流传的的一首关于外应的歌诀，称为《梅花易数心易触机占断法》，可以作为本节的说明和补充，现抄录如下，以供大家研究。

圣人作易预测用，道合乾坤赞神明。
天机泄在感应中，妙用灵机识变通。
观君出门去谋望，路遇出殡有吉庆。
此因官财是吉征，碰见嫁娶运难行。
人为名利到外乡，不知他乡利害情。
乍逢丁韩黄梁姓，谋望定遇不利境。
曹姓之人若经营，切记莫雇牛马姓。
百家姓中藏生克，牛马吃尽曹家坑。
请求调动和晋升，忌遇段邵丛姓逢。
邵与少字是同音，神明感格君要清。
调动忌遇刘姓逢，谋利休与吴合营。
圣人造字象形声，天人感应藏其中。
求谋忌遇崔姓逢，官事忌遇范苏姓。
谒官若碰阎姓人，须防事情有困境。

六壬课表面虽不用周易象数体系，实际上却和易象相通。例如其天盘、地盘仿两仪，四课如四象，三传似六爻，其中元首课、重审课、知一课等六十四种课体则和《易经》六十四卦相配。术数家称六壬之学为三式（太乙、遁甲、六壬）之最，根于天学，应于人事，为集阴阳、五行、干支、九宫诸术数之大成者。六壬课虽仅七百二十式，但断事须结合本人年命，错综复杂，变化万端，自隋代以来便受到一些著名学者的重视。另有《大六壬金口诀》，以时间、方位立断吉凶，为术数家之秘宝。
——《中国术数学》
摘编⑳

朱杨莫合郎沙姓，于周休与郭合营。
天地人间存生克，受克之人运难兴。
杨业败亡两狼山，此因两狼克一羊。
凤雏命丧落凤坡，不信生克入幽冥。
宋家儿女若婚配，切记莫配段家姓。
宋与段合音断送，不信之人要猛醒。
米家之人若婚配，切记莫配陶家姓。
陶与淘字音相同，淘米做饭处克境。
金家与女婚姻配，亦须忌配卢家姓。
人心似铁法如炉，炉火炼金受克应。
姓字中有刀口形，朱杨去配自投井。
口吃猪羊刀为刑，不知之人速猛醒。
百家姓中百姓多，生克感应孕其中。
举一反三在变通，遇事灵机要活用。
观人名字亦有应，名字影响运气行。
郑姓名字叫丙辰，天人感应病沉重。
王姓之人名国福，此与亡国夫音同。
虽然一时运旺兴，终究其人运难行。
名字末尾带思三，死散二字音相应。
若遇离散年景运，天人感应难逃命。
当年李鬼遇李魁，不知鬼名逢克星。
硬去争斗把命送，天机泄应妙其中。
参透玄理知泄应，高山流水少知情。
识此神妙语不诬，天机休与愚人倾。
遇事静观周围情，突然变异是兆征。
福不双降祸双行，祸福相依要辨证。
心惊肉跳神不宁，须防灾祸降门庭。
耳朵忽然热或鸣，必有他人叨私情。
左右眼跳皆不吉，左跳失财右祸行。
眼赛日月藏神明，神若惊动有祸征。
突然失财不吉征，须防灾祸临门庭。
福不双临祸双逢，勿信失财可去病。

八、河洛理数

河洛理数是宋代兴起的一种推命术，但不像徐子平四柱推命术那样受印度星象学影响，而是和铁板神数等术数一样是汉代周易象数学的流变。这种推命方法是先算出人出生年、月、日、时的干支；然后以纳甲法求出天干的后天八卦数，地支的五行生、成数；随后将这些天干、地支的天数（奇数）相加起上卦，地数（偶数）相加起下卦；最后将上下卦相合得出人的本命卦以断吉凶。河洛理数是惟一以四柱起卦，以周易占断的推命术，利用了周易象数的卜筮经验。顺便介绍，铁板神数亦是以人出生之年月日时起数断人一生命运和遭遇的术数，有南北派之传。《皇极天书》载南派铁板神数断命法。

——《中国术数学》摘编㉑

九、紫微斗数

紫微斗数、子平推命术、星平会海（又称果老星宗）都是推命的术数，其术数的层次依序增高。紫微斗数虽属初级的算命术，但流传较广，断语明确，不像徐子平推命术那样复杂难断。其术先查出人的出生年、月、日、时干支，继后画出人的十二宫图（命宫，父母宫、兄弟宫、夫妻宫、男女宫、财帛宫、疾厄宫、迁移宫、奴仆宫、官禄宫、福德宫），依出生图的五行局查出相应的星名（包括天文学上没有的天机星、天府星、文曲星、羊刃星等虚星）分别填入十二宫内，便可推出一生的命运。

——《中国术数学》摘编㉒

偶然得财虽喜庆，塞翁失马君要清。
五行财运有定数，身不胜财是祸征。
头发突患脱落症，脸面忽生蝶样形。
头发纷纷落不停，必主灾祸在运行。
拐子突然来家宅，须防失脱事发生。
乞丐临门事要犯，不识变通莫乱评。
瘸子突然入宅来，须防小口有伤碰。
忽有远客家中停，速去问卜测吉凶。
春节诞辰突患病，一年之中运不兴。
夏至冬至若嫁娶，婚配之人损寿命。
春节打牌若是赢，一年之中有喜庆。
大年三十至初三，打碎碗盘是祸征。
面常带悲苦寒相，色若祥云前程明。
妇女涂红忽夜访，鬼色入宅莫送行。
出门若遇乌鸦叫，突然哀鸣有祸征。
休要怨恨送骂声，应懂天人感应情。
鸟粪突然落身上，一年之中运不兴。
最忌乌鸦粪落身，须防大祸临凶运。
蛇突入宅有祸征，须防灾祸暗中行。
速送蛇去要防祸，勿伤其命自惹凶。
鼠咬衣物不吉征，人被鼠咬须防病。
鼠为阴物若侵人，预兆运气不兴隆。
出外突然碰驴嚎，预兆口舌是非情。
若然屡次碰驴声，谋望定处不利境。
远行途中藏吉凶，提高警惕观动静。
突然闻到血腥味，急速离去免祸行。
乘机上天多险情，应请著人卜吉凶。
突然瘸子身旁过，劝君切莫上天空。
观人习性更有应，愚人不信莫逃凶。
五行运行有定数，只待时间到必应。
观其用瓶好丢盖，整体成双拆开扔。
刀剪习惯撇嘴倾，夫妻终究必断情。

碗盘破裂应速扔，旧物不弃新不生。
若然屋挂裂纹镜，夫妻不睦定离情。
戒具常挂在屋墙，口舌是非入门庭。
须知此物不吉祥，劝君收放在箱中。
房内水响声不停，搅闹家中不安静。
响声吵闹心不宁，劝君速修免祸行。
房内厕门不爱关，厕中秽气窜堂庭。
秽气入堂冲财气，不知之人要提醒。
妇人习惯洗碗盘，其家财气定然兴。
观妇吃饭好扫地，其家财气不能停。
经营生意心不正，称量惯于少斤秤。
秤星感应主寿命，后代儿孙必还清。
行房不避日月灯，惯于寅时之后行。
违反阴阳运行理，日后必得虚萎症。
清晨若是把人咒，阳气运行身受病。
半夜若要饮烈酒，阴气当令损寿命。
夜晚不要谈鬼情，此为阴盛神受惊。
须知睡中神在心，神若惊吓心不宁。
陵堂坟场阴气重，身弱多病莫去停。
大年初一去祭奠，一年之中病缠形。
房内夜间有响声，速起查明是何情。
若是桌椅床柜响，速去问卜测祸行。
行路途中遇伤亡，劝君切莫去观望。
伤亡之人阴气重，身弱之人运受冲。
择选婚偶最为重，婚配影响运气行。
合婚男女运须通，不合之人厄运逢。
羊年生人若婚配，切记莫配牛年生。
莫怨姻缘无定准，只因六冲情难同。
蛇人配龙运受压，龙虎相配有分争。
蛇配蛇人龙配龙，同年相配不吉征。
择交在眼君要清，眼恶之人必无情。
红眼金睛不认亲，莫与三角眼论情。

十、四柱推命术

此术以人的出生年、月、日、时干支称为四柱，故名四柱推命术。《北史·孙绍传》中有推人禄命的记载，《北齐书·方技传》谓魏宁亦善推命。唐德宗时李虚中用生年四柱推命，至宋初徐子平加以完善，后人亦习称子平术。子平术以日柱天干为本，据其和年柱、月柱、时柱干支的五行生克制化关系及节气旺相状态，断人一生命运的吉凶祸福。有《渊海子平》、《命理探源》、《滴天髓原注》、《子平真诠》、《三命通会》、《命理约言》、《穷通宝鉴》等多种命书，皆讲子平推命术，为社会人士所熟知，社会上也把四柱推命作为命理学的代表。

——《中国术数学》摘编㉓

十一、占星术

此术本为古代天文学之流变。《汉书·艺文志》云："天文者，序二十八宿，步五星日月，以纪吉凶之象，圣王所以参政也。《易》曰：'观乎天文，以察时变'。"说明古代天文学原初就是占星术数。其中包括日占、月占、五星占、恒星占、星变谴告等。古人以为天象下应人事，故天象之变，乃至自然现象的异常，皆预兆人间灾异的流行和国家的治乱。

——《中国术数学》摘编㉔

斜视之人不可逢，眼若不正心必倾。
眼藏神明与心通，劝君莫与其恋情。
两眼常斗性无情，眼若突露情难定。
浮大羊眼资财空，眼昏无神运难兴。
上尖狼耳杀心重，耳反无情心难定。
两耳两目不相称，定主父母不双行。
鹰鼻鹞眼人莫逢，蛇眼狼目最毒凶。
人与禽兽相感通，天人感应在其中。
婚丧嫁娶莫大办，须防太过有折冲。
若然寂寞办婚丧，后继无人莫怨命。
洞房花烛有悲声，夫妻终究必分争。
丧葬若然带笑声，后代儿孙看验证。
婚丧嫁娶重天晴，若逢雨雪不吉征。
丧葬不哭最为凶，不识之人莫乱定。
出殡最宜放悲声，后代儿孙运顺通。
最忌鞭炮响连空，哀庆不分怎相称。
婚若穿白丧戴红，红白颠倒必主凶。
白主孝服红主血，天人感应兆其中。
夜梦打牌与人争，须防失财事发生。
梦身流血要失财，勿信作梦无兆征。
眼藏神明神主运，运兴不梦坟墓临。
若梦纸人走不停，必主失财事发生。
梦中观戏被人戏，梦中踢球被人欺。
夜梦理发被人整，刀剪头皮最为凶。
蛇人梦龙运受压，梦蛇缠身运难行。
蛇为害虫君要清，大蛇入梦不吉征。
梦中牙掉不为凶，若无血痕无定论。
若然牙掉有血痕，须防父母有灾情。
夜梦走入公厕中，坑坑都有人在停。
君有能力无处倾，天人感应运难行。
梦见棺材要论清，若梦红棺主事成。
若梦黑棺别想红，空材无盖是凶征。

夜梦掉入泥坑中，奋力挣扎运难行。
若然陷入泥坑中，定主运困灾祸行。
梦中唱歌有悲情，梦中观舞被人弄。
看者痴呆跳者疯，勿信作梦是反征。
梦主神游在阴境，天人感应有兆征。
梦见小鞋受人气，梦见戴帽防诬情。
梦见生胎主生气，梦见蛇咬灾祸行。
梦见猫挠心不静，狗咬手指有祸征。
夜梦身被柔物缠，定主困境运难行。
梦中飞行地泥泞，兆预无处把身停。
夜有纷纷梦入境，神不离体在身行。
人有五行运行情，天人感应定吉凶。
山崩地裂不吉景，梦见泥泞运难行。
梦中若见云遮月，定主运气不顺通。
气血调和身藏神，瘟藏在眼痳行心。
梦少梦多知贵贱，运兴不梦鬼怪临。
天有七星在运行，人有五行与其应。
若逢灾祸年景运，五行燃灯可免凶。
腊月小年二十三，劝君彻夜香火浓。
大年三十至初三，夜夜灯明心亮通。
大年三十善事行，扶老济贫救危困。
为富莫忘心行善，不用拜庙去祭神。
天气人气两相通，木色青兮火色红。
五行生克藏感应，皆因天地人相通。
大千世界吉凶藏，神以知来易知往。
天机泄在感应中，朝夕祸福有反应。
月满则亏水满溢，太过不及要审明。
万般纷纭论中庸，一理融贯万象中。
天网恢恢藏神明，道合乾坤存感应。
今人写书批神明，愚人不会感应灵。
吾作天机泄应歌，事事件件均验证。
断易贵在识变通，把握时机妙而应。

十二、望气

《史记·天官书》记载不少省云望气之法："北夷之气如群畜穹闾，南夷之气如舟船幡旗。大水处、败军场、破国之墟、下有积钱金宝之上，皆有气，不可不察。海旁蜃气象楼台，广野气成宫阙然。"《吕氏春秋·明理》又记载望云能知国乱之兆："其云状有苦犬，若马，若白鹄，若众车；有其状若人，苍衣赤首不动，其名天衡；有其状若悬釜而赤，其名曰云旗；有其状若众马以斗，其名曰滑马。"望气之术为历代兵家所重，故《晋书》、《隋书》多有记载。其他还有所谓战云、天子气等，《开元占经》有记。

——《中国术数学》摘编㉕

天机泄应露天机，自古易家皆避忌。
吾将天机藏其中，得此珍奇应珍重。
身无彩凤双飞翼，心有灵犀一点通。
识此休与愚人论，遇事趋吉能避凶。

体用

凡占卜成卦，即画成三重：本卦、互卦、变卦也。使于本卦分体用，此一体一用也。以卦五行明生克比和之理，此一用卦最切。看互卦变卦，互变亦用也。此内之体用也。又次看应卦，亦用也。此合内外之体用也。

[注] 大凡占卜时成卦之后，即可得三种卦：本卦、互卦、变卦。在本卦之内，依据动爻所在，区分体卦和用卦。无动爻的三画卦，即为体卦。动爻在的三画卦，即为用卦。这就是一体一用。根据八卦的五行属性，明确生克比和之理。这一点，对于正确分析体卦和用卦的关系，最为紧要。互卦、变卦也属于用卦的一部分，体卦与用卦、互卦、变卦构成的关系，这是内外卦的体用关系。是不是有了这些就行了呢？这当然是远远不够的。在上一节我们讲到，还要根据外应的取用，结合起来断卦。外应可根据其属性取卦，即为外卦，本卷已经做了详细讲述。外卦又称为应卦，而应卦亦属于用卦的一部分。考察外卦与体卦的关系，再参断以诸内卦之间的体用关系，即内外之体用了。

然则不止一体一用，所谓体一用百也。生克即分体用，则论生克。生体则吉，克体则凶，比和则吉，不必论矣。生体多者则愈吉，克体多者则愈凶。然此卦生体，诸卦有克此卦者，灭其吉。此卦克体，诸卦又有克此卦者，稍解其穷。有生此卦者吉，有克此卦者凶。此体用之生克也。

十三、测字

将汉字笔画、字形、字义分开论证，以占断人事吉凶之术，称测字，又称相字、拆字。此术以求占者偶然一念所得之字而求占断，占者据字形、字意联想推理而决疑。相传邵雍精于测字，而后有谢石、朱安国、汪龙、胡宏、张九万、何中立、马守愚、范时行、沈衡章等人，皆精于此术。测字法有装头、接脚、穿心、包笼、破解、添笔、减笔、对关、摘字、观梅等具体解法。有《字触》、《神机相字法》、《测字秘牒》等书传世。又有以二字字画起卦的《一撮金》，以三字字画起卦的《诸葛神数》，是以字配易之占法。
——《中国术数学》
摘编㉖

[注]然而，在具体的占断过程中，体卦有一个，用卦却不止一个，这被称为"体一用百"。考察体卦与用卦的关系，就要考察体卦与所有用卦的关系，还要考察诸用卦之间的生克比和关系。用卦生扶体卦，吉。用卦克制体卦，凶。用卦与体卦相比和，亦吉。这是最简单的道理，就没有必要展开论述了。生扶体卦的用卦越多，所测之事就越吉利；克制体卦的用卦越多，所测之事就越凶险。然而在大多数的时候，体卦、用卦及诸用卦之间的生克关系，并非如此简单，而是生生克克相互交织。若此卦生扶体卦，但其他各卦有克制此卦的，那么结果虽然是吉，但其吉就会减损。若此卦克制体卦，但其他各卦有克制此卦的，那么结果虽然是凶，但其凶就会减轻。体卦确定后，诸用卦中，生扶体卦的因素占主导，吉；反之，凶。这就是体用之间生克关系的论述，理应仔细研究。其实，现代哲学的矛盾论，亦是发端于此。我们古人早应在卜筮这种小术中加以运用了。现代的学术，往往就是把古人的思想加上一个现代的名字而已，并非什么新东西。

然卦之生克，有不论体用者。如占天时，有震则有雷，有巽则有风，逢坎则有雨，逢离则晴。此一定之理。又有不然者，如论卦中乾兑多则震无雷，巽亦无风，又必有此诀也，皆隐然外卦之意。如观梅有女折花，算牡丹有马践，地风升有饮食兆，此又非外应之兆不能决也。

[注]然而，在具体的应用中，还有只论八卦生克而不论体用的情况。这就是以什么为主的问题，相当于现在我们经常讲的主要矛盾的意思。比如，在占天时时，卦中有震则有雷，有巽卦则有风，有坎卦则有雨，有离卦则天晴。通常情况下，即可如此占断，不用考虑体用之说。然而又有例外的情况，若体卦和用卦中的乾兑多，则卦中即使有震，也不会有雷；即使有巽，也不会有风。因为震巽木遭乾兑金的克制而无力，故表现不出来雷声和风象了。在具体的应用中，我们会经常遇到

十四、梦占

《汉书·艺文志》云："众占非一，而梦为大"，解梦为古代原始宗教巫史文化遗传下来的古法。《周礼·春官·大卜》云太卜"掌三梦之法，一曰致梦，二曰觭梦，三曰咸陟"，乃古代解梦之书。占梦术有以易卦解梦者，有据梦象直解者。汉代将梦分为直梦、象梦、精梦、想梦、人梦、感梦、时梦、反梦、病梦、性梦等。有《周公解梦书》、《梦林玄解》等书传世。梦境反映了人的潜意识活动，近代东西方学者皆有研究。

——《中国术数学》摘编㉗

这种情况，依据的就是既要考虑内卦的因素，也要考虑外卦的因素，总体考虑其诸卦之间的五行生克制化之理，方得梅花易的真谛。例如《观梅占》中断有女子折花，《牡丹占》中断牡丹为马所践毁，《饮食占》中地风升卦却断有饮食之兆，根据的都是外应。没有外应，则不可如此占断。

体用论①

心易寓物之用，以体为主。然人知一体一用之常，不知一体百用之变并体之变。全卦为内卦，内亦不知一用而互变皆用也。三要十应之卦，外卦也，外亦不一，无非用也。学寓物者，得体用以为至术，十应则罕有之。后则三要以为全术，且谓体用自体用，三要自三要，遂以体用决吉凶，以三要为吉凶之兆。孰知三要、十应、体用之致？呜呼！体用不可无三要，十应不可无体用。体用、三要、十应，理无间然也。如此者，是谓心易之全术，而可以尽占卜之道也。

[注] 用《梅花易数》占断时，以体卦为主，以诸用卦为用。但我们往往只考虑一体卦一用卦的关系，却往往不了解一体百用的变化以及体卦变化的道理。全卦为内卦，但我们往往只考察本卦中的那一个用卦，而忽略了互卦、变卦亦为用卦，三要、十应之说等所讲的都是外卦的取用。外卦的取用也是非常的灵活，甚至我们取外应时，取的往往不止一个外应，也就不止一个外卦。但说穿了，无非都是用卦罢了。接下来讲的是我们一般人在学习《梅花易数》中常犯的错误。学了第一卷的入门之术，学会了内卦的体用变化，就以为掌握了体用的最关键的要义了，却忽略了十应的取用。后来

---

① 原书"论"字为"类"字，今从诸本改正。

十五、堪舆

堪舆原为汉代五行家推测天文、地理的五行气运之术，多用于选择墓葬、修房、卜居诸事。晋代郭璞著《葬经》，云"气乘风则散，界水则止。古人聚之使不散，故曰风水"，则堪舆术后人习称为看风水。古人亦将其包括在相术之中，看阳宅称家相，阴宅为墓相，周代有"相彼阴阳，观其流泉"的说法，为相阳宅，后来受儒家厚葬尊祖之习才盛行墓相，以龙、穴、沙、水、向为判断吉凶的条件。堪舆之术方法繁多，有以人的出生日期定方位者，有以奇门遁甲选方位者，皆不违八卦五行生克制化之理。现有《葬书》、《儒门崇理折衷堪舆完孝录》等书传世。
——《中国术数学》摘编㉘

又学习了三要之术，就以为掌握了全部的技法，而且理解得非常机械，常常把三要和体用之术分开来考虑，却不能够融会贯通。在断卦的时候，仅以卦之体用来决断吉凶，而不能充分认识到外应的作用，仅仅以其为一个征兆。殊不知将体用与三要、十应之说，是一个不可分割的整体，是一个事物的多个方面，只考虑一个方面，难免顾此失彼。只有将三要、十应与体用一起灵活运用，才算懂得了占卜之道。

又如乾兑多则巽无风；坤艮多则坎无雨；坎多，则离亦不晴。盖以乾兑之金克震巽之木，坤艮之土克坎水，坎水克离火也。此又须通变而推验之。

[注]前面举例时说到，在预测天时，如果卦中乾兑金多，即使卦中有巽，也不会有风。如果卦中坤土艮土多，即使卦中有坎，也没有雨。如果卦中坎水多，即使卦中有离，天也不会放晴。这是因为乾兑金克制了震巽木；坤艮土克制了坎水，坎水克制了离火。因此，在断卦不要机械，必须根据变通原则灵活而断才对。

又若占饮食，有坎则有酒，有兑则有食。如遇坤艮则坎亦无酒，离值则兑亦无食。余皆可以类推。故举此二类，为心易生克之例耳。

[注]再比如预测饮食时，一般情况下，卦中有坎就会有酒喝，卦中有兑就会有饭吃。但是，如果卦中有坤艮之土来克制坎水，则有坎也无酒；如果卦中有离火来克制兑金，则有兑也不会不吃的。其作的都可以以此类推。在此举这两个例子，只是说明一下变易之道和生克之理而已。

衰旺论

既明生克，当看衰旺。旺者，如春震巽木，夏离火，秋乾兑金，冬坎水，四季之月坤艮土是

十六、相术

相术早在先秦时即已流行，其中包括面相、手相、人相、骨相之术，看人的五官、精气神、声音、步态、风度、气质、身材，断人命运。有《麻衣神相》、《柳庄相法》、《相理衡真》、《金面玉掌》、《神相铁关刀》、《冰鉴》等书传世。古人有摸骨之法，其巧入神。《北齐书·神武纪》载摸骨断人贵贱，称为暗相。相传袁天纲精于相术，为唐代高道。另有名相、印相及相马、相牛、相狗、相鸟之术，反映了古人的社会生活积累。

——《中国术数学》摘编㉙

> **十七、扶乩**
> 又称扶鸾、扶箕，为古代流行于知识阶层之间的通灵预测术。将乩笔缚在丁字形木架（乩架）上，请两名"鸾生"架乩在沙盘上写字，请神问答吉凶。以乩降神之术古今多有记载，许地山先生有《扶箕迷信底研究》一书传世。
> ——《中国术数学》
> 摘编㉚

也。衰者，如春坤艮，夏乾兑，秋震巽，冬离，四季之月坎是也。

[注] 明白了体用及生克制化的道理之后，还要审视卦气的旺衰的不同。卦气衰旺不同，其在生克制化的关系中，作用就不同。衰金克制不了旺木而反受其侮，衰土克制不了旺水亦然。

卦气旺相的：春季，震巽属木旺相；夏季离卦属火旺相；秋季，乾卦兑卦属金旺相；冬季，坎卦属水旺相；每季的最后一个月，即夏历的三、六、九、十二月，坤卦艮卦属土旺相。

卦气衰弱的：春季，坤艮土衰弱，因受春旺盛之震巽木克制；夏季乾金兑金衰弱，因受旺盛的离火的克制；秋季震木巽木衰弱，因受旺盛的乾兑金的克制而衰弱；冬季离火衰弱，因受旺盛的坎水克制；每季的最后一个月，坎水衰弱，因受旺盛的坤土艮土的克制。

凡占卜，体卦宜盛旺。气旺而又逢生则吉，重遇克则凶。若体衰而逢克，则其凶甚矣。体衰而有生体之卦，则衰稍解。大抵体之卦宜旺，生体之卦气亦宜旺，克体之卦气宜衰。此心易论衰旺之诀也。

[注] 大凡占卜，体卦本身宜于旺盛。体卦气旺，又逢用卦生扶，主吉；如逢诸用卦多方克制，主凶。如果体卦本身卦气衰微，又逢他卦的克制，凶上加凶。如果体卦本身卦气衰微，但是喜逢他卦生扶体卦，衰微的趋势则略微缓解，不会大凶。总而言之，体卦之气宜于旺盛，而生扶变卦的卦气则宜于旺盛，克制体卦的卦气宜于衰弱。此乃心易之术如何应用卦气衰旺之秘诀。

内外论

凡占卜，体用为内，诸应卦为外卦，此占卜之例也。诸应卦与三要之应，与十应之应，必合内外卦而断之也。苟不知合内外卦为断，谓体用自体用，三要十应自三要十应，如此则鲜见其有验者。然十应罕有知者，如前《奥论》云"金银为世宝，三要为吉"者，若震巽为体，则金克木，反为不吉；"兵刃为世凶，三要为凶"者，若坎为体，则金生水，反为不凶。占产见男子，谓有生子兆，设坎为体，少男为艮土，土克水，产反不吉。占病见棺必死，若遇离体，则木生火而反吉。似此之类，则内卦不可无外卦，外卦不可无内卦。占卜之精者，无非合内外之道也。

[注] 占卜之时，以体卦及与从体卦变出的互卦、变卦之类的诸用卦为内卦，以从外应而得的卦为外卦，本是占卜预测的通例。所有外卦以及三要之应、十应的应，都必须与内卦一起来综合论断。如果不懂得结合内、外之卦而综合论断，只是孤立地看待体用之说，不与三要、十就之术相结合，认为三要、十应也就是仅仅是个外应，起不了什么主导作用，自然难以得出正确的结论。然而，世人对三要、十就之术的了解，却是少之又少。比方说前文《十应奥论》所讲的"金银为世宝，三要为吉"，但从十应之说来看，若体卦为震巽之时，属木，遇金则克体卦震巽之木，反而不是吉兆。"兵刃为世凶，三要为凶"，但从十应之说来看，若体卦为坎之时，遇兵刃之金，反生体卦之坎水，反而不是凶兆。占妇女分娩，若见男子，谓有生男之兆，但从十应之说来看，若体卦为坎之时，遇少男为艮土，则克体卦之坎水，分娩反而会不顺利。占病人安危，如遇到棺材，为必死之兆，但从十应之说来看，若体卦为离之时，遇棺材之木，则生体卦之离火，病人反而会转危为安。诸如此类的案例，看内卦不可不看外卦，看外卦不可不看内卦。那些精于占卜的人，不过是善于结合内、外之卦而知综合判断罢了，并非方法与我们有什么区别，或有什么不传之秘。

十八、杂占

古代流传的占验之术种类甚多。《后汉书·方术传》云："神经、怪牒、玉策、金绳、关扃于明灵之府，封縢于瑶坛之上者，靡得而窥也。至乃河洛之文、龟龙之图、箕子之术、师旷之书、纬侯之部、钤决之符，皆所以探抽冥赜，参验人区，时有可闻者焉。其流又有风角、遁甲、七政、元气、六日七分、逢占、日者、挺专、须臾、孤虚之术，及望云省气，推处祥妖，时亦有效于事也。"魏晋时风角、星算、望气、三元、六壬、三棋、八卦、九宫、龟策、太一、飞伏诸术数，亦大行于世。这些术数后世多失传，仅有少数民族地区的民俗中尚保留一些鸟卜、鸡卜、棋卜、竹卜、龟卜、动物内脏卜、太素脉、镜卜、珓卜，抽签等占法，皆可归入杂占一类。

——《中国术数学》摘编㉛

动静

凡占决，虽明动静之机，然有理之常，有事之变。阳动而阴静，一动一静者，理之常；此静而彼动，一静百动者，事之变也。天下之事物，纷纷群动，我则以一静而待之。事物之动，各有其端，我则以一静而测之。不动不占，不因事不占。

［注］凡是占卜决断，即使明了动静取用的玄机，然而还要考虑生活的常理，但在我们所处的这个世界中，并不是如此简单，事物的表现往往不是哪些简单，而是表象非常复杂。比方说，阳动则阴静，一动必有一静，此乃常理。但是此处静而彼处动，一物静而百物动，这是具体事物的复杂性。天下万事万物变幻不常，而我却一性元明，自然寂静，认识这个世界自然就得简单。事物的运动和变化，各有自己的端倪和运动规律，我则以一颗安静的心来测度它，自然独得"易简"的道理。不动不占，不因事不占，正是占测时最重要的法则。

占卜之际，察其群物之事。物动而凶者，兆吾卦之凶；物动而吉者，兆吾卦之吉。然于闹喧市廛之地，人物杂扰，群物满前，拈何事何物为吉？吾占卜之应，此又推乎理而合其事。盖于群动之中，或观其身临吾耳目之近者，或以先见者，或群事分明者，或吾之一念所在者，此发占之所用。若求名，则于群动之中，或遇官府，或有文书及袍笏仪卫之物，则为得官之应。若求财利，则遇巨商富贾，或有钱宝货财之物，则厥为获利之应。若占讼事，而忽逢答杖枷锁之具，则讼终不吉。占病而不见缞麻棺椁之物者，病当无恙。凡此，所谓事事相关，物物相应，是以验吾占卦之切要也。

乾卦

生合得令，为刚明正直之事，贵重成器之金；刑克耗气，为公门非横之事，铜铁不贵之器。故乾见乾其物贵重而刚圆，见坎晦光而沈溺，见艮非矿石即带土之金，见震钟鼓有声之物，见巽刀斧有柄之物，见离乃中虚成器之物，见坤为上衣下裳，见兑为铜铁之器、损坏之物。

初爻动变巽，乃金刀削过之木；二爻动变离，乃火锻过之金；三爻动变兑，乃五金废坏之器，虽圆而损缺也。

兑卦

生合得令，为欢喜和悦之事，铜铁成器之物；刑克耗气，为暗昧谗谤之虞，粗鄙损坏之物。故兑见乾先损而后益，见坎为泽中之物，见艮为金石之废器，见震为刀鎗，见巽为箭簇或琢削之类，见离为金钗之类，见坤为土中沈埋之器具。

初爻动变坎，为酒壶、酒盏；二爻动变震，为乐器、铜铁钉成之物；三爻动变乾，乃整旧为新之贵物也。

［注］占卜的时候，要详细观察周围事物的变化。因为事物的运动寓含着吉凶征兆，可以取为外应，预示着事物的趋向。事物运动有凶兆，便预示所测事物有凶。事物运动有吉兆，便预示所测事物有吉。至于热闹喧嚣的集市，人物错杂相集，百货琳琅满目，占测吉凶，那么外应该如何取用呢？此事外应的取用，应根据情理来取用，应付合乎事情的性质。或者以离我耳目最近的事物为外应，或者以先进入我视线的事物为外应，或者以最为分明、清楚的事情的事物为外应，或者以预测开始时那一瞬间的直觉为外应。这就是我们要取为外应的最直接的东西。如果要占测科举、官场等事，遇有官府、文书或袍笏、仪仗等与官员有关的物事，当得官职。如果要占测财运，遇有富商巨贾、金银贵物等外应，主得大财。如果要占测官司，遇有刑杖、脚镣手铐等刑具，不吉。如果要占测疾病，没有遇到孝服、棺材之类的不祥之物，病无大碍，不用吃药而自愈。凡此种种，所谓事与事相互关联，物与物相互感应，都可以作为占卜的重要依据。

至若坐则应迟，行则应速，走则愈速，卧则愈迟，此则察其动之端也。吾心本静，人来占卜，起念以应之，即动也。以此动而测彼动，于此之念而求彼之验，诚而神知之。知此者，可以知动静之机矣。

［注］至于来人若坐着占问，则应验之期较长；若来人在行走中占问，则应验之期较短；若来人跑着来占问，则应验之期更短；若来人躺着占问，则应验之期更长。这是观察来人的动作快慢以及心情急缓来确定应验的快慢。我的心本来是静的，人来求测，意念响应了来人，则我之心念亦动。《诗》曰："他人有心，予忖度之。"以我心之动静来测彼心之动静，以多之所思测来人之所欲，只要诚心正意，无不应验。掌握了这个原则，即可探求事物动静变化的玄机了。

离 卦

生合得令，为文书印信之事，中虚华丽之物；刑克耗气，为忧疑争斗之事，窑灶炉冶之物。故离见离为灯笼火烛之类，见坤为瓦碟磁器，见兑为锻炼之金，见乾为文书诏旨，见坎为废坏或水火激搏之物，见艮为瓦器或夜行之具，见震为甲胄戈矛，见巽为文章书籍。

初爻动变艮为砚石瓦器，二爻动变乾为水火锻炼而成之器，三爻动变震为旗号长鎗之属。

震 卦

生合得令，为科名征召之举，蓄鲜竹木之具；刑克耗气，为虚惊忧闷之事，动作不宁之虞。故震见震为有声之器，见巽为工巧之具，见离为纸笔书文之属，见坤为柔软之类，见兑为有声可击之物而损缺也，见乾为钟磬有声之物圆全而无伤，见坎为生意或水火应用之物，见艮为俯覆之物。

初爻动变坤为土中生长之物，二爻动变兑为刀斧有柄之物，三爻动变离为灯笼果盒之类。

巽　卦

生合得令，为升迁文书之事，布帛丝绵之类；刑克耗气，为进退不果，交易利市之为。故巽见巽为工巧竹木之器，见离为文书笼罩，见坤为土中生长之物，见兑为称衡或琢削之物，见乾为钟鼓刀剑，见坎为舟楫弓矢，见艮为笔墨之类，见震为有声之物。

初爻动变乾为金刀削过之木或刀柄，二爻动变艮为木槌或上上之木器，三爻动变坎为蔬菜香蕈木耳之类。

坎　卦

生合得令，为矫鞣隐伏之事，鱼盐酒货之物；刑克耗气，为忧生、曲折，水中之物。故坎见坎为江湖河汉流而不息，见艮为滋润之土石，见震巽为水桶盆甑，或竹木所生香蕈木耳之类，见离为水火交结之物，见坤为水土造成之器，见兑为有口之物；见乾上为公庭诉讼，下为酒筵器具。

初爻动变兑乃盛酒盛水之物，缺而坏也；二爻动变坤乃土中之物，谷粟之类；三爻动变巽，大则舟楫，小则瓢杓盆桶之类。

向背

凡占卜求应，必须审其向背。向者为事物之应相向而来，背者谓事物之应相背而去也。如鸦报灾，鸦飞适来，其灾将至；鸦飞而去，则灾已过去也。如鹊报喜，鹊飞适来，其喜将至；鹊飞已去，则喜已过去也。至于外应之卦皆然。其克体之卦器物方来，其祸将至，去则祸散。其体生之卦器物方来则吉，去则吉已过矣。其他应兆皆然。此为占卦向背至当之理也。

[注] 一卦起出，万缘已备。哪些是已经发生的事？哪些是将要发生的事？哪些是正在发生的事？根据体卦和用卦、外卦的综合分析，断定出吉凶似乎是不难了。但是，确定吉凶的时间状态，亦要具体分析。因为，来人占测求卦，并非仅仅要占断未来，有时也要占测其他的时间段。《向背》这一篇，为我们讲的就是时间点如何确定的经验。占卜取了外应后，要详细考察外应的向背情况。向我而来的，说明所测之事正要进行，其应为未来之事。相背而去的，说明所测之事快要结束，其应为过去之事。比如乌鸦报灾：若乌鸦正向此处飞来，预示灾害将要发生；若乌鸦正向远处飞去，则预示灾害即将结束。再如喜鹊报喜：若喜鹊正向此处飞来，预示喜事将至；若喜鹊正向远处飞去，则预示喜事即将结束。作为外应之卦的情况，也是如此而占断。若取器物为外应，所取的外卦克制体卦，那么可如此占断：如果器物正向这边来，预示灾害将至；如果器物正向远方离去，则预示其灾祸即将消散。若取器物为外应，所取的外卦生扶体卦，那么可如此占断：若器物正向这边来，预示其吉将至；如果器物正向远方离去，则说明其吉将要过去。其他应卦的取用，也是如此。以上讲的是向背之说的基本取用经验，确是至为精当的妙理。

静占

凡应占在静室，无所闻见，则无外卦，即不论外卦。但以全卦年月日，值五行衰旺之气，以体用决之。

［注］凡占卜时处在静室中，既看不到外在事物的明显变化，亦无特别的声音，那么即以年月日时的五行衰旺情况作为外应来考察即可，用体用关系来决断就可以了，不用再取外卦。

观物洞玄歌

《洞玄歌》者，洞达玄妙之说也。此歌多为占宅气而发。昔牛思晦尝入人家，知其吉凶先兆，盖此术云。是故家之兴衰，必有祯祥妖孽之谶。识者鉴此，不识者昧之。故此歌发其蕴奥，皆理之必然，切切勿以浅近目之也。

世间万事无非数，理在其中遇。
吉凶悔吝有其机，祸福可先知。
五行金木水火土，生克先为主。
青黄赤黑白五形，辨察要分明。
人家吉凶何以见？只向玄中判。
入门辨察见闻时，于此察兴衰。
若还宅气如春意，家室生和气。
若然冷落似秋时，从此渐衰微。
自然馨香如兰室，福至无虚日。
鸡豚猫犬秽薰腥，贫病至相侵。
男妆女饰皆齐整，此去门风盛。
家人垢面与蓬头，定见有悲忧。
鬼啼妇叹情怀悄，祸害道阴小。
老人无故泣双垂，不见日愁悲。

艮 卦

生合得令，为田园、坟墓、瓦器、磁缸；刑克耗气，为行事多疑，动止不一，又为瓦石器皿。故艮见艮为刚硬之土石，见震为木带土之类，见巽为草木，见离为瓦瓶瓦盒，见坤为土块石头，见兑为缺物，见乾为刚硬成器之物，见坎为河岸田埂。

初爻动变离为火烧成之器，二爻动变巽为锄头耒耜，三爻动变坤为田地山坡。

坤 卦

生合得令，为阴私鄙吝之事，谷粟布帛之物；刑克耗气，为奥釜瓦器陶冶之具。故坤见坤为衣为布，见兑为出土之金，见乾为方圆之器、可贵可重之物，见坎为水土所成之器，见艮为坚刚之土石，见震巽为文书田契，见离为炉冶窑灶。

初爻动变震为锄头犁头陶冶之器，二爻动变坎为水火相并之物，三爻动变艮为砖瓦土石之类。

八卦取象拾遗

结绳网罟取诸离，斲木为耜取诸益。聚货交易取诸噬嗑，上衣下裳取诸乾坤。刳木为舟取诸涣，服牛乘马取诸随。重门击柝取诸豫，断木为杵取诸小过。弧矢之利取诸睽，上栋下宇取诸大壮，葬以棺椁取诸大过。姤乃可食之物，遯乃逃避仆役之事，遘坤复必是藏匿人家之物。晋是文书，坎兑为刀斧，屯是药物下有足。既济鼎巽师，其物相连，必非一件。夬是缺物，蒙是上尖下大之物，如虾之象。讼多是零碎合成之物，咸比托人扇合之物，家人归妹必是妇人阴私之物。大壮大有为大涂、门，否鼎有足之物，观为乘载之物。丰有经纬之文，下尖而小。艮多瓦甓中物，或两扇相合。贲，坟墓，逢旺有物在其中。大小畜五谷之物，颐与噬嗑

门前墙壁如果缺，家道中消歇。
溜遭水势向门流，财帛永难收。
忽然屋上生奇草，益荫人家好。
门户幽爽绝尘埃，必定出高才。
偶悬破履当门户，必有奴欺主。
长长破碎左边门，断不利家君。
遮门临井桃花艳，内有风情染。
屋前屋后有高桐，离别主人翁。
井边倘种高梨树，长有离乡土。
祠堂神主忽焚香，火厄恐相招。
檐前瓦片当门堕，诸事愁崩破。
若施破碗厕坑中，从此见贫穷。
白昼不宜灯在地，死者还相继。
公然鼠向日中来，不日耗资财。
牝鸡早晚鸣呼喔，阴盛家消索。
中堂犬吠立而啼，人眷有灾厄。
清晨鹊噪连声继，远行人将至。
蟒蛇偶尔入人家，人病见妖邪。
雀群争逐当门盛，口舌纷纷定。
偶然鹏鸟①叫当门，人口有灾逢。
入门若见有群羊，家主病瘟黄。
舟船若安在平地，虽稳成淹滞。
他家树荫过墙来，多得横来财。
阶前石砌多残折，成事多衰灭。
入门茶果应声来，中馈主家财。
三飡时候炊烟早，家道渐基好。
连宵宿火不成时，人散与财离。
千门万户难详备，理在吾心地。
斯文引路发先天，深奥入玄玄。

此《洞玄歌》与《灵应》，同出而小异。彼篇

---
① 即鸥鹁也。

多为占卜之诀,盖占卜之际,随所出而见,以为克应之兆。此歌则不特为占卜之事,一时而入人家,有此事,必有此理。盖多寓观察之术也。然有数端,人家可得警戒而趋避之,或可转祸为福。偶不知所因而囿于数中,俾吾见之,则善恶不逃乎明鉴矣。

[注]《洞玄歌》浅白易懂,近乎俚语,故不再解说。这样的歌诀,比白话还容易理解,朗朗上口,易于记忆,讲多了反而失其本真。《洞玄歌》虽然主要是为占测宅气而写,但其所论诸说,亦可为断卦的参考。此歌不仅是察知他人家宅的最好例证,也是认识本身行动和思想的具体原则。"同声相应,同气相求"。如果我们认识到自己周围交往的人都是邪恶之人,一定要反思自己的修养;如果近期自己非常的不顺利,一定要反思自己的作为。如果能够做到这些,此歌对于我们察几知微、认识世界就会有理论上的指导意义。宋代的苏洵写了著名的《辨奸论》一文,可以用来作为此歌的总纲,亦可作为本卷的总结,非常精妙。现抄录如下:

事有必至,理有固然。惟天下之静者,乃能见微而知著。月晕而风,础润而雨,人人知之。人事之推移,理势之相因,其疏阔而难知,变化而不可测者,孰与天地阴阳之事?而贤者有不知,其故何哉?好恶乱其中,而利害夺其外也。

起卦加数例

寅年十二月初一日午时,有数家起造,俱在邻市之间。有三家以此年月日时求占于先生,若同一卦,则吉凶莫辨矣。先生以各姓而加数,遂断之而皆验。

[注]本节讲了一个以年月日时起卦进行占断的卦例。以年月日时法起卦,是《梅花易数》最常见的一种

物中有别物在内不空,多是可食之物。旅多是飞鸟之类。损涣多是破缺不全之物。需多是饮食。萃阴私,遁又为淫荡中之失。同人中孚是书信或文书,咸多是阴私聚会之物。巽多是鸡鸭之物或卵,艮为生熟,剥为草类。损离夬多皮壳剥落之物。蛊为诡怪,多是暗昧之事。升井乃果蓏之物,震巽又为鬼神中物。震为五鬼,多是庙堂中物。离为游魂,主淫邪师巫之类,必多经纬之文。

观物元机

元机者，寂然不动、感而遂通之几也。故人来求我之际，必先聪其听，明其视，虚心以待之。

当夫未成卦之时，所闻者何事，所见者何物，观其动静，而断之曰"为何事"也。及卦已成之后，所见者何物，所闻者何事，亦观其动静，而断之曰"事成之后，有何物，有何事"也。故必分其向背。盖人物方来为向，人物已去为背。向则吉凶之方至，背则吉凶之已过。吉事欲其向也，凶事欲其背也。

如鸦报凶，叫而来则祸将至；叫而去则灾已往。不惟是也，凡物皆然。如闻见宰杀屠烹之类，是为骨肉分离，占病占产者忌之。如逢栽培种植之类，是为生气得活，占产占病喜之。见人作事方毕，则事之将来者已过也；见人作事将兴，则事之方兴而未艾也。如樵者荷担而去，牧者逐牛而出，渔者撒网，钓者垂竿，为事之方兴也。如樵者负薪而归，牧者驱犊而返，收纶罢钓，可为吉凶将来已往之验也。略举一隅，在乎触类。

起卦方法，但在这个卦案中，活用了此起卦法。其起数时，不仅考虑了年月日时之数，而且加上了其他外应所取的数，神妙无比，可作为断卦的典范来理解。本节讲的是起卦的例子。

寅年十二月初一午时，有几户人家建造房子，全在市郊。其中有三家建房的时间一致，估计是用择吉之术选择的时间，都是寅年十二月初一午时，请康节先生起卦预测。如果用仅用年月日时起卦，得到的则是同一卦，三家就会混淆不清，吉凶也就难以分辨。于是先生即以时间所得的卦数再加上姓氏笔画数来起数得卦，一一进行占测，结果都得到应验。

盖三家求占，有田姓者，有王姓者，有韩姓者。若寅年三数、十二与一，共十六，加王姓四画，得二十数，除二八一十六，得四，震为上卦；又加午时，七数，总二十七数，除三八二十四，得三，离为下卦。二十七中除四六二十四，零三为爻，得丰变震，互见兑、巽。其田姓加以田字六画，得水风井，变升，互见离、兑；其韩①姓加入二十一画之数，得二变中孚，互见艮、坤。乃以各家之姓起数，随各家之卦断之也。

[注] 三家的姓氏分别是田、王、韩。以寅年数三，加十二月十二数，再初一日一数，共得十六数。加王姓四画四数，共二十数。二十除以八，余四，四为震，为上卦；又加上午时七数，共二十七数，除以八余三，三为离，为下卦，得雷火丰。二十七除以六余三，第三爻动，变为震卦，互见兑卦和巽卦。同理，田姓六画，加年月日数十六及日数七，得水风井，九五爻动，变为地风升，互见离卦、兑卦。韩姓笔画数为二十一，以同样

---

① "韩"的繁体字为"韓"，按照印刷体的笔画，应为十八画。如果其中的折算为两画，则为二十一画。此处讲韩字为二十一画，毛笔字的写法与当今的书写习惯不同，故笔画不同。我们在今天应用时，可以来人书写的笔画为准。如果是口头报称，当以简体字笔画为准。

方法加年月日数十六及日数七，得卦为风雷益，六二爻变，变为风泽中孚，互见艮、坤。

不特起屋之年月日时加姓也，凡冠婚及葬事皆顺加姓。然冠葬皆加一姓可矣，若婚姻则男女大事，必加二姓可也。极北之人无姓，亦必有名，不辨其字，则数其声音。又无名，则随所寓也。

［注］以上讲的是以年月日时加姓氏笔画起卦的方法。在日常应用中，不仅像卦案这样的建房之事可用年月日时加姓氏笔画起卦，其他如加冠、婚姻、丧葬之事，也多采用这种方法。不过，婚姻是男女双方的大事，要考虑双方的因素，故必须加上夫妻二人的姓氏方可。如果子女之姓氏与父母之姓氏不同，用男女之姓氏，不考虑其父母的姓氏。在有的地方，人们没有姓氏，就加入名字。如果名字不好用汉字表达，就以其名字的发音加入来起卦。若是连名字都没有，就加入他所居处的地名即可。

屋宅之占诀

寅年十二月初一日午时起屋者，其家田姓，其占水风井，变地风升，互见离、兑。巽木为体，用卦坎水生之，虽兑金克木，得有离火，火虽无气，终是制金。然有兑金，酉年月日，亦当有损失之忧。亥子水年月日，当有进益，或得水边之财，坎生体巽也。寅卯年当大快意，比和之气也。但家中必多口舌之聒，亦为兑也。木体近春，喜逢坎水，此居必能发旺。二十九年后，此屋当毁。盖二十九年者，全卦之成数也。若非有兑在中，虽再见二十九年，屋当无恙也。

观物动静

天下之物，有动有静，有形有色，有声有音，而能得其动静之所以然者，皆不外乎数也。

是故蔡邕过会稽柯亭，见亭橼竹东间第十六根，取之为笛，必有异声，后果验，世号为柯亭笛。此以形而知其有声也。

又见客邸中烧焦桐木尾，此木为琴，必有异音，后亦验，世号为焦尾琴。此以动而知其有音也。

邻人鼓瑟，见螳螂捕蝉，听其声如有杀声，而知人之心也。

隋万宝尝听太常所奏之乐，泫然流涕，人问之，曰"乐淫厉而哀，天下不久相杀"。时四海全盛，闻者皆谓不然，至大业末，其言始验。

又有王令言，卧听其子户外弹琵琶，作翻调安公子曲，大惊曰：此曲兴自早晚？曰：顷有之。令言流涕，谓其子曰：汝慎勿从行！帝幸江都，必不返也。此曲，宫声往而不返，后卒如其言。

唐李嗣真听乐声，曰：宫不召商，君臣乖也；角与征戾，父子疑也；征声多且哀。若国家无事，太子必任其咎。俄而太子废矣。

唐神龙元年正月，享太庙，乐作。裴知古谓元行冲曰：金石谐婉，将有大庆，在唐室子孙乎？是月中宗复位。

人有乘马者，回马鸣，主必坠死。见新婚闻珮声，曰终必离。访之果然。

此皆以声音之数而推算之也。

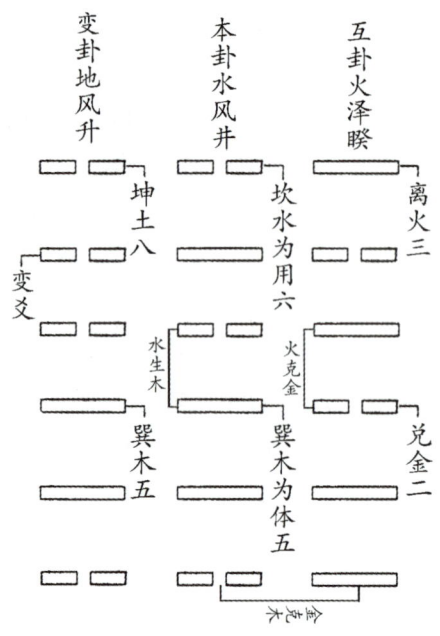

田姓屋宅之占卦图

[注] 这一节对上面所起三家寅年十二月初一日午时建房这个卦案进行了讲解。

田姓之家，卦得水风井，变地风升，上互卦为离，下互卦为兑。体卦为巽木，坎水为用卦，生扶体卦。虽然下互卦兑金克制体卦巽木，然而上互卦为离火克制下互卦兑金。离火虽值冬季衰弱无气之时，但其性终是克制兑金，故结果无大妨碍。然而卦中既然有下互卦兑金来克制体卦，终为有害，故遇申酉之年月日金旺之时，应当谨防有破财之忧。巽木为体，用卦生扶体卦，遇亥子年月日坎水旺相之，主有财运。因有坎水，故主得水边之财。若遇寅卯年月日体卦巽木旺相之时，家中自然事事如意，大吉大利。但因兑金来克巽体，兑为口舌，故家中难免口舌之事。巽木体卦逢春之时，再有坎水生扶之日，此宅必能兴旺发达。然而二十九年之后，此屋必然损毁。因有兑卦克制体卦，兑为毁折，故此屋必毁。为何是二十九年呢？因为二十九是包括本卦、互卦、变卦在内的全六卦卦数之和。如果卦中没有兑卦，即使再过二十九年，此宅也会安然无恙。

同时王姓之家起造，得雷火丰，变震，互见兑、巽。震木为体，离为用卦。兑为体之互，克体亦切。虽得离火制兑金，亦不纯美。用火泄体之气，破耗资财。每遇火年月日，主见此事。或因妇人而有损失，家中亦多女子是非。亥子寅卯之年月，却主进益田财。盖震木为体，虽不见坎，终是利水年。生体之气，不见震巽，亦逢寅卯，为体卦得局之时。凡有震有巽，此居寅卯与木之气运年月，必大得意。亦主得长子之力，变重震也。二十二年后为火所焚。

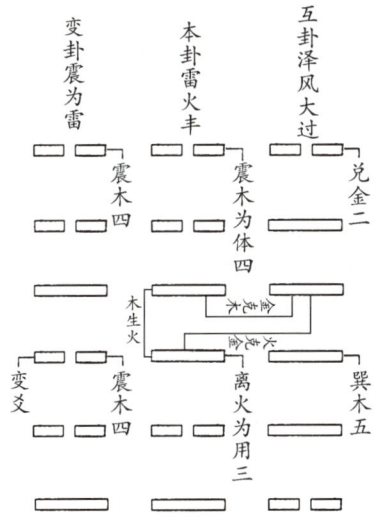

王姓屋宅之占卦图

[注] 王姓之家也在同一时间动工，卦得雷火丰，变震，上互卦为兑，下互卦为巽。震木为体卦，离火为用卦。体生用，是为泄气。兑卦为体互卦，则兑金克体卦震木，不吉。因为体互卦与体卦的关系密切，其作用则更直接。虽然用互卦离火克制兑金，其祸减轻，但亦不为美。用卦离火泄体卦震木之气，因而破耗资财之事难免。若遇巳午火旺之年月，则主有破耗资财之事。离为中女，则或因妇人之事而致损失，家中也常常有因女

稽疑十应

夫稽疑者，彰往察来，所以绍天明而定吉凶也。十应者，取其克应而为之应验也。

故观占之际，若以卦象论吉凶，而不参之以十应，则今日得此一卦，固以主宾互变而决其休咎矣。明日复得此卦，主宾互变皆同，岂可复以此吉凶而断之哉？是故卦虽同而十应不同，必玩十应而后决其吉凶，则无不验矣。

故十应之目，一曰正应，二曰互应，三曰变应，四曰方应，五曰日应，六曰外应，七曰物应，八曰天文之应，九曰地理之应，十曰人事之应。

正应互应变应

夫正应者，正卦之应也。互应者，互卦之应也。变应者，变卦之应也。此三应者，人皆以之决吉凶矣。至于七应之理，知者罕焉，得之无不验矣。此所当秘者也。

方应

所谓方应者，以卦体为主，看来占之人在于何方坐立，与卦体有无生克也。凡方生体吉，体生方耗气；体克方则吉，方克体则不宜也。如得乾卦为体，人在南为方克体，人在西南为方生体也。余例此。

日应

日应者，看所占之日与卦有无生克、比和衰旺、墓绝也。故寅卯日属木，巳午日属火，申酉日属金，亥子日属水，辰戌丑未日属土。体卦宜与日辰相生相合，忌与日辰相克相刑也。

人而招来的祸害。若遇亥子寅卯之年月，主有进益田地财产之事。因为震木为体，卦中虽无坎水之卦来生扶体卦，但遇亥子年月水旺之时，终究兴旺。虽然本卦中没有震巽木来生扶体卦，但逢寅卯之年月时，时气生扶体卦震木，此为体卦得令当时，家宅自然顺利。卦中有震卦有巽卦，互卦巽木来生扶体卦震木，遇寅卯之年月木气旺盛之时，此居必称心如意。又变卦为震卦，上震下震，震为长子，故主得长男之力。因本卦中离火克制体卦巽木，故此居终当为火所焚毁。其数为二十二年之后，亦因其成数为二十二之故。

韩姓之居，得益变中孚。巽体互见艮、坤，变兑克体。此居必有官讼，见于酉年月日。后申酉年连见病患，所喜用卦具震，与巽体比和，当见寅卯年发。即此居先吉后凶。三十一年之后，遇申酉年，此居当毁。若非有兑，或有一坎，再见三十一年，此居亦无恙也。

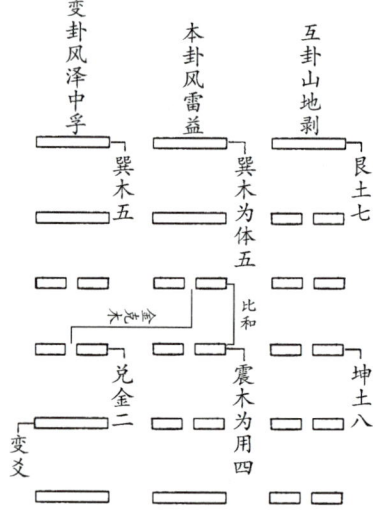

韩姓屋宅之占卦图

[注] 韩姓之住宅，得风雷益，变风泽中孚。巽木为体卦，上互卦为艮，下互卦为坤。变卦为兑，克制体卦。兑为官讼，故居此当有官讼之事，时间当在金旺的

酉年月。逢申酉年金旺之时，主有人有病患。可喜的是用卦震木与体卦巽木比和，则寅卯木旺的年月主有喜事。因卦中有兑卦，三十一年后遇申酉年时，兑为毁折，此屋终当损毁。三十一数之得，亦同上面二例。如果卦中不是有兑卦，或者卦中再有一个坎卦来生扶体卦，则即使再过三十一年，此屋亦无恙。

器物占

大抵占器物，并不喜见兑卦，盖兑为毁折也。若坎为体，则见兑无伤。乾卦为体亦无害。其余卦体，逢兑不久即破。木之器物，或震巽为体，见兑为用，必不禁耐用矣。破器之日，必申酉与卜年月日也。

[注] 一般说来，占测器物不宜遇见兑卦，因为兑有毁折、破损之义。若坎卦为体，即使卦中有兑，也没有妨害。若乾卦为体，则乾兑比和，亦无妨害。其余的卦为体卦之时，若遇兑卦，器物必有不久即破之兆。占测木质器物，若遇震巽为体卦，兑为用卦，兑金克制震巽之木性之物，是物必不能耐久。其破损之时，必应在申酉年月金旺之时。

又畜养之物，亦不宜乾、兑克体。种植之物，乾、兑克体，必不成。即成，亦被斧斤之厄。种植之物，宜见坎也。

[注] 占测家畜，或者庄稼及蔬菜之类，都不宜出现乾兑之金克制体卦的情况。因为乾兑主刀刃之利器，克体必有伤害之义。家畜必遭屠杀，庄稼及蔬菜难免被伤害。种植之物，庄稼及蔬菜之类，宜于见生木之坎水。

又凡见器物，欲知其成毁，亦看卦体。无克者则久长，体逢克者则不久。视其器物之气数可久者，以全卦之年数断之；不可久者，以月数断

外 应

外应者，外卦之应也。占卦之顷，偶见外之来者，老人属乾，老妇属坤，长男为震，长女为巽，中男为坎，中女为离，少男为艮，少女为兑，又近取诸身，观其动静，与卦体有无相生相合也。

物 应

物应者，观占之际，偶见之物也。物有动有静，动者，牛马六畜之类也，静者，器用对象之类也。见乾为马，坤为牛，震为龙，巽为鸡，坎为豕，离为雉，艮为狗，兑为羊之类；坎为水，离为火，乾为金玉，兑为破器刀斧，震为木植，巽为工巧，坤艮为土泥。亦与卦体有无生克也。如生体为吉，克体为凶，切宜审之也。

天 文

天文者，天时之应也。故晴明为离，雨为坎，雷为震，风为巽，阴云为坤，雾气为艮，天朗为乾，星月为兑，雨泽亦为兑。凡克体者，天时不顺，生体者，天意必存。

地 理

地理者，占卦所寓之地也。故公廨之所为乾，田野之地为坤，江湖池沼之处为坎，炉冶窑灶之间为离，园林竹木之处为震巽，土石砖瓦之地为艮，败墙破壁之所为兑。亦看其卦与体有无生克也。

人 事

人事者，占卜之顷，偶闻偶见之事也。逢吉则吉，遇凶则凶。物之圆者事成，物之缺者事败；见欢笑主喜庆，逢哭泣主忧悲。所闻所见与所占之事，有无相关相应也。相应则吉，相反则凶。须当以心会之。

之；至速者，以日数断之也。

[注] 凡见到器物，欲知其成毁之期，也宜审看体卦的情况。若卦中没有克制之卦，必是耐用之器物；若逢克制，必是不能长久之器。断其成毁之期，还应具体看器物的属性而断。如是耐用品，如房屋之类，应以年为单位，加以全卦之数而断。比如上面的《屋宅之占》，即是以年数断之。若是不可久长之物，如日常所用的衣架、桌椅等，则以全卦之月数断之。若是极易损坏之物，如瓷器、灯具等，则可以全卦之日数断之。断成毁之期，当断以常理。如其放置得当，虽易损之物，其寿必长。如放置于易遭损坏之处，则其寿必短。

增广校正梅花易数卷三

八卦方位之图

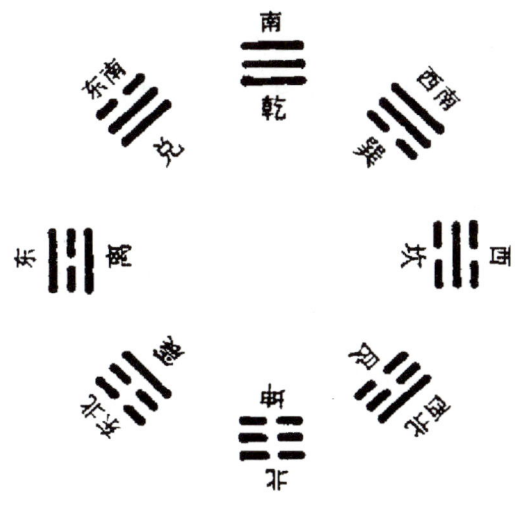

观梅数诀序

嗟乎，《易》岂易言哉！盖《易》之为书，至精微，至玄妙。然数者，不外乎易理也。有先天后天之殊，有叶音取音之辨，明忧虞得失之机，取互变迟速之应。数有前定，祸福难测。易理灼然可察，予求得先天、玄黄、灵应诸篇，外采《易》辞，曰："观梅数诀，列图明五行生克

观变识物

凡观物，以变卦为主。如乾初爻动变巽，乃金刀削过之物。二爻动变离，乃火炼之金。三爻动变兑，乃五金废坏之物，虽圆而破坏者。坎卦初爻动变兑，乃盛酒盛水之物，缺而坏也。二爻动变坤，乃土生之物，五谷之类。三爻动变巽，大则舟楫，小则瓢杓盆桶之类。艮卦初爻动变离，乃火中煅炼之土，磁器之类。二爻动变巽，乃土木生长之物。三爻动变坤，乃谷粟瓦器砖土之类。余仿此推。凡观物，必先观形色动静而后言之。盖天圆地方，物之形也。天玄地黄，物之色也。乾刚坤柔，物之变也。以此推，无不验。

四时论卦

乾之为卦，秋得之为价高，夏得之而受制，冬得之而耗气，春得之而和平，四季得之而有益。见坎而沉溺，见离而成器，见震而有声，见巽而有名，见坤为衣裳，见艮为矿石。

兑之为卦，与乾同时，但作事不圆而多暗昧。见乾而先圆后缺，见坤为金石之废器，见震为刀枪，见巽为箭镞，或琢削之物。见坎为水中之物，见离为金钗妇人首饰。

离之为卦，夏得之而精神倍常，秋得之以时相反，冬得之为受制不佳，春得之有人资助，四季得之泄体。见乾为文书诏首，见坎为费物，见艮为瓦器，或夜行之客。见震为甲胄戈矛，见巽为文章书籍，或交易契券。见离为灯笼火具，见坤亦为文书，见兑为煅炼之物。

震之为卦，春得之而气旺，夏得之而气泄，秋得之而受制，冬遇之而得生，四季得之而当令。见乾为钟磬有声之物，圆全而无伤。见兑为有声可击之物，破坏而有损伤。见艮为可仰之物，

衰旺之理，分例指避凶趋吉之道。后学君子幸鉴焉。"《易》辞曰："易有太极，是生两仪，两仪生四象，四象生八卦，八卦生万物。"邵子曰："一分为二，二分为四，四分为八也。"《说卦传》曰："易逆数也。"邵子曰："乾一、兑二、离三、震四、巽五、坎六、艮七、坤八，自乾至坤，皆得未生之卦，若逆推四时之比也。后天六十四卦仿此。"

[注]《易》书洁静精微，不可言说！易之所以为书，其理至精，其义奇异奥妙。然易数者，不外乎易理。八卦有先天八卦与后天八卦之殊，有五行辩证之理，明辨旺弱得失之机，取之互卦、变卦作用，应事之迟速。万物之规本乎前定，祸福自在人心，变化万千而难测，唯易理之规可察端倪，予求得后天《玄黄》《灵应》诸篇，卦外参考《易辞》，曰："观梅易数之法，须明五行生克作用之规，卦有旺相休囚之理，然后有趋吉避凶之道。后学君子有幸以此为鉴。"《易辞》曰："易有太极（阳杀），是生两仪（阴藏），然后有四象（春木夏火秋金冬水），四象以生八卦（后天有形世界阴阳生杀对待），八卦生万物（宇宙自然与社会变化，藏脐对应）。"邵康节曰："一，智慧之本体；二，时间与物质构成阴阳世界；三，时间、人、有形为三才；四，金木水火五行之显；八，先后天八卦。《说卦传》曰：易为外物之规也。邵康节曰：坎一，坤二，震三，巽四，中五零，乾六，兑七，艮八，离九。乾为时序，坤为有形，乾坤合而化生后天三阴三阳（三阴，巽离兑；三阳，震坎艮），八卦源于四季五行，八卦阴阳相荡而生六十四卦。"

八卦定阴阳次序

☰乾为父　☳震长男　☵坎中男　☶艮少男
☷坤为母　☴巽长女　☲离中女　☱兑少女

[注]乾卦为先天之次序，纯阳为老阳卦，阳极而生阴，天人地三爻位，以地为变化之本，天为变之初，人为变之始，故从地爻生变，乾卦地爻一变而生巽卦，此为长女；人爻生变，乾卦二变而生离卦，此为中女；天爻生变，乾卦三变而生兑卦，此为少女。

坤卦为后天有形之本体，纯阴为老阴卦，阴极而生阳，坤卦地爻生变，坤卦地爻一变而生震卦，震为长男；坤卦人爻生变，坤卦二变而生坎卦，坎卦为中男；坤卦天爻生变，坤卦三变而生艮卦，艮为少男。此为阴阳极变之理，万物阴阳之规，后天宇宙之本实。

总之：乾为天谓之规，坤为地谓之形，震为雷谓之始，巽为风谓之行，离为火谓之散，兑为泽谓之灭，坎为水谓之实。

变卦式八则

革泽火　体兑金用火　互天风姤　乾金巽木　变泽山咸　金土

离卦初爻，阳动变阴，变艮卦，兑金为少女，离火克之。巽为股，乾金克之，曰：伤股。得艮土生，入兑金，断曰：不至于死。

体用于变爻，作动静取之。动者为用，静者为体。

[注]泽火革初爻发动变泽山咸，体体兑金，主卦用卦离火，变卦用卦艮为山，内卦离火变艮土。解卦，内卦离火初爻发动变为艮土，主卦为事之始，主卦之体

见巽而有叶或工巧之具。见离而带花或文书纸笔之物，见坎而有生意或水中应用之物，见坤为柔嫩细软之物。

巽之为卦，时与震同。见乾兑为秤衡，或琢削之类。见离为文书，或笼罩。见震为有声之物，木果之器。见坎为舟楫，为矫揉，漆盏之类。见艮为笔，见坤乃土中之物。

坎之为卦，冬气旺，春耗体。夏得之为财，秋遇之而有助。见乾为形圆，在上为文诏辞词，在下为酒筵器具。见兑为带口之物，见震巽为水桶盆甑，或竹木所生香蕈木耳之类。见离为水火交成之物，见坤艮乃润泽之土石也。

艮之为卦，春受制，夏逢生，秋泄气，冬为才，四季和平。见乾而破硬成器，见兑为缺物，见巽为草木，见震为木类，见离为瓦器，见坤乃土石，见震巽坎离相并乃土壁之物。

坤之为卦，与艮同时。见乾为方圆之器，可贱可贵。见震巽为文章。见兑乃出土之金，为至刚之土石。见坎为水上所成之器。见离为文书。见坤为希为酱为柄。

万物归一

一者何也？理也。阴阳五行，物也。所以阴阳五行其理也，无形之中而具有形之实，有形之实而体无形之妙。是以山木之多不过木耳，河海之多不过水耳，矿野之地不过土耳，日用之常不过水火而已。至于天地万物、圣贤豪杰，与夫飞潜动植、万有不齐，皆物也。天地虽超于万物之外，而实囿于理数之中。天地且不能逃，况人与物乎？人物之拘于数，犹鹰隼之在樊笼，虽竭力腾跃，而莫能逃焉。然数之起例，知之者众，而断之应验者少，非先贤秘而弗传，学者泥于一偏，而少变通之妙，是以不验也。且皆圣贤所学，而非庸碌所能知。盖五行化而为万物，万物合而为五行。自天一生水至地十成土之数既陈，而五行立于卦矣。善观数者，如珠走盘，活活泼泼，以物之五行合卦之五行，参以生克之理，休旺之气，则一行一止，一饮一食，皆莫能逃矣。然推测之间宜至诚，不可浅易，可敬用不可轻用，夫然后久敬而心灵，心灵而口顺。予得斯文，焚香誓天，不敢轻泄。

卦兑金受用卦离火克制，如兑金旺相则吉，休囚则应凶；变卦为事之终，体卦兑金的变卦艮土生助，如兑金旺相则应凶，兑金休囚则应吉。主卦凶，变卦吉，始凶终吉，反之事吉终凶。

复地雷 体土用木 互坤 土土 变临 地泽 土金

木是用爻，断出软物，文章之体也。

[注] 地雷复二爻发动变地泽临。自然之物，用卦震为软物；社会生活，震卦又为文章与进取。

履天泽 体金用金 互家人 风火 木火 变乾 生金

此卦断出是铁器之物。

[注] 天泽履三爻发动变乾为天。自然之物，用卦为兑卦与乾卦，乾兑金为便利之物，工具类器具；社会生活，乾兑为制约制衡。

革泽火 体金用火 互天风姤 乾金巽木 变噬嗑 火雷 火木

此卦乃用金体火，夏火得旺，能出土，必是土物也。

[注] 主卦泽火革，三爻、五爻、上六发动变火雷噬嗑卦。主卦与变卦皆有离火，所以离火为体卦，用卦则为兑卦与震卦。夏季火旺土相，震木生助离火不吉，而兑金耗泄离火应吉。自然之物，震木应凶为不能用之物，兑卦应吉为修复；社会生活，震木为读书进用，兑卦为制裁。

归妹雷泽 用木体金 互既济 水火 水火 变睽 火泽 火金

用爻属木变火，体卦属金。四爻变卦成艮，土能生金，乾金 金 断出是铁。

[注] 主卦雷泽归妹，上六发动变火泽睽。体卦兑变卦离火与震卦，自然之物，震木为升腾，离卦为升散，震离组合为持续高温之物；社会生活，离主文明，

震主立志，震离组合为为众生做事而不知疲倦。

夬 泽天 体金用金 互乾 金金 变兑 金

此卦非金是石，断是破磁碟也。

[注] 主卦泽天夬三爻发动变兑为泽。体卦兑金，用卦乾兑。自然之物，乾兑为毁折，物之将尽用；社会生活，乾兑为杀伐之体。

革 泽火 体金用火 互姤 天风 乾金巽木 变艮 土土

本卦得泽火革，为少女，近物为口，远取羊。内离为中女，近目，远取雉。初爻变艮卦为土，土能生金，则扶起兑金之妹。次除去初爻，移上四爻，又成巽木，断得伤股之灾。得初爻变艮土生兑金，是故有救而不至于死也。

[注] 主卦泽火革，初爻、三爻、四爻、五爻、上六发动，变卦艮为山。兑卦为少女，人事则为语言承诺，五畜为羊；内卦离为中女，五畜为羽类为鸡。初爻发动内卦离变艮，艮土能生扶兑金。再次变卦俱为艮土，内卦离火如旺相，则有兑卦耗泄，艮卦化泄应吉，反之离火休囚则应凶。

"近取诸身"，八卦，乾头、坤腹、震足、巽股、坎耳、离目、兑口、艮手——人身；"远取诸物"，乾马、坤牛、震龙、巽鸡、坎豕、离雉、艮狗、兑羊——畜道。

[注]"远取诸物，近取诸身"远者外也，近者内也。八卦向外类象自然环境与生活环境，八卦向内则为五藏六腑与行为。乾为头主节制；坤为腹主身体躯干，躯干腹部为阴；艮为手主四肢；震为足主手能摄；巽为股主筋；坎为耳主听；离为目主心神。乾为马取其驯化，坤为牛取其性直，震为龙取其生发，巽为鸡取其性柔，坎为豕取其愚痴，离为雉取其丽，艮为狗取其信，兑为羊取其机敏迅捷。

观物存诚

昔者圣人之原数也，以决天下之疑，以成天下之务，以顺性命之理，而决疑之际，在乎存诚主敬而已。不诚则中无实，不敬则心无主，颠倒眩瞀，安能析事辨理、彰往察来也。故必存诚主敬焉。凡意所萌动，而偶闻偶见、偶言偶动者，皆先天之数也。但所其先闻先见者为例，所谓嗜欲将至，有开必先也。起数时，或错算，或算颠倒，亦是数矣，不可更改。盖造物者默有自然乘除之机也。若观物之际，心持两可，而乏主一之敬，则二三其德，又何应验之有。康节曰："数学非十年不可。"十年者，正涵养德性、存诚主敬之谓也。能敬则德聚而神存，吉凶不在鬼神而在我矣。故曰"至诚如神"，又曰"至理之事，非至诚则不能致"。物理之学，有所不通，不可以强通，强通则有我，有我则失理而入术矣。善学者当先屏其思虑，涵养静虚，此之谓观物存诚。

观物心易

夫《易》之为书也，覆帱天地之道，囊括万物之情，虽为卜筮而作，而义理未始不该。苟专以卜筮求之，则得之形而下者，遗其形而上也，殆非体用一原、显微无间之道。苟专于义理以求易，则无以定天下之吉凶、决天下之得失，所谓断大疑、释大惑者，无以自辨矣，岂圣人所谓"无大过"、"吉凶与民同患"之意也。是故理者太虚之实义也，数者太虚之定分也。未形之用，因理而有数，因数而有象；既形之后，因象以推数，因数以推理。理与数，吉凶之几，造化之主也。造化无形，假象以昭其形；吉凶无迹，托占以著其迹。故义之所当为而为者，数之所知也。义之所不当为而为者，非数之所能知也。是以君子非义不占，非疑不占。非疑而占，谓之侮。非义而占，谓之欺。侮与欺，皆不应也。玩占之

讼 天水 ䷅ 金水 互 家人 ䷤ 风火 木火 变 兑 ䷹ 金金

天水讼卦变兑，欲要求财。盖卦是体生，而乃泄己之气，其财空望。互得离卦属火，能克金。其日午时，客来食去酒，返自消耗也。

［注］主卦天水讼，初爻发动、上六发动，变卦兑为泽。此卦为求财，主卦之内卦坎水的外卦乾金生助，变卦之外卦兑帮扶内卦兑金，如占卦时间在秋冬季节，则坎水旺相受生而应凶，乾兑金主破财。

占卦诀

又如占卦而问吉事，则看卦中有生体之卦，则吉事应之必速。便看生体之卦，于八卦时序类决其日时。如生体是用卦，则事即成就。生体是互卦，则渐成。生体是变卦，则稍迟耳。若有生体之卦，又有克体之卦，则事有阻节，好中不足。便看克体卦气阻于几日，若乾克体，阻一日，兑克体，阻二日之类推之。如占吉事，无生体之卦，有克体之卦，则事不谐矣。无克体之卦，则吉事必可成就矣。

［注］又如占卦为吉事，则看用卦与体卦作用，如用卦对体卦起好作用，用卦有气者，则应事必速，反之，用卦气衰，应事必迟；另克体之应事速，生体之应事迟，这是迟速的区分。至于互卦之说，本人以为，卦不是简单的画阴阳二爻，而是一个整体，如用乾字为卦，而不画卦爻表达，则如何有互卦呢？互卦之说，不足采信。

另有应事之时效，以用卦之卦数为准，快则减半，迟者倍之。坎卦数一，坤卦数二，震卦数三，巽卦数四，五与零寄坤卦，乾卦数六，兑卦数七，艮卦数八，离卦数九。

体用作用，以体卦为主，用卦为辅，体卦旺相喜用卦泄之，体卦休囚喜用卦补之，此为万古不变之理，岂可轻言生体则吉，克体则凶，是无道理之论。论卦之道，必须遵循寒热动静之理，旺弱虚实之规，过则抑之，虚则补之，违此道者，卦则不验。

又如占不吉之事，卦中有生体之卦，则有救而无害；无生体之卦，事必不吉矣。若以日期而论，看卦中有生体之卦，则事应于生体卦气之日；有克体之卦，则事败于克体卦气之日。要在活法取用也。

［注］又占不吉之事，体卦与用卦皆为事之本，体为静，用为动，以静应事，以动应变化吉凶。用卦作用体卦应吉，则百无一害，反之用卦作用体卦应凶，则唯恐避之不及，为其所害尔。之于卦体应期，如用卦无气，则在用卦有力有气之年日应之，如用卦有气，则在用卦无力无气之月时以应。总之事之成败则用卦作用，事体为何在体卦类象。

体用互变之诀

大凡占卜，以体为其主，互用变皆为应。卦用最紧，互次之，变卦又次之。故曰用为占之即应，互为卦中间之应，变为事占之终应。然互卦则分其有体之互，有用之互。如体在上，则上互为体之互，下互为用之互，体卦在下，则下互为体之互，上互为用之互。体互最紧，用互次之。

［注］大凡占卦之法，以体卦为主，用卦为作用之方。主卦为应事之本，变卦为应事之端。主卦为事之当下与过去，变卦为事之未来。当下之吉凶在主卦，终久之得失在变卦。之于互卦之说，却无准实。

主卦为事体根本，为事之始，互卦为事体转化过程，变卦为事之终。互卦分为体卦之互卦，与用卦之互

际，必先澄其心，静其虑，睿其思，聪其听，近取诸身，远取诸物，察其感触之何如耳。感触为我之休咎则应在我，感触在彼之休咎则应在彼，如卦吉应吉而互变皆吉，是之谓大吉，而动罔不吉矣。卦凶数凶而互变皆凶，是之谓大凶，而动罔不凶矣。卦吉应吉而互变皆凶，先泰而后否。卦凶应凶而互变皆吉，先否而后泰。静乃吉而动乃凶也。复察以卦气之盛衰、日辰之相制，变而通之，化而裁之，则动静可求之端，阴阳可求之始，天初可求之初，而万物休咎灼然前知矣。苟论数不论理，则局于象而泥于迹，不能变易以从道；论理不论数，则执于有而沦于无，亦不能以前知也。故曰："论理不论数不备，论数不论理不明，理与数不可岐而二之也。"学者潜心久久，自能融会其妙，愈用愈神，殆非下士所能臆及也。

卦，如果体卦为上卦，则上互为体卦之互卦，下互为用卦之互卦；如体卦为下卦，则下互为体之互，上互为用卦之互。体卦之互卦为本体，用卦之互卦为事之发用。

例如观梅恒卦，互兑、乾，兑为体，互见女子折花。若乾为体，互则老人折花矣。盖兑、乾皆克体，但取兑而不取乾，此体互用之分。

[注]例如观梅占测的天风姤变火风鼎卦，得互卦乾兑，乾卦为体卦之互，兑卦为用卦之互，乾卦为体互，为管理者，兑卦为用互，为外、为毁折、为少女，巽卦为执取，兑卦为终止，所以才应少女折花而被喝止之象。

大凡占卦，变卦克体，事于末后，必有不吉。变生体及比和，则事事临终有吉利。此用互变之诀也。

[注]大凡占卦，变卦克体，宜体卦有气方吉，而变卦生体或者体用比合者，宜主卦休囚方可。大宜生旺泄泻之理，体用作用为方，此为体用互变之法窍。

体用生克之诀

占卦即以卦分体用互变，即以五行之理断其吉凶。然生克之理，于内卦体用互变，一定之生克。若外卦，则须明其真生真克之五行，以分轻重，则祸福立应。何也？假如乾、兑之金为体，见火则克，然有真火之体，有火之形色。真火能克金，形色则不能克。能克则不吉，不能克则不顺而已。盖见炉中火，窑灶之火，真火也。烈焰巨炷，真火也。乾、兑为体，遇之不吉。若色之红紫，形之中虚，槁木之离，日灶之火，则火之形色，非真火之体，乾、兑之体，不为深忌。又若一盏之灯，一炬之烛，虽曰真火，微细而轻，小不利耳。又若震、巽之木体，遇金则克，然钗

心易妙用

夫易者性理之学也，性理具于人心，心即易也。当其方寸湛然，灵台无一毫之干，无一染之染，斯时也性理具在，而易之存吾心者炯如也，即先天之易也。及虑端一起，事根忽萌，物之诸心，如云之蔽空，如尘之蒙镜，于斯时也，汨没茫昧，而向之易存吾心者泯然耳。故三要之妙，在于运耳目心三者之灵，俾应于事物也。然耳之聪、目之明，吾心实总乎聪明。盖事根于心，心该乎事。然事之未萌，虽鬼神莫测其妙，而吉凶无门可入。故先师曰："思虑未起，鬼神莫知。不由乎我，更由乎谁。"若夫事萌于心，鬼神知之矣，吉凶悔吝有其机，莫能晓悟，欲预知之，以何道与。必曰"求诸吾心"，易之妙而已矣。于是寂然不动，静虑之诚，足以观变玩占，运乎三要，必使视之而不见者吾见之，听之而不闻者吾闻之，如形之见示，如音之有声，吾心了然，则易为卜筮之道，而易在吾心矣。此三要灵机虚应之妙也。至精微至变神之理，百姓日用而不知，安得圆机通三昧之士而与之论。

钏之金，金铂之金，成锭之银，杯盘之银，与器之锡，琐屑之铜铁皆金也。此等之金，岂能克木？木之所忌者，快刀锐刃，巨斧大锯。震、巽之体，值之必有不吉。又若离火为体，见真水能克。然但见色之黑者，见体之湿者，与夫血之类，皆坎之属，终忌之而不深害也。余卦为体，所值外应，克者皆以轻重断之。若夫生体之卦，亦当分辨。土与瓦器皆坤土，金遇之，土能生金，瓦不能生也。树木柴薪，皆木也。离火值之，柴薪生火之，树木之未伐者，生火之迟也。木为体，真水生木之福重，如豕如血虽坎之属，生木之类轻也。其余五行生克，并以类而推之。

[注]五行非五物，庸师不知《易》之真，妄言金木水火土，贻误后学。万物之五行：木非木，木者物之始也；火非火，物之华也；土非土，物之体也；金非金，物之败也；水非水，物之坚也。此为五行之真，易之切要。俗师以木为植物，火为火焰，土为土壤，金为金属，水为河井，此为无知之端。人之五行：盖为木者行也，火者显也，土者形也，金者律也，水者知也。此为五行之本，易之精髓。

梅花占卦之法，分为：体、用、互、变，即以五行之力断其祸福得失。然五行生克之理，于卦之内外，主卦变卦作用，则需明五行旺弱，总不离月令之浅深，卦体之虚实。虚则补之，实则泻之。确定体卦用卦生克关系，则需分明当与不当，五行节气变化，以分轻重，则祸福立应。

例如，乾卦或兑卦为体，见火则克之，首先要乾兑在月气当令，则喜离火克制，如乾兑休囚于月建，则忌离火相克，其次要看离火者旺弱力气，如果离火力微气衰，则难以克制乾兑，如乾兑喜克而不逢克则应凶，有力气之火能够克金，这是当克而不克则凶，不当克而克亦应凶之理。

观物玄机

玄机者，寂然不动，感而遂通之几。故人来求吾之际，必先聪其听，明其视，虚心以待之。当未成卦之时，所闻者何事，所见者何物，观其动静而断之，曰：此何事也，故必先审其向背。人物方来为向，人物已去为背。向则吉凶之方至，背则吉凶之已去。吉事欲其向，凶事欲其背。如鸦报凶，叫而来，祸将至；叫而去，灾已往。不惟是也。如闻见宰杀屠烹之类，是为骨肉分离，占病占产者忌之。如逢栽种，是为生犯得活，占病占产者喜之。见人作事方毕，则事已过；见人作事方兴，则事始来而未显也。樵者负薪而归，牧者骑犊而返，渔者收纶罢钓，皆事已毕，吉凶过也。

明炳几先

人为万物之灵，于一万七千二十四声皆能言矣，取之何如。凡事之来，必有先兆；开端之初，是为先天。但取其初发声音而算之。彼问者之声发，有不期然而然者，乃先天之窍。嗜欲将至，有开必先。朕兆之萌，其端可测。知几其神乎。假如来占说事，"今欲如何"，则用今字算。或言"特来求数"，则用"特"字算。若未言先咳嗽，则用咳嗽之声。皆先天之义。

例如，震卦巽卦为木，乾兑金能克之。如震巽休囚，见乾兑用卦克制则凶，如震巽旺相有力，逢乾兑克制则吉。然需看乾兑之卦气深浅，乾兑有气则有力克制震巽，如乾兑无气则无力克制震巽。当生而不生则凶，不当生而生亦凶，此为当与不当之理。

例如，离火为体卦，见坎水则克之。然需分坎水之有气无气，有气有力则能够克制离火，如无气无力则不能克制离火，再看离火当克与不当克，以定离火吉凶。

例如，生体之卦，亦需分旺弱轻重。艮坤土能生助乾兑金，如艮坤土旺于月建，则生助乾兑有力，如坤艮休囚于月令，则无力生助乾兑，当生而不生则凶，不当生而生亦凶。

体用衰旺之诀

凡体卦宜乘旺，克体之卦宜衰。盖体卦之气，如春木、夏火、秋金、冬水、四季之月土，此得令之卦，乘旺之气，虽有他卦克之，亦无大害。用互变卦，乘旺皆吉，但不要克体之卦气旺。而体卦气衰是不吉之占。占者有此，若问病必死，问讼必败。若非问讼与病而常占，则防有官病之事。未临其期，在于克体卦气之月日也。若卦体旺而复有生体之卦，吉事之来，可刻期而至矣。若内卦外卦有生体者，体卦虽衰，亦无大害也。内外并无生体，虽体之卦党多，皆是衰卦，终不吉也。故体用之卦，必须详其盛衰也。

[注] 体用本为一，体卦为阴，用卦为阳，阴阳互为。体卦为事之本体虚实，用卦为事之发用变化，体卦为静，用卦为动，体用组合为动静作用，有了生克作用，生则增益，克则减损，适其性者为吉，逆其性者为凶。体卦旺相有力，喜用卦克泄耗以治之，体卦休囚，喜用卦生扶以助之。

五行当旺之规定，以四时旺相休囚为准。春天木旺火相，金水土休囚；夏天火旺土相，金水木休囚；秋天金旺水相，木火土休囚；冬天水旺木相，火土金休囚。以此得令之体卦则旺相，有乘旺之气，则喜用卦以克之，忌用卦之生助；失令之体卦则休囚，有衰死之气，则喜用卦以生助，忌用卦克也。

例如，体卦旺相逢用卦生助，体卦休囚逢用卦克泄，此为应凶之卦，如问病人，则必然作古，如占问官司，则官司必输，如无所指的常占，则防备有官司或者病患之事。之于应吉凶之年月，以用卦旺衰以决之，如用卦休囚则逢生旺之时以应，如用卦旺相则逢衰死之时以发生。另一法，如体卦旺相而逢生，则凶应在体卦当旺之年时，如体卦休囚而逢克制，则凶应在体卦无力之年日。

体用动静之诀

占卦体用互变既分，必以内外之卦察其动不动。不动不占，亦不断。其吉凶悔吝，生乎动也。夫体卦为静，互卦为静，用卦变卦则动也，此内卦之动静也。以外卦言之，方应之卦，天时地理之卦，应皆静，若人事之应，器物之类，则有动者矣。器物本静，人持其器物而来，则动矣。若乾马、坤牛，皆动者矣。盖水之井沼，土之山岩石，皆静者矣。人汲水担水而前，水之动也。又人持石负土而前，土之动也。于外卦之应，观其动而审其吉凶，动而吉者，应吉之速；动而凶者，应凶之速；不动而应者，吉凶之未见也。此则外卦体用之动静也。

［注］占卦体卦用卦，主卦变卦即分，必以内卦与外卦，主卦与体卦，察其发动与安静，如不动则不占，亦不能断卦。事之吉凶悔吝（悔者执取，吝者不义），

理 太极理之原

朱子曰："伏羲文王于《易》，只就阴阳以下说，夫子却就阴阳上发出太极来，易图是如此。""先儒未尝通破者，盖以释极仪象卦章，从前未有分晓，至康节邵子传先天易而后，此章大明。"朱子从而别白言之，其义益著。《易》本是卜筮书，有卦爻便可占。然伏羲画卦，岂但从阴阳起，必有不杂于阴阳而实不离乎阴阳者以为本，太极是也。此易之有太极，如木之有根，水之有源，必知乎此，则六十四卦三百八十四爻，莫不有极至之理在乎其间。所谓"六爻之动，三极之道"者是也。文王周公虽严"利贞"、"贞吉"之教，贞固便是理，但未尝明说出太极来。夫子恐人惟以卜筮视《易》，则卦爻涉于粗浅，故推本太极为言。太极者，是理至极之称，而为两仪四象八卦六十四卦三百八十四爻之祖。太极之名一立，而仁义礼智、性命性情、道德道义、忠信诚敬中正之教，发挥无余蕴矣。

阴阳炁之始

有理而后有气，气之始莫先于阴阳，天地山泽，雷风水火，与夫人物之万殊何。莫非阴阳之为者，易卦爻辞无阴阳二字，夫子于《乾》初九爻《小象》曰："阳在下也"，于《坤》初六爻《小象》曰："阴始凝也"，阴阳之称始于此。盖以六十四卦阴阳之初爻，即太极所生三十二卦阳仪之一，三十二卦阴仪之一，以为诸卦初九初六阴阳爻之通例也。阴阳之名一立，而动静健顺、刚柔奇偶、大小尊卑、变化进退往来之称，亦由是而著矣。

生于阳动。安静者为体卦，互卦亦安静，变动之卦为用卦，此为卦内之动静阴阳也。以卦外而言，应卦体之应吉事体，与寰宇八方宫位之卦，皆应静。若在人事动静之应，则有动者为阳为用卦，安静之器物为阴为体卦。又器物本属静，而人手持器物而应者，则为动矣。若驯服之马，主纳藏之牛，皆为动之者，而八方地理之水井、沼泽、山石田土之为应，此皆为静者矣。人取水担水前行，则水为之动，又人手持山石负土而前进，则为土之动。故于外卦之应，观察其静态而断其旺弱状态，又以用卦作用体卦而决其吉凶得失，动而应吉者，应吉则速；动而应凶者，应凶则速；不动而应吉凶者，其祸福潜藏，当时之未见，久之必应，此为卦外之体用之静态，虽应事迟而吉凶未显，但事久得失立见。

若夫起卦之动静，亦以我之中静而观其动者而占之。如雀之争坠，如牛鸡之哀鸣，如枯木之坠，皆物之动者，我以静而占之也。

又若我坐，则事应之迟；我行而事应之速；我立而半迟半速，此皆动静之理也。

[注]如占卦之初始，虽外境安静，然需静中取动以应卦象，如二雀之争而坠落，如有牛鸡之哀鸣，如枯枝之坠地，此皆物之动静也，以物之动静而应八方宫位之静，以画八卦阴阳而成六十四卦。

又若我他静坐，则应事为迟；如我他站立，则应事半速，而我他行之，则应事速，此皆动静迟速之理。

占卜坐端之诀

坐端者，以我之所坐为中，八位列于八方，占卦决断之。须虚心待应，坐而端之，察其八卦八方应兆，以为占卜事端之应。随其方卦有生克之应者，以定所占之家吉凶也。

[注]所谓占卜坐端，亦为占卜论八方起卦之太极

点，其理有二。

其一，以占卦者所坐之地为太极点，然后八方自然划分八宫，以正南为离宫，正北为坎宫，正东为震宫，正西为兑宫；或以占卦者之脸部所朝之方为离宫，后背方为坎宫，左边为震宫，右边为兑宫。然后论求测者所居之宫位。

其二，以测卦之场景自然划分八宫，南边为离宫，北边为坎宫，东边为震宫，西边为兑宫，然后论求测者所居之宫位。察其八宫八方应兆，用以起卦占卜事端之应。随其八宫五行有生克之应，以决其所占之事吉凶祸福。

如乾上有土生之，或乾宫有诸吉兆，则尊长老人分上，见吉庆之事。若乾上有火克之，或有凶兆，则主长上老人有忧。

坤上有火生之，或坤上有吉兆，则主母亲分上或主阴人有吉利之喜。坤宫见克，或有凶兆，则主老母阴人有灾厄。

震宫有水生之，及东方震宫有吉兆，则喜在长子长孙；见克而或见凶，则长子长孙不利。

坎宫宜见五金及有吉利之谶，则喜在中男之位；若土克，若见凶，则忧在中男矣。

离宫喜木生之，或有可喜之应，则中女有喜；若遇克或见凶，则中女有厄矣。

艮为少男之位，宜火生之，见吉则少男之喜；若遇克，或见凶，则灾及少男。问产必不育矣。

兑为少女，土宜生之，见吉则少女有喜，或有欢悦之事。若问病，如乾卦受克，病在头。坤宫见克，病在腹，推之震足、巽股、离目、坎耳及血、艮手指、兑口齿，于其克者定见其病。

至于八端之中，有奇占巧卜者，则在乎人。此引其端为之例也。

数

河图、洛书，为作《易》而出也。河图自一至十为数五十五，洛书自一至九为数四十五，合为之数者一百。蓍策、大衍，为用《易》而生也。王道得则其丛生，满之数亦百，可当大衍之数者二，则作《易》与用《易》之不外乎数者，非出于圣人之私意也，天也。故图书位数，隐然与羲文卦合；而揲蓍挂扐之数，所以定卦爻过揲之数，所以定乾坤之策而当期之日，合二篇之策而当万物之数也。或曰："数固不能相通欤？"曰："图书不过例数之文，以发圣人之独知而已，蓍则真可执持分合进退以求卦，故不同也。"然图书虚中之外，其余九六七八可以画卦著策，用全用半之后，亦视九六七八以别阴阳之老少，二者初未尝不同也。若夫卦爻中言数例，只六爻取，别见于后。

易

"易"有以理言者，有以书言者。以理言即太极是也，以书言即两仪四象八卦、六十四卦、三百八十四爻与夫文王之卦辞、周公之爻辞，皆书名是也。曰"《易》有太极"，此"易"字以书言，谓《易》书之中原其始，具此太极之理，所以能生仪、象、卦也。曰"易与天地准"，此易字不专以书言矣，谓"易之道与天地准，所以能弥纶天地之道也。"要之《十翼》中称"易"字以书言者为多，文王周公之辞无"易"字，夫子于《文言》及《上系》第二章方称"易"之名，周公爻辞不言"易"字，而于周礼却有"三《易》"之名。冯厚斋谓："夏曰《连山》，商曰《归藏》，周曰《周易》。则《易》乃周家之书名，文王之所命也。曰三《易》者，夏商家《周易》之称尔。"意恐未然。《说卦》谓"昔者圣人之作《易》"，非指伏羲乎？《系辞》谓"《易》之兴也，当殷之末世，周之盛德"，详其名义，《易》之称其来旧矣，必非自文王而始也。况以后蒙前可也，以前蒙后可乎？

[注] 如占得乾卦休囚，但占卦场景之乾宫见吉，此为补救，利于乾卦；反之乾卦休囚，而乾宫见凶，则乾卦不利。具体何事，以求测者所测之事为类象之方。例如，占求官，得乾卦休囚，体用克应应凶者，占此为去官，又逢占卦场景之乾宫见凶，此为剥官速而快之应，其他一理而推。

如占病，乾为大肠，兑为肺，其应在皮毛；坤为脾，其应在肉；艮为胃，震为胆，巽为肝，其应在筋；离为心与小肠，其应在血；坎为肾与膀胱，其应在骨。

乾为头，取象在枢；坤为腹，取象在肉；艮为手，取象在四肢；震为足，取象在撮；巽为股，取象在动；离为目，取象在神；坎为耳，取象在肾窍；兑为口，取象在言。

至于八端宫位之内，有奇占巧卜者，全在易理之精通，取象之精准。以上所注，全在抛砖引玉。

占卜克应之诀

克应者，所谓克期应验也。占卜之道，无此诀，则吉凶成败之事不知应于何时。故克应为卦之切要也。

[注] 占卦克应，即所谓占卜预测应验之期。占卜之道，如不明此诀，则吉凶祸福成败之事，不知道应验在什么时候，所以克应为断卦之切要。但是克应又是断卦之最难以把握的，有依数而克应者，有依卦理而克应者，此二者都是重点。

然克则最难，有以数而克之者，有以理而克之者，皆要论也。以数而刻期，必详其理，如算屋宅之初创，男女之始婚，坟墓之方葬，器物之新置，俱以此年月日时加事物之数而起卦。卦成，则欲体用互变之中，视全卦之数，以为约定之期，如审其事端之迟速而刻之，如屋宅坟墓永久者也。屋宅则以全卦之数刻其期。如屋宅之终应，盖屋宅有朽坏之期也。坟墓亦有损坏，然占墓但占吉凶，不计成败也。男女之婚，远亦不过数年。年内之事，全卦之数可决，又不如屋宅之久也。然婚姻亦不过卜其吉凶，不必刻其期也。

〔注〕以数而为时刻之期，一定要明易理，如房屋动工之时刻，男女结婚之初刻，坟墓之刚刚下葬，新近购买器物时刻等，俱以年月日加置物之时刻起卦，卦成之后，则于体卦与用卦生克互变当中，视全卦之数，此为成败之应期，有看其事发之迟速，事情是长久还是近期以定，如房屋坟墓此为永久之事，屋宅则以全卦之数而定应期，房屋之终始，为屋宅初建与朽坏之期。坟墓从打墓到损坏，然而占坟墓只论祸福，而不计墓室之成毁。男女之婚姻结合，遥远看无非数十年，以年为单位计数应期，以全卦之数应之，婚姻之期限没有房屋之久远，占婚姻重点在成败祸福，成败期限在其次，也没有必要占其应期。

若吉凶之期，但以生体及比和之年月为吉期，克体之年月为不吉之期也。器物之占，则金石之质终远，草木之质终不久也。远者，以全卦之数为年期；近者，以全卦之数为月期；又近者，以全卦为日期也。

〔注〕若占测祸福之期，以用卦决之，用卦应凶则寻应凶之年月，用卦应吉则寻应吉之年月，至于应期，则以用卦旺相休囚具体而定。如用卦旺相者，则吉凶必应在用卦休囚无气之年日，如用卦休囚者，则吉凶必应在用卦旺相有气之年日。如占器物之年限，则金石之质坚而年限久远，草木之质柔而终不久长。久远者以全卦之数为年应期，又占近期之事，则以全卦之数应日应期。

如置砚，则全卦之数为岁。计笔墨亦可以全卦为岁计乎。笔墨之小者，以日计之可也。此器

先天后天

《乾·文言传》曰："先天而天弗违，后天而奉天时。"夫子本以乾卦有下乾上乾发先天后天之象，至邵子引以明伏羲文王之《易》，然朱汉上谓陈抟以先天图传种、穆，则其称所从来又远矣。但邵子之意，谓先天者，如六十四卦天本未尝为，而伏羲画之，谓之先乎天可也。曰后天者，夫天地间已有六十四卦，文王就六十四卦内又后而序之系之，谓之后乎天可也。故其诗云："若问先天一字无，后天还始著功夫。"一事无只是顺其自然，且如画卦，不过由太极而两仪，两仪而四象，四象而八卦，其重也由八而十六，十六而三十二，三十二而六十四，只是加一倍法。至如先天八卦与六十四卦圆图，亦不过揭横图中前一截居南北之东，后一截居南北之西，皆未尝致力于其间也。谓之曰"著功夫"，则文王序卦与夫八卦方位，皆若出于有意为之，非复包羲自然之妙。然序卦与八卦方位既成之后，或反对以相因，或流行以致用，亦莫不有自然之位置，此所谓先圣后圣其揆一也，何庸致区别于其间矣。

尊阳卑阴

天尊地卑，阴阳固有自然尊卑之象，然于《易》上欲见其尊卑处，何者最为亲切。曰："太极生仪象卦最可见。"太极动而生一阳，然后静而生一阴，则阳已居先矣。至于阳仪之上生一阳一阴，先阳固宜也。阴阳之上，当以阴为主矣。其生一阳一阴，亦以阳居先焉。又至于四而八、八而十六、十六而三十二、三十二而六十四，其生一阳一阴，莫不先阳而后阴，于是首乾终坤。乾不期尊而自尊，坤不期卑而自卑，于此见尊阳卑阴非圣人之私意，卦画自然之象，亦造化自然之位也。

物刻期之占也。如先天观梅与牡丹二花，俱旦夕之事，故以卦理推，则不必决其远日也。如后天老年、少年、鸡牛之占，以方卦物卦之数合而计之。老少、鸡牛之占，亦只可以日计也。

[注] 如购置砚墨文章，购置砚，以全卦之数为年限，计数文章字数，亦以全卦之数为年计，字号大小，以日卦之数，这是器物应期之占卜方法。又如"观梅"与"牡丹"之占，俱为晨夕之事，故以卦理而推，没有必要择遥远之年月，唯占断时刻即可。又如，占"老人忧色""少年喜色""鸡牛鸣叫"之占，以八方卦与物卦之数合而计之，长幼、鸡牛之占，亦可以日时计数。

若永远之占，则以日为月，以月为年矣。占者详吉，必又寻常之占事刻期，则于全卦中细观生体之卦为吉，应决期克体之卦为凶。应之期远，则以年，近则以月，又近则以日也。如问求名则乾为体，看卦中有坤、艮，则断其辰、戌、丑、未之土月日。盖乾、兑，金体也。此为吉事生体之应。若问病而乾卦为体，则看卦中有离，又看卦中无坤、艮，及有凶犯，则断其死于巳午火日，此克体为凶事之期也。又若问行人，以生体之日为归期，无生体比和之日，则归必迟。若此例者，具难尽载，学者审焉。

[注] 若占测久远之事，则以日为月，以月为年，物之久长与否，全在求测之人意之所向，与物卦性质而论，以客观事实为准。吉凶应期以用卦为主，辅之以体卦。如测求名，乾卦为体卦，乾卦休囚，变卦为坤艮土，坤艮有力，则应吉在土旺之年月，坤艮无力，则吉凶应在休囚之年月；又如乾卦为体，用卦为离，乾卦休囚见离火相克，乾应凶之年月以离火而定，如离火旺相，则应在离火无力之日时，如离火无力，则应在离火有力之日时。如用卦休囚有帮，旺相有制，则应事必速，反之应事必迟。

万物赋

人禀阴阳，卦分先后。达时务者，近取诸身，远取诸物。观物理者，静则乎地，动则乎天。原夫万物有数，易数无穷。动静可知，不出于玄天之外。吉凶必见，莫逃乎爻象之中。未成卦以前，必虚心而求应；既成卦以后，观刻应以为断。声音言语，傍人谶兆，当遇形影往来，我心指实皆是，及其六爻以定，三天既生，始寻卦象之端，终测刻应之理。是以逢吉兆而终知有喜，见凶识而不免乎凶。

[注] 人禀赋阴阳而化生，卦分时序。通达时务者，近取诸身（五藏六腑，社会行为），远取诸物（宇宙五行之规，冷热动静之应），纵观万物之规律，天为阳主动，地为阴主静。宇宙万物不可计数，而以定规之易数以纳之。取类比象，不出生灭阴阳之理。人之祸福吉凶，内应其心，外显爻象。未成卦象之前，必推导其预兆；卦象既成，又审其卦理克应以断之。外在之声响异动，言语变化，依据这些兆谶，有形之生灭，皆为我心所现，及至六爻以定，三才既生，始寻卦象之端倪，终为体用克应之理。于是逢凶兆，而终应有喜，此为见凶识难乎应凶；逢吉兆，而终应之以凶，此为见吉识难乎应吉。此为依卦理自然克应吉凶，不以人之主观好恶而辨之。

故欲知他人家之事，必须凭我耳目之闻见。未成卦而闻见之，乃已生之事。既定卦而观察之，乃未来之机。或闻何处喧闹，主有斗争；或听此间笑语，必逢吉庆；见妇啼叹，其家阴小有灾；东至军来，必有官司词讼；或逢枷锁而枷锁临身；倘遇鞭杖而鞭杖必至。讼若屠而负肉，此为骨肉有灾；倘逢血光，而又恐灾于挚畜。师巫

卦分爻位阴阳

爻有初二三四五上为位之阴阳，初三五位之阳，二四上位之阴。九六为爻之阴阳。九阳爻，六阴爻。位之阴阳一定而不易，爻之阴阳变易而无常。或以阳爻居阳位，或以阳爻居阴位，或以阴爻居阴位，又或以阴爻居阳位，皆无常也。《易》曰："刚柔杂居，而吉凶可见矣。"又曰："上下无常，刚柔相易。"正谓此也。占法有九六七八，九为老阳，七为少阳，六为老阴，八为少阴。老变而少不变，《易》以变者名。爻故称"九六"，不称"七八"，其实每卦七八九六皆具。然初上两爻，阳爻不曰九，一而言初九，不言九六而言上九；阴爻不曰六，一而言初六，不言六六而言上六。盖初者"有始"之谓，上者"有终"之谓。言初言上，卦之首尾可见也。又《易》言阴阳，不言阳阴；言终始，不言始终；言晦朔，不言朔晦；言死生，不言生死，取其有生生循环不穷之意也。

乐饵，病患临门。见诐则有犯家，先逢酒则欠神愿。阴人至则女子有厄，阳人至则男子当灾。

[注] 预知人之事物，必凭耳目六蕴之感，色声香味触之灵机，形性位令色之所显，依卦理而准实。未成卦之前所六尘所现，乃为已经发生之事，卦象既成，依理而察辨，此为将来之机。或闻何处嘈杂呵斥，主有退让之事；或闻言笑之语，必应吉庆；或见妇女悲戚叹息，其家小儿应灾；或东方之应，或有军人，则其家必有词讼；或逢枷锁束厄限制，而应牢狱约束临身者；倘或鞭打刑杖，而鞭杖必至；若逢屠夫担负肉而行，必应骨肉罹难之灾应；倘逢血光，而恐应在于孽畜；或巫师祭祀，应病患临门；见诡辩佞人妄加人以罪，则必为触犯先人灵位之应；逢失财，则知许愿神明而未还，恰逢女人或市井之徒，则应外戚有灾厄；逢男人或官差，则应女子有灾。

又须八卦中分，不可一例而论。卦吉而爻象又吉，祸患终无；卦凶而识兆又凶，灾殃难免。披麻戴孝，必然孝服临头；持杖而号，定主号泣满室。其人忧终是为忧，其人喜还须有喜。故当观色察形，以为决意断心。其或鼓乐声喧，又见酒杯器皿，若不迎婚嫁娶，定须会客宴酬。

[注] 又须依八卦易理而分，不可执一而论之。卦象吉而爻象又吉者，终久平安无忧；卦理凶而爻象又凶，则灾殃难免；见披麻戴孝之景，必然有孝服临身；见持杖号哭者，必应家小悲啼满室；其人如有忧，则终有忧患之事；其人喜乐，则终有余庆。故应当观色察形，以之决定卦象；如见鼓乐喧天或者声音嘈杂，或见酒宴器皿，则断为婚姻嫁娶，或者会客饮宴之事。

欲知应在何日，须观爻象值数。巽五日而坤八日，离三朝而坎六朝。又观远近克应，以断的实之相期。应远，则全卦相同；应近，而各时同断。假如天地否卦，上天一而下地八；设若泽火

卦爻分君臣

六十四卦，乾卦纯君象，坤卦纯臣象，明夷卦指上六为暗君纣象，六五为箕子象外，余皆五君二臣，看来自君外余诸爻皆臣位，特有远近之分。说者谓四为大臣，以其近君也。文多称二为臣，以其正应也。六三或从王事，三非臣欤？初则臣之最微者，所谓在野曰草莽之臣是也，亦取民象。蛊之上九，高尚其事，又臣之隐居者焉。代渊曰"六十四卦皆以五为君位"者，此《易》之大略也。其间或有居此位而非君义者，有居他位而有君义者，斯《易》之变，盖圣人意有所存，则主义在彼，不可滞于常例。王晦叔曰：不为君位者，其卦有四：坤也，遁也，明夷也，旅也。坤对乾，以明臣之分；明夷亡国，纣是也；旅失国，《春秋书》"公逊天王出居"是也。遁去而不居，泰伯、伯夷之事也。此四卦所以不为君位。

革卦，上兑二而下离三。依此推之，万无一失。此人物之兆，察之可推也。及其鸟兽之应，仍验之有准。鹊噪而喜色已动，鸦鸣而祸事将来。牛犬猪羊，日晨不见，金日遇之，六畜有损。木日见猪养猪，必成。庚日见鸡鸣，丁日见羊过，此乃凶刃之杀。己日值马来，壬日有猪过，此皆食禄之兆。见吉兆而百事亨通，逢凶谶而诸事阻滞。

[注] 欲知应在何年何月，须看爻象八卦之数。巽卦四数，坤卦二数，坎卦一数，震卦三数，乾卦六数，兑卦七数，离卦九数。再论远近克应，以断实际成败应期。应期之远近，全在求测者意之所向，例如少年问功名，则应在远，今日卜灾星，则应在时日。假若卜得天地否卦，上卦乾一，下卦坤二；如卜得泽火革，上卦兑七，下卦离九。依此而推之，则百无一失。人的行为表现与物象的显现，可以俱卦理而推之，及鸟兽动变之应，仍然准验。听闻鹊鸟鼓噪，而应之以忧色，乌鸦鸣叫而应之以祸事将临；牛羊犬猪之畜，以日辰五行而论。庚辛金日，则六畜有损；甲乙木日，而六畜必成，盖因庚辛为万物所终，甲乙为万物之始；猪五行为水，甲乙日见，水木相生，壬癸日见为比和，应吉者而养猪有成；鸡五行属水，庚辛日见之，金水相生；羊五行属火，丙丁日见之比和；马五行属火，戊己土日见之，火土相生；吉凶依卦之旺弱，月建之深浅，具体依体用作用决之。见吉兆而百事顺利于财利，见凶兆而诸事障碍。

或若求财问利，须凭克应。以言柜箱为藏财之用，绳索为穿钱之物。逢金帛宝货之类，理必有成。遇刀刃剑具之器，损而无益。又看原卦，不可执一。逢财而有财，无财而无益。

[注] 或者求财问利，须凭体用克应，日辰之扶抑。盖以箱柜为存储，算盘论节制计数。逢金帛宝物之类，

爻有应不应

六爻取应与不应，夫子象传例也。如《恒·象》曰："刚柔皆应"，恒此六爻以应言也。如《艮·象》曰："上下敌应，不相与也。"此六爻虽居相应之位，刚柔皆相敌而不相与，则是虽应亦不应矣。又如未济六爻皆应，故曰"虽不当位，刚柔应也"。以此例之，则六爻皆应者八卦：泰、否、咸、恒、损、益、既济、未济是也；皆不应者亦八卦：乾、坤、坎、离、震、巽、艮、兑是也。二体所以相应者，下卦之初即上卦之四，下卦之二即上卦之五，下卦之三即上卦之上，上卦之四即下卦之初，上卦之五即下卦之二，上卦之上即下卦之三，此所以初应四，四亦应初；二应五，五亦应二；三应上，上亦应三。然上下体虽相应，其实阳爻与阴爻

应，阴爻与阳爻应。若皆阳皆阴，虽居相应之位，则亦不应矣。江都李衡曰："相应者，同志之象。志同则合，是以相应。"然事固多变，动在因时，故有以有应而得者，有以有应而失者；亦有以无应而吉者，以无应而凶者。夫九三以援小人而凶，剥六三爻以应君子而无咎。咸贵虚心而受人，故六爻以有应而失所。蒙六四以无应而困吝，斯皆时事之使然，故不可执一而定论也。又《观·象辞》重在二五，刚中而应者凡五，师、临、升二以刚中应五无咎，萃五以刚中应二，至若比五以刚中上下五阴应之，大有五以柔中上下五刚应之，小畜四以柔得位上下五刚亦应之，又不以六爻之应例论也。

问财有成，遇金铁刀剑肃杀之器，则损失有余。但必看卦象以断，不可执一，不可依主观好恶而断，万事不离卦理。逢财而有财，无财而有利。

凡物成器，方系得全，缺损破碎，有之不足。或问婚姻，理亦相似。物团圆，指日而成；物破损，中途阻折。此又是一家，闻奥斯理明，万事昭然。逢柴炭主忧，折麦主悲。米必奇，豆必伤。末与鞋，万事和谐；棋与药，与人期约。斧锯必有修造，粮储必有远行。闻禽鸣，谋事虚说。听鼓声，交易空虚。拭目润睫，内有哭泣之事；持刀见血，外有虫毒之谋。克应既明，饮食同断。见水为饮食酒汤，遇火为煎炮烤炙。见米为一饭之得，提壶为酌杯之礼。水乃鱼虾水中物味，土乃牛羊土内菜蔬。姜面为辛味辣羹，刀砧乃荤腥美味。此三天之克应，万物之枢机。能达此者尚其秘之。

[注] 凡物之成器，方系得全圆，见缺损碎裂，则物有缺而人事不全。或问婚姻成败，其理为一。物之完璧，谋事可成；物之损毁，终逢阻碍折损。此又为一理而论，易理亦明，则万事昭然。逢柴炭灰烬主忧患，逢秋季万物所终主有悲伤；米与迷谐音，所以见米则有蒙；豆与斗谐音，见豆必有伤；末与鞋谐音，所以见鞋而事有和谐；棋与约，主与人约会之期；见斧子工具，则家有修造；见粮食储存，则必有久远之事；逢禽鸟鸣叫，则谋事无有准实；听见鼓声，交易必有充实；擦拭眼睛而润湿睫毛，不久必有抽噎悲伤之事；见手持刀刃而见血，则其身必有蛊毒疮疡，因火为心，心主血，而疮疡皆发于心，所以见血而疮疡；克应既然明了，饮食动作同断。见水则有饮宴酒食；遇到火焰则有烧烤炮炙之食；见米则有一顿饭之得；遇到提着水壶者，主有酒杯小酌之礼；遇水则有水中鳞类食物，见土为牛羊蔬菜，见生姜主有辛辣之羹，见砧板则有熏腥厚味。此种

应景断卦,为近期三天内之事所应,万物之枢机窦巧,能达其理而推占者,是之为神矣。

饮食篇

夫乾之为象也,圆坚而味辛,取象乎卯,为牲之首,为马为猪,秋得之而食禄盛,夏得之而食禄衰。春为时新之物,果蔬菜之属;冬为冷物,隔宿之食。有坎乃江湖海味,有水而蔬果珍馐。

[注] 若乾卦之卦象,三边而味辛辣,取象乎规矩,为六畜之首,为驯服,为驯马,为圈养猪,秋季乾金秉令,秋占金旺水相,夏季火旺金死,春季为万物生发,木旺火相,冬季为寒凝之地,水旺木相,万物无形。有坎卦而封藏,有乾而水果,有震而蔬菜。

艮为土物同烹,离乃火边煎炙。秋为蟹,春为马。凡内必多肉,其味必辛,盛有瓦器,伴有金樽。其于菜也为芹,其于物也带羽。克出生回,食必鹅鸭。生出克入,野菜无名。

[注] 艮为五肉,离乃热盛之物,震巽为东海之鱼虾,乾兑其味辛,艮为盛器,其于菜为大枣与甘草,其为虫为裸虫,克入者为消化五谷,克出者为水谷精微。

坤其于坤也,远客至,故人来,所用必瓦器,所食米果之味。静则梨枣茄芋,动则鱼虾鲜羊。无骨肉脯,杀亦为腌,藏亦为肚肠。遇客必妇人,克此必口舌。克出生回,乃牲之味;克入生物,乃集物之烹。见乾、兑,细切薄披;见震、巽而新生旧煮,其色黑黄,其味甘甜,水火并之,蒸炊而已。四时皆为米麦之味,必带麻姜。仔细推详必有验也。

[注] 坤卦为万物之本体,为家乡,为故交,所用为盛物,所食为肉糜,静物为甘甜之果,为大枣,动则

爻分三才

三画卦下爻为地,中爻为人,上爻为天。六画卦初二为地,三四为人,五上为天。《说卦》曰:"立天之道,曰阴与阳。立地之道,曰柔与刚。立人之道,曰仁与义。兼三才而两之,故易六画而成卦"是也。

爻分中正

阳爻居阳位，阴爻居阴位，为正。初九、九三、九五为阳爻之正，六二、六四、上六为阴爻之正。阳爻居阴位，阴爻居阳位，为不正。九二、九四、上九为阳爻之不正，初六、六三、六五为阴爻之不正。二五为上下两体之中，三四为一卦全体之中，《系辞》谓非其中爻不备，又指初上中间四爻言中也。刚中柔中，当位为正，失位为不正，皆《象传》所取。

为鱼虾，为羊肉，为肉铺，其食为五肉，为肚肠。人物为妇人，克入为无情，克出为归家，为五畜之肉；克进为生生之物，为物之总汇。见乾兑为细分，为规整之物；秋占见震巽为旧物，气色苍青，其味为香，坎离并见，烹煮烩菜。四季皆为膏粱厚味，配姜食以佐之。

巽之为卦，主文书柬约之间，讲论之际，外客婚姻，故人旧交。或主远信近期，其色白青，其性曲直，其味酸，其象长。桃李木瓜，斋辣素食，为鱼为鸡，其豆其面，非济执而得之，必锄掘而得之。有乾、兑，食之而致病，有坤，得之非难。炊为炒菜蔬，离为炒茶，带坎于中，酒汤其食。其无生，半斋半荤。其在艮也，会邻里，有贵人。食物不多，适口而已。其橘油菜果蔬，斫伐于山林带节，虎狗兔鹿，渔捕网罗，米麻面麦。克入集食，克出羊肉。克入口舌，是非阴灾，极不可食。其味甘甜，其色玄黄。

[注] 若夫巽之为卦，主读书进用，谋虑立志，远方姻缘，又主故交。或主远人将至，其色苍青，其性曲直（曲，折也；直，于物为顺，于人为正思维），其五味主酸，其象为距离。五果为李，饮食为素食，为牛肉，非周济所得，必亲力亲为付出而得利。秋占逢乾兑则震巽受制，春占震巽旺相而遇坤艮，则呵斥责训有威，得之不难。离为蒸煮，乾兑为烹饪，震巽为酒浆汤食，震巽得坤艮则半荤半素，又巽为邻里，为执事之人。

夏占艮坤见震巽，为食物适口而不多。巽为五菜，乾兑为五果，坤艮为五肉，坎为五谷。巽为山林采伐，又为渔猎网罗，米麻面麦，克进为素食，克出为肉糜。于人事，克进为口舌是非，小人为害，及不成食。其味主酸，遇艮坤为甘甜，其色玄黄。

坎为水象也，水近信至海内，味香有细鳞，或四足。凡曰水族，必可饮食也。或闻箫鼓之声，或在礼乐之所，其色黑，其味咸。克出饮酒，回食鱼。为豕为目，为耳为血。羹汤物味，酒食水酱。遇离而说文书，逢乾而为海味。

[注] 坎卦在天为寒，在地为水，坎为鳞类所属，震巽为四足，又为水族饮食。或闻萧鼓之声，或为礼乐之地。坎卦其色黑，其味咸，震巽为酒水，又为东海鱼虾；坎水为五谷，坎为猪肉。遇离为文明，逢震巽为文章，遇乾兑为工艺。

震之为卦，木属也。酒友疏狂，虚轻怪异。大树之果，园林之蔬，其色青而味酸，其数多，会客少。或有膻臭之气，或有异香之肴。同离多，主盐茶；见坎或为盐醋。

[注] 震之为卦，五行属木，又为酒，情绪为疏泄，盛盛为狂，不及则怪异，于环境为园林，其色苍青，其味为酸，其数为多，又为有情，或为骚味，或有异香之食物，遇坎卦而多咸味，同离见而多味，巽为醋。

离则文书交易，亲戚师儒，坐中多礼貌之人，筵上总英才之士。其物乃煎烤炙烧，其间或茶盐。白日之夕，虽之以烛，春夏之际。凡物带花，老人莫食。心事不宁，少者宜之。宜讲论，即有益。为鸡为雉，为蟹为蛇，色赤味苦，性热而气香。逢坎而酒请有争，逢巽则炒菜而已。

[注] 离卦之卦象，离为文明礼仪，精神礼貌，情趣高雅之人，国家英才之士。其饮食为煎烤炙烤，其味焦糊。自然为白昼，夕之为灯烛，四时为夏季，于植物为花期，花期为中年为阳，老人为阴占此为阴阳不符。离火于人身为心，少者为木，少者见离，木火相生。文化传播，人生意义之所现。为鸡与雉之羽，为蟹之中空外实，为蛇之虚，离性热散，离逢坎而质坚，见巽则为菜鲜。

兑之为卦，其属白金，其味辛而色白。或远客暴至，或近交争。凡动物刀砧，凡味必有辛

画爻虚四者之别

六爻则九与六矣，六位则初二三四五上矣，而又有六画六虚者，何也。盖方画之初则为画，画既成于位之上则为爻，爻可见而位不可见，位虚而爻实也。位之虚者，所以受爻。爻者已成之画，爻与画先后不争多，所谓啐啄同时是也。必以画言之者，见得《易》非死物。据六爻观之，如圣人方用手画下，犹有活动之势也。位未画则为虚位，既画则为爻。此四者不同，强分亦不容元辨，要在人活泼观之。

三圣取象例

《易》有理而后有数，有数而后有卦，有卦而后有象。理者何？太极是也。数者何？河图、洛书、蓍、大衍之数是也。卦者何？由八卦重为六十四卦是也。象者何？乾天坤地乾马坤牛之类是也。然伏羲之象在卦中，卦即象也。文王取象犹略，乾无所取象，坤象牝马，离象牝牛，中孚豚鱼，小过飞鸟之类，寥寥可数。周公于六爻取象甚多，其要者，如乾六爻象龙，屯震坎象马之类，不可胜数。又自有所见而取，不必尽同于文王。至夫子于《说卦》，八卦取象，如乾天坤地乾马坤牛之类；于六十四卦取大象，如乾天坤地屯云雷蒙山泉之类，尤备。其间亦有括文王周公所取例者。然而同于文王周公者少，而所自取者多。盖夫子梦周公，心文王，参包羲于未画，其于明象，又自所可见，不必尽同于先圣也。朱子诗云："须知三绝韦编者，不是寻行数墨人。"得之矣。缘自先儒分经

辣，凡包里腌藏。其于暴也，为菲为蔆；其于菜也，为葱为韭。盛而有腥臭，旺而有羊鹅。坐间有僭越之人，或有歌唱之女。单则必然口舌，重则必然欢喜。主出多食，克出好事。

[注] 兑之为卦，其五行属金，其色白味辛，方位西。占行人为速至，或朋友邻里到来。凡植物皆为加工，饮食为辛辣，包裹者坤艮，腌制者乾兑，其于菜为葱白，震巽为韭菜。盛而有腥味，旺而为羊，周围有背叛之人，或有娼伶之女。词讼为输赢，又为府衙，七情为悲忧。生出者多事，克出者好事（乾兑见震巽为克出，乾兑见艮坤为生入）。

夫算其饮食，必须察其动静。故动则有，静则无。以体卦下卦为己卦，上为人卦。下为变为客，互之上为酒，下为食物。取象体之下为食，何物变为客体，下食之不终，生体下吉。互客体之不得食。他人克应亦难食。他人生，他人请己。生体生下何请人。互受生后不计杯杓。上体受生客不计数。变生互，客有后至者；互生克，有先去者。取其日时，以互卦用矣。

[注] 夫占算饮食受纳，必要查其动静阴阳，故动则有卦，静则无卦。论体卦用卦，如无动爻者，下卦为己卦，上卦为人卦。如下卦变动则为客，上卦为己卦也。如论互卦，则下卦为主食，上卦为水饮。取象体卦之下卦为何食物，变卦体用为客，下卦为食物之终了。至于体用吉凶，则以旺而有制，弱而有帮为吉，反之则凶，吉则甘味，凶则难咽，吉则酒宴丰盛，凶则仅能果腹。

用卦为客，体卦为主，用卦克体卦应吉者，我请客；用卦生体卦应吉者，对方请客；主卦为体，变卦为客；主卦之体卦应吉，则我获利，变卦之体卦应吉，则客得利；主卦为食客，变卦为饮食佳备，主卦应吉则食客氛围，变卦吉则佳肴丰盛；又主卦为食客与主，变卦

为菜肴与饮食之方，主卦之体卦应吉，则食客与主和谐，变卦之体卦应吉者饮食丰富，用卦导致体卦应吉者，饮食之地富饶。

以上皆为体用互辩，主卦与变卦互辩之理，卦象既成，当细细斟酌卦理，克尽体用，以明吉凶，用以应对无常之世事。

观物玄妙歌诀

观物戏验者，虽云无益于世，学者以此验数，而知圣人作《易》之灵耳。物之于世，必有数焉。故天圆地方，物之形也；天玄地黄，物之色也；天动地静，物之性也；天上地下，物之位也；乾刚坤柔，物之体也。故乾之为卦，刚而圆，贵而坚，为金为玉，为赤为圆，为大为首，为上之果物。见兑为毁折，逢坎而沉溺，见离为炼煅之金，震为有动之物，巽为木果为圆，坤、艮土中之石，得火而成器。兑为剑锋之锐，秋得而价高，夏得之而衰矣。

［注］观物占卦而验者，虽有益于世事，学易者多有此验，然圣人做易而灵验。宇宙万物，皆有其数显，故天之在于规范万物，地之在于化生万物，万物之形色也；天地者阴阳之征兆，应天者智慧也，应地者有形也；天为万物以动（动，生生不息），地主万物以静（静，停止），此为万物之本性；天为上为尊，主规范万物，地为下为卑，主蓄养万物，此为物之位也；乾卦为金，万物以时序更迭，坤卦为土，万物生化有情，此为物之体也；是故乾之为卦，尺归法度，贵者遵也，坚者屈服也，为金为玉，色白而辛温，为大者，万物之规律，为首者，万物之所遵循，为五果，为规范规矩；万物至兑为终结，逢坎而无形，见离而有收敛之功，震卦为有动之物，巽为木为相持，坤艮为有形，得火而化育

合传之后，学者随又苟且，混淆莫别，径以孔子之象即文王周公之象，遂以《说卦》为祖，而六十四卦之象、三百八十四爻之象，尽求合于《说卦》，皆有所不通矣。必知乎此而后取象乎同异，如揭日月而行天，流河汉而注地也。愚于《本义》后《卦象图说》详矣，姑陈其概于此。或曰："象至夫子而大备。诚如子言矣。夫子以前，占者取象，如《左传》所载，固已多矣，奈何？"愚曰："《左氏传》乃传夫子《春秋》之经，安知非取夫子之《易》象以文之也。借曰夫子以前，如乾天坤地等象，容或有之，然自《左传》外，他无证据，又不应以夫子之圣赞易区区，收拾先圣所取之象为之套括略，不能自出一毫所见于其间也。况夏商以前，《易》无复考究，今只据《易》中之辞，求《易》中之象，文王所未取者，周公取之；周公所未取者，孔子取之。以文王周公所未有之象，至夫子而方尽，谓之曰'象至夫子而大备'，讵不信然。"

象爻取象例

《易》中卦爻及《象传》中取象，有取变体、似体、互体、伏体、反体，不一而足。变体，如小畜上九称既雨，无坎而取雨象者，以上九变则为坎也。似体，如颐似离而称龟，大壮似兑而称羊之类也。互体，如震九四称遂泥，以自三至四互坎也。伏体，如同人象辞称大川，以下体离伏坎也。反体，如鼎卦初三爻称妾，以下体巽，正兑之反，初阴爻，妾也。此类皆不可省，象意方通。

万物，兑为金为戒，秋季得势，夏季处于死地。

坤之为卦，其形直而方，其色黑而黄。为文为布，为舆为金。其物象牛，其性恶动。得乾乃可圆可方，可贵可贱。震、巽为长器，离为文章，兑为土中出之金，艮为带刚之土石也。

[注]坤之为卦，其形多变，其色黄。其性为包容，其用为日常依侍，为车马承载之功，社会为姻亲，为牛之隐忍耐劳，其为静，得乾而有一定之规，可贵为行道之本，可贱为有形之躯，震巽为生活用具，离为文明表彰，兑为方圆之本，艮为变化之端。

震之为卦，其色玄黄而多青，为木为声，为竹为萑苇，为蕃鲜及生形。上柔下刚，是性震动而可惊。得乾乃为声价之物，得兑为无用之木，见艮山林间之石，见坎有气之类，巽为有枝叶，见离为带花。

[注]震之为卦，其色苍青，五行为木，为物之声音，为竹子为苇之高直，为万物生发。阴为柔，阳为刚，震为下柔而上刚。其性为万物以动，为人主惊。得乾乃为有序，得兑为节制，见艮方显其功，见坎为有气，巽为万物持续，离为万物所见。

巽之为卦，其色白，其气香。为草木，为刚为柔。见离为文书，见兑、乾为不用，乃遇金刀之物。坤、艮为草木之类，坎、兑为可食之物。为长为直，并震而春生夏长，草木之果蔬。

[注]巽之为卦，其色苍青，五行为木，其味酸，其性顺直，遇兑则柔，见离为文明，秋占为不用，万物以斫伐，于坤艮为身形有依，遇坎为无形，为物之长，震巽春季当令，夏季为休，物则为欣欣。

坎之为卦，其色黑，亦可圆可方物。为柔为腐，内则刚物。得之卑湿之所，多为水中之物。见乾亦圆，见兑亦毁。又乃污湿，得震、巽而可食；离、水火既济，假水而出，假火而成。又为滞于物，兑为带口也。震、巽为带枝叶，为带花也。

[注]坎之为卦，其色黑，其质坚，其形为圆，其味腐，内里坚实，坤卦为卑湿之所，坎为寒凝之物，见离为内圆外方，见兑为静，其变化为雹雪，得震巽为生发，假水而内实，假火而阴阳相交，万物于此而滞，兑为言（言，口实，承诺），震巽为有生发，见离为繁华。

离之为卦也，其色黄而青，体燥，其性则上刚下柔。为山石之物，土瓦之类，小石于大山，为门途之处。为物见乾而刚，兑而毁折，坤而土块，巽为草之物，而震为木物类也。坎并为河岸之物，离并为瓦器，震、巽并见篱壁之物。

[注]离之为卦，其色红，其本热，其性中空，为山石固态，宅院则为土瓦，其细为小石，其粗为大山，于外为开阔，为物见乾而收敛，见兑而毁折，遇坤而有化育，巽为疏，震为升，并见坎为内实外虚，重见离为瓦器外覆，震巽并见为藩篱。

兑之为卦，其色白，其性少柔而多刚。为毁折而下，全带口而圆。见乾先圆后缺，见艮则金石废器，见震、巽为剥削之物，见坎为水之类。得乾而多刚，得坤而多柔，长于西泽之内。于水中之类，得柔而成器也。

[注]兑之为卦，其色白，其性收敛，兑为速降，为万物所终，言语承诺而万物之规。见乾为有序，见艮为终失化育，见震巽为直物有收敛，见坎为寒凝，得乾卦而伦序，得坤卦而多包藏，方位在西，见震巽则成器。

卦有逐爻取象

如随二三损初为小子，渐初亦称小子，大过损初为女妻，噬嗑、贲、壮、夬、鼎、艮损初为趾，遁、既、未济损初为尾，晋、姤上象角，大过上象顶，既济上象首，皆是也。他爻可类推。

爻有以六位取象

《易》六十四卦，惟既济一卦坎上离下，六爻之阴阳与六位之阴阳协，故曰"既济定也"，言爻位阴阳皆定之义。余六十三卦中，皆具坎离阴阳之位焉。又只以见日月为易之妙，故卦中取象亦有以位之阴阳取者。初不以爻拘，如乾九三以位言，居离位之上，有终日夕象。九四以位言，居坎位之下，有跃在渊象。义则昭然矣。朱汉上解《乾·象传》曰："六爻天地相函，坎离错居。坎离者，天地之用也。云行雨施，坎之升降也。大明终始，离之往来也。"因是推之，得六位取象之说。

诸事响应歌

混沌开辟立人极，吉凶响应尤难避。
先贤遗下预知音，皇极观梅出周易。
玄微浩瀚总无涯，各述繁言人莫记。
大抵体宜用卦生，旺相谋为终有益。

〔注〕混沌为阴阳未分，太极未立，指先天世界，时间与物质形成的缘起，混沌既智慧；吉凶祸福人所难避。古圣先贤遗留《易》以预知万事，"皇极"一词，源于邵康节先生所作《皇极经世》，康节以《周易》易理出"观梅占"起例；宇宙之玄微浩瀚没有边际，各种繁复道理有万千，简述体卦用卦，用以推知后天阴阳，旺相休囚为紧要。

比和为吉克为凶，生用亦为凶兆矣。
问雨天晴无坎兑，亢旱言之终则是。
天时连雨问晴明，艮离贲卦响应耳。
乾明坤晦巽多风，震主雷霆定莫疑。

〔注〕体卦休囚，则用卦比和相生为吉，用卦克泄耗则凶；体卦旺相有力，则用卦比和生扶为凶，用卦克泄耗则吉；此为虚实补益泄泻之理，实则泻之，虚则补之。不可妄断生比为吉，克耗则凶。生扶克泄耗为五行作用，生旺死绝为作用尺度，宜生宜克，皆以旺弱为取用之规。生克本身并无吉凶意义，当生则生为吉，不当生而生为凶；当克而克为吉，不当克而克为凶，此为亘古不变之理，万卦之规仪。如占天气变化，坤为大雨滂沱，见兑则止，冬季坎为雹雪，震巽为风，乾为雾露，晴雨以之为象义。连雨占问晴明，见艮卦则停，逢离卦则晴；乾主秋高气爽，坤多阴晦细雨，巽卦多风，震主风速与急慢。

凡占人事体克用，诸事亨通须有幸。

比和为妙克为凶，又看其中何卦证。
乾主公门是老人，坤遇阴人曰土应。
震为东方或山林，巽亦山林蔬果品。
坎为北方并水姓，酒货鱼盐才取定。
离言文书炉冶利，亦曰南方颜色赤。
艮为东北山林材，兑曰西方喜悦是。

[注] 凡占测人事变化，得令失时为紧要，体卦与用卦作用有吉凶。体卦应吉诸事顺，体卦应凶事莫为。乾卦在外为公门与任职，在内为父亲与职责；坤卦在内为母亲，在外为姻亲；震卦方位为东或为动，巽为五菜；坎方位在北，姓氏中有水字旁，或者两点水，坎卦为盐亦为坚；离卦为文章表达，又为冶炼炉火，方位在南颜色红；艮卦方位东北，又为城市；兑卦方位在西，主严肃与杀伐。

生体克体亦同方，编记以为诸事应。
凡问家宅体为主，旺相须知进田土。
生用须云耗散财，比和家世安居处。
克体为凶决断之，生产以体为其母。
两宜生旺不宜衰，奇偶之中察男女。
乾卦为阳坤为阴，又有来人爻内取。
阴多生女阳生男，此数分明具易理。

[注] 如以用卦论方位，则用卦生克体卦不论吉凶，吉凶必应在用卦本方位。凡占问家宅以体卦为主，体卦应吉者，家宅兴旺。用卦作用体卦应凶者，家财耗散，体用比和应吉者家业兴，应凶者家业败。体卦旺则喜克，体卦弱则喜生。若问生产以体卦为母，用卦为子，体用作用应吉，则母子平安，生男生女以用卦阴阳论。乾坎艮震为阳，巽离坤兑为阴，体用皆为阳且作用应吉者，必生男孩，体用有一阴卦，不论体用作用吉凶，皆生女孩，此为阴阳易理之细分。

婚姻生用必难成，比和克用大吉利。
若问饮食用生体，必知肴馔丰厚喜。

卦分德象体材义

卦德：乾健坤顺，震动巽入，坎陷离丽，艮止兑说是也。卦象：乾天坤地，震雷巽风，坎水离火，艮山兑泽是也。卦体：刚中柔中，刚上柔下，内阳内阴，内健外顺是也。卦材：刚柔健顺，有强弱之分是也。卦义：如泰有亨通义，蛊有干济义也。

卦爻言数例

凡卦爻数，自初数之，至上为六。或以一爻为一岁一年，同人三岁不兴，坎三岁不得凶，丰三岁不觌，既济三年克之，未济三年有赏于大国。或以一爻为一月，临至于八月有凶。或以一爻为一日，复七日来复。或以一爻为一人，需不速之客三人来，损三人行则损一人。或以一爻为一物，讼鞶带三褫，晋昼日三接，师王三锡命，比王用三驱，睽载鬼一车，解田获三狐，损二簋可用享，萃一握为笑，革言三就，旅一矢亡，巽田获三品之类。见先杂著。

生用克体饮食难，克用必无比和美。
坎兑为酒震为鱼，八卦推求衰旺取。
求谋称意是比和，克用谋为迟可已。
求名克用名可求，生体比和俱可取。
求财克用日有财，生体比和俱称意。

[注] 占问婚姻，体用作用应吉者，婚姻易成，体卦旺相喜用卦以克泄耗，体卦休囚喜用卦以生扶。若占饮食，体卦应吉者，必知有佳肴丰厚。用卦克体卦应凶者，饮食无味而少，用卦耗体卦应凶，虽想进食而无有进益，体用比和而应吉者，饭食随心而珍馐。震巽为酒浆，坎为鳞类，坤艮为肉，兑为果蔬。饮食纳取以体用旺弱作用而定，体用比和应吉，求谋称意。体克用应吉者迟，用克体应吉者速，求名逐利用卦作用体卦应吉，凡谋不遂。

体卦为我，用卦为他，人我为一。体为静，用为动，静者为阴，动者为阳。阴阳为一，体用一体。凡体用作用，必依旺弱为本，卦理作用为用。太过者损之斯成，不及者益之则利。生扶克泄本无吉凶，体用作用应吉凶，适其性者为吉，逆其性者为凶。

交易生体及比和，有利必成无后虑。
出行克用用生体，所至其方多得意。
坎则乘舟离旱途，乾震动则坤艮止。
行人克用必来迟，生体比和人即至。
咸远恒迟升不回，艮阻坎险君须记。
若去谒人体克用，比和生体主相见。
兑主外见讼不亲，乾利大人长者是。
来问生物体克用，速可追寻依卦断。
相生比和终可寻，兑临缺处并井畔。

[注] 占问交易契约，体用比和（比和，体卦与用卦为同一五行，或同一卦者为比和）作用应吉者，主客称心，交易必成。震巽乘舟，艮旱行，震巽为动，乾兑止。体克用应凶者，来人必迟，用卦克体卦或者体用比

和应吉，行人必速归。风地观，木克土，行人在远方不归；雷风恒，震巽比和，行人迟归；地风升，木克土，行人难回；艮为山，土土比和，行人在外；坎为水，水水比和，行人有归心；求人办事，求谋见贵，体克用应吉则去，应凶则止，迟速与否依主卦吉凶而断。用卦生体卦，用卦与体卦比和而应吉者，行人终将回归；兑卦主终止与绝迹，逢兑卦而应凶者，主行人不归，或断绝来往。

　　离为冶炉及南方，坤主方器凭推看。
　　疾病最宜体旺相，克用易安药有效。
　　比和凶则有救星，体卦受克为凶兆。
　　离宜服热坎服冷，坤土卦温补料亨。
　　亦把鬼神卦象推，震主娇怪为状貌。
　　巽为自缢井锁枷，坤艮落水及血刃。
　　凡占公讼用宜克，体卦旺相终得理。

　　[注] 离卦方位在南，为高温之场所；坤卦主用度，形体主多变，需凭卦象旺弱吉凶而定；占病最宜体卦吉，体克用应吉，良药易取；体用比和应吉，虽病为有救应；体卦弱而得用卦克制，此为凶兆；占病如逢离卦旺相，则宜服用寒凉之药；如逢坎卦旺相，宜服用温热之药，寒则热治，热则寒治，寒暖燥湿，适其性者为补，补益泄泻，总以旺弱为先。卦见坤土休囚宜温补，重见艮卦宜寒凉；巽卦为凶必自缢，巽卦克体枷锁临；坤艮横祸及凶难；凡占官讼宜用卦对体卦起好作用，体卦旺相得制，弱而得生，终久得理。

　　比和助解最为奇，非止全仗他人力。
　　若问墓穴在何地，坤则平阳巽林里。
　　乾宜高葬艮临山，离近人烟兑兴废。
　　比和生体宜葬之，克用尤为大吉利。
　　若人临问听傍言，笑语鸡鸣亦吉美。
　　美物是为祥瑞推，略举片言通万类。

　　[注] 占测官讼体卦休囚得用卦比和，此为官讼可

先后天辨

　　先天者已露之机也，后天者未呈之象也。唯其已露，则因事就占而即知其吉凶也。惟其未呈，是未有知觉，出于仓猝，而触景触物，预拟成卦，休咎著焉。此所以先天易测，后天难知。先天专以宾主而不以爻辞论，后天以爻辞而又加宾主断者，何也？盖先天乃伏羲所画，虽有易理而易无言，故不用《周易》爻辞，而专以宾主断也。后天乃文王周孔之传，是有卦画而又有《易》书也。有《易》书故有爻辞，而兼宾主断也。盖圣人作《易》画卦，始于太极两仪四象，皆是加一倍数，自成乾一兑二之数，此先天也。坎一坤二，即后天也。故凡起卦，只合以此而推。如乾兑则应于庚辛及五金之日并乾应于戌亥日时，兑应于申酉日时，震巽应于

甲乙及五木之日并寅卯辰巳之意。此先天之应期也。后天则以卦象加时数，而分行立坐卧之迟速，以定事应之期，故我坐则吉凶迟，应于一卦成数之间；我立则不迟不速，应于二卦中分之际；我行则应于二卦三分一之期。大抵坐则静，行则动，立则半动半静。静则应迟，动则应速，半动半静则半迟半速也。然卦数时数应近而不能应远，必合先天后天通用取决，斯无惑矣。

解，不用依仗他人，双方自己和解；如占问先人葬于何地，坤主密林，艮为平阳，震巽为高山；乾卦低平，坤卦高起；离卦近市井，兑卦为荒废之地；体卦休囚逢用卦比和，此为宜葬之地；体克用应吉为可葬；有所占问，以临机取卦，依旺弱取用，凭卦理推断，不可以依人主观，个人好恶而断卦。以上之注解，有缘者珍之。

诸卦反对性情

乾刚坤柔反其义，比卦欢欣困忧虑。
临逢百物观求之，蒙卦难明屯不失。
大畜其卦福之生，无妄若遇祸之始。
升者去而不复回，萃者聚而终不去。
谦卦自尊豫怠人，震则动而艮则止。
兑主外遇巽内藏，随前坎后偷安矣。

[注] 乾卦主治，坤卦主化，八卦无有吉凶意义，六十四卦体用组合生克而有吉凶。水地比卦，坎水为体旺相则占事必中；泽水困卦，如坎为体旺相，则占事必有忧；地泽临卦，兑卦休囚为体，百事可求；风地观卦，坤卦旺相为体，诸事可为；山水蒙卦，坎水休囚为体，诸事难明；水雷迍卦，震卦休囚为体，谋求有得；山天大蓄卦，乾卦休囚为体，则福气来临；天雷无妄卦，震卦休囚为体，则有祸患降临；地风升卦，坤卦休囚为体，凡谋不遂；泽地萃卦，兑卦休囚为体，凡事终有所得；地山谦卦，坤艮为体休囚，升迁有准实；雷地豫卦，坤卦休囚为体，志向难求；震为雷卦，震卦休囚，凡事欲动则吉；艮为山卦，艮卦旺相，凡事有止；兑为泽卦，兑卦旺相，讼事破财难免；泽雷随卦，震卦休囚为体，坎为水卦，坎卦旺相，则凡谋不顺；山地剥卦，艮坤旺相，世事消散；地雷复卦，坤卦旺相为体，失而复得；山风蛊卦，艮卦休囚为体，世事难明有前因。

剥体消烂复自生，蛊改前非而已矣。
明夷内朗又逢伤，晋主外明并通理。
益拟茂盛损象衰，咸速恒迟涣远遁。
同人内亲睽外疏，解卦从容蹇难启。
离文美丽艮光明，遁退回身姤相遇。
大有曰众丰曰多，坎卦履险震卦起。
需不进兮讼不宁，既济一定无后虑。
未济之卦男之终，归妹之辞归之始。

[注]地火明夷卦，坤卦旺相为体，事体有恙；火地晋卦，坤卦休囚为体，凡事外明有所得；风雷益卦，震巽休囚，事事繁茂而盛；山泽损卦，兑卦旺相为体，盛极而衰；泽山咸卦，兑卦休囚为体，事事速成；雷风恒卦，震巽休囚，凡事迟滞；风水涣卦，巽卦旺相为体，事有远遁；天火同人卦，乾卦旺相为体，家有亲情；火泽睽卦，兑卦休囚为体，外无朋友；雷水解卦，震卦休囚为体，做事从容；水山蹇卦，坎卦休囚为体，凡事不能发起；离为火卦，离卦休囚，行有事功；艮为山卦，艮卦休囚，谋事有得；天山遁卦，乾卦旺相为体，事有晦退；天风姤卦，巽卦旺相为体，事事有成功；火天大有卦，乾卦旺相为体，日有进益；雷火丰卦，离卦休囚为体，诸事收获；坎为水卦，坎卦旺相，事有不周；天泽履卦，乾兑旺相，凡事无成；水天需卦，坎卦旺相为体，凡事不进；天水讼卦，水火既济卦，离火旺相为体，事成无忧；火水未济卦，离卦休囚为体，凡事有始无终；雷泽归妹卦，震卦旺相为体，事有终是始。

否遭大往而小来，泰卦大来而小去。
革去旧故鼎从新，小畜曰寡噬嗑食。
旅羁其外大过颠，夬卦分明曰快利。
要将字字考精详，杂卦性情反对是。

[注]天地否卦，乾卦旺相为体，遇事去阳来阴；地天泰卦，乾卦休囚为体，遇事阳来阴去；泽火革卦，

极深研几

易分八卦，数衍三天，是以乾坎艮震属阳，戌亥子丑寅卯之都；巽离坤兑属阴，辰巳午未申酉之乡。四柱立而定矣，万事莫得而逃焉。惟至人可以语此，彼下士岂宜妄传。故人不三世而心不通，事不三思而断必差，数不三尺而义不深，算不三参而差不觉。至若临事决断，虚心持诚，求乎他人之事，取乎我心之灵，敬有所主，理无不明。先立八卦，定其用之可否；次详六爻，察其说之可凭。及其一通百过，则必万举万灵，鬼神莫测，祸福可定，神煞有无，吉凶亦应。

三天说

先天者卦象也，中天者日辰也，后天者方位也。首以先天观卦爻之盛衰，次加中天之日辰，再详后天之方向，或相生合，或相刑并，合三天之造化，从心上之虚灵，以断之祸福，如悬镜矣。邵子曰："先天之学心也，后天之学迹也。"出入有无，死生之道也。

兑卦旺相为体，新旧更替，去旧迎新；风天小畜卦，巽卦休囚为体，不唯众唯寡；火雷噬嗑卦，离火旺相为体，或震木休囚为体，此为凡事有损；火山旅卦，艮卦旺相为体，或离卦休囚为体，凡事停滞，或旅居他乡；泽风大过卦，巽卦为体休囚，或兑卦为体休囚，则事有过失；泽天夬卦，乾兑休囚行事有魄力，是非分明。五行旺弱平衡为标准，体用旺弱要定义，补益泄泻为需求，卦理吉凶为根本，八卦类像为方向，统分八卦，细断阴阳。

占物类例

凡看物数，看其成卦，观其爻辞。如得乾，曰"潜龙勿用"，乃曰不可用之物；"见龙在田"，乃曰田中之物；"或跃在渊"，乃曰水中之物；"亢龙有悔"，乃废物也。如得坤之"直、方、大"，乃曰宜而方大之器物；"括囊无咎"，乃曰包裹之物；"黄裳元吉"，乃曰黄色衣服之物；"其血玄黄"，"因于石"乃曰石物或逢石而破；"困于株林"，乃曰木物。又言爻辞，不言物类，而不能决者，须以八卦所属之象察之。

[注] 凡观万物变化，必分析其成卦，解析其爻辞，例如"潜龙勿用"万物气在胞胎，没有形气；"见龙在田"物华在其外，"或跃在渊"，万物有所规范；"亢龙有悔"，物极而晦退；如得坤卦之"直、方、大"直者，绳直也，曰生发。方者智也，大者规也；"括囊无咎"，虚以待用为之囊，括者束也，无咎者不逾矩也；"黄裳元吉"，黄者物也，裳者下也，元者终始，吉者规仪，整句的意思是先天智慧与后天有形，有序而终始；"龙战于野，其血玄黄"，《象传》释曰："龙战於野，其道穷也"，龙者万物，阴阳剥离谓之战，有形称之野，血者类属也，天之气谓之玄，地之形为之黄，天地交谓之

玄黄；"臂困于株林"，耽于欲望；论爻辞，论于物象，又不能决之者，就依八卦万物类像与卦理作用推导之。

又诀体用断物之妙

生克制化之妙，于诸诀中此极诀为美验。其所诀以生体者，为可食之物；克体者，为可近人之秽物。体生者，为不成之器；体克者，为破碎损折之物；比和者，乃有用成器之物，又生体象者为贵物，克体象者为贱物，所泄为废物也。

[注]又有诀，体卦与用卦作用，生克制化为根本，于诸法妙诀每每有所征验，其所有生体应吉者，为可征用之物；克体而应凶者，此为废弃之物；生体而应吉者，为可用之器；克体应凶者，为缺损之残品；体用比和而应吉者，此为有成用之器物；又生体应吉，为可用之物；克体而应凶者，为无用之形物；用卦耗泄体卦而应凶，此为真无用之物。

又诀

凡算此数，以体卦为主，看其刚柔。用卦看其有用无用。体生方圆曲直，可作可用，如用生体，乃可食。用变互卦，看其色与数目。此互卦决其物之数目也。如互见重兑、乾，决为一二之数。互见艮、坤，为七八之数也。但互卦重乾、重艮、重坤、重坎、重离之属，皆是两件。物乘旺，物数多，衰而物少。离为中虚之物，或空手无物。又决物之数者，如互艮卦，先天七数，后天亦不出八数之外。

[注]又有占诀，凡测算运数，以体卦为主，审其旺相休囚，然后以用卦为用，作用体卦。体卦旺相宜用卦以制衡，体卦休囚宜用卦以补益，此为生克之本用，俗师妄论生吉克凶，不知生克为何，贻误后学。体用方圆曲直（方圆，指生克作用；曲直，这里不代表木，指

体用总论

夫有意必有言，有言必有象，有象必有数，数立而象生，象生则言著，言著则意显，是以圣人仰观俯察，惟动静而已。故动者数之用，静者数之体也。体以用为宾，用以体为主。主宜旺而受宾之生，宾宜衰而受主之制。故主克宾其势强也，所为虽迟乃终有益；宾克主其势弱也，凡事守正，静以待时；主生宾以先天也，所行必垂，动则虚耗；宾生主身得济也，足以有为，往有所向；宾生比和，其道亨也，百事流动，动固不吉。日生主，日主比和，我得上人扶助；日生宾，日宾比和，他得贵客维持。日生主克宾，人向我而忘他；日生宾而克主，人向他而嫉我。日克主而克宾，我受制，他得所；日克宾而生主，我欢忻，他受制。主克日，无人主张；主生日，可求于上人。宾克

日，他与上不和；宾生日，他求上人助。主生日，日克宾，可用意求人而制伏其他；主克日，日生宾，我与上人不和，他得上人扶助。宾克日，日生主，有人见忘于他而意向于我；宾生日，日克主，他用意求人而见咎于我。宾生我，而互变皆克，则好中不足，事将成而复变；宾克我，而互变皆生，则凶中有救，事虽阻而后成。盖正乃作事之始，互乃作事之中，而变为末后之应。凡用静用作之间，审其宾主休旺之势，生克变化之理，考其日辰，详其三要，推其十应，则人事之休咎，万物之得失，不在鬼神而在我矣。故曰"数立则象生，象生则言著"矣。

适宜与否）凶则失之，吉则取之。用卦体卦生克作用，有吉有凶，全在旺弱权变。如占物之数，以用卦之数决之（坎卦一，坤卦二，震卦三，巽卦四，乾卦六，兑卦七，艮卦八，离卦九，坤卦五零，八卦之数以洛书数为准，俗以误传先天八卦有数，所谓的先天八卦止于八，而数有十，卦有八对应八方，数有十为后天物序），又有一说以互卦为数，互卦为异，各取其数，互卦为重，即坎坎，震震，乾乾等，皆取其本卦数。用卦旺相数则满，用卦无气者则数寡。离卦为轻轻，坎为重浊，巽为四肢为执取。

物数为体诀

凡算物数者，不但以体卦为体，凡卦之多者，皆可为体。如乾金多，以金为体，则多刚；坤多以土为体，多柔。乾卦体卦乾而用是，乾而互又是乾。固曰：金为体而刚矣，便是圆健刚硬之物。非金非石，此为体矣。观物有体互变卦，并无生旺之气者，为不入五行之物。观物观爻，如八卦中阳爻多，乃多刚之物；阴爻多，乃多柔之物。

[注]凡占算物之数，以旺相休囚以诀旺衰，旺者数为多，衰者数为少，多少以个位零计。如乾金为用，则以乾六为数，金为体而健，为物之规范，为规则之物，遇坎则坚。体卦为物之本体，体卦生旺有制化，休囚有生助者，物之所成；体卦旺相得生助，休囚被制化，则物之损也。如占畜生，震巽为兽类，离为羽类，乾兑为壳虫，坤艮为裸虫，坎为水族。

又诀

观物变在五六爻，多是能飞动之物。

[注]凡得卦五六爻变者，多是可以飞动的物类。

观物看变爻为主

凡观物，以变爻为主，应用之应验也。如得乾，初爻变为巽，乃金刀削过木之物。二爻动，变为离，乃火中锻炼之金。三爻动，变为兑，乃毁折五金之器，虽圆而破处多也。

［注］凡占测外物，以主卦为事物本体，变卦为事物之表，主卦为事物过去与当下，变卦为事物之所终。如得乾为天卦，初爻发动，变卦为天风姤，体卦乾金如旺相，占物为正用之物，如体卦乾金休囚，则为废弃之物；如二爻发动，乾为天变天火同人，乾卦旺相，为当用之物，如乾卦休囚，则为无意义之物；如三爻发动，乾为天变天泽履卦，乾卦休囚，为物之正形，乾卦旺相，为残损之器。

观物克应法

凡算物之成败，又看体卦克应如何。成卦未决之际，有见圆物相遇，即断是圆物。见有负土者过，即断为土中之物。见刚健之物，即言是刚健之物。见有柔腐之物，即言是柔腐之物。

［注］凡占测形物之成败，又看体卦与用卦克应而论。观乎物象起卦，以应机所见而成卦。即见圆形之物体，则为坎水论之；见有负土而行，则为坤艮论之；见刚健锐器，则为震巽论之；见柔软细腻之物，论之以乾兑；如见腐臭之物，论之以坎卦。

观物趣时诀

凡算物，趣时察理，无有不验。以春得震、离为花、夏得震为有声之物，秋得兑为毁折成器

体立用行

体用者，以象为体，以动为用也。凡算数，以体为主，看其刚柔；以用为物，看其有用无用。故用生体者为可食，用克体者不可食。用体生者不成器物，用体克者破损坏之物，体用比和为成器。又生体者众乃贵物，克体者众乃贱物，泄体者众乃废物。用变互变，看其色与物之数。变卦看形色，卦旺数多，卦衰物少。

又决物数，以互卦为主。如互艮卦，先天七数，后天亦不失数之外。观物之数，不独以静卦为体，如乾卦体以金为体，便是圆健刚硬物，非金即石。如互变卦无生旺之气，乃不入五行之物。观卦：又观六爻中，阳爻多，乃刚硬物；阴爻多，乃柔软物。若五六爻动者，非动物。

之物，冬得坤为无用土物也。

[注]凡占物，临机之处以应卦理，无有不验者。春占的震卦与离卦，为繁茂之物；夏占的震为音声；秋占的兑卦，此为损毁残破之物；冬占得坤卦，此为无用之物。

观物用《易》例

有人以笼盛物者，算得地天泰之初变升，互见震、兑，曰此必是草木类而生土中也。色青根黄，当连根之草木也。盖爻辞曰："拔茅茹，以其汇。"乃曰：此乃干根之草木也，视之乃草木连根，新采于土中也。互震为青色，兑为黄根也。

[注]有人以箱笼盛物，占卦得地天泰之初爻发动，变卦地风升，互卦震、兑，占算如下，巽卦为生发、生长之物，为色苍青；坤卦为成长环境，为色黄；乾卦应吉为应季之物，应凶为枯死之草木；泰卦初爻爻辞曰"拔茅茹，以其汇"断卦为，巽卦为生长之物，见乾卦为草除，坤卦为正当用之生长环境，此物为新拔出来的青草，坤色黄为草根。

又有以令钟覆物者，令占之，得火风鼎之雷风恒。乃曰：此有声价气势之物，虽圆而今毁缺矣。其色白而可用。盖其辞曰："鼎玉铉，大吉。"互见乾、兑，虽圆而毁也。开视之，乃玉绦环，果破矣。

[注]又有以铜钟覆盖之物体，令人占之，得火风鼎之上六发动，变卦为雷风恒，互卦乾兑。乃断卦曰，此为能够发声有魄力之物，形状圆形，但目下为毁坏缺损之物，唯其色白可用。巽卦为当用之物，巽卦休囚遇乾兑而为破损，震卦为发声，乾兑为色白，震巽旺相遇乾兑为形圆。据此断为色白圆形之物，因为震巽休囚，

卦辞协卜

卜以卦辞为准。卜卦与事相关，是得其大意，吉凶已定。如问行得蹇，问病得同，行有阻，病难愈。如占财得大有大畜，占讼得解得涣，财可求，讼可散。以词而言，如谒贵得"利见大人"之爻，归隐得"不事王侯"之爻，占婚得"包蒙纳妇吉"之爻，凡所占事与卦辞关切，即不必深究体用互变。

所以不成圆而破损。盖其辞曰："鼎玉铉，大吉"。打开铜钟看视之，乃为一个玉质绦环，并且是残损之器。

万物戏验 数中不可常为之

凡猜手中物，乾金为圆白之物。其色白，其性刚，为宝货之物，有气无价物。坎为黑色，性柔，近水之物。又艮为土中之物，瓦石之类，有气为成器之物，其色黄。逢兑克柔，无气，折伤之物。又震、巽为竹木，有气为有用之物，为可食之物；无气为竹木之属。遇兑之属可食，当时之果物，色青。有气柔，无气刚。震、巽遇坎为污湿物，或有气；如无气，为烂朽之木。离色赤，性柔，有水有木，而火焚之，必炭之类。有气，为价值可货之物。坤为土中之物，色黄而性温。兑为毁折之物，带口。凡占物，以春震巽、夏离、秋乾兑、冬坎皆当以为有用之物，成器之物。否则为无用之物。值六虚冲破，则必无物而空手矣。

[注]凡猜手中之物者，乾卦属金而色白，形状规则，其性刚（与乾卦对应之巽卦为柔），为财宝之物，乾卦应吉者为可得；坎卦为黑色，性坚密，为近寒凝之物；艮卦为物之外形，为液态之物，有气为成器，气色黄。艮卦休囚而逢兑卦，为物之所终。震卦为万物之生发，又为可以食用；震巽无气则为竹木；震巽旺相逢兑卦，属于可用之物。气色苍青，柔和柔软，无气则为刚硬之物，震巽木有气，遇坤为污湿之物；或为有气得生扶，或无气得克泄，此为无用之材。离为火性热色红，木生火则旺，水克火则治，离火有气为有价值可以拥有之物。坤为后天有形之物，色黄而性温、性凉，遇火而化，得木而成，反之为僵死我用，坤无气遇震巽，则无所依侍矣。

卦气动静

一动一静，莫不有数；有动极而静者，有静极而动者。坤静艮止，震动巽入；坎陷于中而不出，离迭于外而能出；乾未动而极亢，兑主悦而本柔；巽乃进退不果之象，坎有险阻不过之机。欲动而得静数，是动而未能成也。欲静而得动数，是静而未能遂也。数生旺而有魁贵者，动而获利；带耗绝休废者，动而得咎。数休废而带空耗，静中亦扰。墓乃收藏之义，旺乃运动之基。离震巽全未有不动者也，坤兑艮全未有不动者也。坤兑虽静，而怕冲与生旺。百数来动体者必不透出，零数来动体者定主远游。巽逢坎，多是乘舟；震逢乾，必须乘马。二三四为进，四三二为退，五四一三为进退之间。三位巽风，飘然高举。上下离火，定主分离。艮艮艮分，止而不动；坤坤坤分，寂居无为。乾乾相逢，终是迟钝；兑兑相从，徒劳商量。艮艮逢震，初主中行；艮巽乾艮，先出后处。零为足数，空缺何可逮胜；身是十位，耗绝如何三事。革乃改革之义，复有不处之兆。豫有如出地之雷，明夷为入地之火。数得断陷，不若勿为。日遇体囚，当思守静。以千百十零分造化，以休囚旺相察吉凶。又如坤静艮止，震巽动摇；纯震虚惊，纯巽飘泊；离多忌火，乾多无滞；兑多不果，坎多险阻，卦体动静，皆由是也。且如占盗，一生一克，生我者旺，克我者衰，则不得矣。又如失物，两木夹体，立在柜中及木堆中，两土夹体，在土窖内及园中。墓乃藏而未出，生旺恐发动矣。两金夹体者，在釜中及铁器内。十数泄在百者未远，泄在零者恐远去也。如艮兑巽兑，则物在床下，或木架上。如艮坎兑坎，恐物在水中，或坠水而不知也。如火夹体者，则物在炉灶边。此占盗失一事。若占逃亡，则仿佛矣。又如占病，以十为主，身数生旺，有炁则不妨。休囚死绝则难愈，鬼克身则

占卜十应诀

凡占卜，以体卦为主，用为事应，固然矣。但体卦既为主，用互变卦相应，参看祸福。然今日得此一卦，体用互变中决之如此；明日复得此卦，体用一般，岂可又复以此决之？然则若何而可？必得十应之说而后可也。盖十应之说，有正应、互应、变应、方应、日应、刻应、外应、天时应、地理应、人事应，所谓十应也。夫正应者，正卦之应也。互应者，互卦之应也。变应者，变卦之应也。此二卦之诀也。占者俱用之，以断吉凶矣。至于诸应之理，人有不知者，故必得诸用之诀，卦无不验。不得其诀而占卜吉凶，或验或不验矣。得此诀者，宜秘之。

［注］凡占卜之道，必以体卦为主为阴，用卦为应事为阳；体卦与用卦同为事体，体卦为事体之本，用卦为事体发用；体卦为事体本质，用卦为事体发展变化；节气深浅定旺相休囚，体用作用定吉凶。同卦不同解，其有同有不同。其同者为体用作用相同，其不同有二，其一，节气深浅不同，吉凶结果有变；其二，八卦万物类象不同，所应事则千变万化，但总不离八卦本意。即坎为前因，离为后果，震巽为过程，乾兑为节律，坤艮为本体。卦有十应之说，分为正应，互应，变应，日应，刻应，外应，地利应，天文应，人事应等。所谓十应，夫正应者，为正卦之应；互应者，为互卦之应；变应，为变卦之应；主卦与变卦之应，总断事体过去与未来，主卦为过去与当下，变卦为未来之应，然吉凶者，依体卦用卦作用而定。至于诸应之理，人有不知者，故必得诸用之诀，则卦无不验。如不得其诀，而占问祸福得失，或者有验有不验矣，后学得此诀者，宜珍视之，不可轻传与宵小之辈。

正应

正应者，即体用二卦决吉凶。

［注］所谓正应，即体卦与用卦作用关系，用以定吉凶祸福得失。体卦作用用卦以决吉凶，体卦旺相得用卦克泄耗则吉，体卦休囚得用卦克泄耗则凶。体卦旺相得用卦生扶则凶，体卦休囚得用卦生扶则吉；体卦旺相得用卦克泄耗则吉，体卦休囚得用卦克泄耗则凶。体卦休囚得用卦生扶则吉，体卦休囚得用卦克泄耗则凶。

互应

互应者，即互卦中决吉凶。

［注］互应者，即互卦之诀应，互卦不断吉凶，只辅助论事体象意。主卦为事体过去与当下，互卦为事体中间过程与具体应事，变卦为事体终极结果。

变应

变应者，即变卦中决吉凶。

［注］变应，即以变卦定最终祸福。主卦的吉凶为事体的当下与过去，而变卦的吉凶代表事体的未来与最终结果。

方应

方应者，以体为主，看来占之人在何方位上，即看其所坐立之方位。宜生体卦，又宜与体比和，则吉；如克体卦则凶，如体卦生之，亦不吉矣。

［注］方应，属于梅花易数高级理论层次内容，即主卦与变卦的体用作用之外，还有求测者所临之方位八宫与主卦作用。应吉占卦之场所，区分八宫，以配八卦。以求占者所临宫位作用体卦，以辅助断体卦吉凶。

鬼绝之日乃可，或身旺三日亦安。大凡病人先见坤艮，后见震巽，皆棺木入土之义。如先木后土则无虑矣，进数增病，退数减病。倘身空命数克体，或身命皆空，死之必矣。此占病之法，可必生死吉凶之日也。然八卦类推，全以休旺为主，次论克应之期，如定远近，百动十则近，零动十则远。凡一见先觉者为我，次得又觉者为中，再得后觉者为彼。一炁凑成者，事事周全；三四四度，般般弗就。来觉者难挽，正觉者可追。生地无虞，死地有孕。司令者必发，失令者必休。时退者凶，时至者吉。吉者凶亦减半，凶者祸祟增倍。目见者为天目，事应颇速耳。听者为天耳，事应颇迟。然以卦而定日时之期，如或生旺之日，水土之类。先天后天已明，过去未来已定。又如耳目多者干众，形容单者独处；黑天黑地，事之不明；物前物后，望之不凑，此占万事，皆难成就。若非灵觉，数无准的。此先圣之格言，否则汗漫而无所稽也。依此推测，万无一失。

后天论

夫后天乃生物之后，以迹求心之学也。当事未露时，推测出来，取用之法，事事物物，皆不能逃。故以我所居之地，看其人物所来之方，配卦加时，定其爻辞，观其体用，而断其吉凶也。今以我之所居者为中，现于我之正前者为离，现于我之正后者为坎，出于我之正后者为兑，入于我之正左者为震，居于我之前左角者为巽，居于我之前右角者为坤，居于我之后左角者为艮，居于我之后右角者为乾。定分八方而论克应，取日时而定吉凶，观变爻而定体用，有时吉方吉而位不吉者，有时凶方凶而位不凶者。故二吉一凶皆有救，一吉二凶总无成。大抵凶多吉少卦虽弱，其祸有而不大伤；吉多凶少卦虽衰，其福亦有而终不失。断法以卦为主，时方次之。如三者皆吉，则以吉论。其迟速远近，以行立坐卧及九因之法断之。

日应

日应者，以体卦为主，看所自封占属何卦，及体卦与本日衰旺如何。盖卦宜生体，宜比和；不宜克体，亦不宜体卦生之也。本日所属卦气如寅卯木、巳午火、申酉金、亥子水、辰戌丑未土也。

[注]日应，属于梅花易数高级理论层次内容，以所占卦之日建五行论体卦有气无气，用以参考用卦作用体卦吉凶，日建力量悠久，不似方应力大；与日应同理，还有时应，即占卦之时辰对体卦旺弱的影响。

刻应

刻应者，即三要之诀也。占卜之顷，随所闻所见吉凶之兆以为吉凶之应。

[注]刻应，即占卦之时辰地支，对体卦旺弱的影响，如占当时之事，则必用时辰定体卦旺弱，以用卦作用体卦有吉凶之应。

外应

外应者，外卦之应也。占卜之际，偶见外物之来者，即看其物属何卦。如火得离、水得坎之类。如见老人、马、金玉圆物，得乾。见老妇、牛、土瓦物，得坤之类。

又如见此者，为外应之卦。并看其卦与体卦生克比和之理，以决吉凶。

[注]外应，外应在梅花易数当中属于物象起卦法，玄之应爻甚广，但需要精深的八卦类象理论支持。即以求占当时之外界情景变化，因机取卦。以先成之卦做下卦，后成之卦做上卦。如见明火则为离卦；见冰雪则为坎卦；见官家，精巧，狮子，老虎则为乾卦；见老妇，牛，器具为坤卦之属；见移动，声响，毁折为震卦等。

另一应用，体卦用卦即成，而又有外界偶然之变化，则以此变化以应卦象，用此卦与用卦共同作用体卦，外应之卦与用卦共同决定体卦吉凶。

天时应

天时之应，占卜之际，晴明为离，雨雪为坎，风为巽，雷为震。如离为体，宜晴。坎为体，宜雨。巽为体，宜风。震为体，宜雷。火见雷为比和，参之生克，以定吉凶。

［注］天时应，欲占卜之际，以八卦应四季景观。天气炎热或者明朗为离卦，忽然大风至为巽卦，大风忽起为震卦，雹雪至为坎卦，大雨滂沱为艮卦，雾露者乾兑，寒冰者坤卦。例如：离火见震木为相生，此为体卦用卦作用，生克作用以定吉凶祸福。

地理应

地理之应，占卜之时，在竹林间，为震、巽之地；在江河溪涧池沼之上为坎；在五金之处为乾、兑之乡；在窑灶炉火之所为离；在土瓦之所为坤、艮，并为体卦，论生克比和之理以决之。

［注］地理应，在占卜之时，风动为震巽；江河池沼之地为坎；安静辛温之地为乾兑；热盛冶炼之所为离；房屋洞穴为坤艮，动者为用卦，静者为体卦，并为体用，论生克比合之理，以决卦体吉凶。

人事应

人事之应，即三要中人事之克应也。盖占卜之际，偶遇人事之吉为吉，偶遇人事之凶为凶。如闻笑语，主有吉庆之事；遇哭泣，主有悲愁之事。又以人事之属于卦者论之：老人为乾，老妇为坤，少男为艮，少女为兑。并看此人事之卦与体卦生克比和，以决吉凶。

三要秘源

天高地厚，万物散殊；阴阳浊清，五炁顺布。祸福莫逃乎数，吉凶各有其机。人为万物之灵，心乃一身之宰。目遇之而为形为色，耳听之而为声为音。三要总之，万物备矣。远观近取，玄之又玄，逢吉兆终须是吉，见凶识未免乎凶。物之圆者事成，物之破者事败。断然此理，无复何疑。然人非三世，莫能造其玄奥；心无七窍，岂能悟其精微。先贤玄秘，后世流传。

潜虚通要

欲问来人说甚用,
机关动静总由心。
眼前景物口头语,
手内东西耳畔音。
东畔客占西畔客,
我家金是彼家金。
有人穷此真消息,
地上人仙不用寻。
欲求祸福问安危,
先取八门仔细推。
但有见闻居八处,
即是鬼神相报知。
两犬吠人牢狱至,
蝴蝶飞来是喜期。
见笔事须应早毕,
又与谋望最相宜。
图书丹青携客手,
急宜家神求福庇。
洗砚拔毛通远信,
笔头落下事无成。
马嘶必定行人至,
猫犬声沉事亦沉。
忽然钟鼓磬声响,
便当目下有佳音。
女人忽抱孩儿至,
好事逡巡必遂情。
破器偶来添砚水,
作事无成有斗争。
瞻前顾后方书字,
必定断他有惊恐。
字小沉吟须晚发,

[注] 人事应,即《梅花易数》类象天人地三才之人元,亦即人事之克应也。盖为占卜之际,偶然遇到人事或人物变化,以其为用卦,静观者为体卦。如听闻笑语,此为离卦;遇抽泣者,此为兑卦;遇直而怒之人为巽卦;遇执法之人为乾卦;或以动作行为类卦,或以年龄类卦,或以社会职务类卦,或以六亲属性类卦;所属所类不一,总以一理在心,不可执一断卦,不可依场景喜怒悲哀而妄言吉凶,不以个人喜好言吉凶,不以主观意识分别断吉凶,不以个人社会经验断吉凶,不以个人文化认知断吉凶,必以体卦用卦作用而言吉凶,此为正理,后学不可不慎。

此十应之理,凡占卜之际,耳闻目见以决吉凶,并以体卦为主,而详其生克比和之理。如占病症,互变中多有克体之卦,而本卦中又无生体之卦者,断不吉也。又看体衰旺,若体旺则庶几有望,体衰则无复生理。如是,又看诸应有生体者,险中有救;又有克体则不可望安矣。其余占卜,并以类推之。

[注] 以上十应为《梅花易数》类象之心法方向,凡欲占卜之际,耳闻目睹,心之所闻所见,外境之动静变化,无不为卦焉,画卦及体用生克比合,以决吉凶因果。体卦与用卦之间,以体卦为主,用卦作用体卦,并生克制化之理。如占病,体卦休囚,而用卦克耗体卦,则病体难愈。每卦必以旺弱为根本,如体卦旺相,则喜用卦以克制,忌用卦以生扶;如体卦休囚无力,则忌用卦以泄耗,喜用卦以生扶比合。体卦吉凶又参考以上十应之法,并诀体卦吉凶程度,如体卦应凶,而有十应以起好作用,则吉凶之中另有吉凶矣,此为《梅花易数》心法之外诀,为细微之处。

论事十大应 论日辰秘文

一行

问官事,属木,旺木有文书;属火,有官司;财金木,财有至。有客至问病,人火潮热,金水米浆。

[注]占问之时行走,行走五行属木,行走为木旺,木旺生火,火为目的;官司属金,非秋令占此为旺火克金,所以应官司破财,如秋占则有财。有客人至而问病,木火性人,木旺火盛,宜金水就之。

二立

官司不发,木土无金,大小口舌,病不凶。财水土,有贵人至,文书发动。

[注]占问之时站立,静者为金。秋占不利,为官司口舌之争;春夏占官司不发,病者不凶,得木火之财,有贵人将至,或文书显达。

三坐

问官司,有讼不成。主财属火,主和劝。金败财,木得财。病却月,又有犯林木神,有祸不凶。

[注]占问之时坐待,坐待五行属火。秋冬占得火之财,如问官司,有讼事则赢;如春占木上得财,金上败财,有祸事不凶;秋占则病,得木则愈。

四卧

问官司侧睡者,欲起必作,主阴人事。金有财,火事发破财。土水无财难就。土木有财。

字长潦倒亦无成。
忽然写字宽衣带,
不问公私可解开。
有人携麻桃苎过,
恐防孝服不须疑。
朱笔书来号朱雀,
决遭官事是和非。
写字不明多暗昧,
沉吟停笔亦多疑。
楼上不宜书火字,
火字水傍写不宜。
金字不宜书午日,
五行字样仿此推。
写来桃李花果字,
应在成时与卸时。
鼠字逢猫必害至,
心字岂宜写秋期。
逢雁逢鱼皆远信,
必有佳音来未迟。
遇僧遇道逢阴贵,
见棺见椁问材奇。
骨肉必须忧骨肉,
见拆见废主分离。
鸡飞水边应有酒,
风吹花落定损妻。
香尽烛残俱不利,
天字书之春夏宜。
秋冬书之为肃杀,
冬梅秋菊看他发。
月字书来论朔望,
日字书来看时下。
钉锅锔碗事不坚,

结帽织网成迟滞。
字画拙，纸幅宽，
若非富豪必是官。
女人写字遇男子，
若不伤夫定损男，
年端轻透能针指，
老人写福字相宜，
少者写来夭折理，
若看连写三四字，
心上多贪无意志，
生字写来死可知，
死字写来看生意，
世上万汇不能周，
要在临占加仔细。

［注］占问之时横卧，横卧者属水。冬占不利，问官司则有讼事又起，主有平民之事；夏占遇火为破财，长夏占问遇土，有财难就；冬占不忌土木，东方得财。

五担

官司被人自惊，火与面说人成口舌。问信见水土得财。金木客至。病有犯，四肢沉重不能起。

［注］占问之时负荷担担为土，长夏占问官司，因阴人起讼事，与土形人有口舌之争，见水形人而得财；长夏占病，病人四肢繁重而不能起。

六券

官司不成，火有财，水土有灾。心下不安，有贵人，主口舌，不凶。

［注］占问之时屈膝而跪，长跪五行属金，秋占遇乾兑不利，逢火有财；春占逢火则心下不安；夏占逢土有贵人；秋占逢金主口舌；冬占遇土金，凡事顺利不凶。

七裹头

官司立见口舌。火，大官司；水土比和。财无，小人分上。口舌怄气。病主阴人小口灾。

［注］占问之时有裹头者，包裹遮蔽为水。长夏占遇火，官司口舌；见水比和，夏占遇土破财；秋占遇火为君子仕人；冬占逢水为怄气口舌，病人难愈，女儿不利，小儿有灾。

八跣足

官司破财，外人欺，心下惊慌。火主破财，土不凶。病有孝至。

［注］占问之时光脚而立，赤足为裸露为火。冬占

遇水，为心下恐怖，遇金为官司破财，并外人欺凌；春占遇火为破财；夏占遇土不凶；秋占遇水，占问长辈病体则有孝服。

九喜

官司自己无主，外人有请，劝官司。有酒肉，别人事。口舌纷纷，求财不许。不凶。

[注] 占问之时喜形于色，喜者心也，心者火也。秋占遇水为官司无主，他人得胜，官司必输；夏占遇土，为得财产之应，人事顺利；冬占遇金，口舌纷争，求财不得；春占得金为不凶。

十怒

官司主外人欺凌，不见官，主破财。倚人脱卸，火惊病凶。

[注] 占问之时有怒容显现，发怒五行属木。如秋占逢金，为外人强逼辖制，身不得安，大忌见官，见官则讼事不息，并破财；春占逢金，为朋友相助，有事功；夏占逢火则凶，问病有凶。

问卦之时，根据实际情形具体分属五行八卦，或情绪五行，或行为五行，或身体五行，或动作五行，或外境变化五行，具体再区分动静，动者为阳，静者为阴，体卦为静，用卦为动，成卦之后，区分体用旺弱对待，依体用作用生吉凶，有吉凶而有祸福得失，具体应何事以八卦万物类象为准。

卦应①

乾

乾为天、为圆、为君父、为首、为金玉、为

---

① 与前"八卦病类"大同小异，观者可以互参。

外应通论

起卦详策，用之决事；外感旁通，贵在临占。忽云开见日，理必光辉；烟雾障空，事当暗昧。值颠风而飘荡，偶雷震而虚惊。月对面必近清光，雨湿衣可蒙恩泽。此天文之应也。

重山为阻滞，叠泽乃清润；水流而通达，土积而迟滞。石乃坚心始得，沙乃放手即汰。浪激主波涛之惊，崩陷有田土之失。旱沼之旁心力竭，枯木之下形貌衰。此地理之应也。

荣华显官，则宜见贵；富商巨贾，可问求财。儿童哭泣忧子孙，吏卒叫号忌官讼。二男二女重婚，一僧一道独处。妇人笑语，阴喜相逢；女子缱绻，阴私连累。匠作主门间改换，宰夫断骨肉分离。田猎求野外之财，渔樵得水草之利。见妊妇事萌于内，逢瞽目虑根于心。此人品之应也。

人摇手而莫为，摇头而弗允。拭目而喷嚏

者防哭，搔首而弹垢者有忧。足动者有行，臂交者有失。屈指者阻节，吁气者主悲。愁舌出掉者是非，背相靠者闪赚。遇攘臂者争夺而始得，偶下膝者屈抑以干求。此近取诸身之应也。

逢授书为词讼，见答仆防责辱。讲经史事徒虚谈，讴歌曲谋为适兴；见赌博争斗求财，遇题写文书有庆。携物而受人提拔，挽行则事必牵绊。此人事之应也。

舟在水必有接送，马登程负载而归。张公持矢有领荐，举笔弄墨可求文。持斧有快利之财，操戈主刚强之柄。抱丝事体冗繁，围棋眼孔众多。妆花刻果，非结实之为；画影描形，皆装点之数。遇倾盖必主退权，忽临镜可以赴召。抱贵器必有奇用，负大木定有大材。升斗料量而行，尺剪裁度而用。开锁事得疏通，磨镜应必光辉。利斧磨刚，迟而必利。扶刀劈竹，去无阻滞。裁新衣破后

寒冰、为大赤为马、为良马、为老马、为瘠马、为驳马、为木果。〔《九家易》云："为龙为直、为衣为言。"〕如姤、遁、否、履、无妄、讼、同人七卦，乾在上，刚在外。如大有、泰、大壮、夬、需、大畜、小畜七卦，乾在下，刚于内。乾坤刚柔，四发变八，惟六动随时有异，不拘于一。乾性温而刚直，偏位西北，不居子午而居戌亥。附于礼法，则为刚善，为明；不附于礼法，则为刚恶，为凶暴。

天文：雪、老阳。

天气：寒。

凶盗：军、弓手、贼、强横、停尸。

官贵：朝贵、盐司、太守、座主。

身体：顶、面颊、颊辅。

性情：刚健、正直、尊重、好高、战吉、声音、正清、商。

信音：朝信败、召命、荐举、关升、义亲。

事意：上卦为形象之家，下卦为强横之辈。

疾病：手太阳脉弦紧，天威所罚，上壅目熟、寒热。

附药：丸子。

食物：饼子之赤者、手饼、馒头、荷包、猪头脑骨头、羹、珍粉、馄饨。

谷果：粟、栗、瓜、豆、龙眼、荔。

禽兽：雀、鸲、鹗、鹏、鹰（余备载前）。

衣服：赤玄色。

器用：圆物盖、注子盘、水晶、玉环、定器、球。

财：恩义交货、钱马之类。

禄：壬、申。

字：方圆形字，有头者须旁八卦。

策：二百一十六。

轨：七百六十八。

[注]乾为天（规律），为规范，为官吏，为父亲，为管理，五行为金，为玉，为温，为炽，为驯服，为皮毛。九家易云："为龙口，为约束，为衣带，为言"如姤、遁、否、履、无妄、讼、同人七卦，乾在上，刚在外。如大有、泰、大壮、夬、需、大畜、小畜七卦，乾鄙人，刚于内。乾坤刚柔，乾为万物之规，坤为万物华育，四发变八（四象为东西南北，即金木水火；八，为八卦）惟六动随时有异（六，后天世界，阴之至为六，阳之至为九；动，有形世界变化万千，唯心所化），不可拘泥于一法。乾性温热而制裁，位西北，居于申酉戌。为万物之统御，为方法为义，为忠；附于法度，则为肃杀，为终。

坤

坤为地、为母、为布、为釜、为腹、为吝啬、为均、为牛、为子母牛、为大舆、为文、为众、为柄。其于地也，为黑。坤上体矣，外于六卦，柔在下柔在内。坤厚位居偏，在西南申上。附于理法则为圣贤，否则为邪荡。

天文：雾、露、云、阴。

地理：郡国、宫阙、城邑、墙壁。

人物：母、妻、儒、农、僧。

凶盗：奴婢藏在僻处。

官贵：大臣、教官、考校文字。

生育：女、肥厚。

性情：顺缓不信事、顽钝无慈爱。

声音：宫音

事意：迟滞、顽懦、悭吝、怂恿。

疾病：手、太阴侯、腹痛、脾胃闭、脉沈伏。

饮食：藜羹、烧炖之物、鹅、鸭、肺、太

方成，见造坏成之乃破。或挥扇有相招之义，或污新衣有谋害之心。此器物之应也。

芝兰为物之瑞，松柏乃寿之坚。占病怕子午金钱，卜行嫌拦路荆棘。枝叶落主事飘零，丝蔓牵事多缠扰。不结子花，断人无义；有节梅竹，许其可交。佳果能调中口，虚花多是逢迎。此花木之应也。

乌鸦兆灾，喜蛛增美。鸿雁主朋友之信，蛇蝎防毒害之心。春燕入室喜添丁，鹊噪檐前有远信。犬战恐致盗来，雀闹必有喧争。牵羊喜庆来临，乘马出入皆利。猿猴扳木，身心不定。鲤鱼得水，变化非凡。乘马散者疾病难安，架笼禽者拘禁未脱。此禽兽之应也。

酒乃忌忧，药必去病。酒杯忽破，乐极悲来。医术忽临，难中有救。秋月春花，虽无实而暇景；夏绵冬葛，本有用而背时。秋扇当主弃捐，电光虚勾难凭。

牢、饴糖。

五味：苦、辣、甘。

果品：有物汁。

音信：顺遂。可许为、捷应、辰戌丑未月日。

财物：束脩、抄题、僧衣、布裳。

婚姻：富家、庄家、商家、丑拙性吝、大腹、壮、迟钝、面黄。

器用：轿、车、瓦器、田具、沙器。

禽兽：牛、牝马、鸥雀、鸦、鸽。

字：圭、金、四、牛旁。

禄：癸、酉。

策：一百四十四。

轨：六百七十一。

[注] 坤为物质，为万物之母，为釜（承载之象），为衣裳，为分布，为牛，为车船（载人），为众人，为文，为柄，其于地当令为黄，失令为黑。

震

震为雷、为龙、为玄黄、为专、为大涂、为长子、为足、为决躁、为苍筤竹、为萑苇；其于马也，为善鸣、为馵足、为作足、为的颡；其于稼也，为反生、其究为健、为蕃鲜。〔《九家易》云："为王、为鹄、为鼓。"〕春夏性严刚直，众所饮服；秋冬刚而不威。不能制物，不好闲付，性偏而偶。附于理，则为威严；否则为躁暴。体用上卦为飞，下卦为走。

天文：雷、虹霓、电。

地理：屋市宅、门户枋。

方所：正东。

人物：商旅、将帅、工匠。

凶盗：东去、男人盗。

珠丝巧而无用，蚕茧固结难开。此杂物之应也。

人傍山乃作仙断，水四鱼定是鳏夫。石皮乃作破看，卒石当为碎辞。人近木万事许休，水飘笠断有泣下。火入林木，必主焚惊。一木两火，定是荣耀。三女断奸，子女是好。人继牛后防失脱，二犬吠言有狱灾。空斗入门主斗至，木桃白丝是乐来。人立门所为有闪，人并寺有待而来。此拆字之应也。

见鹿言禄，见蝠许福，利主分离，桃有逃走，见李问讼。得理逢冠，功名可求。鞋则百事和谐，盒则两家和睦。此以物谐音之应也。

官贵：监司、郡守、刑幕、巡检、法官。
生育：长男、转动、虚惊、怪异。
性情：始刚，故决断；急于动，故躁。
婚姻：官宦家、技巧工、女容心神好动、静易转。
声音：上下角、上平声、三音七声。
信音：所许不至。
事意：旧事重叠、有名无实。
疾病：气积冷伤胃、四体劳倦、温冷伤食、足太阳、脉洪浮。
宴会：酒会、玩赏、期集。
食物：面食、包子、酒、时新之物。
谷果：芋、小豆、稼、时新之果。
禽兽：蜂、蝶、白鹭、鹤。
器用：木器盘、竹器筐、算盘子、舟车、兵车、轿
器皿：瓶盏瓯、乐器、鼓。
衣物：裙、腰带。
缠带：绳、匹帛、青玄黄之彩。
财：阴人取索、竹木钱。
禄：甲
字：走竹旁、立画旁
色：青、玄、黄。
策：百六十八。
轨：七百四。

[注] 震为雷（雷，声音），为龙（升腾，生发），为色苍青，为专（执着），为旉（万物敷布），为大涂（涂，道路），为长子，为决断，为万物生发，其于马为善嘶鸣，为足行，为马蹄善驰，为马首，为草木繁育而鲜明，为物之始。

（巽）

巽为木、为风、为长女、为绳直、为工、为

人品物数歌

欲动天涯海角人，
细评物理往来情。
摇头作色非为定，
摆手因由事未成。
摇摆左边男子事，
正从右畔是女人。
求名问利难经手，
决讼争婚未见停。
蹻足挨身根荫浅，
诸为动作靠他人。
两手胸前双捧腹，
被人揽搅事难明。
口动辩其何故语，
从他凶吉说因由。
挨目搋眉悲哭动，
欢声相笑喜来迎。
口淬吐兮鼻送水，
伤寸失物见伤刑。
挖耳剔牙防口舌，
见人相请远音临。
梳头释褐逢通达，
洗耳除忧喜气盈。
手抓头皮忧事至，
托腮来祸未为明。
收发裹巾并散手，
疾病平安讼解和。
短袖空头终失荫，
顶中劈袖业重荣。
洗口若言宜讼理，
穿衣问吏显功名。
咬指不言宽纲顶，
疾人缺食疫来临。

束发劈衣模样别，
改新换旧到门庭。
目视速方谋失利，
偏逢暗主墓坟荣。
摇手百般俱未定，
不宜更改及亲营。
藏手袖中兄弟欠，
挨眉剔甲子孙盈。
将手躜足兄少力，
谨防争斗及凶人。
呲嘴恕唇诸事忌，
摇手舞足事宜行。
若见足伸诸事吉，
穿鞋着帽业精成。
足蹋手持宜托事，
来人不至免公刑。
赤脚篷头俱不利，
妖娆妆扮做由情。
足缩足伸婚娶近，
脱鞋脱袜忌求名。
欲往日归体进步，
张山捕盗可宜寻。
立坐端庄公正处，
斜身侧倒不和平。
念佛忧声防讼病，
舞声童子宅非宁。
金声过耳财兴动，
吹挠斗扬惹外情。
土器声音宜财产，
木檎微响改门庭。
鼓声竹音君子至，
喝道见贵益书生。
马声见讼并主贵，

白、为长、为高、为进退、为不果、为鱼、为鸡。其于人也，为寡发、为顺颡、为多白眼、为股。为近利市三倍。其究为躁卦。〔《九家易》云："为扬为鹳。"〕春夏有权，号令谋略；秋冬刚柔不一，与物为害。巽人也，凡事敢为，不退避。巽阴，赋性偏，附于礼法，则为权谋；否则为奸邪。

天文：风。

地理：林苑、囿园。

人物：命妇、药婆、工术女。

凶盗：奴婢商量取去、宜急求之。

官贵：典狱、考校、干官、休究。

身体：耳、目、胆、发、命、口、肢、生育、长女、胎月少、莹白。

性情：鄙野、悭吝、艰苦、号咷。

婚姻：命妇、宗室女、委望、进退、声音、角音、仄声、三声、四声上下。

信音：召命、报捷、辟差、举状。

事意：荐举、呈发、申审、号令、听命。

疾病：手足厥会、和之气候三十日、脉濡弱、饮食伤胃、宿食、痞膈、为臭、水谷不化。

药：草药。

宴会：家庭、客不齐。

谷果：麻、粉、茶。

食物：长面、粉羹、脍、鸡、鱼、肠、肚、酸物、下卦为鹅鸭。

器用：竹木草具、绳、丝弦索、乐器。

禽兽：鸡、鹅、鸭、鱼、善鸣之禽虫。上卦飞、下卦走。

衣物：衣、绳、丝。

色：青、绿、碧、白、紫色。

财：利市喜、租钱、料钱。

禄：辛。

字：草木竹旁。西方，丝鱼菜舟龅疾大豆辣。

策：一百九十二。

轨：七百三十六。

［注］巽为木，为万物以动，为风，为长女，为准绳，为建设，为色苍青，为万物长养，为升腾，为进出，为实行，为骚味，其于人为发长，为光颡（中夏谓之额，东齐谓之颡），为东方，为多白眼（先天禀赋肝气盛大）主多怒，为攻于所长，其为躁卦（躁为万物所动），其于人也，为气逆，为大怒，为意见分歧，为支撑。

（坎）

坎为水、为沟渎、为中男、为耳、为豕、为隐伏、为矫輮、为弓轮。其于人也，为加忧、为心病、为耳痛、为血卦、为赤。其于马也，为美脊、为亟心、为下首、为薄蹄、为曳。其于舆也，为多眚、为通、为月、为盗。其于木也，为坚多心。春夏性险、不顾危亡、为事多暴；秋冬性静，先难后易，有谋略，有胆志。坎险，维心亨内，主坎陷，赋性而居北。坎之体，为隐伏之物、水中之物。附于理法为刚，否则为险陷。

天文：月、虹、云、霜。

地理：海阔、水泉、沟渎、厕。

方所：丘墓中、狐兔穴中。

人物：僧、道。

凶盗：乘便而来、脱头露尾、易败必获。

官贵：漕运、钱粮、漕官运属。

身体：发、膏、血。

生产：难产、中男、清秀。

性情：心机阴险、智随圆委曲。

占官必定见高升。
牛声仓库防人欠，
猫叫官非口舌侵。
若不生灾并讼业，
田财布帛及纷纭。
牛声口舌猪防破，
必愁外服见佳宾。
鹅鱼田财防失脱，
鸡鸣必投产豪英。
牵牛进业非宜讼，
赶狗财轻病即轻。
若占身命论轻重，
首作初年末作身。
足履有无为末岁，
三停新旧辩前回。
顶戴穿衣并换履，
寻常改变假和真。
首为父母并根业，
增改高巍见新冠。
兄顶父巾承祖荫，
捻妻鞋袜子孙荣。
唇口妻宫头父母，
耳目男女眉弟兄。
衣色改新长与短，
凭其好歹废与兴。
草履换鞋并换袜，
先亏晚见晚年兴。
挨眉目鼻中时里，
整冠束带早年经。
拂口持须为老景，
三停荣运及财亲。
依此先贤持眼诀，
方知术数有玄真。

起卦定例

凡卜，不分自占，代人占，或用年月日时，或闻言观色，或详字画，或用人品方位，所感不同，如得一数作乾，二数作兑，盖取先天乾一兑二离三震四巽五坎六艮七坤八之数也。如数多，以八除之，除不尽再以二八三八直除已尽，以剩下之数如前作卦。且如壬午年七月十五日巳时占卜，就以午年作七数，七月又作七数，十五日作十五数，年月日共得二十九数，除了三八二十四剩五数，乃巽，作上卦。加巳时得六数，通共得三十五数，除了四八三十二，剩三数乃离三，作下卦，是谓风火家人。如闻声，以声数作上卦，加时作下卦；如见色，以乾玄坎黑艮黄作上卦，下卦如前。如详字少则数画，字多则数个，平分一半为上，一半为下。如单，以少一字为上，多一字为下，取天清地浊之义。如人品，占见老人作乾，老妇作坤，震长男，巽长女，坎中男，离中女，

婚姻：富家、亲家用性。

声音：羽中上卦、羽平六声下卦。

信音：反复犹豫、小人欺诈、佞、狡狯、盗贼、狱讼。

疾病：足太阴之气、脉滑芤。

附药：补肾药、或酒水下。

食物：酒、咸物、豕、鱼、海味、中硬而核、腰子。

谷果：麦、枣、梅、李、桃、外柔内坚、有核。

禽兽：鹿、豕、象、豚、狐、燕、螺。

器用：酒器、车轮、败车。

衣物：青黑色。

财：争讼之财、和合打偏财。

字：两头点水、全水、月、小弓之属。

禄：戌。

色：黑皂、白。

策：百六十八。

轨：七百零四。

[注] 坎为水，为江河沟渎，为无形，为矫正为顺直，其于人也，为智知，情志为多恐，应凶则为无知，血卦者震也，坎为震之源，为人所不知，其于木也，为中坚而多心。

（离）

离为火、为日、为电、为中女、为甲胄、为兵戈。其于人也，为大腹、为目。为乾卦、为雉、为鳖、为蟹、为蠃、为蚌、为龟。其于木也，为科上槁。〔《九家易》云："为牧牛。正洙作牝牛。"〕春夏性明、文采有断。秋冬晦而不明、始终不决。离，丽也。明察于心，赋性直而居正南。附于理法，则为文明；否则为非也。

天文：日、霞、电、晴。
地理：殿堂、中堂、檐、厨灶。
方所：正南。
人物：为将帅兵戈甲之士。
凶盗：妇人盗、从南方去。
官贵：翰苑、教官、通判、任宜在南方。
身体：三焦、小肠、目、心。
生育：次女、多性燥啼哭。
性情：聪明、见事明了。
信音：朝信、文书、报捷、契券。
事意：忧疑、聒拓、喧哄、性急、虚忧。
疾病：手足二君太阳、明三相火眼病、气燥热疾、发狂。
禽兽：凤有文采、鳖、螺、蚌、蟹、螯蛤、蠃、鹑、鹤、飞鸟、牝羊。
食物：馄饨、蟹、鳖、蚌、介虫之属、中虚物、炙煎物。
谷果：谷实、梁、藕、外坚内柔之物、棘木之花叶、枯枝。
器用：灯火之具、外坚内柔之物、屏幕、帘、旗帜、戈兵、甲胄、盘、甑瓶缴壁一应中虚之物、窑灶炉冶、盒子瓮笼。
衣物：赤红、紫色。
财：远旧取索、意外之物。
字：火、日旁。
禄：己。
策：百九十二。
轨：七百六十三。

［注］离为火，为日，为光与热，六亲为中女，为帝王，其于人也，为生命现象，为心血，与乾卦同属于天，为羽类鸟雀，其于万物为外显。

艮少男，兑少女，皆为上卦，所来之方便作下卦，东震、南离、北坎、西兑、东南巽、西南坤、西北乾、东北艮，皆作下卦。尺丈之数作上卦，加时作下卦。物畜以始生年月日时占，或以初买来年月作上卦，以来方或加时作下卦。其人品方位色形，具列于形象镜内矣。然生畜忌天罗地网，物忌破损，植忌死绝，亦备载吉凶神煞中矣。除山海石树不移物及在目前者，不动不占。余但有感，皆可如前作卦推断，自有验应。静卦作体，动卦作用。体为我为主，宜旺宜受生，不宜衰；用卦为人，宜弱宜受克，反之则凶。旺乃春木夏火秋金冬水季土也，衰乃春土夏金秋木冬火是也。四季水总之。当生者旺，所生者相，生我者休，克我者囚，我克者死。此生此旺衰绝之定理也。卦分体用，推时下尔我吉凶之殊，互为事之中应，变卦为后之结果也。顺之知来，逆之察往，非互变何以探其蕴哉。卦以八除，爻以六除。

卜易变通论

据数以判吉凶，此易之正体也，无不以理数推之，拘一时之见闻，或有占之不验者。且如一二三四五为生数，当以吉论，殊不知五则生之极，而有却意存焉。六七八九十为成数，亦当吉论，殊不知十则成之过，而有败机寓焉。又如占得震为龙，若饮食得之，龙可食乎，类推之鱼可也。占天时震为雷，冬月无雷，拟议之撼风掀物是也。占时又不可不别坐卧行立之义，坐主迟，卧事寝，立将行，行应急，如此。然六爻变动之中，又有缓急之义。如一爻动则事已经营而谋行，二爻动主事已决而将动，三爻动见诸事行，四爻动行之至急，五爻动行事已成，六爻动动之过矣。若思意起，而反感有不行之义也。此类难以悉陈，要在触类。故曰"正占旁应，俱不可废"，此"变易"之至要也。

（艮）

艮为山、为少男、为手、为径路、为小石、为门阙、为果蓏、为阍寺、为指、为狗〔汉上作豹，熊虎之子。〕、为鼠、为黔喙之属。其于木也，为坚多节。〔《九家易》云："为鼻、为肤、为皮革、为虎、为狐。"〕春夏性禀温和好善；秋冬执滞不常，为事迟缓。艮，止也，有刚有柔，艮阳赋性偏而居偏。附于理法，为刚直；否则为顽梗。

天文：星、烟。

地理：山径、墙巷、丘园、门墙、阑、阁、寺、宗庙。

方所：东北方、艮门墙、寺。

人物：阍寺仆隶、官僚、保人。

凶盗：以下所使、警迹人。

官贵：山郡、无迁转。

身体：手指、鼻、肋、脾胃。

生产：损胎、次男。

性情：濡滞多疑、优游、内刚外软。

声音：清上平、一音、十三音、三声。

事意：反覆进退、去就多疑。

疾病：手太阳、久患脾胃、股疾、脉沉伏。

附药：湿土石药。

宴会：常酬、宴饮、期集。

谷果：豆、大小菜。

食物：装点之物、所食不一、酒浆、杂蒸之物、冻物、杂羹、有汁物、鸭鹅、甘味。

禽兽：牝牛、子母牛、鹄、鹃、鸦、鹊、雀、鸷、鸥、鼠。

器用：轿舆、犁具、兵甲器、陶冶瓦器、锅釜瓶瓮篦、伞、钱袋、磁器、踏镫、螺钿、盒子、内柔外刚之物。

衣物：黄裳、僧衣、黑皂、彩帛、袋布。

禄：丙。

财：旧钱、置转货买、田上趁钱。

字：土、牛、田傍。

策：百六十八。

轨：七百零四。

[注] 艮为山，为路径，为有形万物，为五肉，为室外，于人为躯干，六畜为狗，于五虫为裸虫类，其为蛇，于植物为多节。

（兑）

兑为泽、为少女、为巫、为口舌、为毁折、为附决。其于地也，为刚卤、为妾、为羊。（《九家易》云："为常、为辅颊。"）春夏性说好辩，秋冬好雄。兑，说也，邪言伪行，无所不为，随波逐流。附于理法，则和顺；否则邪伎淫滥。

天文：雨露、春雾、细雨、夏秋重雾、冬大雪、上为雨、下为露。

地理：井泉、泗泽。

方所：西方。

人物：先生、客人、巫匠、媒人、牙人、少女、妾、娼。

官贵：学官、将帅、县令、考校、乐友、赴任西方。

凶盗：家使童仆、藏于僻地。

身体：口、肺、膀胱、大肠、辅颊、舌。

生育：少女、一胎、月不足、多奇异。

性情：喜悦、口舌、多美。

声音：商上下、商之溺、四声。

婚姻：平常之家、少女媚悦。

信音：喜酉丑时日至。

卦数相成之妙

夫易之数，天地之数也。天地未判，是数涵于太极之中；太极既判，是数行乎天地之间。故以日月星辰水火土石尽天地之体用，以寒暑昼夜风雨霜露尽天地之变化，以性情形体飞走草木尽天地之感应，以元会运世年月日时尽天地之始终，以皇帝王伯、《诗》《书》《易》《春秋》尽圣人之事业。自汉以来，一人而已。迨子伯温，重道隐德，深探象数之源流，细参阴阳之造化，大则知国运之盛衰、人物贵贱，小则知器物成败、草木荣枯。有如闻洛阳杜鹃啼、竹木宝馨响，已垂之青史矣。学者得其数而思贤圣，非其人莫与谈也。

夫卦数未成，先当体日辰如何。若得好数而日辰不生旺，有气而不遇时，亦徒用心。得恶数而不生旺逢时，为害不小。

大凡演易，先策其数以定爻，得爻以定位，位定以明卦，得卦以观《系》，见《系》以言《象》，思《象》以著文明。爻以取象，象定以求意，意定而后言其吉凶也。

凡取验易象，先用本卦之体而明定之，次用本爻刚柔得位失位而定之，又以本爻上下无相害相比相侵而定之，又看上下有无应援而定之；其次用互体，其次用卦变而成之，亦须审上下远近刚柔而定之；其次五行胜负而定之；以后方取天地水火山泽雷风之象、健顺动入陷丽止悦之义，写之以示于人。此其八卦革变、化成万物之象也。

年卦为上爻，月卦为五爻，炁卦为四爻，候卦为三爻，日卦为二爻，时卦为初爻。盖天地之道，自冬至之日夜半子时为一岁首，至亥为终，从微至著，积时成日，以日成候，以候成炁，以炁积至四季而岁成矣。故易者业资九圣，时历三占，不坠于秦，复兴于汉，实以顺性命之理。故曰"立天之道阴与阳，立地之道柔与刚"。兼三才而两之，以六画成卦，分阴分阳，迭用刚柔，故"易六位而成章"。斯之谓欤！

事意：唇吻、口舌、谗谤、相欺、争打、妇人、暗昧。

疾病：口痛、唇齿、咽喉、危困。

附药：剂。

宴会：讲书、会友、请先生、吟赏。

食物：包子、有口舌物、糖饼、烧饼、肝肺。

谷果：栗、黍、枣、李、胡桃、石榴。

禽兽：羔羊、鹿、猿、虎豹、豺、鹭、鱼。

器用：席、铁、铜、钱、器皿、酒盏、瓶瓯、有口器或损缺。

衣物：彩。

财：束脩、合水。

禄：丁。

字：家、金、钓、口傍。

色：素白。

策：一百九十二。

轨：七百三十六。

[注] 兑为泽，为少女，为口舌辩，为万物所终，为附决（附决者脱落），其于地也，为刚卤（卤通"橹"。大盾，守卫之意），为妾室，五畜为羊。

增广校正
梅花易数卷四

序

　　夫先天者，已露之机；后天者，未成之兆也。先天，则有事，始占一事之吉凶；后天，则有所未知，而出仓猝之顷，而休咎验焉。故先天为易测，后天为难测也。先天，则有执箸而成卦；后天，触物即有卦。此全在人心神之所用也。其能推测之精，所用之活，则无一事一物，莫逃之数矣。我居者为中，现于前者为离，现于后者为坎，出于左者为震，出于右者为兑，在我左角者为艮，在我右角者为乾，在我左上角者为巽，在我右上角者为坤。此八卦位，八方而定吉凶，立八卦而定克应，取时日而定吉凶，观变爻而定体用。故我坐，则其祸福应二卦成数之间；我立，则其祸福应于中分二卦之间。大抵坐则静，行则动，立则半动半静。静则应迟，动则应速。凡有触于我而有意，以为我之吉凶，则吉凶在我，应验在人。意者何如？盖八卦之画既定，六爻之断既明，仍推以生克之理，究以刑冲之蕴，万无一失矣。近取诸身，远取诸物，仍当以心求，不可以迹求，不可拘泥。物圆为天卦，物方为地卦。是为序。

明　崔自均，江宁人，老学究，焦太史先生之亲也。善起观梅数，多奇中。焦镜川大尹，当岁考时，问以名次。崔占之曰："某日出案，则第二人。如出某日，则第一矣。"已而果第一。询之，则某日前原是第二；是日后，方置诸首也。先大夫，庚午秋闱后，往扣之。甫入门，值崔送客出。已入，向先大夫曰："得毋为科第事来乎？不必占，吾已得公数矣。必中无疑。第名次在榜后耳。"先大夫中一百三十名，不知崔所挟何术也。《客座赘语》

清 朱圻，少从外祖张鼎学《易》，尽窥秘奥，补邑庠，占事多奇中。一日占雨，遇观之否，曰："日午有风自东南来，雨未久即止。"日向午，天晴无云，众讶之，圻曰："坤，地也。地上加巽，巽，风也。巽属东南，非东南风而何。由四而变四，山也。山有材，而土培其根。乾上坤下，是为物各得所，非雨而何。巽变为乾，居地之上，声敛而光照，非即止而何。"其言果验。

指迷赋

尝闻相字乃前贤妙术，古今秘文，为后学之成规，辨吉凶之易见。相人不如相字。相字即相其人，变化如神，精微入圣。自古结绳为政，如今花押成数。言，心声也；字，心书也。心形如笔，笔画一成，分八卦之休咎，定五行之贵贱，决平生之祸福，知目前之吉凶。富贵贫贱，荣枯得失，皆于笔画见之。或将吉为凶，或指凶为吉，先问人之五行，次看人之笔画。相生相旺则吉，相克相泄则凶。如此观之，万无一失。为官则笔满金鱼，致富则笔如宝库。一生孤独，见于笔画之欹斜；半世贫穷，乃是笔端之愚浊。非夭即贱，三山削出，皆非显达之人；四大其亡，尽是寂寥之辈。父母俱存兮，乾坤笔肥；母早亡兮，坤笔乃破；父先逝兮，乾笔乃亏。坎是田园祖宅，稳重加官；艮为男女及兄弟，不宜损折。兑土主妻宫之巧拙，离宫主官禄之荣枯。震为长男，巽为驿马。乾离囚走，壬主竞争。震若勾尖，常招是非。妻宫须离，若是圆净。禄官亦要清明。离位昏蒙，乃是剥官之杀。兑官破碎，宜婚硬命之妻。金命相逢火笔，克陷妻儿。木命亦怕逢金，破财常有。水命不宜土笔，不见男儿。火命若见水笔，定生口舌。土命若见木笔，祖产自消。相生相旺皆吉，相克相刑定凶。举一隅自反，遇五行而相之。略说根源，以示后学。

玄黄克应歌

玄者，天也；黄者，地也；应者，克应之期也；天地造化，克应之谓也。其歌曰：

凡是挥毫落楮时，便将凶吉此中推。
忽听傍语如何说，便把斯言究隐微。
倘是欢言多吉庆，若闻愁语见伤悲。
听得鹊声云有喜，偶逢鸦叫祸无移。
带花带酒忧还退，遇醓逢醯事转迷。
更看来人何服色，五行深说处根基。
有人抱得婴儿至，好把阴阳两字推。
男人抱子占男女，妇人抱子问熊罴。
一女一子成好事，群阴相挽是仍非。
若见女人携女子，阴私连累主官非。
忽然写字宽衣带，诸事从今可解围。
跛子瞽人持杖至，所谋蹇滞不能为。
竹杖麻鞋防孝服，权衡柄印主操持。
见果断之能结果，逢衣须说问良医。
若见丹青神鬼像，断他神鬼事相随。
若画翎毛花果类，必然妆点事须知。
有时击磬敲椎响，定有佳音早晚期。
寺观铃铙钟鼓类，要知仙佛与禳祈。
倘是携来鱼雁物，友朋音信写相思。
逢梅可说梯媒动，见李公私理不亏。
见肉定须忧骨肉，见梨只怕有分离。
仕宦官员俄顷至，贵人相遇不移时。
出笔拔毫通远信，笔头落地事皆迟。
墨断须防田土散，财空写砚忽干池。
犬吠如号忧哭泣，猫呼哀绝有人欺。
贼盗将临休见鼠，喜人摧动爱闻鸡。
马嘶必定有人至，鹊噪还应远客归。

清 沈衡章，上海人，工拆字之术。乾嘉时，卖卜于邑庙，问休咎者趾相接。有犯越狱宵遁，捕役往问，拈一鹦字。沈曰："鹦鹉，能言之禽也，舌慧而身不自藏，卒为人所絷。（絷，音执，系也。）且鸟而婴，羽毛未丰，其能远逸乎？去此当近，速捕可得。"问往何方，沈瞥见雀跨后簷，曰："可往后面坑厕中觅之。"如其言，果获。邑侯神其技，给"机测如神"扁额，悬庙园清芬堂之西偏，俗呼为董事厅者，盖沈所安砚处也。咸丰庚申，西兵驻园，其额始毁。少后又有陆学海者，五六岁时，父抱怀中，即能握管拆字，长遂以此为业，老而益精。有以求财问者，拈一也字，陆曰："无望也。地无土难栽楼凤竹，池无水难养化龙鱼。"矢口如此，而十中八九。沈躯颇伟，陆貌清癯，皆意致闲雅，无江湖习气。陆亦设砚于真君殿，惟素自矜贵，日不逾百字耳。《耆献类征初编》

清 徐良钰，字式如，松江人，孝廉。精青乌家言，尤长于推算之学。顾多作隐语，不欲明以示人。其里人潘兆芙，方以明经应秋试，踵门求推命造。式如不语，惟书"和"字示之，人皆不解所谓。后潘落第，始恍然曰："此所谓名利两不成也。"自此，遂屏弃帖括，一意为善，以终其身。《清稗类钞·方技》

字是朱书忧血疾， 不然火厄有忧危。
楼上不宜书火字， 木边书古有枯枝。
朱书更向炉边写， 荧惑为灾信有之。
破器偶来添砚水， 切忧财耗物空虚。
笔下忽然来蟢子， 分明吉庆喜无疑。
若在右边须弄瓦， 左边必定产男儿。
叶上写来多怨望， 花间书字色情迷。
果树边傍能结果， 竹间阻节事迟疑。
晴宜书日雨宜水， 夏火秋金总是时。
更审事情分向背， 玄黄克应细详推。

玄黄叙

龟形未判，此为太古之淳风；鸟迹既分，爰识当时之制字。虽具存于简牍，当深究其源流。成其始者，信不徒然。即其终之，岂无奥义？宝田曰富，分贝为贫。两木相并以成林，每水东归是为海。虽纷纷而莫迷，即一一而可知。不惟徒羡于简编，亦可预占乎休咎。春蛇秋蚓，无非归笔下之功。白虎青龙，皆不离毫端之运。今生好癖，博学博文。少年与笔砚，相亲半世。与诗书为侣，识鱼鲁之外。穷亥豕之讹，别贤愚之字。昭然于毫端，察祸福之机。了然于心目，鲜而当理。敢学说字之荆公，挟以动人；未逊后来之谢石，得失何劳。于龟卜依违，须决于狐疑。岂徒笔下以推尊，亦至梦中而讲究。刀悬梁上，后操刺史之权；松出腹间，果至三公之位。皆前人之已验，非后学之私言。洞察其阴阳，深明乎爻象，则吉凶悔吝可知矣。

玄黄歌

大抵画乃由心出，以诚剖决要分明。
出笔发毫逢定位，笔头若出干无成。
墨断定知田土散，纸破须防不正人。
犬吠一声防哭泣，鼠来又忌贼来侵。
赤朱写字血光动，叶上书来有鸳盟。
忽见鸡鸣知可喜，人惊梦觉事通灵。
马嘶必有行人至，猫过须防不正人。
船上不宜书火字，楼头亦忌有官刑。
有时戏在炉中写，遇火焚烧忽不灵。
破器莫教添砚水，定知财散更伶仃。
笔下偶然蝇蟢至，分明六甲动阴人。
在左定生男子兆，右至当为添女人。
曾见人家轻薄辈，口中含饭问灾迍。
直饶目下千般喜，也问刑徒法里寻。
花下写来为色欲，女人情意喜相亲。
花开花落寻灾福，刻应之时勿目盲。
麒麟凤凰为吉兆，猪羊牛马是凡形。
此际真搜玄理妙，其中然后有分明。
应验止须勤记取，灾祥议论觉风生。

清 大不同，某拆字者之别号也。光宣间，寓常州城隍庙，设摊营业，名噪一时。有某店伙之纱帐被窃，薄暮始觉，往求拆，时大不同已收摊矣，因令随举一字以拆。店伙写四字，大不同曰："无妨。君所失为纱帐，今已有人悬于他处。君观四字之形，因悬挂之象也。速觅，或可得。"店伙曰："否，否。君所拆者，为真体四字；而余所举者，为草体四字，无乃误乎？"大不同曰："若然，则赃已难觅。仅可购备蚊烟一圈，以御蚊矣。蚊烟一圈，亦象草体四字之形也。"又有一尼姑，拈青字，令拆之。问何事，曰："终身。"大不同曰："清不清，静不静，出家恐不利。若立定主意，择人而事，则尚有生育之望。盖青字之上截似'生'字，而下半截则'育'字之底也。"尼忸怩而去。有知其事者，则谓尼固不守清规，久有还俗之意也。《清稗类钞·方技》

清 谢增，号梦渔，甘泉人。道光庚戌探花，官至御史，品学皆为人推重。精命理，吉凶祸福，不爽毫纤；尤以事先预测，谈言微中称奇。疑者谓语多难解，类病疯颠；而誉者则谓实有自来，是以能知休咎。要知乃易学精深，有以致此。如咸丰壬子科，同乡京官，宴士子于会馆，增亦与焉。席间闻天空有鸦一鸣，增忽叹曰："今科吾扬，仅得中式一人。"人初莫之信。及榜发，果只方鼎锐一人。一日偶见侍郎青廖，谓恐不得其死。或谓侍郎将外任封圻，乌足患。增曰："外任愈恐不得其死。"后侍郎抚鄂，坐粤乱失城伏法。增后卒于京师，宦囊空空，丧葬悉知交为之料理，并教养其子成人。《孟斋日记》

花押赋

夫花字者，人之心印也。古人以结绳为证，今人以花字为名。大凡穷通之理，皆与阴阳相应。先观五行之衰旺，次察六神之强胜。五行者，立木、卧土、勾金、点火、曲水之象；六神者，青龙、朱雀、螣蛇、玄武、勾陈、白虎之形。上大阔方火乃发；用坚瘦兮木乃生。荣金要方面要圆，土要肥而木要正。故曰：炎炎火旺。玉堂拜相。洋洋水秀，金阙朝元。木盛兮，仁全义广；金旺兮，性急心刚。土薄而离巢破祖，土厚而福禄绵绵。故曰：少木多，根根折挫。金少火多，两窟三窝。金斜而定然子少，木曲而中不财丰。盖画长兮，象天居土。土卧厚兮，象地居下。内木停兮，象人在于中央。三才全兮，如身居其大厦。无天有地兮，父早刑。有天无地兮，母先化。有木孤兮，昆弟难倚。天失兮，故基已罢。内实外虚兮，虽才高无成。外实内虚矣，终富贵而显赫。龙蟠古字，必有将相之权。不正偏斜，定是孤穷之客。螣蛇缠体，飘流万里之程。玄武克身，妨妻害子。身之土透天，常违父母之言，而有失兄弟之礼。只将正印按五行，仔细推详。大小吉凶，搜六神而无不验矣。

探玄赋

　　且夫天字者，乃乾健也，君子体之。地字者，乃坤顺也，庶人宜之。君子书天，得其理也。庶人书地，亦合宜也。夏木春花，此乃敷荣之日；冬梅秋菊，正是开发之时。一有背违，宁无困顿？日字要看停午，月来须问上弦。假如风雨，要逢长旺之时。若是雪霜，莫写炎蒸之候。牡丹芍药，只是虚花。野杏山桃，皆为结实。森森松柏，终为梁栋之才，郁郁蓬蒿，不过园篱之物。书来风竹，判以清虚。写到桑蚕，归于饱暖。锣鸣炮响，可言声势之家。波滚船行，俱作飘流之士。鱼龙上达，犬豕下流。泉石烟霞，自是清贫之士。轩窗台榭，难言暗昧之徒。河海江山，所谓广大。涧溪沼沚，做事卑微。灯烛书在夜间，自然耀彩。月星写于日午，定是埋光。椒桂芝兰，岂出常人之口。桑麻禾麦，决非上达之人。黄白绿青红，许以相逢艳冶。宫商角征羽，言他会遇知音。剑戟戈矛，终归武士。琴书笔砚，乃是文人。问钱与贫，因见自谦之德。书富乃贵，已萌妄想之心。金玉珍珠，不过守财之辈。荣华显达，宜寻及第之方。恩情欢爱，既出笔端。淫荡痴迷，当眠花下。酒浆脍炙，哺啜者必常书之。福寿康宁，老大者多应写此。且如龙蟠虎踞，宁无变化之时？凤翥鸾翔，终有飞腾之日。体如鹭立，孤贫之士无疑。势如鸦飞，饶舌之徒可测。惊蛇失道，只寻入穴之谋。舞鹤离巢，自有冲霄之志。急如鹊跳，是子轻浮。缓似鹅行，斯人稳重。如篁翁郁，休言豁达心怀。似水飘流，未免萧条家道。或若炎炎之火，或如点点之云，一生喜怒无常，终身成败不保。风摇嫩

宋 周生，钱塘人善相字建炎间，车驾至杭，时金骑惊扰之余，人心危疑。执政呼周生，偶书"杭"字示之。周曰："惧有惊报。"乃拆其字，以右边一点配木上，即为兀术，不旬日果传兀术南侵。当赵秦庙谟不协，各欲引退，二公各书退字示之。周曰："赵必去，秦必留。日者君象，赵书'退'字，'人'去'日'远，秦书'人'字密附'日'下。'日'字左笔下连，而'人'字左笔斜贯之，踪迹固矣，欲退得乎？"既而皆验。《宋稗类钞·方技》

明 何有，一字复有，坊郭里人檵长子也。（檵，音计，枸杞也。）少读书，知文义，能诗。为人迂古质直，胸无机智，鲜俗情。因读《易》，留心数学，见康节邵先生梅花数悦之，玩月余，忽觉有悟。一日鸦鸣，占之，云："夜坐主夫妻相争见血。"已而更尽，时仆夫与其妻斗于室，急往禁之，已抔妇额流血，因名老鸦数，所占无不立应。四明桂茂枝，馆于周美家，督学使者业行檄试宁波矣，桂书去字，令有占之，曰："字虽云去，而画直下笔，俱有钩搭，勿去也。"桂不之信，又书壬字，曰："督学去任矣。三日内，即有征，必丁艰也。"至三日，果然。叩其故，曰："士上一撇，是撇却士子去也。壬字三画，故三日。督学任甫一年，不可云升。政声甚美，未可云罢。

竹，早年卓立难成。雨洗桃花，晚岁羁栖无倚。为人潇洒，乃如千树之江梅。赋性温柔，何异数株之岩柳。烟萝系树，卓立全倚于他人。霜叶离柯，飘零不由乎自己。画似棱棱之枯木，孤苦伶仃。形如泛泛之浮萍，贫如漂泊。无异巉岩之怪石，巇崄营生。有如耸拔之奇峰，孤高处世。金绳铁索，此非岩谷之幽人。玉树瑶琴，定是邦家之良佐。乱丝缠结，定知公事牵连。利刃交加，即是私家格角。撇如罗带，除遇阴人。捺似拖钩，刑伤及己。勾似锦靴，遭逢官贵。画成横枕，疾病临身。切忌横冲半断，不保荣身。仍嫌直落中枯，难言高寿。剔成新月，出门便见光辉。点作星飞，守旧宁无晦滞。至若挥毫带煞，秉生死之重权。落纸无成，作奔趋之贱役。起腾腾之秀气，主有文章。生凛凛之寒光，宁无声价？半浓半淡，做事多乖。倚东倚西，撑持不暇。字短则沈沦不显，字长则潦倒无成。拾后拈前，所为险阻。忘前顿后，举动趑趄。且如偃仰，遇庶人则成号泣。君子飞腾，若是拘挛，逢君子，乃是刑囚。庶人必能勤苦，造其理也，即此推之。余向遇异人，曾授《玄黄》诸篇。今遇异翁授此，赋毕问之曰："愿得公之名姓。"公不答而去。

齐景至理论

天下之妙，无过一理。理既能明，在乎明学。学者穷究，莫难乎性。性既明达，其理昭然。且苍颉始制之时，观迹成象，以之运用，应变随机。且释老梵经，王勃佛记，迨乎今飞轮实藏之内既深且宁，非高士莫得而闻。何由睹之？其汉高有荥阳之围，以木生火，终不能灭。有人梦腹上生松，丝悬山下，后为幽州刺史。"松"为十八公，不十为"卒"。《春秋》说"十四心为德"，《国志》云"口在天上为吴"。《晋书》："黄头小人为'恭'。以人负吉为'造'。八女之解安乐山，两角女子绿衣裳。端坐太行邀君主，一正之月能灭亡。"正月也。郭璞云："永昌有昌之象。"其后昌隆。罗，四维也。其偶如此。且人禀阴阳造化，凭五行妙思，一言一语，一动一静，然后挥毫落楮，点画勾拔，岂能后于善恶？得之于心，悬之于手，心正则笔正，心乱则笔乱。笔正则万物咸安，笔乱则千灾竞起由是考之，其来有自。达者，以理晓；昧者，以字拘。难莫难于立意，贵于言辞。立意须在一门，言辞务在心中。余幼亲师友，温故知新，志在进取场屋。为祖宗之光，遂乃屈身假道，每以诗酒自娱。渡江乘兴，偶信卜于岩谷，观溪山之清流，闻禽鸟之好音，殆非人世。忽见一人道貌古怪，披头跣脚，踞坐磻石之上。余由是坐之于侧，良久交谈之际，询余曰："子非齐景乎？"予惊讶其预知姓名，疑其必异人也，遂答之曰："然。"异人曰："混沌既判，苍颉制字者，余也。自传书契于天下，天下大定。后登天为东华帝君，今居于此，乃东华洞天。余曾有奇篇，昔付谢石，今

故知丁艰。此断以理也。"隆庆丁卯，邵继稷之姻好某者。以录考，指柱间三字，令占之。有曰："幸甚，一等二名。首名故旧廪也，即受饩矣。"已而果验。问之。曰："三字上画浓而正，下二画淡而轻，是一之二也。首画方严，故知上一名为旧知名士也。"是时首名为何春畿云。万历丙子，陆文宰应试请卜，书當字，曰："高等首食廪矣。當字上截为赏头，下为田字，诸生以廪为田也。"所决事应，皆有意理，而于世俗多落落不相入。久之卒。《光绪富阳县志·方技》

当付汝。今子之来，可熟记速去。不然，尘世更矣。"于是拜而受之，退而观其奥妙，乃《玄黄妙诀神机》。解字之文，得其方妙，如谷之应声，善恶悉见，祸福显然，定生死于先知，决狐疑干预见。后之学者幸珍重之。

字画经验

"敷"字：昔在任宰，请拆之云：此字十日内放笔。果以十日罢任。

"家"字：凡人书此，家宅不宁。空字头，豕应在亥月者也。

"荆"字：艹而刑，不利小人，大宜君子。

"砚"字：有一字天，出之乱尔，见明之兆。

"典"字：曲折多，四七日有典进之兆。贵人必加官进禄，雅宜便。四十日有进纳之喜。

果字：凡事善果披剃，盖口中无才，又云进小口。

"馬"字：昔有马雅官，写马字无点。马无足不可动。

"来"字：来带两人之木，皆未见信，行人未应。三人同来，财午未年发。

"葵"字：逢春发生，又占名利，逢癸可发，占病不宜。廿日有惊恐之兆。

"但"字：如日初升，常人主孤，凡事未如意，十日身坦然。

"谦"字：故人嫌，盖无廉耻，目下有事多是非。

"亨"字：高不高，了不了，须防小人，不足及外孝。不祥。

"连"字：廿日未达，即日并不顺，少喜多忧。

宋 夏巨源，精于卜筮，居临安。每来卜者，一卦率五百钱。绍兴三十年庚辰，洪禹之自赣倅受代，造朝，其子价侍行。既至，点检勑造文书，遗其一。遣仆还家访寻，终不能自释。乃自诣夏肆，夏书纸上，曰："事在千里外。"继书一食字，一尧字，合之则饶字也。曰："文书见在，系一多口人收得，而鸳鸯为看守，无足忧也。"既而仆从饶州至，持所遗返。盖向者打并行李时，忘在外，小妾福安见之，收寘鸳箧内。既悟鸳鸯看守之语，而福字有口，田字有四口，所谓多口人也。以上《光绪浙江通志·方技》

"奇"字：占婚奇偶未谐，应十日。难为兄弟，事不全。

"俊"字：一住一利，交友难为。父兄反覆，文书千连变易。凶。

"常"字：占病堂上人灾，有异姓异母。上有堂字头下有哭头。

"每"字：昔曹石遣人相此字，异日必为人母。后果然。

"城"字：逢丁戊日，六神动。忌丁戊日，田土不足，进力成功。

"池"字：凡事拖延有日，逢地必利。盖添虫为蛇。

"春"字：宋高宗写此字时，秦桧用事。相者云：秦头太重，压日无光。桧闻言召而遗之。

"一"字：土字一字，王也。

"益"字：有吏人书益字，廿八日有血光之厄。至期果然。

"田"字：有人出此，相言：直看是王，横看是王，必主大贵。

字体诗诀

天字及二人，做事必有因。一天能庇盖，初主好安身。
地字如多理，从此出他乡。心如蛇口毒，去就尽无妨。
人字无凶祸，文书有人来。主人自卓立，凡事保和谐。
金字得人力，屋下有多财。小人多不足，凡事要安排。
木字人未到，初生六害临。未年财禄好，切莫要休心。
水字可求望，中妨有是非。文书中有救，出入总相宜。
火字小人相，中人发大财。灾忧相见遇，日下有人来。
士字日下旺，田财尽见之。穿心多不足，骨肉主分离。
东字正好动，凡事早求人。牵连须有事，财禄自交欣。
西字宜迁改，为事忌恶人。心情虽洒落，百事懒栖身。

清 范时行，《县志》作自行，苏州人，善文章，隐于相字。乾隆间，寓于邑之紫阳观，所言不多，而义理明彻；吉凶祸福，指示若神。每日以得钱六百为率，过此财垂帘谢客，颇有君平、谢石气度。一营兵拈棋字，问终身休咎。范曰："凡围棋之子，愈著愈多。象棋之子，愈著愈少。今所拈是棋字，非碁字，从木不从石，则是象棋子，非围碁子也，恐家中人口日益凋零矣。"其人曰：是也。然此非所问，问日后何如耳。"范曰："观尔服装，是行伍中人，乃象棋中之卒也。卒在本界，止行一步。若过河，纵横皆可行。以是言之，尔外出方可得志。然卒过河，亦止行一步。亦不能大得志也。"又有拈義字以问者，范问年若干，告之。范曰："然则生年属羊也。義字从羊从我，是只一属羊之我耳。终身孤隻，不能有妻子也。妻子且不能有，他何望焉。"又有一人以風字，问妻所孕，为男为女？范曰："移中间虫字于右旁，则似虺字。《诗》曰：惟虺惟蛇，女子之祥。所孕必女矣。"又有一业理发者，盛冠服而往，拈村字问之。范曰："木以长材为贵，一寸之木，亦何所用。"其人以为道其剃刀之柄也，惊而失色。范曰："凡事若能努力，则方寸之木，可使高于岑楼，君何必自堕其志乎！"后其人果发迹致富。德清俞樾《右台仙馆笔记》《民国德清县志·艺术》

南字穿心重，还教骨肉轻。凡事却有幸，田土不安宁。
比字本比和，不宜分彼此。欲休尚未休，问病必见死。
身字主己事，侧伴更添弓。常借人举荐，仍欣则禄丰。
心字无非大，秋初阴小灾。小人多不足，夏见必灾来。
头来须鄙衰，发可却近贵。要过子丑前，凡事皆顺利。
病来如何疾，木命最非宜。过了丙丁日，方知定不危。
言字如何拆？人来有信音。平生多计较，喜吉事应临。
行字问出入，须知未可行。不如姑少待，方免有灾惊。
到字若来推，出入尚颠倒。虽然吉未成，却于财上好。
得来间日下，宁免带勾陈。凡事未分付，行人信不真。
开字无分付，营谋尚未安。欲开开不得，进退两皆难。
附字问行人，行人犹在路。为事却无凶，更喜有分付。
事字事难了，更又带勾陈。手脚仍多犯，月中方可人。
卜字求测事，停笔好推详。上下俱不足，所为宜不祥。
望字逢寅日，所谋应可成。主须不正当，却喜有功名。
福字来求测，须防不足来。相连祸逼迫，一口又兴灾。
禄字无祖产，当知有五成。小人生不足，小口有灾惊。
贵字多近贵，六六发田财。出入须无阻，宜防失落灾。
用字主财用，有事必经州。谁识阴人事，姓王并姓周。
康字未康泰，宜防阴小灾。所为多不逮，财禄亦难来。
宁字占家宅，家和人口增。财于中主发，目下尚伶仃。
吉字来占问，反教吉又凶。因缘犹未就，做事每无终。
宜字事且且，须知在目前。官非便了当，家下亦安然。
似字众人事，所为应不成。独嫌人力短，从人则堪行。
多字宜迁动，死中还得生。事成人侈靡，两日过方明。
古字多还吉，难逃刑克灾。虽然似喜吉，口舌却终来。
洪宜人共活，火命根基别。事还牵制多，应是离祖业。
香字忌暗箭，木上是非来。十八二十八，好看音信回。
清字贵人顺，财来蓄积盈。阴人是非事，不净更多年。
虚惟头似虎，未免有虚惊。凡事亦可虑，仍妨家不宁。
远字事多达，行人有信音。为事既皆遂，喜吉又来临。
同字如难测，商量亦未然。两旬事方足，尚恐不周圆。

众字人共事，亦多生是非。所为应不敛，小口有灾危。
飞字须可喜，反覆亦多非。意有飞腾象，求名事即宜。
秀字多不实，无事亦孤刑。五五加一岁，还生事不宁。
风字事无宁，逢秋愈不吉。疾多风癣攻，更防辰戌日。
天字已成天，亦多吞噬心。事皆蒙庇盖，行主二人临。
元字二十日，所为应有成。平生刑克重，兀兀不安宁。
秋字秋方吉，小人多是非。须知和气散，目下不为宜。
申字是非长，道理亦有破。终然屈不伸，谋事难为祸。
甲字利姓黄，求名黄甲宜。只愁田土上，还惹是和非。
川字如来问，当知有重灾。仍防三十日，不足事还来。
墟字若问事，虎头蛇尾惊。有人为遮盖，田土不安宁。
辰字如写成，主有变化象。进退虽两难，功名却可望。
青字事未顺，须知不静多。贵人仍不足，日久始安和。
三字多变迁，为事亦无主。当知二生三，本申一生二。
人如来问测，分字亦安让。凡事多费解，仍妨公扰忧。
字须有学识，初主似空虚。家下不了事，名因女子中。
士为大夫礼，末免犯穿心。括括是非散，番多吉事临。

四季水笔

春水混浊，夏水枯涸，秋水澄清，冬水凝结。

水为财，忌居乾、兑、坎。

了、乙、子、点不为杀，必为贵人。

画有阴阳

长中有短为阳中阴，短中有长为阴中阳。粗细轻重，以此为例。阳中有阴则佳，阴中有阳反凶。壬字头画，是阳中有阴，任字头画，是阴中有阳。水笔不流，流则不佳。戴流珠，名映星，小人囚系。取福下至上一三，取祸上至下一三。

明 倪光，字应奎。少受《易》，时时沈玩先天，忽朗然内觉，若有神授。自知不良于功名，遂悉弃去。观消息盈虚，辄能前知。遨游二京，名动诸公卿，皆争致说《易》。一日在杨公文懿所，忽中贵使至，光见一雀自庭树集于地，已复还集树，即谓其使曰："汝来得非失马乎？六日当复。"使大惊。文懿问故，光曰："雀踊跃，物也。去树而集于地，舍所依也。已还集树，复归其所也。其集树也，自北而南，水数六也。故曰马失而六日复。"因复问马色，光曰："以北水克南火当赤，而近于黑。"皆悉验，人咸以小康节呼之。后阁老万安，欲荐官之，光遽辞归。旅宿临清，中夜闻叩户声，棘而辞哀。光厉声曰："汝作歹，将勾生耶。"其人吐实，光谩曰："南北东西，皆汝路也。"旦起，市已获盗。有产子者至而伞裂，其人失色。光曰："伞裂而小人见，汝细君已育子，可喜矣。"年八十，生而举殡，拟渊明自祭、杜牧志墓事，为诗自挽，其达生委命如此。人皆称为味易先生，所著有《味易诗集》，凡十二卷。
《光绪浙江通志·方技》

元 张德元，号乘槎。至正间尝为诸暨州吏目，避乱居山阴，有奇术，善观字，知吉凶。生一子，名之曰槐。忽谓友人云："是儿必死，槐字木傍鬼，非死兆耶。"未几儿果卒。其友病，以丰字示之，德元曰："死矣。"明日讣至。或问其故，德元曰："丰字，山墓所也。两丰，封树也。豆，祭器也。墓既成矣，尚欲生乎？"或以命字揖德元，使占人病。德元曰："已死。君持命字以揖，垂命之兆也。"已而果然。尝饮刘彦昭曰："今夕复有客。"已而客至。问之德元，曰："吾闻涤器声，故知耳。"《康熙绍兴府志·方技》

八卦断

乾宫笔法如鸡脚，父母初年早见伤。
若不早年离侍下，也须抱疾及为凶。
坤宫属母着荣华，切忌勾陈杀带斜。
一点定分荣禄位，一生富贵最堪夸。
艮位排来兄弟宫，勾陈位笔性他凶。
纵然不克并州破，也主参商吴楚中。
巽宫带口子难逢，见子须知有克刑。
饶君五个与三个，未免难为一个成。
震位东方一位间，要他笔正莫凋残。
若逢枯断须沾疾，腰脚交他不得安。
离是南方火位居，看他一点定荣枯。
若还员净荣官禄，燥火炎炎定不愚。
坎为财帛定卦位，水星笔横占他方。
若见笔尖无大小，根基至老主荣昌。
兑位西方大白间，只宜正直若凋残。
若然坑陷并尖缺，妻子骄奢保守存。

相字心易

凡写两字，止看一字。盖字多心乱，若谋事之类，亦必移时方可再看。

辨字式

富人字，多稳重无枯淡。贵人字，多清奇，长画肥大。贫人之字，多枯淡无精神。贱人字，多散乱带空亡。百工字多挑跃。商字多远迩。男子字多开阔。妇人字多逼侧。余皆浓淡肥瘦、斜正分明之类断之。

笔法筌蹄

凡书字法，有浓淡、肥瘦、长短、阔狭、反覆、顺逆、曲直、高低、小大、软硬、开合、清浊、虚实、凹凸、平正、斜侧、圆满、直牵、明白、轻快、稳重、跳跃、勾挽、破碎、枯槁、尖削、倒乱、鹘突、孤露、交加、肥满、尖瘦、刚建、精神、艳冶、气势、衰弱、小巧、软满、老硬、骨棱、草率、开阔之分，各有一体，难以书述。学者变化，知机其神。歌曰：

笔画稳重，衣食丰隆。笔画平直，丰衣足食。
笔画端正，衣禄铁定。笔画分明，决定前程。
笔画圆净，富贵双并。笔画肥浓，富贵无穷。
笔画洁净，功名可决。笔画轻快，诸事通泰。
笔画刚健，力量识见。笔画精神，必有声名。
笔画光发，荣显通达。笔画气势，慷慨意志。
笔画宽洪，逞英逞雄。笔画尖小，其人必了。
笔画如线，有识有见。笔画似绳，一世平宁。
笔画挑剔，好巧衣食。笔画乌梅，面相恢恢。
笔画懒淡，兄弟离散。笔画分扫，破家必早。
笔画弯曲，奸巧百出。笔画迭荡，一生浮荡。
笔画枯槁，财物虚耗。笔画糊涂，愚蠢无谋。
笔画粘滞，是非招怪。笔画大小，有歉有好。
笔画高低，说是说非。笔画淡泊，疮痍克剥。
笔画反覆，心常不定。笔画破碎，家事常退。
笔画欹斜，漂泊生涯。笔画恶浊，无知无学。
笔画如蛇，常不在宅。笔画偏侧，衣食断隔。
笔似鼓槌，至老寒微。笔势如针，此人毒心。
笔势勾斜，官事交加。笔势如钩，害人不休。
笔势散乱，财谷绝断。笔格常奇，诀以别之。

清 孙文，字文若，号水月老人，会稽人，明末诸生。入国朝，隐于杭。所居为梅园，在艮山门外之百步塘。老人性简静，一介不取，间为歌辞以自娱。问其年，辄曰九十。以其发尽秃。故呼之为僧。康熙初，范忠贞公承谟抚浙，老人固预知之。盖老人与其大父雅故，忠贞幼时，尝抚其顶，曰："儿当建节吾土。"至是忠贞奉母命物色而得之，屏驺从往谒，寻为出俸修塘。时浙西多虎，老人辄语之，曰："山上大虫任打，门内大虫休惹。"忠贞寻奉命督闽，濒行，老人诫之曰："耳后火发时，须有主意。"门内虫，闽也；耳后火，耿也，盖指闽藩耿精忠也。康熙甲寅，闽藩变作，忠贞死焉，人遂以老人为能前知，争趋之。老人避去，不知所终。土人乃改其居为水月庵，肖其像若僧，募僧奉之。
《清稗类钞·方技》

奴婢

恰似霜天一叶飞，画如木担两头垂。画轻点重君须记，画定前趋后拥儿。

阴人

阴人下笔意如何，只为多羞胆气虚。起处恰如争嘴样，却来下笔定徐徐。

隔手

隔手书来仔细详，见他纸墨字光芒。更看体骨苏黄格，淡有精神是贵郎。

视势

每遇人写来，必别是何字？如"天"字，及是"夫"字及"失"字基址，女人写妨夫，男子写有失。

象人

凡字必别是何人写，亦象人而言。如"天"字，秀才问科第，今年尚未，当勉力读书，来年有名望及第；官员求官，亦未，宜勉力政事，主来年得人荐举受恩；若庶人占之，病未安，用巫方愈；讼者未丁主费力，必被官劾断之。

"天"加直成"未"，再加点成"来"。"来"、"力"成其"刺"。

有所喜

如问财，见金宝，偏傍及禾斗之类，决好。

有所忌

如问病见土木，及问讼见"血"、"井"字，

宋 黄某，自号山人。赠太师叶助时为建德尉，年壮无子，问命于黄某。黄云："公嗣息甚贵，位至节度使，然当在三十岁以后。若速得之，亦非令器也。"助不乐。后官至拱州，黄又至，令以《周易》筮之，得贲卦。黄曰："今日辰属土，土加贲为坟字。君当生子，但必有悼亡之戚。"果生男，数岁而晁夫人卒，其子即少蕴也。既擢第，为淮东提刑周种婿。周尝延黄山人，少蕴命之筮，遇晋卦。黄曰："三年后，当孪生二女。晋之卦，坤下离上，二阴也。晋之字从两口，爻辞曰'昼日三接'，三年之象也。俟此事验，当以前程奉告。"少蕴深恶其说，已而果然。自维扬归吴兴，复见之，少蕴曰："君昔所言果中，异时休咎，盍以告我？"黄曰："公，贵人也。自此当遍议清要，登政府，终于节度使。宜善自爱。"少蕴异之，以白乃父。父曰："忆三十年前，有客亦姓黄，为吾言得汝之期，且谓当建节钺，岂非此人乎？"试使召之，真昔所见者，父子相视而笑，待黄生如神。建炎中，少蕴为尚书左丞。绍兴十六年，年七十，上章告老。自观文殿学士，除崇庆军节度使，致仕二年而薨，竟如黄言。

皆凶。

有所闻

如问病，忌闻悲泣声。占财不宜破碎声。

有所见

如"立"字见雨下，或水声，则成"泣"字。又如"言"字，见"犬"成"狱"字。问病讼皆忌之。

以时而言

如草木字，春夏则生旺有财，秋冬则衰替多灾。风云气候之类亦然。

以卦而断

如"震"字，春则得时，冬则无气。皆以其卦言之。

以禽兽而断

如"牛"字，则为人劳苦。春夏劳苦，秋冬安逸。

次类而言

如"楼"字，笔画多，不可分解。以楼取义，乃重屋也。重屋折开，乃千里尸至，问字人必有人死在外。尸至之事。

以次而言

如字先写笔画，喜则言吉，次则言凶，又次则言半凶半吉。以次加减，亦察人之气也。

当添亦添

且如官员写"尹"字，乃君字首断，其人必

宋 刘梦求，括苍人，未尝得邵氏先天数，而知人休咎，说冥昧中事，如烛照而面诘也。或曰有术，或曰是有神焉。刘术行于三衢，今遂为衢人。士大夫之过衢者，以不问梦求易卦为恨。刘亮撰文赠之。《光绪浙江通志·方技》

见上位，定不禄而还，以君无口故也。如书"君"字，乃是"郡"旁，其人当得郡。

当减亦减

如"树"字，中有吉字，写得好者，则减去两边，只是言吉。

笔画长短

如吉字上作士字，如作士人。如作土字，乃口在下，问病必久。若身命属木，自身无妨。屋下木土生，不过十日必亡。

如常字，上作小字，只是主家内小口灾，不为大害。若上草作小，如此写，乃是灾字，头中乃门字，下是吊字，主其人大灾患临头，吊客入门，大凶。然亦须仔细仍观人之气色。象人而言，如土人，气色黑恶，其必退；若土命者，必死。俱不过十日。

偏旁侵客

如宀字，乃家头。如宀写，乃是破家宅，无其家，必退。如此"山"写，必兴门户。乃是山字形。如"山"有缺笔，乃是悬针之山，必大凶也。

字画指迷

如"人"字，正人作贵相，睡人作病疾，立人傍托人，双人傍动人，其人逆多顺少。从作两人相从，众作群党生事。坐人作阻隔，更作闲作人。如申字，作破田煞，常人不辨破田之说，用事重成之义也。

如"田"字，藏器待时，头足有所争，争而

晋 隗炤，汝阴人，善于《易》。临终书版授其妻曰："后当大荒，虽穷慎勿卖宅。后五年，有诏使龚姓来顿此亭，此人负吾金，即以此版责之。"炤亡，其家大困，不敢卖宅。至期果有龚使者止亭中，妻赍版责金。使者惘然，沉吟良久，曰："汝夫何善？"曰："善《易》。"使曰："噫，我知之矣。"乃取蓍筮之，卦成抚掌叹曰："妙哉隗生，所谓含明隐迹者也。"因告其妻曰："吾不负若金，汝夫自有金耳。知亡后必暂穷，故藏金以待。所以不告儿妇者，恐金尽而困无以已也。知吾善《易》，故书版寄意。金有五斤，在堂屋东头，去壁一丈，入地九尺。"还掘之，皆如其卜。《晋书·艺术》《乾隆江南通志·艺术》

有所私，忌田产不宁。如"彐"字作横山，取之衣禄渐明矣。又作日间防破。如"黄"字，作廿一后，方得萌芽；又作廿一用，可喜也。又云：上有一堆草，中有一条梁，撑杀由八郎。如"言"字，有谋有信，取之如草之作木，取之心不定也。如"心上"，三点连珠，一钩新月，皆清奇之象。或竖心性情，作小人之状。近身作十字，作穿心六害，取凡百孤独。如"寸"字，亦心也，一寸乃十分，为人有十分之望，谋望有分付也，又作一十取之。如"辛"字，乃六七日内见，立用于求远；作六十一日，或云有辛相成也。

问婚姻

凡字写得相粘者，可成。又字画直落成双者，可成；字中间阔而不粘，及直横成双者，偏傍长短者，不成。

凡写字得脚匀齐者，皆就字。四齐者，尤吉字。上短下长者，日久方成字。乾上有破，父不从。坤宫破，母不从。左边长者，男家顺，女家不肯。右边长者，女家顺，男家未然。

官事

或见文字或字脚，一撇一捺破碎，断有杖责。或见"牛"字，有牢狱之忧，土人大失。或"木"笔开口者，亦有杖责。字画散乱者，易了。或有撇捺长者、耸者，亦有杖刑。或见竹杖之类，亦有打兆。

火命人写"水"字来问，必有官灾。或字有草头者，说草头姓，得力之类。

疾病

金笔多，心肺痰，脏腑疾。西方金神为祟。

宋　廖应淮，字学海，自号溟涬生，（溟涬，《淮南子·本经》：江海通流，四海溟涬。）南城人，宋末布衣，抱负奇气，好研磨运气推移，及方技诸家。年三十，游杭，上疏言丁大全乱政状，中以法，配汉阳军，应淮荷校行歌出国门，道傍人啧啧壮之。遇蜀人杜可久于汉江滨，为祷营将，脱其戍籍，授以邵子《先天易数》，其算由先天起数，应淮神警，一问辄了。尝坐临安市楼卖卜，卜已，辄闭楼危坐，取一环按剑自锻之，当火少休，则危坐以为常。曾过曾渊子家索酒，饮酣抵掌放歌，坐者皆诧。见贾似道，直言宋鼎将移，语毕亦径出。国子监簿吴浚，以《先天易笺》《阴符经》《六花阵法》质之，应淮掷其稿于地，曰："误天下国家者，此书也。"浚欲从之受《易》，骂曰："敷，若黄口儿语此，人皆邵子矣。"后以其数学授进士彭复之，以传鄱阳傅立。（傅立，另有传。）著有《元元集》《历髓》《星野指南》《象滋说会补》《画前妙旨》，约十万言。《图书集成·艺术典·术数部·名流列传》《光绪江西通志·列传》

木笔多，心气疾，手足病。木神林坛为祟。

水笔多，泻痢吐呕之症。水鬼为凶。

火笔潮热，伤寒时行，火鬼为怪。又云四肢疼，时气疾病。火笔多者，病不死。

土笔多，脾胃兼疮疾客亡，伏尸鬼疼痛之疾。土笔多者，病死字，凡有丧字、虎字头，或两口字者，皆难救。

六甲

字凡有"喜"字、"吉"字体者，皆吉。字凡带白虎笔，难产，子必死。写得粘者，易产。字画纤断者，主有惊险。字有腾蛇笔者，主虚惊。字画直落成双者，女喜；成单者，男喜。

求谋

"凡"事写得中间阔者，所谋无成。谋字写得相粘者，二十四五前成，盖有隔字体故也。求字来问者，木命人吉，土人不利。

行人远信

如行字写得脚短、一般齐者，人便至。字脚不齐，行人皆不至。字画直落点多者，其人必陷身。字画少者，人便至。乃详字体格范。

官贵

凡事有二数，一点当先者，无阻事济。所写之字，相粘伶俐者，贵人顺。点多者，事不成。

失物

凡字有失字体，及字中皆难觅，朱雀动，有口舌，日久难寻。金笔多艮土，有破五金之物，宜速寻。土笔多，坎上有破碎之物，在北方古井，或窑边及坑坎之所，瓦器覆藏，五日见。坤上有一钩者，乃奴婢偷去，不可取得。兑上不足，乃妻妾为脚带，金人将去。离上一画不完者，乃南方火命人将去见官，失物仍在。

问寿

字画写得长而瘦者，寿耐久；如肥壮者，耐老；若短促者，无寿。

功名

字要贵人头者，有功名。字金笔多端正，及木笔轻而长者，皆贵。

行人

"人"字潦倒未动，写得"人"字起者，已动。人以"来"字问者，未至。"行"字问者，且待。凡字中有"言"字者，有信至，人来至也。

反体

"喜"字来问者，未可言喜，有舌字脚。有以"庆"字来问者，未可言庆，有忧字脚。"星"字来问者，日在上，星辰不见，问病必凶。

大凡文人，不可写武字，武人不可写文字。阴人不可写阳字，阳人不可写阴字。皆反常故也。

六神笔法

"八"：青龙木。"乂"：朱雀火。"勹"：勾陈土。"⺃"：螣蛇（无正位）。"几"：白虎金。"厶"：玄武水

明 赵吉六，江右抚州人，善谢石拆字术，卖卜于京师。人有所叩，随意书一字，则随字解拆，吉凶甚验，名甚噪。余偕邑中两春元（余即徐复祚。）往叩之，时辛丑会场才毕，两春元一姓陈，一姓张，俱问前程事，余则欲得家报耳。入其门，赵方课一童子读《学》《庸》，见我辈去，叱童子去，收书置几上。余指示之曰："此两春元，俱大才，赴罢会场，中固其所必然，所不知者名次耳。"陈春元即指其书签上庸字，赵曰："庸字上半为庚，庚者更也，更者化也，今庚不能更，何能化乎？且公登第便当用世，以不成之庚，压于用上，恐无所用耳，莫怪直言。"次至张春元，亦指书签曰："大字。"赵嚅嚅不言，张曰："但据理直言，何必忌讳。"赵曰："依此大字，公亦尚须有待。"余曰："试言其故。"曰："移大字上一直置下中，成一不字，

蚕头燕额是青龙，雨笔交加朱雀凶。
玄武怕他枯笔断，勾陈回笔怕乾宫。
螣蛇草笔重重带，白虎原来坤位逢。
此是六神真数诀，前将断语未流通。

六神主事

青龙主喜事，白虎主丧灾。朱雀主官司，勾陈主流连。

螣蛇主妖怪，玄武主盗贼。

六神都静，万事咸通。

莫交一动之时，家长须忧不测。若非财散，必主刑囚狱讼。

青龙形式

丨——青龙要停匀，百事皆吉。

青龙笔动喜还生，谋用营求事事通。人口增添财禄厚，主人日下尽亨通。

朱雀形式

乂——朱雀临身文书动，主失财，有口舌，主横事。忌惹人，有忧惊之事。

朱雀交加口舌多，令人家内不安和。若逢水命方无怪，他命逢时有怨疴。

勾陈形式

勹——勾陈主惊忧、迟滞。忌土田。是非未决，并惹闲非。

勾陈逢者事交加，谋事中间件件差。田宅官司多括，是非门内有喧哗。

螣蛇形式

㔾——螣蛇主忧虑，梦不祥，做事多阻，有

故沈吟也。"两春元大笑。次至余，写"贝"字，曰："欲得家信耳。"赵曰："尚远，以贝字上目字横转，则为四字，其四月初八乎？然四八成三十二，三月二十外，当有信。"余深信其言，归即书而粘之壁后。三月且尽，家信茫然，时从兄廷珍初第，观工部政，过余，酒中，见壁间所识，方共讶家信之难到，忽一人突入，乃兄纪纲名祥者也。相对一笑，余问家信，云在蒋侍御船，我于德州从陆先行，计其程，来月初旬，必当抵湾，至初八，余不待问至，先往湾中候之，蒋船初十始到，则在天津马堂处担阁两日也。两春元，亦下第，后于郡人杨春元玉苍名大润座中谈及，杨亦闻其名，欲往叩。杨时留京就选，应得有司，而李大冢宰，对予名戴与杨之尊人，大司马震涯公名成有旧，已拟湖州司理缺矣。玉苍书一"湖"字，曰："就选得

喧争，惹旧愁，宜守静。

　　螣蛇遇者主惊虚，家宅逢之尽不宁。出入官谋宜慎取，免教仆马有灾形。

白虎形式

　　几——白主有不祥之招。产、病有孝服，及官鬼，惹口舌，在囚狱。

　　白虎逢之灾孝来，出门凡事不和谐。更防失脱家财损，足疾忧人百事乖。

玄武形式

　　厶——玄武贵人华盖，主盗财，亦难寻。

　　玄武动时主失脱，家财流离慎方活。更防阴小有灾危，又至小人生拮据。

笔画犯煞

艹凤麟　丁断伏　口活法　丁用煞
刂连图带　日隔伏　丁欹伏　丁冲伏
丁悬针　⑨冲伏　丁流金　乀活金
乙伏曲　弓曲伏　口死金　丁活火
丁死火　弓螣蛇　丁死土　⑨蛇土
丁隔伏

玄黄笔法歌

厂、反

　　反旁无一好，十个十重灾。傍里推详看，临机数上排。

辶、走

　　走远字如何，须防失脱多。若还来问病，死兆不安和。

此地否。"赵曰："水中捞月，岂能就乎？且君十口在水月之间，水月阴象也，当必有不定之耗，君不应久留此矣。"玉苍又书一柄字，问曰："此人在家安否？"盖时已闻长郎有病，故问也。赵曰："移木傍右一点置左，显是病字。"玉苍又书一席字，问曰："即病无大妨碍乎？"赵曰："此麻巾也，兆甚凶。"玉苍不乐起，甫欲出门，而一人阑入，余识其为常州薛廷州，徐仪制峄阳名希孟客也。时峄阳偶有小疴，使之来问，薛书一徐字，赵曰："众人倚一木，不吉孰甚焉。"薛愠见于色，大声咤曰："小小风寒耳，便不起耶。"赵呵之曰："毋怒，当为君再缴一字。"则书孟字，赵前贺曰："幸甚，无大害。"薛曰："君言展转，惑人法也。"拂衣去，不留谢钱。既去，语余辈曰："此人性急，不与实言，移子一画置皿，上为了，下为血，其人血已了矣。不

死何待。"峄阳果三日不汗死。玉苍家问至，则长郎病剧矣，不及迓而归。其余所闻，甚多奇中。后以占右营佐击孙光前病，恶其直，以妄言祸福，喉内刑厂监逮之，递归江右。光前，承运库太监孙顺姪也，未几亦死。明徐复祚《花当阁丛谈》

子、糸
系绞同丝绊，干事主流连。却喜财公问，傍看日数言。

阝、卩
附邑傍边事，当从左右推。兑宫知事定，震位事重为。

灬、二
四点皆为火，逢寅过于通。若还书一画，百岁尽成空。

亻、彳
卓立人傍字，谋为倚傍成。若还来问病，死去又逢生。

之、辶
之绕身必动，看其内必凶。问病也须忌，其余却少通。

弓、弓
弓伴休乾用，反处日难凭。先自无弦弓，如何得箭行。

山、穴
穴下灾祸字，占家更问官。更推从来用，凶吉就中看。

冫、冫
两点傍边字，还知凝滞攒。要问端的处，傍取吉凶看。

吕、叩
双口相排立，因知恸哭声。各逢干戈日，亦主泪如顷。

户、尸
户下尸不动，休来占病看。其余皆是吉，即断作平安。

阝、阜
阜邑傍边字，当为仔细推。兑宫知事息，震

位又重为。

衣、礼

礼字傍边折，必定见生财。疋字如逢见，须从人正来。

月、骨

骨傍人有祸，囚狱一重来。门内生荆棘，施设不和谐。

身、自

自家身傍限，分明身不全。有谋难得遂，即日是多煎。

反、定

定绕自来看，身必有所动。吉凶意如何，相里临时用。

山、山

山下灾祥字，占家宜用官。更推从西用，凶吉数中安。

人、欠

欠字从西体，须知望用难。吹嘘无首尾，不用滞眉看。

禾、禾

禾边山则刑，春季则为殃。夏日宜更改，人中好举扬。

耳、耳

耳畔虽有纪，轻则是虚声。旺事宜重用，取谋合有成。

五行体格式

水笔式

水圆多性巧，浊者定昏迷。水泛为不定，己水走必东西。

明 西渚子，鄱阳人，或谓其本孝廉，以卜隐，遇物起数甚验。有某仪宾，持象牙笏，问之，曰："簪笏之贵，却缘骨月。"后优人亦以簪笏往，曰："虽近簪笏，奈体轻微。"居鄱久，著名，寻游四方，各变名号，以显其术。

以上《江西通志·方术》

火笔式

火重性不常，火燥见灾殃。火多攻心腹，火轻足衣粮。

土笔式

一土重根基好，一土轻离祖居。土滞破田宅，土定无虚图。

金笔式

口金方利身主，金重性多刚。金走为神动，慷慨及门墙。

木笔式

木长性聪明，木短定功名。木多才学敏，木斜废支撑。

时辰断

看字先须看时辰，时辰克应不相亲。

时辰若遇生其用，做事何忧不趁心。（此字中笔一要鉴用也。）

起六神卦诀

甲乙起青龙，丙丁起朱雀，戊日起勾陈，己日起螣蛇，庚辛起白虎，壬癸起玄武。

附例：今以甲乙丙丁日附载为式，余仿此。

	六爻	五爻	四爻	三爻	二爻	初爻
甲乙日例	玄武	白虎	螣蛇	勾陈	朱雀	青龙
丙丁日例	青龙	玄武	白虎	螣蛇	勾陈	朱雀

明 闵观，浮梁人，精梅花数，又能以人事占。有人倚伞于桑，问母病，观曰："五人扶桑，不治矣。"归果然。邻有出而占酒食者，观曰："得食有雉无首。"邻果有留饮者，久而曰："汝雉可出。"主人惊曰："果烹雉，以无首不献也。"乃出焉，因告之数，共嗟叹久之。以上《同治饶州府志·方技》

辨别五行歌

一

横画连勾作上称，一挑一捺俱为金。
撇长撇短皆为火，横直交加土最深。
有直不斜方是木，学者方明正五行。

二

一点悬空土迸尘，三直相连化水名。
孤直无依为冷木，腹中横短作囊金。
点边得撇为炎火，五行变化在其中。

三

三横两短若无钩，乃为湿木水中流。
两点如挑金在水，八字相须火可求。
空云独作寒金断，好已心钩比木舟。

四

无勾之木土稍寒，直非端正木休参。
围棋横满无源水，口小金方莫错谈。
四匡无风全五事，用心辨别莫迟难。

五

穿心撇捺火陶金，走之平稳水溶溶。
直中一捺金伤木，踢起无尖不是金。
数点笔连休作火，奇奇偶偶水源清。

六

无直无钩独有横，水因土化复何云。
点挑撇捺同相聚，共总将来化土音。

明 齐琦，字仲圭，号易岩，德兴人，世以儒学名。从祖梦龙贵澄，皆精邵氏，贵澄常注《经世》《观物》等书。琦自幼领悟其旨。建昌廖应淮、同郡祝泌、傅立，皆传邵子学。琦既承家学，兼得祝氏、傅氏之传，由声色气味以起数，而推极乎元会运世。即其数之所见，天地气运之否泰，生人吉凶休咎之征，无不可预定。其言人未至之事，如在目前。尝语人曰："自今以往，天下多故。不十五年，京邑南迁千里矣。"未几，朝廷削弱，权臣挟皇嗣驻江南。又尝曰："南士行人风宪矣。"时省台摈南人不用已久，未几，果有诏，用南人。其精验类如此，然非可语者，虽贵人概不与通。尝署初庵书院山长，后屏居鄱阳山中。洪武初，授婺源教授，上遣使与语，奇之，征拜太史，卒于官。琦虽精于数学，然通经史大义，非以术数名家，立言必归仁义，有关世教，士大夫用是尤尊慕之。

四点不连真化火，孤行一笔五行同。

辨别六神歌

蚕头燕额是青龙，失短交加朱雀神。
弯弓斜月勾陈象，螣蛇长曲势如行。
尾尖口阔为白虎，体态方尖玄武行。
此即六神真妙诀，断事详占要认真。

五行并歌式

木瘦金方水主肥，土形敦厚背如龟。
上尖下阔名为火，字像人形一样堆。

木式

有直不斜方是木，即此是也。凡字有木，不偏不倚，始为木。若无倚靠，上下左右者，此系冷木，故云直无倚为冷木。另作别看。

"三"：此乃湿木也。歌曰：三横两短又无钩，乃为湿木水中流。此土化水也。如"聿"字下三横，"春"字上三横，皆为湿木。凡有钩之横，及三横不分短长者，皆非木也。

"乙"：此舟船木也，象如勾陈，属土。邵子云："好把心钩比木舟。"故借作舟船木用，如占在水面土行等事，即作舟船木用。如占别用，论勾陈，仍作土看。在占者临时变化，切不可执一而论也。

"乂"：此木被金伤也。一样属金。故云："直中一捺金伤木。"凡占得此木，为用伤者，皆主不得其力也。

干支辨

"車"：直长为甲亦为寅，细短均为乙卯身。

宋 崔尊师，名无戵。王氏据蜀，由江夏而来，托以聋瞶，诚有道之士也。每观人书字，而知其休咎，能察隐伏逃亡，山藏地秘，生期死限，千里之外，骨肉安否，未尝遗策。时朝贤士庶，奉之如神明。龙兴观道士唐洞卿，令童子以器藏萝卜，送杜天师光庭，值崔在院门坐，遂乞射覆。崔令童子于地上划一个字，童子划一"此"字，崔曰："萝卜耳。"童子送回，拾一片损梳，置于器中，再乞射覆，崔曰："划字于地。"童子指前来此字，崔曰："梳尔。"洞卿怪童子来迟，童子具以崔射覆为对。洞卿久知崔有道，令童子握空拳，再指此字，崔曰："空拳耳。"洞卿亲诣崔云："一字而射覆者三，皆不同，非有道讵能及此？"崔曰："皆是童子先言，非老夫能知尔。此字象萝卜，亦象梳，亦象空拳，何有道耶？"崔相字，托意指事，皆如此类。宋江夏黄休复《茅亭客话》

孤直心钩兼湿木，干支无位不须论。

假如车字中央一直，彻上彻下，强健无损，则属阳，所以为甲木、寅木。余仿此。

"幸"：如幸字上一直下一直，皆短弱属阴，所以作乙木、卯木论也。凡一直，细弱木健，即长如车之直，亦作乙卯木看。其心钩舟船木，并三横两短木，一概不在干支论，因其不正故也。

火式

"丿"撇长撇短皆为火，此式是也。

"丷"：点边得撇为炎火，此即是也。要一点紧紧相连，始合式。如不联属点，仍属水，非炎火看也。

"八"：八字相须可求，此余火也。如八字捺长，则一撇为火，一捺另作金看。

"灬"：四点不连真化火，此真火也。如四点笔法率连不断，则属水非火论也。

干支辨

撇长丙已短为丁，午火同居短撇中。八字螣蛇兼四点，天干不合地支冲。

"廬"：假如廬字撇长，则取为丙火已火用。丙已属阳，故用撇长者当之。余仿此。

从：如"从"字，撇多皆短。则取为丁火，午火用。丁午属阴，故用短弱者当之。邵之子作，皆有深理存焉。余仿此。如八字四点之类，皆火之余。俱不入干支论。

土式

"一"：此横画连勾作土称是也。如用画无勾，直无撇捺相辅，此为寒土化水用，故"无直无勾独有横，土寒化水复何云"也。如"二"

宋 谢石，字润夫，成都人，宣和间，至京师，以相字言人祸福。求相者但随意书一字，即就其字离拆而言，无不奇中，名闻九重。上皇因书一"朝"字，令中贵人持往试之，石见字，即端视中贵人曰："此非观察所书也。石据字而言，今日遭遇，即因此字；鲸配远行，亦此字也。但未敢遽言之耳。"中贵人愕然，且谓之曰："但有所据，尽言无惧也。"石以手加额曰："朝字离之为十月十日字，非此月此日所生之天人，当谁书也。"一座尽惊，中贵驰奏，翌日召至后苑，令左右及宫嫔书字示之，皆据字论说祸福，俱有精理，锡赉甚厚，并补授承信郎。缘此四方求相者，其门如市。有朝士其室怀妊过月，手书一"也"字，令其夫持问于石，是日座客甚众，石详视之，谓朝士曰："此阁中所书否？"曰："何以言之？"曰："也语助辞，

因知是公内助所书。尊阁盛年三十一否？"曰："是也。以也字上为三十，下为一字也。然君官于此，当力谋迁动，而不可得否？"曰："正以此挠耳，盖'也'著水则为池，有马则为驰，今池边无水，陆驰无马，安可动也？又尊阁父母兄弟亲人，当无一存者，以'也'字著人则是他字，今独见也字，而不见人，故也。又尊阁其家物产，亦荡尽否？以'也'著土则为地字，今又不见土也。"朝士曰："诚如所言，但此皆非所问者。今贱室以怀妊过月，方窃忧之，所以问耳。"石曰："是必十三个月也。以'也'字中有十字，并两旁二竖，下一画，为十三也。"石熟视朝士曰："有一事似涉奇怪，固欲不言，则君所问正决此事，可尽言否。"朝士因请其说，石曰："'也'字著虫，则为虵字。（虵，蛇俗字，见广韵。）今尊阁所妊，殆虵妖也。石亦有

字、"且"字、"竺"字之类也。如"血"字、"土"字与直相连，仍作土看。

"十"：歌云"横直交加土最深"，即此是也。凡横书有一直在内为木，非深厚之土不能培木，所以云土最深也。余仿此。

"、"：歌云"一点悬空土迸尘"，此乃尘沙土也。凡"求"字、"戈"字末后一点皆是。如"文"字、"章"字，当头一点属水，不在此论。"凉"字、"减"字起头一点亦属水，不在此论。

"一"：此无勾之画，为寒土解。见前。

"丷"：此"点挑撇捺同相聚，其总将来化土音。"作土看。

干支辨

横中有直戊居中，画短横轻作己身。末点勾陈皆丑未，长而粗者戊辰同。

"準"：假如"聿"字之类，第二画长，末后一画长，余画皆短，明长者为阳土用，短者为阴土用。必取横中有直者为准，如无直者，及无依辅者，另看轻细，虽长亦作阴土。

"求"：假如"求"字之点，可作己土丑未，用其挑撇点捺，同柏聚无名之土，不入于干支之论也。

金式

"一"：歌云"一挑一捺俱为金"，即此是也。挑起要有锋尖，始为金。如踢起无尖，又非金看也。

"乁"：捺要下垂始为金，如走之平平，又变水看矣。学者辨之，不可不明。

"口"：口小金方，即此是也。如"因"字、"国"字、"匡"字，四匡大者皆非。

"目"：歌曰"腹中横短是囊金"。假如目字中两横短，而作囊内之金看。如两横长满者，乃"围中横满无源水"，又不作金用也。如目中用两点非横者，亦是水，非金也。余仿此。

"氵"：此两点加挑，金在水云金，乃水中之金也。

"几"：比"空云独作寒金断"，乃寒金也。

"乂"："穿心撇捺火陶金"。此金在火中也。

干支辨

"口"字为庚亦作申，挑从酉用捺从辛。空头顽钝囊金炒，不在干支数内寻。

"喜"：假如"喜"字上下两口，皆属阳，取其方正故也。俱为庚金、申金用。

"扒"：假如"扒"字，挑才一挑取为酉，用八字一捺取为辛。用因其偏隘，故作阴金用。余仿此。

水式

此一点当头作水称，乃雨露水也。歌出邵子旧本。又云"有点笔清皆作水"，云有点属水也。又"一点悬空土迸尘"，点悬空一点，化水解见前。四点相连又化作火，亦见于前解也。

"川"：此三直相连化水，取"川"字之义也。

"曰"：此字中央一满画，乃无源之水也。如画短不满者，不是水，另作别看。

"辶"：此"走之平稳水溶溶"，捺不下垂，故作水看也。

"灬"：此数点相连，野水也。即四点笔迹不断，亦作水看。

"一"：此土寒化水也。凡有依附者即非，仍

薄术可为，以药验之无苦也。"朝士大异其说，因请至家，以药投之，果下虵百数而体平，都人益神之，而不知其究挟何术也。秦桧当国时，高宗书一"春"字命测之，其上半体墨重，石奏曰："秦头太重，压日无光。"桧闻而衔之，中以危法，编管远州，道遇一老人于山下，亦善测字，石就之，书一"谢"字求测，老人曰："子于寸言之中立身，术士也。"举掌令更书，以卜所终，石书一"石"字，老人曰："凶哉，石遇皮必破，遇卒必碎矣。"时押石之卒在傍，而书字在掌中，故云，石大叹服，请老人作字，测为何如人，老人曰："即以我为字可也。"石曰："夫人而立山傍，子殆仙哉！"乃下拜，愿执弟子礼，请益，曰："吾术似无减先生，乃先生褒然仙矣。而兹吾不免尘网，何也？"老人曰："子以字为字，吾以身为字也。"《嘉庆四川通志·艺术》

清 段文雅，字茂斋，禹山人，州庠生，善占候，尤神于邵子观梅数，其占但指一物，或信口出二一字，即可布卦，物视其色目动静，字别其笔画义理，以定生克，辨吉凶，迎机立断，往往奇中。其族兄润之媳，秋病痢甚危，造雅以"痢症"二字为卜，雅曰："二字皆病体，利从禾从刀，今适秋日，禾遇收获，无复生矣。"病者竟不起。其同砚友某，试取经古，恐正场未利，指市中招牌字，求雅决之，雅曰："可贺，名高悬也。"榜出果然。又一邻人方薙发，求卜其亲病，雅曰："去黑见白，亲已殁矣。"言未毕而讣者至。又其妹倩某问毕生名位，取案上试卷令占，雅见卷有印文，曰："必食官禄，此其兆也。"后果掇科得县令，其他占晴雨失物、卜讼狱胜负，一言直决，皆此类也。

作土看也。

干支辨

点在当头作癸称，腹中为子要分明。点足为上腰在亥，余皆野水不同群。

"文"：假如"文"字一点，即为癸水。癸水乃雨露之源，因在上故也。余仿此。

"月"：假如"月"字腹中之点，即为子水，因其在内故也。凡"勹"字、"目"字等字，皆同用。余仿此。

"景"：如"景"字中央一点，乃亥水，下二点为壬水，故"点足为壬腰作亥"，取江河在下义也。余仿此。

增广校正
梅花易数卷五

五行全备

一点一画五行全，试看首尾秘为占。
点书若无疵笔露，功名发达享高年。

如一点端正，无破绽鸦嘴等形，则是五行全。如不合式，仍属水，亦五行全。此象乃庖羲氏画卦之初而混元一气之数也。

此太极未分时，亦五行全大之象也。

"口"：歌曰："四匡无风全五行"，是亦五行全也。如"国"字、"园"字之类，四匡紧紧不透风乃是。如笔稀者不是；口小者属金，亦不是。此地之象也。

六神形式

青龙：丿、乚

"蚕头燕额是青龙"。凡撇捺长而有头角之样，即作青龙，如撇短则不足以成青龙之式。"不拘撇捺皆化木"。如无须角，虽长亦非青龙。

朱雀：乂

"尖短交加朱雀神"。撇短而有尖嘴之形，则为朱雀。主文书事，原属火无化。

螣蛇：乙、乞、孔、夬

"螣蛇长曲势如行"。其样如蛇，皆化火看，

清 浙士，善测字，乾隆十九年甲戌，纪昀晓岚，在京会试，尚未传胪，适在董文达公邦达家见之。昀书一墨字，浙士曰："龙头不属君矣。墨字，拆之为二甲，下作四点，其二甲第四乎？然必入翰林。四点庶字脚，土，吉字头，是庶吉士矣。"榜后果然，丁丑散馆授编修，历官至翰林院侍读学士，庚辰主试山西，戊子秋，以两淮盐运使卢见曾侵帑事发，奉旨籍没家旨，中书徐蒸远在军机行走，闻信密书以告，搜出诸信，有昀往来书札，牵连革职入狱，谳实，坐徐遣戍，遣发遣乌鲁木齐。不四年，以辛卯六月，释放还京。先是获谴时，狱颇急，以一军官伴守，一董姓军官，云："能拆字。"昀即画董字使拆，曰："公远戍矣，是千里万里也。"昀又书名字，董曰："下为口字，上为外字偏傍，是口外矣。日在西为夕，其西域乎？"问将来得归

否？曰："字形类君，亦类召，必赐还也。"问在何年乎？曰："今年为戊子，至四年为辛卯，夕字卯之偏傍，亦相合也。"至是果验。《淡墨录》

○纪昀《如是我闻》云：亥有二首六身，是拆字之权舆矣。汉代图谶多离合点画，至宋谢石辈，始以是术专门，然亦往往有奇验。盖精神所动，鬼神通之；气机所萌，形象兆之，与揲蓍灼龟，事同一理，似神异而非神异也。

亦主文书及惊怪等。

勾陈：勹、乙、乁

"弓斜月勾陈象"。凡带长者是也，属土无化主羁滞。

兄、儿、主

"尾尖口阔方为虎"。口不开者，非虎也。化作金用，主疾病凶兆也。

玄武：厶、么、纟、云

"体态方尖玄武形"。化木主盗贼事，又主波涛险阻等事。

八卦辨

口形为兑捺为乾，三画无伤乾亦乾。
三点同来方是坎，撇如双见作离占。
土山居上名为艮，居下为坤不必言。
蛇形孤撇皆从巽，云首龙头震占先。
详明八卦知凶吉，学者参求理自全。

贵神

中　上　贝　日　月　大　人

喜神

士　口　言　马

福星

不　田（凡子孙动者亦作福星者）。

文星

二　乂　曰　子

印信

E　卩　口　子

马星

丁 灬 辶 走

禄神

甲禄在寅，乙禄在卯，丙戌禄在巳，丁己禄在午。庚禄在申，辛禄在酉，壬禄在亥，癸禄在子。

（俱以占者年庚本命于求之笔画为准，如甲命人即以字中长直为禄。余仿此。）

会神

田 曰 云 禺

生神

一 元 甲 子 初

（盖一者数之始，元者鸿濛之初，甲子者乃干支之首，故皆为生神之用也。）

亡神

十 千 百 万 贞 亥 癸

（十千百万皆数之终，贞乃元之尽，亥癸是干支之末故为亡神。）

家神

宀 毛 火 土 堂 水

（灶神以四点同火。土者，奥神是也。堂者，香火神也。水者，并神等，三点亦同用。）

官符

宀 付 㠯

宋 胡易鉴，能以易卦拆字知吉凶。于"咸其辅颊舌"，得癸丑状元；于"臀无肤"，得丁未探花。盖《说文》臀，即屁也，殿谐其声，乃以无肤去肉，为殿头之祥，而以卦爻第三，知其名次，此拆字法也。易鉴有《易说》行于世，必有可观，惜今不传矣。

文书

二 乂 丿 乙

（朱雀、螣蛇皆是）

灾煞（即病符）

巛 宀 火 广 丙 矢

（字中见旧。太岁亦为病符星。）

天狗煞

字中见太岁，前年干支是也。

（如子午见戌，甲年见子，皆是。）

科名星

禾、斗。

（以本人年甲所属是科名，如甲乙以一直，丙人以一撇，皆科名也。余仿此。）

丧门

白 夲 氏 兄

空亡

即六甲空亡："甲子旬中戌亥空"之类是也。

（假如甲子旬中空，占即以腰间一点为亥空，以长画为戌空。余皆仿此。）

宜神

子为财之宜神，鬼为父之宜神，兄为子之宜神，财为鬼之宜神，父为兄之宜神是也。

忌神

子为鬼之忌神，鬼为兄之忌神，兄为财之忌

清 周亮工，字元亮，一字缄斋，又号栎园，祥符人。明崇祯进士，官御史，入清累官至户部右侍郎，著有《赖古堂诗钞》及《字触》等书。《字触》有云：陆君士冲，病垂危，友人书"好"字视栎，栎曰："但余子女矣，奈何！"卒不救。有书"可"字视栎者，栎曰："男一丁，女一口，询婚姻必矣。"对曰："然。"栎曰："成则必成，但男族盛，有易视女性之心，究且女为男克，以丁字太旺，口不足以敌之也。"数年后验。又云："拆字之学，不始于谢石。《元命包》之士力干乙为地，两人交一为水，八推十为木，两口衔士为喜；《说题辞》之日生为星，十夹一为士，西合米为粟；《考异邮》之虫动几下为风，《春秋说》之人十四心为德，《诗说》之二在天下为酉。《风俗通》云：丘之字，二人立一上，一地也，四方高，中央下，

神，财为父之忌神，父为子之忌神是也。

主神

眼前小事日干寻，代友占亲看纳音。疾病官非详本命，字中末笔主终身。

（假如占眼前出行求财等事，俱以日干生克字中笔画为主。如替人问事，以本日纳音为主。如疾病官非，又以本人年干为主。如占自己终身，俱以末后一笔为主，看生克衰旺而详占之。）

用神

官鬼父母才兄子，据事参详要仔细。
认定一笔作用神，此为相字真消息。

（假如占功名用官鬼，占生意用财爻，据事而取用神，只以一笔为主，详其旺相休囚以定吉凶。）

七言作用歌

一

用神加直五行真，谋望营为百事成。
疾病官非兼口舌，纵逢凶处不成凶。①

二

年午所属是科名，未斗皆为首占星。
有此求名皆遂意，如何考试定成空。

（凡占科名，必要科名入数，再兼官鬼文书动而旺相，功名可成。如无，科名莫许。）

三

求名之数禄神临，始断今科考事兴。

---

① 此金木水火土真字，皆宜用，乃五行真也。诸事皆利。

象形也。《孝经古契》之卯金刀字，《禾予说文》之推一合十曰士，以一贯三曰王。又孔子曰，禾可为酒，禾入水也；以禾人水三字，合而为黍。中垒校尉之三田一土，阿瞒署合字为人一口，阚泽知曹丕之为不一，孔融嘲氏仪之民无上，蜀赵直之占牛角，及口之为公字，王恭之黄头小人，郭之尸下至为屋，萧道成谶曰：戊丁之人，与道俱晋。襄国谣，古居左，月在右，让去言，或入口，后石勒竟都焉；符坚之左水右马之为冯，张亮知山上丝之为幽州，梁武帝书贞字为我与上人；《贵耳集》嘉泰之为士大夫皆小人，有口者喜；又袁康吴平之《越纽录》，魏伯阳之《参同契跋》，孔北海之《离合诗》，陶隐居真诰之《清灵真人诗》，《定录》中侯告，此类不缕举，皆盲史氏止戈皿虫二义，逗此一派耳。又云：人字左画向上，阳也；右画向下，

阴也。水火土金皆具，此二画者，盖阴阳之义也。土则何以不尔？以阴阳之义著于四物耳。故五行皆有土，而土于四物咸备焉。中央一直，非水之体乎？偏傍一点，非火之体乎？一直一横，非木之体乎？全体所具，非金之体乎？《礼》曰：人者阴阳之交，五行之秀气也。周子曰'五行一阴阳'，以此。"《字触》

若遇科名同在数，自然高荐遂生平。
（禄神即甲禄在寅是也。）

四

有田有日会神兴，见客逢人不必寻。
马星原是弯弓脚，四点原来用亦同。
（凡谒贵寻人，俱要会神，行人俱要马星妙。）

五

士头口体喜神俱，嫁娶婚姻百事宜。
只怕重重见火土，许多克伐反非奇。
（"士"属土怕木，"口"属金怕火，所以见木土反非吉也。）

六

笔清墨秀琢磨深，方正无偏必缙绅。
疾走龙蛇心志远，行藏慷慨位三公。

七

字兼骨格有精神，脚下功夫用得深。
笔迹丰肥金见火，诗书队里久陶镕。

八

金木重重见贵神，笔挥清楚主聪明。
耸直一行冲宝盖，富贵荣华日日新。

九

方圆端正笔无尘，年少登科入翰林。
只恐弱木逢金克，缠身疾病不明萌。

十

木形之字有精神，可云发达耀门庭。

火多年少心多燥，水盛为人智必清。

一一

一直居中勇更明，少年黾勉得功名。
末笔再逢金土厚，为官享禄更廉明。

一二

笔端势小事无成，粗俗须知业不精。
起头落尾如莺嘴，心里奸谋刻薄人。

一三

土形之字活而圆，用神清楚是英贤。
笔底到头无间断，一家荣耀有余钱。

一四

字贬无神笔更联，公门吏卒度余年。
勉强操觚无实学，欺人长者被人嫌。

一五

战兢惕厉若临渊，静里修持反有年。
写笔果然无俗气，终须榜上有名填。

一六

日月当头笔迹强，精神骨骼字无伤。
国家梁柱何消息，更有奇衷佐圣疆。

一七

衣食身傍黑带浓，最嫌软弱与无神。
字中人口如枯暗，莫待长年主恶终。

一八

下笔头高志必雄，落头不是正经人。

唐 张憬藏，长社人，少工相术，与天纲齐名。太子詹事蒋俨，有所问，答曰："公厄在三尺土下，尽六年而贵。六十位蒲州刺史，无有禄矣。"俨使高丽，为莫离支所囚，居土室六年还。及为蒲州，岁如期，则召掾史妻子告当死，俄诏听致仕。刘仁轨与乡人靖贤请占，憬藏答曰："刘公当五品而谴，终当位冠人臣。"谓贤曰："君法客死，仁轨为尚书仆射。"贤猥曰：（猥，音腲，贿韵，顿也。苏俗言气弱不任运动，曰委顿。）"我有三子，皆富田宅，吾何客死？"俄丧三子，尽鬻田宅，寄死友家。魏元忠尚少，往见憬藏问之，久不答，元忠怒曰："穷通有命，何预君耶！"拂衣去，憬藏遽起曰："君之相在怒时，位必卿相。"姚崇、李迥秀、杜景佺从之游，憬藏曰："三人者皆宰相，然姚最贵。"郎中裴珪妻赵，有美色，见之，憬藏曰：

尖头秃尾人无智，老死衙门不得名。

一九

一字忙忙写未全，有头无尾不须言。
做事率然多失错，琢磨早失在当年。

二十

宁无骨骼少精神，一生多耗病沉沉。
问名带草牵连就，满腹文章亦落空。

二一

草写香花定主贫，弱软干枯受苦辛。
于中若是为官客，几日新鲜一旦倾。

比例歌

一

斗日来占事不差，无心书鬼状元家。
功名第二推为政，舜字登科作探花。

二

辰时执笔若书才，大振声名事必来。
正午书言真是许，水傍写半见黉开。

三

逢三书八士能成，照例推之理便通。
申车不乱推联捷，数逢三一始为真。

四

二人同到读书余，一定其间事必徐。
间失执金知是铁，始为一举反三隅。

"夫人目长而慢，法曰猪视者淫。"又曰："妇人目有四白，五夫守宅，夫人且得罪。"俄坐与卢崇道奸，没入掖廷。裴光廷当国，憬藏以纸大书"台"字投之，光廷曰："吾既台司矣，尚何事？"后三日，贬台州刺史，憬藏相术之妙皆此类，竟不仕以寿终。《艺术典·相术部·名流列传》

此例之类，不过详其理也。暂录四首，为后学之门。余仿此。

西江月

要见卦爻衰旺，端详其内章图。欲知事物识天机，细把玄黄篇记。临占观形察物，叶音即义断之。若逢王者世为奇，君免猜疑直示。

易理神数

马起占

昔李淳风见赤黑二马入河，人问二马何先起。有人演得离卦云：离为火，火赤色，赤马先起。李曰："火未然烟先发。黑马先起。"果然。

断扇占

昔有一妇，其夫久客不归，因请李淳风先生求断易数。适值他出，问其子，其子见妇手中携一扇，其扇面忽然落地，因断曰："骨肉分离，不得相见矣。"妇泣而归，恰路遇李淳风先生。妇诉其故，李断曰："穿衣见父，脱衣见夫。不妨，尔夫今日必到。"将晚，果然至家。可见各解不同。其断精微若此。

买香占

酉年八月二十五日午时，有杨客卖香。康节曰："此香非沉。"客曰："此香真不可及。"康节曰："火中有木，水泽之木，非沉香也。恐是久阴之木。用汤药煮之。"客怒而去。半月后有宾朋至，云：是清尾人家做道场，沉香伪而不香。

汉 京房，字君明，治《易》，师事梁人焦延寿，其说长于灾变，分六十四卦，更直日用事，以风雨寒温为候，占验尤精。初元四年丙子，以孝廉为郎。永光建昭间，西羌反，日蚀又久青无光，阴雾不晴，房数上疏，所言屡中，天子悦之。数召见，房奏考功课吏法，朝臣皆以房言烦碎，不可许。数因灾异，指陈时政得失，石显辈嫉之，出为魏郡太守，治郡有声。房请岁竟乘传奏事，天子许焉。后显诬房"与张博通谋，诽谤政治，归恶天子，注误诸侯"，房博皆弃市。房本姓李，推律自定为京氏，著有《京氏易传》。《前汉书·列传》《同治滑县志·方技》

康节曰:"香是何人带来?但问其故,我已先知之矣。"温伯令人去问,果是杨客。康节曰:"前日到门首,因观之。未问之前先失手,其香坠地,故取年,月日时占之,得睽之噬嗑。睽下卦属兑,兑为泽。噬嗑下卦属震,震为木;乃水泽之木,即非沉香。睽卦上互得坎,坎为水;下互得离,离为火。上有水即汤,噬嗑卦上互见坎,坎为水,下互见艮,艮为山,中有水,亦象之象。此乃水泽久损污湿之木,以汤煮之。此理可晓。从此大小事,不可不较其时也。"

古人相字

一

昔谢石以拆字名天下,宋高宗私行遇石,以杖于土上书画"一"字,令相之。石思之曰:"土上加一画成王字,必非庶人。"疑信之间,帝又画一"問"字,令相之。为田土所梗,两傍俱斜侧飘飞。石尤惊曰:"左看是君字,右看是君字,必是主上。"遂下拜。上曰:"毋多言。"石伏俯谢恩,帝因召官之。次日,召见偏殿,书一"春"字命相。石奏曰:"秦头太重,压日无光。"上默然。时秦桧弄权,适忤桧,竟贬之边地。途中遇一女子,云能拆字。石怪曰:"世间复有如我拆字者乎?"遂书"谢"字,令相之。女曰:"不过一术士耳。"石曰:"何故?"女曰:是寸言中立身尔。石又书一"皮"字令相。女曰:"石逢皮即破矣。"盖押石之卒即皮姓也。石大惊服,曰:"吾亦能相字,汝可书字,吾相之。"女曰:"吾在此即字也。请相。"石曰:"人傍山立,即仙字。汝殆仙乎?"女笑而忽失。盖世有妙术,

---

明 方日中,(汝南县志作日升。)郡之诸生,少有操行,父所遗美田园,尽让诸兄弟,而独取其薄者。偶得邵康节《皇极数》一书,潜心推算,遂洞其术,为人决事辄验。友人李一儁,岁试毕,从日中占得一蛛落帽之象,继曰:"当有一人居其首,而君次之。"后果然。周生基问病象,"见一牛无首,安得生乎?于字为午月乎?"仲夏基竟死。他如李太守复初之领解,赵方伯寿祖之登第,无不奇中;宾客辐辏,户外之履常满,预定其死期,至日端坐而逝。

术有妙理，在人心耳。然数定，固莫能逃也。后石竟不返。

二

张乘槎善相字，浙江旧有拱北楼，王参政莅浙，改为"来豐楼"。初揭匾，命槎占之，槎曰："殀矣！尚何占哉！"是晚，讣音果至。异日叩之故，槎曰："豐字之形，山者墓所也。二豐者，冢上树也。豆者，祭器也。其兆如此，岂非死乎！"

刘尝心有所欲占，延槎而不言其事，但令射之，以验其术。槎曰："书一字方可占。"适有小学生在旁习字，正写《千字文》至"德建名立"一句，刘就指"德"字令占之。槎曰："子欲占行人耳。"刘曰："然。何时当至？"槎曰："自今十四日必来。"刘曰："恐事不了，不肯来。"槎曰："一心要行。"悉如所占。刘问故，槎曰："德字双立人，乃行人也，故知占行。有四十字头，故云十四日。其下又一心字形，所以云一心要来也。"

三

裴晋公征吴元济，掘地得一石，有字云："鸡未肥，酒未熟。"相字者解曰："鸡未肥，无肉也，为己；酒未熟，无水也，酒去'氵'为酉。破贼在己酉。"果然。

四

唐僖宗改为广明元年，相字者曰："昔有一人，自崖下出来，姓黄氏，左足踏日，右足踏月。自此天下被扰也。"是年黄巢在长安作乱，天下不安。

唐 路生，长安人，卖卜于市，有赵自强来选，就生卜焉。生云："公之官若非重日，即是重口。"后又卜，生云："公官九日不出，十二日出。"至九日宰相果索吏部由历，至十二日勅出，为左拾遗。拾、遗字，各有一口。又补阙王冕，访卜，生云："九月当入省，官有礼字。"时礼部员外陶翰在座，乃曰："公即替人。"九月陶病请假，勅除王礼部员外。后又令卜，云："必出，当为仓字官。"果贬温州司仓。《雍正陕西通志·方技》

清 李璇，官甘肃参将，但视人一物便知休咎，自称李半仙。南昌彭文勤公元瑞与沈云椒，同往占卜，彭指一砚问之，李曰："石质厚重，形有八角，此八座象也。惜为文房之需，非封疆之材。"沈以所悬手巾问之，李曰："绢素清白，自是玉堂高品，惜边幅小耳。"方笑语间，云南同知某亦来占卜，取烟管问之，李曰："管有三截，镶合而成，居官亦三起三倒，然否？"某曰："然。"李曰："君此后亦须改过，不可再如烟管。"某问何故，李曰："烟管为最势利之物，用则全身火热，不用则顷刻冰冷。"某大笑，惭沮而去。逾三年，彭督学任满回京，李亦入都引见，彭故意再取烟管问之，李曰："君又放学差矣。"彭问何故，李曰："吸烟不饱，学差试差，非可大富。且烟管终日替人呼吸，督学终年为寒

五

宋太宗改元太平兴国相字者曰："太平二字乃一人六十寿也。"太宗果享六十而崩。

六

周尚干年终将换桃符，制十数联，皆不惬意。周梅坡扶箕降紫姑仙，得两句云："门无公事往来少，家有阴功子孙多。"甚喜，大书于门。相字者曰："每句用上三字，其兆不祥。"上句云"门无公"，是年尚干卒于官。乃父致政亦卒。乃兄卒。俱无子。"门无公"、"家有阴"，兆于先矣。

断富贵贫贱要诀

凡字写得健壮，其人必发大财，有田土好产。二画一点者，多贵为官食禄，不然亦近贵。"才"字中或多了一画、一撇、一撩，亦主横发财禄多，遇异贵，得成名利。或少了一画一撇一捺，其人破荡弃祖，自立成败。

如"名"、"目"字，写得如法正当，无缺折者，其人有名分。笔多清贵虚名。上笔多，富而贵。字中有画，当短而长，其人慷慨，会使钱近贵。字画直长而短，其人鄙吝，一钱不使。字有悬针，或直落尖，皆刑六亲，伤害妻子。横画两头尖者，伤妻。直落两头尖者，伤子。字捺画少者，孤捺。画不沾者亦孤，为僧或九流。如见十字两头尖者，穿心亦害，刑妻子兄弟，骨肉皆空。字中点多者，主人淫滥漂荡，贪花好色，居止不定。"十"字下面脚不失者，晚得子力。如见上一画重者，平头杀，亦难为六亲；轻者初年不足，中、末如意。或点重者，为商旅发财，离

乡失井，出外卓立。若水命、金命见点画轻者，或早年有水灾，揆者无安身之地，做事成败，主恶死不善终。直落多者，聪明机巧，为手艺之人，白手求财。画多者，必有心肠、脾胃之疾。木多有心气之疾，晚年见之。写口字或四围有口开者，有口舌，旬日见之，或破财不足。"发"字头见者，末主发财。一字分作三截，上中下三主断之。"士"头"文"脚，主有文学。金笔灵，或见于干戈字脚者，必是用武之士。凡妇人写来字画不正者，必是偏室，或带三点，必有动意，如三之类。凡写字之人偶然出了笔头，此事破而无成。或近火边写字，必心下不宁。或写字用破器添砚水，家破人亡。或写字时，犬来左右吠，不吉。或取纸来写破碎者，主有口舌。或写字时猫叫，此人有添丁之喜。或在楼上写来，主有重叠之事。或在船上写来问者，主有虚惊。或扇上写来问，夏吉冬不吉。如本命属金，金笔多者贵，土笔多者富。五行生克亦然。余仿此。

五行四时旺相休囚例

	春	夏	秋	冬	四季之月
旺	木	火	金	水	土
相	火	土	水	木	金
休	水	木	土	金	火
囚	土	金	土	火	水

五行相生地支

木生在亥。火生于寅。金生于巳。火土长生居申。

士吹墟，再得文衡，意中事耳。"已而果然。大兵平定回部时，李亦从军，有兵士遗火，焚辇前草地，主帅使占吉凶，即对曰："无他，公不日当有密奏耳。火得枯草，行最速，急递之象也。烟气上升，上达之象也。余所以知为密奏者，因密奏当焚草也。"主帅曰："我无密奏事。"李曰："遗火无心，非预定也。"既而果然。《清稗类钞·方技》

明 高凤，闽县人，以善卜名，遇物辄以意推辄中。宏治己酉，福州傅鼎，求占科名，曰："君第一人也。"既而果然，人问其故，曰："吾适剖椰子，而傅适至，其象解圆，故知为解元。"后闽县林士元，亦举第一。又戊午科镇守内臣，欲豫知解元所在，书一"興"字命占，凤曰："尊意得无在兴化乎？但所书興字，从俗省写，其人在中，而八府俱下，必省垣矣。"及揭晓，榜首乃侯官林克仁，解元也。凤时语人曰："卜若可信，吾当至五品京职，不审何从。"后蒙诏占验，果授工部郎中。《乾隆福建续志·方技》

天干地支属五行

甲乙寅卯属木。丙丁巳午属火。戊己辰戌丑未属土。庚申辛酉属金。壬癸亥子属水。

论八卦性情

乾健也。坤顺也。震起也。艮止也。坎陷也。离丽也。兑说也。巽入也。

八卦取象

乾为天。坤为地。震为雷。巽为风。坎为水。离为火。艮为山。兑为泽。

六十甲子歌

甲子乙丑海中金，丙寅丁卯炉中火。
戊辰己巳大林木，庚午辛未路傍土。
壬申癸酉剑锋金，甲戌乙亥山头火。
丙子丁丑涧下水，戊寅己卯城头土。
庚辰辛巳白腊金，壬午癸未杨柳木。
甲申乙酉井泉水，丙戌丁亥屋上土。
戊子己丑霹雳火，庚寅辛卯松柏木。
壬辰癸巳长流水，甲午乙未沙中金。
丙申丁酉山下火，戊戌己亥平地木。
庚子辛丑壁上土，壬寅癸卯金传金。
甲辰乙巳覆灯火，丙午丁未天河水。
戊申己酉大驿土，庚戌辛亥钗钏金。
壬子癸丑桑柘木，甲寅乙卯大溪水。
丙辰丁巳沙中土，戊午己未天上火。

庚申辛酉石榴木，壬戌癸亥大海水。

六十四卦次序

乾坤屯蒙需讼师，比小畜兮履泰否。
同人大有谦豫随，蛊临观兮噬嗑贲。
剥复无妄大畜颐，大过坎离三十备。
咸恒遁兮及大壮，晋与明夷家人睽。
蹇解损益夬姤萃，升困井革鼎震继。
艮渐归妹丰旅巽，兑涣节兮中孚至。
小过既济兼未济，是为下经三十四。

《系辞》八卦类象歌

乾为君兮首与马，卦属老阳体至刚。
坎虽为耳又为豕，艮为手狗男之详。
震卦但为龙与足，三卦皆名曰少阳。
阳刚终极资阴济，造化因知不易量。
坤为臣兮腹与牛，卦属老阴体至柔。
离虽为目又为雉，兑为口羊女之流。
巽卦但为鸡与股，少阴三卦皆相眸。
阴柔终极资阳济，万象搜罗靡不周。

浑天甲子定局

乾

壬戌土　壬申金　丁午火（上卦）
甲辰土　甲寅木　甲子水（下卦）

坎

戊子水　戊戌土　戊申金（上卦）

福州梁章巨《归田琐记》云：乾隆丁卯，孟瓶庵师于榜前请人测字，以余茶书一"因"字于桌上，其人曰："此为国中一人之象，君必为此科解首矣。"旁一友跃然曰："我亦就此因字，烦君一测。"其人曰："君此科恐无分。或后上有恩科，亦必中。盖彼因字系无心，君因字系有心，以因加心，有恩字象也。"旁又有一友以所执折扇拍桌曰："我亦以此因字，烦君一测。"其人敛眉蹙然曰："君之扇，适加因字，正中有困之象，其终一衿乎？"后三君皆如其言，惜不传姓名，殆亦高凤之流亚矣。

戊午火　戊辰土　戊寅木（下卦）

艮

丙寅水　丙子水　丙戌土（上卦）
丙申金　丙午火　丙辰土（下卦）

震

庚戌土　庚申金　庚午火（上卦）
庚辰土　庚寅木　庚子水（下卦）
（以上四宫属阳，皆从顺数。）

巽

辛卯木　辛巳火　辛未土（上卦）
辛酉金　辛亥水　辛丑土（下卦）

离

己巳火　己未土　己酉金（上卦）
己亥水　己丑土　己卯木（下卦）

坤

癸酉金　癸亥水　癸丑土（上卦）
乙卯木　乙巳火　乙未土（下卦）

兑

丁未土　丁酉金　丁亥水（上卦）
丁丑土　丁卯木　丁巳火（下卦）
（以上四宫属阴，皆从逆数。）

此诀从下念上，一如点画卦爻法。学者宜熟读之。

明　郑仰田，惠安人，忘其名，以所居呼之。少椎鲁，不解治生，父母恶之，逃之岭南，为寺僧种菜，僧复逐之，无所归，号泣于野，有老僧遇之曰："吾迟子久矣。"偕入山，授以青囊壬遁射覆诸家之术，于是言皆奇中，遇人无贵贱，一揖而外，箕倨啸傲，若不知有人。步行可逐奔马，遍游海内，尝至京师，公卿皆重其术，争延接之。有为奸利诡僻者，辄以微词刺其隐，其人面发赤，不敢怒，惟惧其尽言。魏奄闻仰田，召问休咎，仰田蓬头补衣，长揖就座，时奄览一方镜，指以为询，答曰："四国一人也。"奄大悦，赠以千金，出谓人曰："吾诡词以逃死耳，向所占者乃囚字也。"时有断绳挂梁间，指示曰："魏其如此乎？"未几忠贤缢死。《乾隆泉州府志·艺术》

后天时方

子阳辰丑阳戌巳下皆吉。

子日子罡起灭迹四位申五败七败位十祸日习同。

甲子	子罡	丑墓	寅吉	卯灭	辰败	巳吉	午破	未绝	申吉	酉祸	戌孤	亥空
乙丑	子吉	丑罡	寅败	卯吉	辰祸	巳败	午吉	未破	申凶	酉吉	戌灭	亥空
丙寅	子孤	丑吉	寅罡	卯败	辰祸	巳灭	午破	未吉	申破	酉败	戌灭	亥空
丁卯	子灭	丑孤	寅祸	卯罡	辰凶	巳吉	午祸	未败	申吉	酉破	戌空	亥吉
戊辰	子灭	丑凶	寅凶	卯吉	辰破	巳败	午灭	未吉	申吉	酉吉	戌败	亥空
己巳	子吉	丑吉	寅凶	卯孤	辰罡	巳罡	午吉	未凶	申灭	酉败	戌凶	亥破
庚午	子破	丑吉	寅吉	卯吉	辰灭	巳吉	午罡	未吉	申吉	酉吉	戌空	亥败
辛未	子凶	丑败	寅吉	卯吉	辰祸	巳吉	午吉	未罡	申吉	酉吉	戌灭	亥空
壬申	子吉	丑墓	寅破	卯凶	辰吉	巳祸	午吉	未罡	申吉	酉吉	戌灭	亥空
癸酉	子祸	丑墓	寅吉	卯吉	辰吉	巳灭	午吉	未孤	申吉	酉孤	戌空	亥
甲戌	子败	丑灭	寅败	卯害	辰破	巳吉	午凶	未害	申空	酉空	戌罡	亥破
乙亥	子吉	丑祸	寅破	卯破	辰破	巳吉	午吉	未害	申吉	酉	戌孤	亥罡
丙子	子凶	丑吉	寅败	卯祸	辰害	巳破	午吉	未吉	申空	酉破	戌孤	亥凶
丁丑	子孤	丑罡	寅吉	卯害	辰害	巳败	午凶	未破	申空	酉杀	戌灭	亥孤

宋 郭小山，专以相字判人吉凶，真希元先生赠文以阐其义云："相字知吉凶，古无此法，而今有之。小山郭道人，其尤精者也。然则果可信耶，曰：'世间万法，不出阴与阳，以字画求之，凡其清者劲者为阳，浊者顿者为阴；从则上阳而下阴，衡则左阳而右阴，即阴阳而视强劣，吉凶判矣。非惟字画为然，凡世之所谓技术，若箓与卜相与命莫不然。非惟技术为然，自吾一心之正亥，推而至于世道之泰否，亦莫不然。故勉善而去恶者，一身之吉也；进君子而退小人者，天下之吉也。人知问相字者以吉凶，而不知反诸心，以求所以为吉凶者。'故命志道书以遗之，有问者其以是告之。"《真文忠公集·赠相字郭道人序》

明 杨体仁，字向春，别号野崖，世居云洱之北门。少而颖悟，志在道德，不慕声华，为邑增广生员，潜心易学，上绍五圣心传，近接尧夫正派，盖先天后天之数，固已得之心悟，而非言说所能尽矣。极深研几，言必有中，然人犹未之奇也。明学宪出巡，于报优劣，最为紧要，故凡报劣者，俱被答革焉，时值岁试，行催报劣甚严，邑学师欲以贫者当之，体仁曰："嘻，彼贫士也，何可当此累，自愿以身代之。"学师曰："汝品行端方，报劣无可措词。"体仁曰："但言左道惑众，擅吃民间鸡酒，足矣。"学师然其说以报之，迨学宪按临榆郡，岁试甫毕，于报劣者严加考询，一见体仁，即作色言曰："汝为士子，左道惑众，可乎？"体仁答曰："生员非左道惑人者，若谓生员左道惑人，《易经》不该命题。"学宪色和，曰："汝知易数，其能明

	子	丑	寅	卯	辰	巳	午	未	申	酉	戌	亥
戊寅	孤	破	罚	吉	凶	败	凶	凶	破	空	凶	
己卯	灭	孤	吉	吉	凶	祸	败	败	败	破	害	凶
庚辰	罚	祸	凶	罚	凶	吉	灭	败	凶	破	凶	
辛巳	凶	墓	灭	吉	罚	凶	凶	害	败	吉	破	
壬午	破	孤	吉	害	凶	吉	罚	凶	空	灭	败	败
癸未	吉	破	吉	吉	祸	孤	吉	凶	空	吉	灭	败
乙酉	祸	败	吉	破	凶	吉	灭	空	吉	罚	凶	吉
丙戌	吉	灭	杀	吉	破	吉	凶	祸	孤	吉	罚	吉
丁亥	败	吉	祸	败	吉	破	空	败	灭	吉	孤	罚
戊子	罚	凶	吉	灭	败	吉	破	空	吉	害	孤	吉
己丑	吉	罚	吉	凶	孤	败	败	吉	吉	吉	灭	孤
庚寅	吉	凶	罚	吉	祸	灭	罚	空	败	害	灾	孤
辛卯	祸	败	孤	罚	吉	灭	败	害	败	凶	凶	吉
壬辰	凶	害	孤	害	罚	吉	灭	凶	破	凶	破	吉
癸巳	吉	凶	灭	孤	破	罚	亡	败	亥	空	害	破
甲午	破	凶	祸	孤	空	罚	吉	害	灭	败	吉	吉
乙未	吉	破	凶	灭	孤	吉	罚	败	吉	害	败	败
丙申	败	吉	破	凶	空	祸	孤	吉	罚	败	孤	灭

干支	子	丑	寅	卯	辰	巳	午	未	申	酉	戌	亥
丁酉	子吉	丑败	寅凶	卯破	辰罡	巳祸	午孤	未吉	申罡	酉罡	戌凶	亥吉
戊戌	子凶	丑败	寅败	卯吉	辰破	巳空	午凶	未败	申孤	酉吉	戌罡	亥祸
己亥	子吉	丑凶	寅祸	卯败	辰空	巳破	午吉	未凶	申吉	酉吉	戌孤	亥罡
庚子	子罡	丑吉	寅吉	卯灭	辰败	巳罡	午破	未吉	申吉	酉吉	戌祸	亥吉
辛丑	子吉	丑罡	寅吉	卯吉	辰败	巳败	午吉	未破	申吉	酉吉	戌灭	亥孤
壬寅	子孤	丑凶	寅罡	卯凶	辰凶	巳灭	午败	未吉	申吉	酉破	戌吉	亥凶
癸卯	子灭	丑孤	寅吉	卯罡	辰空	巳败	午伐	未败	申吉	酉败	戌吉	亥吉
甲辰	子凶	丑祸	寅孤	卯祸	辰罡	巳吉	午灭	未败	申败	酉败	戌破	亥吉
乙巳	子吉	丑凶	寅灭	卯刑	辰凶	巳空	午吉	未败	申害	酉凶	戌凶	亥破
丙午	子破	丑吉	寅亡	卯害	辰孤	巳凶	午罡	未吉	申灭	酉灭	戌败	亥凶
丁未	子死	丑破	寅空	卯破	辰灭	巳孤	午祸	未罡	申凶	酉凶	戌害	亥败
戊申	子败	丑凶	寅破	卯吉	辰祸	巳福	午孤	未吉	申罡	酉吉	戌墓	亥灭
己酉	子祸	丑败	寅空	卯败	辰墓	巳凶	午灭	未吉	申罡	酉凶	戌凶	亥凶
庚戌	子吉	丑灭	寅吉	卯空	辰破	巳吉	午凶	未祸	申孤	酉凶	戌凶	亥败
辛亥	子福	丑墓	寅空	卯灭	辰败	巳墓	午凶	未墓	申凶	酉祸	戌孤	亥罡
壬子	子罡	丑墓	寅空	卯灭	辰败	巳凶	午破	未孤	申吉	酉祸	戌孤	亥败
癸丑	子吉	丑罡	寅空	卯败	辰灭	巳败	午吉	未破	申凶	酉凶	戌害	亥孤
甲寅	子孤	丑空	寅罡	卯吉	辰墓	巳破	午败	未吉	申破	酉吉	戌墓	亥破

吾意乎？"体仁曰："请书一字。"学宪于案上书一"由"字，体仁曰："是问六甲，盖由字倒看，则甲字也。"学宪故意喝之，曰："非也。"体仁曰："恭喜老宗师，所生是个公子，但这声喝得不好。"稍顷，报信人至，果举一男，惟经过观音塘，马忽折足，学宪怃然（怃，文甫切，音武，怃然失意貌。）曰："世俗讥评，何足为定，吾几屈一佳士。"此后报劣之令遂弛，但存其意而已。由是名闻省会，沐上公尤重之，即军旅大事，亦与相商，于贼败之期皆定焉。体仁又预卜云邑路当孔道，五十年后，必罹兵燹，遂挈家属迁于姚城，后乃云游不返，莫知所终，著有《心易发微》六卷，隆庆间已行世。《周易发微·野崖传》

○阜按《康熙大理府志·隐逸》载：杨向春，号野岩，云南县人，初为诸生，习举子业，久之，弃去，究邵子先天之学，遂能前知，著有《皇极经世心易发微》《格物篇》诸书。后遍游名山，自称孔道人，遇袁了凡，授以易学，至武当，不知所终。观此足证撰府志者，未见《心易发微·野崖本传》，故所叙详略不同也。

	子	丑	寅	卯	辰	巳	午	未	申	酉	戌	亥
乙卯	凶	空	吉	罡	墓	吉	败	灭	吉	破	灭	吉
丙辰	空	破	孤	吉	罡	吉	灭	灭	败	吉	破	吉
丁巳	空	败	灭	孤	吉	罡	凶	吉	祸	败	吉	破
戊午	败	空	孤	祸	孤	吉	罡	吉	吉	灭	败	吉
己未	空	空	破	祸	灭	孤	吉	罡	吉	凶	祸	败
庚申	败	空	败	吉	祸	孤	凶	罡	吉	凶	凶	灭
辛酉	害	吉	凶	败	吉	凶	灭	孤	罡	凶	吉	凶
壬戌	空	凶	败	凶	破	吉	凶	凶	孤	吉	罡	吉
癸亥	空	失	害	败	死	破	吉	凶	灭	孤	墓	吉

八反格

问喜何曾喜，问忧未必忧。
问乐何曾乐，问愁何曾愁。
问死何曾死，问生不曾生。
问官官不谐，见财财不成。

四言独步

看字之法，毫不可差。下笔是我，其余是他。
子孙父母，官鬼妻财。兄弟之类，次叙安排。
详占一事，先看用神。或强或弱，详断吉凶。
用神健旺，事所必宜。用神衰弱，必失其机。
字无用神，始推末笔。末笔参差，诸事不立。

土头中贝，日月大人。字中有豫，便是贵人。
贵人在爻，祸事必消。逢险可救，财利必招。
左右有人，功名可许。笔法轩昂，上人荐举。
求财取债，金忌火多。再逢夏月，本利消磨。
五行俱全，人事宜然。用神清楚，妙不可言。
相争词讼，字详结尾。两笔分明，胜负立剖。
字可平分，讼不成凶。人居圈内，缧绁之中。
青龙在数，求谋不误。若无水来，反为无助。
玄武自来，水上生财。白虎同至，惹祸招灾。
朱雀临头，文书已动。事在公门，不与人共。
末勾叠叠，口舌重重。若无救助，毕竟成凶。
水冷金寒，亲戚无缘。求谋未遂，做事迁延。
五行正旺，财利可求。吉神相助，万事无忧。
土内埋金，功名未遂。或者水多，前行可贵。
人病在床，木被金伤。六神不动，毕竟无妨。
字不出头，蹭蹬乖蹇。五行有救，渐渐可展。
字无勾踢，人必平安。凶神乱动，好处成难。
末后一笔，一身之原。如无破绽，福寿绵绵。
一字联络，骨肉同门。孤悬一点，游子飘蓬。
金得炉锤，方成器皿。木无金制，可曰愚农。
木从土出，受人培植。水中浮木，波浪成风。
落笔小心，做事斟酌。小心太过，为人刻薄。
写来粗草，放荡之人。笔端熟溜，书记佣工。
字法龙蛇，仕途已往。秀而不俗，文章自广。
风流笔法，好逞聪明。写来透古，腹内不空。
墨迹滞涩，学问难夸。一笔无停，定是大家。
灯前窗下，岁月蹉跎。禾麻菽麦，俱已发科。
字无倚靠，不利六亲。字无筋节，事可让人。
直仰两足，奔波劳碌。摆尾摇头，心满意足。
字问日期，切勿妄许。有丁有日，类可说与。
山曰草木，咸不宜冬。星辰日月，乃怕朦胧。
真正五行，不怕相克。真如用神，求谋易得。

清 邢崇阳，字煦庭，邑城厢人，习数术，设先觉卦馆多年。光绪戊戌，土人陈翰升来占，路见一蛤蟆，因写一"蛙"字，测曰："蟾宫折桂，利于求名。"答问考试，复用奇门占之，本命值开门，得鸟跌穴格，许应试必获售。陈生言，王兆林师屡促赴考，因父有恙，特来决疑，断云："按令尊命在死门，夏间尚属旺气，入冬恐难免，可速去应试。"斯科果入泮，及冬其父故。

笔法未全，做事多难。行人不至，音信杳然。
水火多源，木枯无枝。子孙宗派，于此可思。
终身事业，我即用神。生我者吉，克我者凶。
字只两笔，寿年不一。有撇七二，无撇六一。
字如三笔，亦各有数。常为十六，变为念五。
无勾为变，有勾为常。依斯立法，仔细推详。
字不出头，寿增五岁。当头一点，须减三年。
字若无勾，添九可求。字如无直，寿当增十。
笔画过半，须知减点。一点三年，岁数可免。
耳畔成三，口头除四。明彻斯传，始精相字。
妙诀无多，功非一日。仔细详占，万无一失。

五言作用歌

断事不可泥，变通方是道。
细细察根源，始识先贤奥。
十人写一字，笔法各不同。
一字占十事，情理自然别。
六神无变乱，五行有假真。
草木看时节，日月察晦明。
字中有子孙，子孙必不少。
详其盛与衰，便知贤不肖。
我克不宜多，多必妻重娶。
克我一般多，谐谐又可许。
青龙值用神，万事皆无阻。
若是无水泽，犹为受用苦。
白虎值用神，吉事反成凶。
官事必受害，疾病重沉沉。
用神见朱雀，利于公门中。
君子功名吉，小人口舌凶。
用神见螣蛇，俱是文书动。
功名眼下宜，富贵如春梦。

《北梦琐言》：王蜀先主时，有道士李垕，亦唐之宗室，生于徐州而游于三蜀。词辩敏捷，初有文章。因栖阳平，化，为妖人扶持。上有紫气，乃聚众，将举而败，妖辈星散，而垕罹其祸焉。先是，垕有书召玉局化杨德辉赴斋，有老道士崔无斁自言患聋，有道而托算术，往往预知吉凶。德辉问曰："将欲北行，何如？"崔令画地作字，弘农乃书"北千"两字，崔公以"千"插"北"成"乖"字，去即乖耳。杨生不果去，而李垕斋日就擒。道士多罹其祸。杨之幸免，由崔之力也。

末笔是青龙，万事不成凶。
名利皆如意，行人在路中。
末笔是朱雀，公事有着落。
只恐闺门中，有病无良药。
末笔是勾陈，淹留费苦心。
行人音信杳，官讼混如尘。
末笔是螣蛇，远客即来家。
忧疑终不免，官讼苦嗟吁。
末笔是白虎，疾病须忧苦。
讼狱必牵缠，出往多拦住。
末笔是玄武，盗贼须提防。
水土行人利，家中六畜康。
末笔看五行，所用看六神。
先定吉凶主，然后字中寻。

别理篇

　　字义浑论，辨别之篇须下学。理研变化，至诚之道可前知。字同事不同，不宜此而宜彼。事同字亦同，倏变吉而变凶。设若中也者，天下之大本。问终身与昆仲，无缘信乎哉。人间之最要，欲要之于朋友。更切再如地天为泰，不遇阳间犹是否。雷火为丰如逢阴，极可云临。既虚矣，复反而为盈；既危矣，复还而为安。时盛必衰，天地不逾其数；治极而乱，圣人能预为防。先则看其笔端，然后察其字义。须知字义古怪，学问宜深。笔走龙蛇，峥嵘已过。龙身草草，非正途显远之官。豹字昂昂，是执殳荷戈之职。志无心，定是漂蓬下士。斌不乱，始称文武全才。贝边月下定归期，足畔口头人必促。团团宝盖，多生富贵之家。济济冠裳，定是风云之客。

　　无事生非因"北"字，有钱不享是"一"

《挥麈余话》：蔡元长，元符末闲居钱塘无憀，中春时往霅州游郊外慈感寺。寺僧新建一堂，颇伟胜。元长即拈笔题云："超览（覽）堂。"适有一客在坐，自云能相字，起贺云："以字占之，走召入见，而臣字旁观如月，四字居中，当在初夏。"已而果然。

来。"合"则婚事难成,"力"乃功名未妥。以他人问子,男女皆空。书本姓求官,声名远播。书"先"觅物终须失,写"望"追人定是亡。"马"字偏斜,惟恐落人之局。"口"头阔大,定招闲事之非。"青"字有人求做主,事可全于月秒。"妙"字一女欲于归,少亦可出闺门。"天"字相对,一对良缘先注定。"好"字相属,百年美眷预生成。"丁""寸"等字,皆才不足之形。"占""吉"之类,皆告不成之象。"香"开晨昏扬誉还,"花"占百事一番新。"小"为本分之人,"大"是虚名之士。赤子依亲,是"每"一例可推。大人盖小,因"余"仿斯可断。

具左一生多享福,空头半世受孤寒。东西南北,欲就其方。左右中前,乃择其地。一人傍立,求名是佐贰之官。一直居中,占身乃正途之士。草木逢春旺,鱼龙得水舒。"远"字走长人未到,动傍撒短去犹迟。"赤子""儿曹"之类,必利见大人。"公祖""父师"之称,则相逢贵人。"子"则立身无寸地,"永"如立志有衣冠。"操"为一品之才,"饮"定大人之食。"之"非出往必求财,"者"不呼卢定六畜。"奇"欲立而不可,"用"非走而不通。"口"居中,俨然一颗方印。"元"落后,前程可定魁名。

体用昂昂,功名之客。性情亟亟,荼苦之儒。朔邦还未入庙廊,田里多应在乡党。活泼泼鸢鱼,是飞腾之象;乐滔滔凫鸟,为流荡之徒。川上皆圣贤游乐之余,周行是仕宦经由之道。崔巍远人犹在望,平安近事不能成。日小见天长,心粗知胆大。归则归兮归则止,笑如笑兮笑成悲。国字谓何?一口操戈在内。尔来何故?五人合伙同居。火字乃人在中央,一遇羊头为尽美。天字是人居其内,出头一日始逢春。以余字问,

《蓼花洲闲录》:谢石润夫,成都人,宣和间至京师,以相字言人祸福。求相者但随意书一字,即就其字离拆而言,无不奇中者,名闻九重。上皇因书一"朝"字,令中贵人持往试之。石见字,即端视中贵人曰:"此非观察所书也。然谢石贱术,据字而言,今日遭遇即因此字,黥配远行亦此字也。但未敢遽言之耳。"中贵人愕然,且谓之曰:"但有所据,尽言无惧也。"石以手加额曰:"朝字离之为十月十日字,非此月此日所生之天人,当谁书也。"一座尽惊,中贵驰奏。翌日,召至后苑,令左右及官嫔书字示之,皆据字论说祸福,俱有精理,锡赉甚厚,并与补承信郎。缘此,四方求相者,其门如市。有朝士,其室怀妊过月,手书一"也"字,令其夫持问石。是日座客甚众,石详视字,谓朝士曰:"此闻

必有，以有字问，反无。龙虽在天在田，看笔迹如何布置。师既容民畜众，察精神始识兴衰。盖载有人，终享皇家福；伞带全备，定是极品官。有撇断为兄弟，无点莫问儿孙。正欲善其事而成艺，何不见其人而亦可？女子并肩生意好，色丝同处病将亡。犯岁君之名，灾殃不小。书童问卜之日，财利可兴。理中变化深长，此乃规矩方圆之至。字里机关悠远，须认精粗为化造之原。

六言剖断歌

事从天地之义，字乃圣贤之心。
静里功夫细阅，其中奥理无穷。
图融莫测其辨，来去无阻其通。
笔法先详衰旺，得意始定吉凶。
干枯软小为衰，清秀坚昂为旺。
详其用神如何，吉凶自然的当。
寿夭定于笔画，取其多寡为占。
字如十笔以上，一笔管之六年。
字如十笔以下，一笔定其九岁。
若在五笔之间，一笔管十六年。
笔画过之十五，两笔折作一笔。
带草一笔相连，问寿只在目前。
笔迹清而拘束，必然游庠在学。
笔端独而放荡，功名必无着落。
写来笔法圆活，为人处世谦和。
笔底停而又写，为人性慢心多。
举笔茫无所措，胸中学问不大。
若无写罢复描，行事可为斟酌。
富贵出于精神，英雄定于骨骼。
末后一笔丰隆，到老人称有德。
占妻先看其妻，占子先看其子。

中所书否？"曰："何以言之？"石曰："谓语助者，焉、哉、乎、也，固知是公内助所书，尊阃盛年三十一否？"曰："是也。""以也字上为三十，下为一字也。然吾官寄此，当力谋迁动而不可得否？"曰："正以此为挠耳。""盖也字著水则为池，有马则为驰。今池运则无水，陆驰则无马，是安可动也。又尊阃父母、兄弟、近身亲人，当皆无一存者，以也字着人则是他字，今独见也字而不见人故也。又尊阃其家物产亦当荡尽否？以也字著土则为地字，今又不见土也。二者俱足否？"曰："诚如所言也。"朝士即谓之曰："此皆非所问者。但贱室以怀妊过月，方窃忧之，所以问耳。"石曰："是必十三个月也。以也字中有十字，并两旁二竖下一画为十三也。"石熟视朝士曰："有一事似涉奇怪，固欲不言，则吾官所问正决此事，可尽言否？"朝士因请其说。石曰："也字著虫为虵字。今尊阃所妊，殆蛇妖也。然不见虫，蛊则不能为害。谢石亦有薄术，可为吾官以药下验之，无苦也。"朝士大异其说，因请至家，以药投之，果百数小蛇而体平。都人益共神之，而不知其竟挟何术也。

妻子察其旺衰，据理定其生死。
父兄官灾狱讼，父兄要值空亡。
如若父兄在数，父兄反见灾殃。
一切谋望营求，字要察其虚实。
有声无物为虚，有物可见是实。
书出眼前之物，察其司重司轻。
司重断为有用，司轻大事无成。
纳采于归等事，更要加意推详。
笔画计其单双，字义察其阴阳。
假如子字求子，须防日建逢女。
子日如书女字，婚姻百事皆订。
一字笔书未全，万事不必开言。
字中若有余笔，必须用意详占。
先用五行工夫，后用增减字理。
影响豪发无差，谬则难寻千里。
学者变化细推，断事无不灵应。

格物章

物格而后知至，本末须详。事来必先见诚，始终可断。细而长者，以一尺为百年，计寸分而知寿算。方而圆者，以千金比一两，度轻重以定荣枯。落手银圈，放荡终不改。出囊珠石，峥嵘自有时。石土不逢时，谓之无用。木金全失气，枉自徒劳。执墨问功名，研究之夕，日见不足。端鼎比身命，近贵之体，一世非轻。腰下佩觿，所求皆遂。道傍弃核，百事无成。取草问营谋，逢春须茂盛。将银问财帛，有本恐消磨。索纵无诗，当推结识疏。牙签托人，毕竟不顾我。数珠团圆到底，夫妻儿女皆宜。木鱼振作不常，父母兄弟难合。力下行人来得快，笔占远处有施为。

求子息，圆者不宜空。占买卖，长者终须

折。衣衫则包藏骨肉，葬祭之事宜然。绦带必须执扇躯，牵缠之事。未免舟车骡马，用之则行。婢仆鸡鸢，呼之便至。金扇之类，收有复展之期。烹调之物，死无再生之理。瓜果问事，破不重圆。棋子求占，散而又聚。荡尘理乱，无全金篦牙签。释罪沉冤，俱是何章刀笔。壶是主人之理，觞则空而满，满而复空。锁为君子之防，匙则去而来，来而复去。

文章书籍，非小人用之，筐筥犁耙，岂君子用之。惯执鞭，所忻慕焉，富而必可求也。能弹琴，复长啸，尔乐亦在其中乎？误指悬弧，功名少待。折来垂柳，意兴多狂。竹杖龙头，节义一生无愧怍。木锥莺嘴，钻眉万物有刚强。手不释正叶经书，自知道德修诸己。问不离九流艺术，意在干戈省厥躬。指庭前向日之花，倏忽坐间移影。点槛外敲风之竹，晨昏静里闻音。君子执笙簧，陶陶其乐，舌鼓终须不免。女人拈针线，刺刺不休，心牵毕竟难触。出匣图书行欲方，眼下可分玉石；执来宝剑心从利，手中立剖疑难。

羽扇纶巾，须知人自山中去；奇珍异宝，可断人从海上来。百草可活人，不识者不可妄用；六经能补世，未精者焉敢施为？指盂中之水，久不耗而则倾。顾冶内之金，须知积而有用。事非容易，一首词两下欣逢。学识渊博，几句话三生有幸。执金学道，借服为聚物之囊。割爱延师，重身如无价之宝。明心受业，既行束上之修。寄束传言，莫废师尊之礼。斯其人也，斯其义也。可以为之，非其重焉，非其道焉，孰轻与耳？

《浙江通志》：谢石，蜀人，绍兴八年来临安，占验奇异。有樊将仕书"失"字，卜妻所亡珠冠安在。石曰："从朱求，可得也。"曰："此吾内兄，安有此？"曰："在占宜然。"归，询诸家，朱尝假帽，不用而返。启视之，冠果在帽下。又一选人病，书"申"字以问，而下有燥笔，石曰："丹田既燥，必死矣。期当在明日申时。"果然。石初入京师，徽宗书"问（問）"字，命一隶持往，石缄封之，戒其到家方发。隶归奏，上启，读乃曰："左为君，右为君，圣人万岁。"遂补承信郎。有道士亦以"问（問）"字占，石曰："门虽大，只有一口。盖所住无他，黄冠也。"犹复以"器"字占，曰："人口空多，皆在户外。"始大服。

《瑞桂堂暇录》：绍兴中，张九万以拆字说吉凶。秦桧一日独坐书阁，召九万至，以扇柄就地画一字，问曰："如何？"九万贺曰："相公当加官爵。"桧曰："我位为丞相，爵为国公，复何所加？"九万曰："土上一画，非王而何？当享真王之贵。"其后竟封郡王，又封申王。

物理论

三才始判，八卦攸分。万物不离于五行，群生皆囿于二气。羲皇为文字之祖，苍颉肇书篆之端。鸟迹成章，不过象形会意。云龙结篆，传来竹简添书。秦汉而返，篆隶迭易。钟王既出，真草各名。其文则见于今，其义犹法于古。人备万物之一数，物物相通。字泄万人之寸心，人人各异。欲穷吉凶之朕兆，先格物以致知。

且云天为极大，能望而不能亲，毕竟虚空为体；海是最深，可观而不可测，由来消长有时。移山拔树莫如风，片纸遮窗可避。变谷迁陵惟是水，尺筒无底难充。小弹大盘，日之远近，不辨白衣苍狗，云之变化非常。雨本滋长禾苗，不及时人皆蹙额。雪能冻压草木，如适中人喜丰年。月行急疾映于江，莫向水中捞捉。星布循环周八极，谁从天下推移。露可比恩，厌浥行人多畏。霞虽似锦，膏肓隐士方宜。皓皓秋阳，炎火再逢为亢害。涓涓冬月，寒水重见愈凄凉。顽金不惧洪炉，潦水须当堤岸。雾气空蒙推障碍，电光倏忽喻浮生。月下美人来，只恐到头成梦。雪中寻客去，犹防中道而归。白露可以寄思，迅雷闻而必变。履霜为忧虞之渐，当慎始焉。临渊有战惕之心，保厥终矣。蝃蝀莫指，闺门之事不宜。霖雨既零，稼穑之家有望。阳春白雪，只属孤音。流水高山，难逢知己。

至于岩岩山石，生民具瞻。滚滚源泉，圣贤所乐。瀑布奔冲难收拾，溪流湍激不平宁。风水所以行舟，水涌风狂舟必破。雨露虽能长物，雨零霜结物遭伤。社稷自有人求，关津诚为客阻。烟雾迷林中有见，江河出峡去无回。桃夭取妇相宜，未利于买童置畜。杨柳送行可折，尤喜于赴试求名。松柏可问年寿，拟声名则飘香挺秀。丝罗可结姻好，比人品则倚势扳援。荷方出水，渐见舒张。梅可调羹，未免酸涩。李有道傍之苦，榄余齿末之甘。笔墨驱使，时日不长。盆盂装载，团圆不久。绠短汲深求未得，戈长力弱荷难成。屠刀割肉利为官，若问六亲多刑损。利刀剖瓜休做事，如占六甲即生男。无人棺椁必添丁，有印书函终见折。厘等则骨贮匣中，纵有出时还须入。算盘则子盈目下，任凭拨乱却成行。瓦口虑其难全，杯亦防其有缺。席可卷虚，终归人下。伞能开合，定出人头。钧乃小去大来，樵则任重道远。素珠团聚，可串而成。蜡烛风流，不能久固。针线若还缝即合，锹锄如用必然翻，凿则损而为利，亦当有关。锯乃断而成器，岂谓无长。

又若飞走之升沉，亦关人事之休咎。猢狲破系，还家终是无期。鹦鹉在囚，受用只因长舌。鹄乃随人饮啄，纵之仍入樊笼。马虽无胆驰驱，用之不离缰锁。鲤失江湖难变化，燕来堂屋转疑难。诉理伸冤，逢鸦不白。占身问寿，遇鹤修龄。万物纷纭，理则难尽。诸人愿欲，志各不同。若执一端以断人，是犹胶柱鼓瑟。能反三隅而悟理，方称活法圆机。心同金鉴之悬空，妍媸自别。智若玉川之入海，活泼自如。鬼谷子曰："人动我静，人言我听。"旨哉斯语！胡可忽诸。

五行六神辨别论

先以五行为主，次向字中详祸福。既将六神作用，方观笔迹察原因。生克不容情，莫以字音称独美。宜忌须着意，休将文义恃能言。勿以吉

《浙江通志》：元张德元，不知何许人。至正间，尝为诸暨州吏目，避乱居山阴，善相字。一子名槐，忽谓友人："是儿必死。槐字木傍鬼，非死兆耶？"儿果卒。其友病，以"丰（豐）"字示之，德元曰："死矣。"明日讣至。或问其故，德元曰："丰字，山墓所也，两丰封树也。豆，祭器也，墓既成矣，尚欲生乎。"或以"命"字揖德元，使占人病。德元曰："已死，君持命字以揖，垂命之兆也。"已而果然。徐总制书字问德元，德元曰："据字今夕君当纳宠。"徐归，其夫人呼一妇人出拜，乃乳媪也。尝饮刘彦昭家，曰："今夕复有客。"已而客至。问之，德元曰："吾闻涤器声故耳。"

字言吉，当认吉中多忌煞。漫将凶字言凶，须详凶处有元神。假如青龙与白虎同行，求功名大得其宜。如庶人得之，反不免相争之咎。父母与妻子聚面，问赴选难从其志。若游子占之，又可触思远之忧。勾陈最忌小金莲，惟恐事无间断。朱雀若逢傍水克，须防祸有牵缠。水在木中流，替人濯垢。木从水中出，脱体犹难。五行全不犯凶神，问自身德建名立。

六神动，再加吉，将若求官，体贵身荣，旧事重新。朱、腾双发动，倾家复创。金、土两重临，微火镕金，难成器皿。弱金克木，反自损伤。求济于人，要看水火会合。营谋于众，还期土木齐登。金多子多，非土不得。土厚财厚，无火不生。水冷木孤，弟兄难靠。金寒土薄，祖业凋零。玄武形青龙得水，连登两榜。白虎尾朱雀衔金，位列三公。玄武临渊，时中之雨化。青龙捧日，阙下之云腾。水非白而无源，金不秋而失气。有勾陈，难结案头文。见朱雀，想量堂上语。田下土溪，思还故里，月边水盛，意在归湖。玄武居中，出外不宜行陆路。勾陈定位，居官虽在受皇恩。白虎重重，不敢保今年无事。青龙两两，定不是今日燕居。

字中见母母无忧，笔下从兄兄定在。水土形青龙翘首，何忧不得功名？木金相白虎当头，毕竟难逃灾害。重重金火，不逢时，百事徒劳。叠叠青黄，非见日，几番隆替。贵显招土木，万福皆隆。方体隐龙蛇，千祥并集。朱、勾相合，主唇舌干戈之事。龙、虎同行，风云际会之荣。玄武不遇火，阴中不美。腾蛇无水渡，郊外生悲。纯土自能生官，福从天至。寒金不但无禄，灾自幽来。天贵专权，问功名必登黄甲。文书不动，赴场帏定值空亡。问子须来子在爻，占妻定妻要

《霏雪录》：近世拆字言吉凶者，无如张乘槎。按字画成卦，即云不为钩距。余一日坐槎肆中，有二僮持一字来，乘槎曰："是为吏缘同曹讼之，当送刑部笞四十即回。"二僮相视默默，既而曰："皆如先生言，余欲诉通政司求免，可乎？"槎曰："此行不可，逾旦矧欲已耶？余谓笞四十未可知。"僮曰："准律当然耳。"槎又曰："今夕非附军器，船即官醝船也。"僮曰："果官醝船也。"

入数。

笔迹孤寒金带水，六亲一个难招。字形丰满土生金，百岁百年易盛。看五行之旺弱切记，卜词讼以官鬼为先。定六将之机微须知，占家宅以本命为主。五行俱有，凡谋皆遂。六神不动，万事咸宁。细玩辞占影响，无差毫发。密搜奥义规绳，不爽纤微。

金声章

混沌未开，一元含于太极。无形之始，乾坤既判，万物成于文章著见之中。故未有其事，而先有象，可预得其体而兆其来。所以苍颉制字，接云霞蝌斗之文。至贤著书，采随宜义理而用。一字之善，千古流传。半点之疵，万年不泯。君子哉，非挥毫而莫辨；小人焉，一执笔而即知。是以消长盛衰，困极而知变；吉凶祸福，至诚而见神。写来江汉秋阳，皓皓乎不可尚已，意在螽斯诜羽，绳绳兮与其宜焉。惟存好利喜衰，则落笔终须各别。必欲离尘脱俗，而开首自是不同。

若夫烟雾云霞，则聚散去来神变化；风雷日月，其盈虚消息妙裁成。鹦鹉等禽，人皆云其舌巧；虎豹之类，谁不惧其张威？生息蕃盛者，乃稼穑禾苗；与物浮沉者，是江河湖海。渊中鱼跃，水向东流何沮止？天上鸟飞，日从西落四时同。百兽俱胎浑之生，独报麟祥之书。诸禽皆飞腾之物，只言凤德之衰。禽之鸣也噪也，有形体小大之分；兽之利也钝也，有轻清重浊之辨。香花灯烛，偏宜于朔望之时；铃铎鼓钟，独可见于晨昏之际。点点滴滴，万里征衫游子泪；层层叠叠，九行密线老人心。

至于犬豕牛羊，叱之即便去；鸡鱼鹅鸭，欲

《霏雪录》：洪武初，参知政事刘公某、王公某莅浙江日，改拱北楼为"来（来）远（远）"。榜揭，樵往视之，曰："三日内主哀丧之事。"如期，王公母夫人病卒，刘公以历日纸边坐法。王公延樵问故，樵曰："来（来）者丧字形，远（远）者哀字形也，旁之二点相续者，泪点也。"公命樵易之，乃名为"镇海"云。

《太平府志》：何中立，采石镇人，善占卜，知休祥。明且初度江，遇诸涂，问曰："天下纷纷，究将谁属？"中立曰："愿书字占之。"帝掣刀画"一"字于地。中立俯伏拜曰："土上一画，非王而何？"亦如谢石答宋高宗意，后定鼎金陵，诏同刘基定皇城址向，授五官保章。

用则不生。狐貉羔裘，无济于夏；红炉黑炭，偏喜于冬。幽林深圃夜无人，情不诬也；楼台厅堂时有位，理之必然。琴书剑箱，可断儒生负腋；轻裘肥马，常推志士同袍。墨有渐减之虞，笔有久坚而弱。书成笔架，几上岷山。写到砚池，寓中闷海。如在其上，秋到一天皆皎月；如在其下，春临遍地产黄金。挥出琵琶，到底是写怨之具；描来箫官，终为耗气之端。

　　假如云雨雾，皆能蔽日之光，天正阴时原是吉。又若精气神，本是扶身之主，人来问病反为凶。水急流清，意偕游鱼濊濊；烟飞篆渺，心从云树茫茫。农家落笔，草盛田禾宝不足；商者书笺，丝多交易乱如麻。紫绶金章，无者不必写出。蜗名蝇利，有者即便书成。锁钥金汤，必任国家之重任；羽毛千戚，是祈海甸以清宁。挂锦扬帆，风顺之方必利；舒衾洒帐，雨到之候成欢。礼乐射御书数，如求一艺可执。孝友睦姻妊恤，定其六事皆宜。草木逢雨，时生而旺，要详春秋气候。轿马行际，日近而远，亦揆寒暑光阴。试看画饼望梅，何止饥渴？镜花水月，竟是空虚。欲造字相之微，请明章中之理。

附 录

邵雍传

邵雍，字尧夫，其先范阳人，曾祖令进以军职逮事艺祖，始家衡漳①。祖德新，父古，皆隐德不仕。先生幼从父迁河南②，即自雄其才力，慕高远，谓先王之事必可致。居苏门山百源之上，布裘蔬食，躬爨养父之余，刻苦自励者有年。已而叹曰："昔人尚友千古，吾独未及四方。"于是逾河、汾，涉淮、汉，周流齐、鲁、宋、郑之墟而始还。时北海李之才摄共城令，授以《图》《书》先天象数之学。先生探赜索隐，妙悟神契，多所自得。始至洛③，蓬荜瓮牖，不蔽风雨，而怡然有以自乐，人莫能窥也。富郑公、司马温公、吕申公退居洛中，为市园宅。出则乘小车，一人挽之，任意所适。士大夫识其车音，争相迎候。童孺厮隶皆曰："吾家先生至也。"不复称其姓字。遇人无贵贱贤不肖，一接以诚。群居燕饮，笑语终日，不甚取异于人。乐道人之善，而未尝及其恶。故贤者悦其德，不贤者喜其真，久而益信服之。嘉祐中，诏举遗逸，留守王拱辰荐之，授试将作监簿，先生不赴。熙宁初，复求逸士，中丞吕诲等复荐之，补颍州团练推官，皆三辞而后受命，终不之官。新法作，仕州县者皆欲解绶而去，先生

---

① "曾祖令进……始家衡漳"，《宋史》本传作"父古徙衡漳"，疑误。本书此处系以程颢《邵尧夫先生墓志铭》（见中华书局点校本《二程集》五〇二页）为据。

② "河南"当作"共城"。程颢《墓志铭》云："先生之幼，从父徙共城，晚迁河南"，可证。下文"居苏门山百源之上"（按苏门山在共城）及"时北海李之才摄共城令"云云，亦可证。又按河南指河南府，即洛阳。《墓志铭》称邵雍卒年六十七，而"在洛几三十年"，是雍定居洛阳在三十七岁以后，非幼年之事。宋史本传称"雍年三十游河南……遂为河南人"，三十亦不可称"幼"。《明道先生墓志》云："幼从父徙共城，晚迁河南。"今曰"幼从父迁河南"，盖误。

③ "始至洛"三字，据《宋史》本传增。《墓志铭》亦云："在洛几三十年。始至，蓬荜环堵，不蔽风雨"云云。

曰："此正贤者所当尽力之时。能宽一分，则民受一分之赐矣！"王安石罢相，吕惠卿参政，富公忧之，先生曰："二人本以势利合。势利相敌，将自为仇矣，不暇害他人也。"未几，惠卿果叛安石。先是，于天津桥上闻杜鹃声，先生惨然不乐曰："不二年，南士当入相，天下自此多事矣！"或问其故，曰："天下将治，地气自北而南；将乱，自南而北。今南方地气至矣。禽鸟，得气之先者也。"至是，其言乃验。疾革，谓司马公曰："试与观化一遭。"公曰："未应至此！"先生笑曰："死生亦常事尔！"横渠①问疾，论命，先生曰："天命则已知之。世俗所谓命，则不知也。"伊川曰："先生至此，他人无以为力，愿自主张。"先生曰："平生学道，岂不知此。然亦无可主张。"伊川问："从此永诀，更有见告乎？"先生举两手示之，伊川曰："何谓也？"曰："面前路径须令宽。路窄，则自无著身处，况能使人行也！"先生居内寝，议事者在外甚远，皆能闻之，召其子伯温谓曰："诸公欲葬我近地，不可。当从先茔尔。墓志必以属吾伯淳。"熙宁十年七月五日卒，年六十七。程伯子为铭其墓。② 元祐中，赐谥曰康节。初，欧阳 过洛，见先生，先生自叙其履历甚详，临别属之曰："愿足下异日无忘此言。"受而疑之，所谓不忘者亦何事邪？后二十年， 入太常为博士，当作谥议，方知先生所属者在是也。所著有《观物篇》、《渔樵问答》、《伊川击壤集》、《先天图》、《皇极经世》等书。咸淳初，从祀孔子庙庭，追封新安伯。明嘉靖中，祀称"先儒邵子"。

---

① 周、程、张、邵五子并时而生，又皆知交相好，聚奎之占，可谓奇验，而康节独以《图》、《书》象数之学显。考其初，《先天卦图》传自陈抟，抟以授种放，放授穆修，修授之才，之才以授先生。顾先生之教虽受于之才，其学实本于自得。始学于百源，坚苦刻厉，冬不炉，夏不扇，日不再食，夜不就席者凡数年。大名王豫尝于雪中深夜访之，犹见其俨然危坐。盖其心地虚明，所以能推见得天地万物之理。即其前知，亦非术数比。明道尝谓先生"振古之豪杰"，又曰："内圣外王之道也。"有问朱子："康节心胸如此快活广大，安得如之？"答曰："他是甚么样功夫！"又有问朱子："学者有厌拘检、乐放舒、恶精详、喜简便者，自谓慕尧夫为人，何如？"曰："邵子之道理，岂易及哉！他胸襟中这个学，能包括宇宙，始终古今，如何不做得大，放得下。今人却恃个甚，敢复如此！"

② 先生既卒，赐秘书省著作郎。

宋邵康节先生行略

张 峏

先生其先范阳人，天性高迈，迥出千古，而垣夷温厚，不见圭角。少时随父古徙共城。宋天圣中，古登苏门山，先生庐于百原之上。初北海李挺之摄共城令，闻先生好学，造其庐，谓曰："子亦闻物理性命之学乎？"先生对曰："幸蒙教。愿先生微开其端，勿竟其说。"挺之受《易》于河南穆修，修受于种放，放受于陈抟，源流最远。遂授以河图、洛书、伏羲六十四卦图象。先生于是探赜索隐，妙悟神契。夜不设寝，日不再食，三年而学以大成。治《易》、《诗》、《书》、《春秋》之学，究意言象数之蕴，明皇帝王伯之道，著书十余万言。研精极思，三十年观天地之消长，推日月之盈缩，考阴阳之度数，察刚柔之形体。故经之以元，纪之以会，参之以运，终之以世。又断自唐虞，迄于五代，本诸天道，质以人事，兴废治乱，靡所不载。其辞约，其义广，其书著，其旨隐。于乎美矣，至矣，天下之能事毕矣！

年三十余来游于洛，以为洛邑天地之中，可以观四方之士，乃定居焉。先生清而不激，和而不流，遇人无贵贱贤不肖，一接以诚。长者事之，少者友之，善者与之，不善者矜之。故洛人久而益尊信之。程明道尝与先生议论终日，退而叹曰："尧夫内圣外王之学也。"先生智虑绝人，遇事能前知。程伊川尝曰："其心虚明，自能知之。"先生之教人，必随其才分之高下，不骤语而强益之。或闻其言若不适其意，先生亦不屑也。故来者多，而从者少。见之者众，而知之者寡。及接之，久察其所处，无不中于理，叩其有，愈久而愈新，则皆心悦而诚服。

先生未尝有求于人。或馈之以礼，亦不苟辞。洛人为买宅，丞相富公为买园以居之，有水竹花木之盛，自名其居曰安乐窝。窝在洛水南。先生冬居云溪洞，夏居安乐窝。旦则焚香，独坐脯时，饮酒三四瓯，微醺便止，不使至醉也。自吟其诗曰："频频到口微成醉，拍拍满怀都是春。"春秋时每出，乘小车，一人挽之，自吟其诗曰："花以锦时高阁望，草如茵处小车行。"而怡然有所甚乐，人莫能窥也。

及富弼、司马光、吕公著诸贤退居洛者，雅敬先生，恒相从焉。时新法行，吏牵迫不可为，或投劾去。先生门生故友居州县者或贻书访之，先生曰："此贤者所当尽力之时，新法固严，能宽一分，则民受一分之赐矣。投劾何益耶？"

仁宗嘉祐中，诏举遗逸，留守王拱宸以先生应诏，授将作监主薄。熙宁之初，复求逸士，御史丞吕公诲、龙图阁直学士祖公无择与今丞相吴公充，又以先生为言，补颍州团练推官。皆固辞，乃受命，竟称疾不之官。年六十始为隐者之服。曰："病且老矣，不复能从事矣。"隆寒盛暑，闭门不出，曰："非退者之宜也。"诸子百家之言，皆究其本原；而释老技术之说，一无所惑其志虑。

熙宁十年春疾，张、程、司马晨久候之。既卒，明道先生铭其墓，称先生之道纯一不杂，就其所至，可谓安且成矣。伊川吊曰："吾与先生讲学洛水之滨，非一日矣。今年六十七而卒，虽气数使然，吾兄弟藉以切磋者何人？亦吾兄弟之不幸也。"先生膺疾时逾百日，何其气日耗，而神益明，吾侪能及乎！噫！先生没矣！所著《皇极经世书》《观物内外篇》《渔樵问对》《击壤集》，传于世。谥康节先生。从祀孔子庙庭。

——录自古共《邵氏宗谱》

宋邵康节先生墓志铭

程 颢

熙宁丁巳孟秋，尧夫先生疾终于家。洛人吊哭者相属于涂。其尤亲且旧者，又紧谋其所以葬。先生之子泣以告曰："昔先人有言，志吾铭必以属吾伯淳。"噫，先生知我者，以是命我，何敢辞！

谨按，邵氏姬姓，系出召公，故世为燕人。父讳古，隐德不仕。先生之幼，从父徙共城，晚迁河南，葬其父于伊川，遂为河南人。先生生于祥符辛亥，至是盖六十七年矣。雍，先生之名，而尧夫，其字也。娶王氏。伯温，仲良，其二子也。先生之官，初举遗逸，试将作监主薄，后以为颍州团练推官，辞疾不赴。

先生始学于百源，坚苦刻厉，冬不炉，夏不扇，不就枕席者数年，卫人贤之。先生叹曰："昔人尚友千古，而吾未及四方，遽可已乎。"于是走吴适楚，过鲁宋，客梁晋，久之而归。曰："道其在是矣。"盖始有定居之意。

先生少时，自雄其才，慷慨有大志。既学，力慕高远，谓先王之事为必可致。及其学益老，德益劭，玩心高明，观天地之运化，阴阳之消长，以达乎万物之变，然后颓然其顺，浩然而归。

在洛几三十年。始也，蓬荜环堵，不蔽风雨，躬炊以养其亲，居之裕如。讲学于家，未常强以语人，而就问者日众。乡里化之，远近尊之，士大夫之过洛者，有不之公府而必至先生之家。先生德器粹然，望之可知其贤。然不事表暴，不设坊畛。正而不谅，通而不朽，清明坦夷，洞彻中外。接人无贵贱亲疏之间。春秋行游城中，士大夫家听其车音，倒屣迎致，虽儿童奴隶，皆知欢喜尊奉。其与人言，必依孝悌。乐道人之善，而未尝及其恶。故贤者悦其德，不贤者服其化。所以厚风俗，成人材，先生之功多矣。

昔七十子学于仲尼，其传可见者，曾子、子思。而子思之所以授孟子，其余门人各以材之所宜为学，虽同尊圣人，所因而入者，门户亦众矣。况后乎千岁，师道不立，学者莫知所从来，独先生之学为有传也。先生得之于李挺之，挺之得于穆修伯长。推其源流，远有端绪。今穆李之言及其行事概可见，而先生纯一不杂，汪洋高大，乃其所得者多矣。先生有书十二卷，曰：《皇极经世》，古诗二千篇，题曰《击壤集》。先生之葬，衬于先茔。实其终之年，孟冬于酉也。

铭曰：呜呼！先生志豪力雄，阔步长趋。凌高厉空，探幽索隐。曲畅旁通，在古或难，先生从容。有问有观，以厌以丰。天不慭遗，哲人之凶。鸣皇在南，伊流在东。有宁一宫，先生所终。

——录自古共《邵氏宗谱》

重修康节先生祠堂记

河南等处提刑按察司金使刘威撰文

宋有天挺人豪英迈盖世之儒，曰康节先生。邵氏其墓在今嵩县之莘店，岁月滋久，封识浸失，往来经行之人，知者故无不式，其不知者，亦不能无触冒亵渎之患焉。予来河南，尝有志于修治，卒以事牵，弗果偿其所愿。每念之，未尝不颜忸怩而心悒郁也。

去年秋，参政钱唐周公，宪副永嘉郑公，俱以公务莅河南，道经先生墓所，拜而伤感，勃然起修葺之志，各捐己资，命有司鸠工伐林，落成其事。今夏以书来，曰："先生之墓兴起，墓前奉神之祠俱已完治，子盍记之？"予目喜而叹曰：于乎先生之道，得之言意象数之微，而极乎事物精粗之蕴，大之若天地日月之运化，皇帝王霸经略，莫不究其奥妙，小之若阴阳之度数，鬼神之情状，靡不穷其本原。等而上之，则有以续夫千载不传之绪，推而下之，则有以启夫万世既迷之途。今其已矣，而功德之被于人者犹存，遂遐想取僻壤薄海内外，皆知尊崇而奉祀之，矧莘店为先生故里，而其神道所在，乃独无秽不治，岂非吾尚之责而有司者之过耶！今二公奋然出力以新之，可谓能人之所不能者矣。兴于人心，亦可谓同志而合契者矣。既今以往，吾知嵩少之间，庸人儒子之过其下者，必知瞻仰尊奉而不敢犯，而为其乡子小子后生，亦必知所景慕，庶几有以伸其敬而传其道也。然则二公其举，岂细务也哉？故为之记。后之来者亦体夫二公之心，时加修葺，以无负愧如予可也。

周公名鉴，字光溥。郑公名柱，字仲砥。历官俱有能誉。相其后者，嵩县知县何新，吴祥县丞王衮、何克斌，主薄周郁、马非，典史杜政，儒学教谕孙介，训导刘威。是为记。

宣德三年，岁次戊申，秋七月下浣，
河南等处承宣布政使左参政周鉴立石

嵩县重修康节先生邵子祠墓碑记

　　持身如伯夷，其可乎？曰：可矣，清也。然而或病其隘。处世如柳下惠，其可乎。曰：可矣，和也。然而未免不恭。学者将奚学而可哉？其孔子乎？然游孔子之门者众矣，升堂者有之，入室者仅矣，得圣人之一体者有之，具体而微者未能数数也。其矣，学圣人之难也。而孔子之言曰："圣人，吾不得而见之矣。"又曰："不得中行而与之，必也狂狷乎？"夫曰不得中行，则时无中行可知也。曰必也狂狷，则非狂狷必不与，又可知也。圣人未易学而可与，学圣人者亦难其人又若是哉？

　　康节邵先生圣人者也，称康节者，或言其高明英迈具有雄才，或言其控赜索隐知虑绝人，或言其洞彻天地万物阴阳休咎盈虚消息之理，遂于易数，故事能前知，而明道先生则叹其为内圣外王之学，昔人之论备矣，今请置勿论。惟撮其持身处世者言之，其蓬荜环堵，怡然有乐，焚香燕坐，不屑不洁也，可不谓清乎？其随意所适，信宿可留，童孺厮隶，争相迎候也，可不谓和乎？其坚苦刻励，寒不炉、暑不扇，而德器粹然，接人以诚，谓之不恭不可也。其语程叔子曰："面前路径须令宽，路窄则自无着身处。"谓之为隘又不可也。严而不激，宽而有制，是固然矣。尝又即其心之声，窥其神明所存，其曰："若有意时非语话，都无情处是肝脾。"盖洋洋乎孕春气于一腔，而所云当中和天同乐易。友吟自在诗，饮欢喜酒者，怡与沂水春风同一旨趣。孔子之所谓然嘉与者鲁氏而后，不当在斯人也欤？

　　先生之墓在嵩县，辛酉夏，人以祠圮垣颓告余者，因出俸寄守令俾葺之，惟使署河南守彰德司马李君光型、嵩令徐君玒，亦各捐金赞其后，又以旧坊泐于严寒，采石新建，并添建住房以栖守祠墓之人。鸠工于辛酉孟秋，落成于壬戌仲夏，复请余记之。余谨按传云康节之将殁也，欲为墓志，曰："以属吾伯淳。"时大中犹未之许，后因步月伯淳曰：尧夫之学可谓安且成矣。大中乃许之，生同时，德相若者，知之犹难尽也。余之浅陋，恶能知之而名之哉！管窥蠡测，姑就臆见而为臆人。用识口行之私并多李君徐君咸知向往先贤为极不可没也，爰书以俾勒诸石。

大清乾隆七年岁次壬戌六月既望
赐进士出身河南等处承宣布政使司布政使加二级滇人赵诚撰文

邵雍年表

1011　辛亥　宋真宗大中祥符四年

邵雍生。时为 12 月 25 日戌时。邵雍《生日吟》云："辛亥年，辛丑月，甲子日，甲戌时。日辰同甲，年月同辛，吾于此际，生而为人。"

祖父邵德新，世居范阳（今河北涿州市）。父邵古（988—1067），母李氏。生雍于今涿州市大邵村。邵古时年 23 岁，知诗书，明音韵，为人忠厚。为避乱，后迁居衡漳（今河南林县）。雍之幼年、少年时期，在衡漳度过，今林县有康节村。

是年，真宗赴宝鼎县祭祀汾阴后土。

太宗、真宗时三任宰相敢言直谏的吕蒙正卒。

数术家刘牧生。刘牧后师事范仲淹，受《易》于范谔昌，谔昌学于道士许坚，许坚之师为种放。与邵雍易学同一学脉。

四川商户发行"交子"，为世界发行纸币之始。

1012　壬子　大中祥符五年

邵雍 2 岁。

是年，宋真宗派使臣去福建取早熟、耐旱的占城稻种，发放江、淮、二浙三路种植推广。

政治家王钦若以枢密使加平章事，专主政事，号"枢相"。

真宗诡称"天尊下降"，朝野大事庆贺。

冬，道士张君房除著作郎，专事整理道教经典。王钦若等奉命编纂《道藏》。

1013　癸丑　大中祥符六年

邵雍 3 岁。

朝廷推尊道教，特加封道教祖师老子为太上老君混元上德皇帝。

王钦若等领衔编修的大型文化典籍《册府元龟》1000 卷，告成。

1014　甲寅　大中祥符七年

邵雍4岁。

抗金名将杨延昭（六郎）卒。

王钦若罢相。抗金名臣寇准复相。

朝廷鼓励研究《易经》。九月，陈彭年、冯元奉命校定《周易》，重新刻板。

是年，河决澶州。

1015　乙卯　大中祥符八年

邵雍5岁。

隐士种放（955—　）卒。放字明逸。洛阳人。曾从道士陈抟（871—989）受《先天图》，传穆修。又以河图、洛书传李溉。放屡隐屡仕，广置田园，乃宋代图书学重要倡导者。

朝廷召道教创始人张天师（陵）第24代孙张正随入京，赐号真静先生，准于江西龙虎山建授箓院。

1016　丙辰　大中祥符九年

邵雍6岁。父亲开始教他读书识字。

河北、江淮蝗虫为害。连云障日。久旱。

1017　丁巳　宋真宗天禧元年

邵雍7岁。戏于蚁穴，云见红日、云气，其母令勿胡言。

宰相王旦（957—　）卒。王钦若任相。

周敦颐生于湖南道县。后为北宋道学五子之一，创立"无极而太极"学说。建濂溪学派，以其宅旁有溪如青罗带，号濂溪，颐少年时常嬉游其上。

1018　戊午　天禧二年

邵雍8岁。居衡漳，习童子课。

1019　己未　天禧三年

邵雍9岁。

司马光生于陕州夏县。

王钦若罢相，寇准复相。

是年，河决滑州。

1020　庚申　天禧四年

邵雍 10 岁。

张载生于陕西郿县横渠镇。载少时喜读兵书，好谈兵。年 21 会见范仲淹，始改习儒学，后著《正蒙》、《易余》，创关学，成为著名唯物主义思想家。北宋道学五子之一。

科学家苏颂（—1101）生。

北宋文学家杨亿（974—）卒。编著《西昆酬唱集》。

真宗诡称道教神灵庇祐宋朝，将《大中祥符降圣记》赐天下道观。

1021　辛酉　天禧五年

邵雍 11 岁。

北宋垦田数达五百二十四万七千余顷，为北宋纳税田亩最高数字。王安石生于江西临川。

天禧中，范谔昌撰《大易源流图》，先定纳甲法，以见纳音数。

1022　壬戌　宋真宗乾兴元年

邵雍 12 岁。随父母迁居共城（今河南辉县）苏门山，于百源湖（今名百泉湖）畔结茅屋而居。

真宗（968—）卒，仁宗即位，年 13 岁，太后听政。

是年，淮南盐税由收粟帛改为纳钱，乃刺激商品经济发展的重要契机。

官府准予赐给兖州学田 10 顷，开州县学校领有学田之端。

1023　癸亥　宋仁宗天圣元年

邵雍 13 岁。

宰相寇准（961—）卒于雷州。他力主抗金，封莱国公，著有《寇忠愍公诗集》。

1024　甲子　天圣二年

邵雍 14 岁。

二月，朝廷特准在川蜀设交子务，官办流通"交子"（纸币），禁止商家私造。为世界历史上政府发行纸币之始，实为商品经济发展新措施。

1025　乙丑　天圣三年

邵雍15岁。已能诗善文，显露聪慧天资。

前宰相王钦若（962或965—）卒。谥文穆。仁宗褒奖其对道教发展的贡献，特将之列为仙官，准予茅山建神像立祀。

1026　丙寅　天圣四年

邵雍16岁。约于此时外出游学，西渡河、汾，南游淮、汉，数年乃归。曾于晋北夜行，连马坠山岩，邵雍无恙，只坏一帽。

朝廷采纳范仲淹建议，在泰州筑捍海堰180里，防海潮以卫耕地，并由范仲淹总其事。

秘书监致仕胡旦言撰《周易演圣通论》70卷，以驳正五经，朝廷赐钱缮写。

1027　丁卯　天圣五年

邵雍17岁。

工部郎中燕肃请造指南车（以齿轮转动）。内侍卢道隆上所造记里鼓车。医学家王惟一铸造针炙铜人，以供实习。

1028　戊辰　天圣六年

邵雍18岁。

杭州处士林逋（967—）卒，谥和靖先生，著有《林和靖诗集》。

1029　己巳　天圣七年

邵雍19岁。母亲李氏约于本年去世。死前望子心切，以致倒诵佛经。

辽军官大延琳利用人民反徭役情绪，起兵称"兴辽"，据东京（今辽阳），年号天庆。次年，延琳被擒。

1030　庚午　天圣八年

邵雍20岁。

思想家李觏撰《潜书》成。

数术家李之才及进士第。与苏舜钦等人师事穆修，受《易》及数术之学。

朝廷召信州龙虎山25代天师张朝曜入京。赐号澄素先生，令世袭。

道士张君房编撰《云笈七签》122卷，进呈。

1031　辛未　天圣九年

邵雍 21 岁。其父约于此年续娶。

著名科学家沈括生于浙江余杭。

辽圣宗死，子真宗即位，肖太后摄政。

1032　壬申　仁宗明道元年

邵雍 22 岁。

理学家程颢（伯淳）生于河南洛阳，后与邵雍为忘年交，亦北宋道学五子之一。

李觏撰《周礼致太平记》成书。

数术家穆修（979—）卒。穆修受学于隐士种放，传《先天图》于李之才，传《太极图》于李溉。

1033　癸酉　明道二年

邵雍 23 岁。

宋仁宗亲政。遣右司谏范仲淹安抚江淮灾民，开仓赈灾。仲淹上书言人民负担过重。

理学家程颐（伊川）生于河南洛阳。后为北宋道学五子之一，与邵雍为忘年交。

1034　甲戌　宋仁宗景祐元年

邵雍 24 岁。

河决澶州，久不堵塞，导致河道南移。

1035　乙亥　景祐二年

邵雍 25 岁。同父异母弟邵睦生。

辽兴宗重熙五年，因兵役、徭役繁重，人民纷纷亡命山泽，起而反抗。

1036　丙子　景祐三年

邵雍 26 岁。

天章阁待制范仲淹，因言事直切，为宰相吕夷简所恨，乃以"荐引朋党"为由。贬知饶州（今江西波阳），欧阳修等亦株连遭贬。

1037　丁丑　景祐四年

邵雍 27 岁。深研历史，酝酿"皇帝王伯"历史观。

文学家苏轼（东坡）生于四川眉山，后倡导蜀学，为唐宋八大家之一。继承家学，著《毗陵易传》。

京师地震。忻、代、并州同时地震，死二万二千余人。

1038　戊寅　景祐五年、仁宗宝元元年

邵雍28岁。

李觏著《广潜书》。次年撰《富国》、《强兵》、《安民》诸论。

景祐末，灾异数起。数术家林　"依《周易》推衍五行阴阳之变"，"上大好之"。

1039　己卯　宝元二年

邵雍29岁。有《闲吟》一诗自述家境云："欲有一瓢乐，曾无二亩田。"

文学家苏辙生于四川眉山。后著《老子解》。

易学家陆秉撰《周易意学》10卷，献于朝。朝廷"敕书嘉奖"。其书论《易》，多采《参同契》说。

1040　庚辰　仁宗康定元年

邵雍30岁。家居苏门山下，自炊以养其父。雍独筑室百源之上。

数术家李之才（？—1045），为共城令，叩门谒邵雍，雍再拜，愿受业。李之才遂以《先天图》传邵雍；雍始研图书之学。《宋史·邵雍传》："（邵雍）事之才，受《河图》、《洛书》，宓羲八卦、六十四卦图象。""三年不设榻，昼夜危坐以思。"

宋咸作《易辨》，以辨王弼、刘牧《易》学之是非；谓刘牧作《钩隐图》，"业刘者实繁"。

曾公亮编成军事著作《武经总要》，其中载有三种火药配方，及开宝二年（969）发明火箭法，咸平三年（1000）唐福制造火箭、火球之事。

1041　辛巳　仁宗庆历元年

邵雍31岁。

易学家徐复传京（房）氏易，为仁宗讲《易》于崇政殿。京房易已久无通其术者。徐复遇隐士得其传，杂以六壬、遁甲。

司马光著《贾生论》、《四豪记》。

1042　壬午　庆历二年

邵雍32岁。在此以前，邵雍居共城，刻苦学习。"冬不炉，夏不扇"，昼夜危坐以思，写《周易》一部，贴屋壁间，日通数十遍"。

庆历间，邵雍过洛阳。馆于水北汤氏，爱其山水风俗之美，始有定居洛阳之意。

王安石开始仕宦生涯。至嘉祐五年（1060）逐步形成其变法思想。著《淮南杂记》、《洪范传》等篇。

吴秘献刘牧《易数钩隐图》于朝，受朝廷褒奖。由是图书之学盛行。考官以李鼎祚《周易集解》拟题试贤良，应试者多未见其书。

1043　癸未　庆历三年

邵雍33岁。约于此年随师李之才去河阳，住于州学。戍边将校知其贫困，赠以纸100张，笔10支。

李觏创办盱江书院。继续著《周礼致太平记》、《庆历民言》。后又完成《删定易图序记》。

召范仲淹为枢密副使，旋任参知政事。仲淹提出均公田、厚农桑、修武备、择官长等十项主张，以谋革新，推行庆历新政。

山东沂州、江苏楚州、泰州、陕西商山，湖北光化、湖南兰山等地驻军士卒及农民纷纷起义。

1044　甲申　庆历四年

邵雍34岁。

孙景初刊行希见之李鼎祚《周易集解》。

纳欧阳修、宋祁等人建议，朝廷令州县皆立学校，培养科举应试人才，提高人民文化素质。但入学者往往"以先圣之宫墙，为干禄之捷径"。

欧阳修为河北都转运使。参政范仲淹领刑法，有事急以条上。

宋与西夏议和成，宋册封夏元昊为夏国王。岁"赐"银、绢、茶等25.5万，与西夏互市。

1045　乙酉　庆历五年

邵雍35岁。

邵雍之师数术家李之才卒。之才从穆修受《先天图》，创卦变说，有《卦变反对图》、《六十四卦相生图》传世。邵雍失其师，甚悲痛。

思想家石介卒。石介为学者孙复（992—1057）弟子，曾撰

《周易解》（又称《周易口义》）10卷。

范仲淹以"朋党"事，罢参政。富弼、韩琦、欧阳修均受牵涉。

1046　丙戌　庆历六年

邵雍36岁。馆于洛，爱其山川秀丽，始有卜居之意。冬病，自京师归共城。

周敦颐为南安军司理参军。程珦通判军事，因与敦颐友善，使其二子程颢、程颐师事之。敦颐乃以《太极图说》授二程。

范仲淹撰《岳阳楼记》，倡"先天下之忧而忧，后天下之乐而乐"。

1047　丁亥　庆历七年

邵雍37岁。"悼自之穷处"，有《春郊十咏》，云："总是灰心事，冥焉昼午过。""尽日客不来，至夜门犹闭。"是年作《共城十吟》。

庆历间，养兵125.9万，禁军82.6万，连年用兵，财政日益枯竭。

河北贝州军卒弥勒教徒王则于冬至日起义，称东平郡王，国号安阳，年号得胜。两月后王则被俘杀。

1048　戊子　庆历八年

邵雍38岁。

政府实行盐钞制度，使商人入钱，给以盐钞，于产地领盐，听其销售。

思想家苏舜钦（1008—　）卒。舜钦四川梓州（今中江）人，居苏州沧浪亭，诗与梅尧臣齐名。

发明家、布衣毕　（湖北人）于庆历年间（1041—1048）发明活字印刷术，为世界公认中国三大发明之一。事载沈括《梦溪笔谈》。欧洲于1450年始用活字印刷。今湖北英山县睡狮山毕家坳有毕　墓。

是年，河北灾民数十万流入京师。

1049　己丑　宋仁宗皇祐元年

邵雍39岁。

是年，随父伊川自卫州共城迁居洛阳。爱其山川风俗之美。

门生武涉知县侯绍曾助其行。初寓天寿寺，不为人所知。此后，不少权贵与之交游，居洛几三十年。

邵雍与二程比邻，欲以数学传二程，二程不受。

广西源州少数民族首领侬智高起义，称南天国，年号景瑞，据邕州（今南宁）。

1050　庚寅　皇祐二年

邵雍40岁。

思想家谢良佐（上蔡）生。

辽规定医、卜、屠、贩、奴隶等不得应进士举。

1051　辛卯　皇祐三年

邵雍41岁。一日午睡，见鼠，以瓦枕投之，枕破。枕中有字曰："此枕当卯年四月四日巳时见鼠而破。"雍曰："物皆有数。"

1052　壬辰　皇祐四年

邵雍42岁。

侬智高破邕州，称大南国仁惠皇帝。宋用狄青为将。次年大破之，收复邕州。智高走大理，不知所终。

政治改革家范仲淹（989— ）卒。谥文正。著有《范文正公集》。

1053　癸巳　皇祐五年

邵雍43岁。娶门生王允修之妹为妻，太学博士姜子发为介绍人。邵雍称"贫不能娶"，乃由太傅张穆之为之备聘礼。

思想家杨时生。后著《龟山集》，主张"致知必先于格物"。

著名词人柳永（约987— ）约卒于此年，著《乐章集》，时称"有井水处即能歌柳词"。

1054　甲午　仁宗至和元年

邵雍44岁。有诗云："居洛六七年，知己惟二三。"

欧阳修入京，遭排挤去职。仁宗命其主修《新唐书》。

1055　乙未　至和二年

邵雍45岁。门生日益增多。生子名伯温。有诗云："我今行年四十五，生男方始为人父。鞠育教诲诚在我，寿夭贤愚系于汝。我若寿命七十岁，眼前见汝二十五。我欲愿汝成大贤，未知天意肯从否。"

文彦博、富弼为宰相。

封孔子47世孙孔宗愿为衍圣公。世袭衍圣公自此始。

召天师道传人张嗣宗入京，赐号虚白先生。迁道教祖庭上清观于龙虎山之阳。

词人晏殊（991—）卒。谥元献。曾任宰相。著有《珠玉集》。

1056　丙申　仁宗嘉祐元年

邵雍46岁。

天章阁侍讲、思想家胡瑗管勾太学。

龙图阁大学士包拯（999—1062）权知开封府，为人刚正不阿，权臣贵戚为之敛手。

1057　丁酉　嘉祐二年

邵雍47岁。

哲学家张载坐虎皮椅讲《周易》于京师。听从者众，著《易说》。一日与二程论《易》，甚折服，曰："比见二程，深明《易》道，吾所弗及。"遂撤座辍讲。

学者孙复（992—）卒。复曾隐居泰山，讲学授徒，世称泰山先生，其高足有石介、文彦博、范纯仁等。

朝廷设立校正医书局，集中掌禹锡、林亿等专家学者校正医学著作。

欧阳修知贡举，禁抑险怪奇涩之文。

仁宗封道教尊神玄武为"镇天真武应真君"。

1058　戊戌　嘉祐三年

邵雍48岁。时居洛阳履道坊西。

韩琦为相。欧阳修代包拯知开封府。

度支判官王安石上万言书，谓财力日困，风俗日坏，主张变法图强。

1059　己亥　嘉祐四年

邵雍49岁。约于此年重返百泉故里，有诗《重阳日再到百泉故居》云："山河一梦外，风雨十年期。"

朝廷遣官员分赴各路实行"均田"，清查逃税土地，欲均赋税负担。

思想家李觏（1009—）卒。他创立盱江书院，从学者常数百人。世称直讲先生。著有《易论》1卷，《删定易图序论》6卷，有《李觏集》。

思想家胡瑗（993—）卒，一生讲学，人称安定先生。讲"明体达用之学"，分设经义、治事两科，"出其门者无虑数千余人"。著《易传》（又名《周易口义》）10卷。程颐称学《易》者必先读此书。

泉州洛阳桥建成，创世界桥梁史奇迹。

1060　庚子　嘉祐五年

邵雍50岁。约于此年前后著成《皇极经世》。年初作《新正吟》。患重病，卧床三月。有《重病吟》。

王安石撰《上仁宗皇帝言事书》，提出变法纲领。

欧阳修等修《新唐书》成。

诗人梅尧臣（字圣俞，1002—）卒。与欧阳修同为北宋前期诗文革新运动领袖，主张诗文当反映社会现实。著有《宛陵先生集》。并注《孙子》。

黄河于大名向东决出，在今黄河口以北处入海。

1061　辛丑　嘉祐六年

邵雍51岁。

哲学家周敦颐在庐山建"濂溪书堂"。

史学家宋祁（998—）卒。湖北安陆人，与欧阳修同修《新唐书》。

1062　壬寅　嘉祐七年

邵雍52岁。迁入洛阳新居"安乐窝"，开始晚年生活。

富弼、司马光、吕公著等与邵雍友善，集资于洛阳天津桥畔为邵雍购建新居，名曰"安乐窝"。（其地基尚未作契约转让）邵雍写诗答谢云："嘉祐壬寅岁，新巢始孱功。正分道德里，更近帝王宫。槛仰端门峻，轩迎两观雄。……无才济天下，有分乐年丰。""雍岁时耕稼，仅给衣食。"

包拯（999—）卒。拯为安徽合肥人，为官清廉正直，世号"包青天"。著有《包孝肃奏议》10卷。

1063　癸卯　嘉祐八年

邵雍 53 岁。

仁宗（1010—）卒，嗣子曙即位，为英宗。

王安石讲学于江宁，形成学派。

1064　甲辰　宋英宗治平元年

邵雍 54 岁。

数术家刘牧卒，著《易数钩隐图》，为最早的图书学著作，影响后世。

西夏兵屡次攻扰宋之秦凤、泾源等地。

1065　乙巳　治平二年

邵雍 55 岁。学有所成，声名远扬。

约在此时，洛阳二十家，仿"安乐窝"为邵雍筑"行窝"，待其居游。

朝廷议尊英宗本生父濮安懿王为皇，欧阳修等赞成，司马光等反对，大起争议，史称"濮议"。

司马光奉诏编撰《资治通鉴》，仁宗亲自为之作序。

1066　丙午　治平三年

邵雍 56 岁。

治平间（1064—1067），邵雍与客人散步于洛阳天津桥上，忽闻杜鹃声，云杜鹃自南而北．天下将乱。有诗曰："几家大第横斜照，一片残春啼子规。"

朝廷尊濮安懿王为皇。吕诲等反对者均被贬黜。是年天下主客户 1418.1486 万，人口 2050.6980 万。

文学家苏　（1009—）卒。乃唐宋八大家之一，与子苏轼、苏辙，并称"三苏"。著《易传》未完成，命苏轼完成其书。

是年，开始出版校正医书局所校正的《素问》、《难经》等重要医学典籍。

契丹改国号为大辽。

1067　丁未　治平四年

邵雍 57 岁。

正月初一日，雍父伊川去世，享年 79 岁，临终曰："吾儿以布衣名动朝廷，子孙皆力学孝谨，吾瞑目无憾。"

秋，邵雍《自况》云："治平丁未仲秋，游伊洛二川，六日晚，出洛城西门，宿奉亲僧舍，听张道人弹琴。"

参知政事欧阳修受人攻击，罢知亳州。

1068　戊申　宋神宗熙宁元年

邵雍58岁。约于此时，"安乐窝"完成契约转让手续。作《天津弊居蒙诸公共为买成作诗以谢》。

后母所生弟邵睦（33岁），少雍25岁，事雍如父。四月八日暴卒。雍失去得力助手，有诗二首记其悲痛之情。

神宗召见翰林学士王安石。安石上书主张变法。

是年，开始编撰世界上最早的建筑学专著《营造法式》。

上年及本年，福建、广东、河南、河北、山东等地，连续发生大地震。地裂泉涌，有半年不止者。人民死伤甚众。

宋与西夏，发生战争。持续数年，宋军死亡惨重。

1069　己酉　熙宁二年

邵雍59岁。

诏举遗逸，吕诲等人力荐邵雍。除秘书省校书郎、颖川团练推官。辞之，不许。既受命，即引病不就，以诗答乡人曰："平生不作皱眉事，天下应无切齿人。……幸逢尧舜为真主，且放巢由作外臣。"

五月，王安石始推新法，建议兴学校，罢诗赋，以经义取士。

司马光与王安石争执。写《论风俗札子》、《体要疏》。安石写《答司马谏议书》。

道士张伯端遇丹家刘操于成都，授以《金液还丹诀》。伯端改名用诚，号紫阳真人。

1070　庚戌　熙宁三年

邵雍60岁。

四月，全面推行新法。邵雍之门生有欲投劾而归者，雍以书劝止曰："正贤者所当尽力之时，新法固严，能宽一分则民受一分之赐矣，投劾而去何益。"

同年，司马光因与王安石不和，退居洛阳，名其园曰"独乐"。时与邵雍游，曰："光陕人，先生卫人，今同居洛，即乡人也。"俟后，司马光组织"洛阳耆英会"，反对变法。

张载辞官回乡，隐居终南山，讲《易》，撰《正蒙》。程颐上奏反新法，著《谏新法疏》。韩琦请罢青苗法。四月，御史中丞吕公著、御史程颢等，以反对新法罢职。

十二月，王安石初次任宰相，行免役法、保甲法。

李寿翁刊行《麻衣道者正易心法》42章于当涂。《正易心法注》传为陈抟撰。

1071　辛亥　熙宁四年

邵雍61岁。有诗云："洛阳城里一愚夫，十许来年不读书。"

罢诗赋及明经诸科。以经义、策论取士。

贬逐反对新法者多人。苏轼通判杭州。欧阳修致仕。

1072　壬子　熙宁五年

邵雍62岁。《六十二吟》："多少英豪弄才智，大曾经过恶思量。"

推行市易法、保马法，颁方田均税法。

沈括提举司天监。括招卫朴造新历。

欧阳修（1007—）卒。修为古文运动代表人物。工诗词。著《易童子问》，谓《文言》、《系辞》非孔子所作。

易学家朱震生，后撰《汉上易传》。

1073　癸丑　熙宁六年

邵雍63岁。作《六十三吟》："行年六十有三岁，齿发虽衰志未衰。耻把精神虚作弄，肯将才力妄施为？愁闻刮骨声音切，闷见吹毛智数卑。珍重至人（按，指陈抟）尝有语，'失便宜是得便宜'。"是年与大名王仲贤论"学书妨学道"。

哲学家周敦颐（1017—）卒。年57。著有《易通》(《通书》)40篇，《太极图说》1篇。提出"无极而太极"的宇宙演化模式。作《爱莲说》。晚年定居庐山下，筑濂溪书堂，创濂溪学派，世号濂溪先生。

1074　甲寅　熙宁七年

邵雍64岁。

王安石初次罢相。知江宁府。韩绛为相，吕惠卿参知政事，遵行新法。沈括主持新制浑仪、浮漏成功。

思想家胡安国生。

1075　乙卯　熙宁八年

邵雍65岁。作《六十五岁新正自贻》云："予家洛城里，况在天津畔。行年六十五，当宋之盛旦。……面前有芝兰，目下无冰炭。坐上有余欢，胸中无交战。……荣辱既不入，富贵徒自炫。恶闻人之恶，乐道人之善。"

二月，王安石复相。辽与宋争地界，派沈括赴辽谈判，拒绝割地；另派官员去议和，终以割河东（山西北部）700里地予辽而达成和议。

六月，颁王安石撰《诗》、《书》、《周礼》"三经新义"于学官。

韩琦（1008—）卒。琦支持"庆历新政"，曾为宰相。后反对王安石变法。

道士张伯端撰内丹名著《悟真篇》。

1076　丙辰　熙宁九年

邵雍66岁。

王安石再次罢相，知江宁府。熙宁变法彻底失败。撰《字说》、《老子注》、《解楞严经疏》。其子王　卒。

张载撰《正蒙》成。

水利家侯叔献（1023—）卒。曾主持引汴入淮工程。

1077　丁巳　熙宁十年

邵雍卒。享年67岁。夏，感微疾，"气日益耗，神日益明"。七月初四日，大书诗一章曰："生于太平世，长于太平世，死于太平世。客问年几何？六十有七岁。俯仰天地间，浩然独无愧。"夜五更捐馆。

《自贻诗》云："六十有七岁，生为世上人。四方中正地，万物备全身。天外更无乐，胸中别有春。"诏赠秘书省著作郎。元祐中谥康节。程颢为邵雍撰墓志铭。

邵雍之子伯温（1057—1134），字子文。时22岁。后官至利州路转运副使。著《易学辨惑》、《邵氏闻见录》。《宋史》有传。

哲学家张载卒，享年58岁。倡导"关学"，主张"太虚即气"、"一物两体，一故神，两故化"。著《易说》、《正蒙》。有《张子全书》。

是年，黄河大决于澶州曹村，河道南移。

参考书目

(1) 道学通论——道家·道教·丹道（增订版）/胡孚琛、吕锡琛著.

北京．社会科学文献出版社，2004．6．

(2) 皇极经世书/（宋）邵雍著；（明）黄畿注；卫绍生校理.

郑州：中州古籍出版社，1992．5．

(3) 皇极经世书（十四卷）/（宋）邵雍撰．影印本．

台北：台湾商务印书馆，1983．

(4) 皇极经世索隐/（宋）张行成撰．影印本．

台北：台湾商务印书馆，1983．

(5) 皇极经世观物外篇衍义/（宋）张行成撰．影印本．

台北：台湾商务印书馆，1983．

(6) 观物篇解/（宋）祝泌撰．影印本．

台湾商务印书馆，1983．

(7) 皇极经世书解/（清）王植撰．影印本．

台北：台湾商务印书馆，1983．

(8) 皇极经世释义：释义悟精识通晓数理之学/（明）余本撰．影印本．

台北：武陵出版公司，1990．

(9) 梅花易数白话解/（宋）邵雍著．刘光本，荣益译．

济南：山东人民出版社，1993．11．

(10) 梅花易数体用大全/李科儒著．

台北：武陵出版公司，1993．

(11) 周易梅花数全译/沈伯春著．

广州：暨南大学出版社，1991．6．

(12) 易学大师邵康节/杜成娴编著．

河北：花山文艺出版社，1994．11．

(13) 邵雍评传/唐明邦著．

南京：南京大学出版社，1998．12．

(14) 皇极经世/梅花易数/邵雍著，李一忻点校．

北京：九州出版社，2003．9．

(15) 周易辞典/张善文撰.

北京：大百科出版社，2005．6．

(16) 康节说易全书（全七种）/（宋）邵雍著.

上海：学林出版社，2003．12．

(17) 易经应用大百科/张其成主编.

南京：东南大学出版社，1994．4

(18) 象数易学研究（第一辑）/刘大钧主编.

济南：齐鲁书社，1992．6

(19) 太极太玄体系/郑军著.

北京：中国社会科学出版社，1996．2

(20) 校正梅花易数/（宋）邵雍著.

上海：上海铸记书局，宣统二年印．

(21) 皇极经世辨释/张崇俊著.

台北：武陵出版公司，1993．